Rainer Karlsch/Zbynek Zeman
Urangeheimnisse

W0201608

Rainer Karlsch / Zbynek Zeman

Urangeheimnisse

Das Erzgebirge im Brennpunkt der Weltpolitik 1933–1960

Ch. Links Verlag, Berlin

Die Deutsche Bibliothek – CIP-Einheitsaufnahme

Karlsch, Rainer:
Urangeheimnisse : das Erzgebirge im Brennpunkt
der Weltpolitik 1933–1960 / Rainer Karlsch/Zbynek Zeman. –
2. Aufl. – Berlin : Links, 2003
ISBN 3-86153-276-X

2. Auflage, Januar 2003
© Christoph Links Verlag – LinksDruck GmbH
Schönhauser Allee 36, 10435 Berlin, Tel. (030) 44 02 32–0
www.linksverlag.de; mail@linksverlag.de
Umschlaggestaltung: KahaneDesign, Berlin,
unter Verwendung eines Fotos vom ersten Uranerzschacht Europas
im böhmischen Jáchymov in den 1930er Jahren, DIAMO Archiv, Příbram
Satz: LVD GmbH, Berlin
Lithos: LVD GmbH, Berlin
Druck und Bindung: WB-Druck, Rieden am Forggensee

ISBN 3-86153-276-X

Inhalt

Die Potsdamer Konferenz 1945

Am 24. Juni 1945 sah Stalin von der Terrasse des Leninmausoleums in Moskau der großen Siegesparade der Roten Armee zu, mit der das Ende des Zweiten Weltkriegs gefeiert wurde. Infanterie-, Kavallerie- und Panzerregimenter warfen unzählige Fahnen und Standarten der Wehrmacht in den Staub zu Stalins Füßen. Der verregnete Tag war voller Symbolik. Zwei Tage darauf erhielt Stalin vom Präsidium des Obersten Sowjets die höchste Auszeichnung »Held der Sowjetunion« und nahm den Titel »Generalissimus« an. Er stand im Zenit seiner Macht. Nun galt es, das Erreichte zu sichern. Doch schon bald schien sich eine neue Bedrohung abzuzeichnen. Genau einen Monat nach der Siegesparade in Moskau teilte ihm der amerikanische Präsident Harry S. Truman in Potsdam mit, dass die USA über eine Atombombe verfügten.

Im Residenzschloss Cecilienhof des früheren Kronprinzen der Hohenzollern bei Potsdam tagten seit dem 17. Juli zum dritten Mal die drei Großmächte. Auf der Konferenz unter dem Codenamen »Terminal« (Endstation) verhandelten der sowjetische, der amerikanische und der britische Staatschef über die Nachkriegsordnung. Ursprünglich sollte die Beratung in Berlin stattfinden, wurde aber nach Potsdam verlegt, weil sich in der ehemaligen Reichshauptstadt weder ein intaktes Gebäude für die Konferenz noch für die Unterbringung der Teilnehmer fand. So wohnten die drei Delegationen schließlich im Potsdamer Vorort Babelsberg. Auf ihrem täglichen Weg zum Schloss Cecilienhof konnten sie das ebenfalls stark zerstörte Zentrum von Potsdam umgehen, indem sie den Jungfernsee über eine Pontonbrücke überquerten.

Auf der Potsdamer Konferenz sah sich Stalin neuen Verhandlungspartnern gegenüber. Nachdem der amerikanische Präsident Franklin D. Roosevelt am 12. April 1945 gestorben war, hatte sein Vizepräsident, Harry S. Truman, die Regierungsgeschäfte der USA als neuer Präsident übernommen. In Großbritannien sollte es noch während der Konferenz zu einem Machtwechsel kommen. Die konservative Partei verlor überraschend die Unterhauswahlen am 25. Juli. Premierminister Winston Churchill und sein Außenminister Anthony Eden mussten ihren Platz räumen, an ihre Stelle traten am 27. Juli Clement Attlee und Ernest Bevin.

Die achte Verhandlungsrunde in Potsdam am 24. Juli war für Churchill zugleich die letzte. Er beklagte sich eingangs über das sowjetische Vorgehen in Osteuropa und die Schaffung vollendeter Tatsachen zugunsten der dortigen kommunistischen Parteien. In dieser Sitzung gebrauchte er zum ersten Mal das Bild vom »eisernen Vorhang«, der heruntergelassen worden« sei,[1] also lange vor seiner berühmten Rede in Fulton am 5. März 1946. Als Truman im Anschluss an diesen Konferenztag Stalin über den erfolgreichen Atomtest vom 16. Juli in der Wüste von New Mexico informierte, war die Stimmung bereits gespannt. Churchill beobachtete, wie der amerikanische Präsident zum sowjetischen Staatschef ging und die beiden Männer nur in Begleitung ihrer Übersetzer miteinander redeten. Churchill, der nur wenige Meter entfernt stand, hielt in seinen Memoiren dazu fest: »Es war ungemein wichtig, die Wirkung abzuschätzen, die diese umwälzende Neuigkeit auf ihn ausübte. Ich sehe alles vor mir, als wäre es gestern gewesen. Eine neue Bombe! Von unerhörter Sprengkraft! Vermutlich kriegsentscheidend gegen Japan! Welcher Glücksfall! Das war mein im Moment gewonnener Eindruck, und so war ich überzeugt, dass ihm die Bedeutung dessen, was ihm gesagt wurde, völlig entging. Die Atombombe hatte im Rahmen seiner ungeheuren Nöte und Mühen offenbar keine Rolle gespielt. Hätte er die kleinste Ahnung gehabt, welche Revolutionierung der Weltangelegenheiten in Gange war, hätte man das seiner Reaktion bestimmt entnehmen können. Es wäre nichts leichter für ihn gewesen als zu sagen: ›Vielen Dank für diese Mitteilung über Ihre neue Bombe. Ich bin natürlich kein Techniker. Darf ich morgen früh meine Sachverständigen für Kernphysik zu den ihren schicken?‹ Aber Stalins Züge blieben heiter und unbeschwert, und die Unterhaltung der beiden großen Staatschefs ging gleich darauf zu Ende. Während wir auf unsere Autos warteten, fand ich mich neben Truman. ›Wie ist es abgegangen?‹, fragte ich. ›Er stellte keine einzige Frage‹, antwortete er.«[2]

Doch Churchill irrte sich, als er annahm, dass Stalin über die amerikanischen Fortschritte bei der Entwicklung der Atombombe nicht im Bilde gewesen sei. Er unterschätzte sowohl Stalins Gerissenheit als auch seine Paranoia. Ihm war während vieler spätabendlicher Gespräche in Moskau, Teheran und Jalta entgangen, dass sich Stalin durchaus lebhaft für neue Technologien der Kriegsführung interessiert hatte – ein Interesse, das sie miteinander teilten. Zum Erstaunen Churchills jedenfalls nahm Stalin die Mitteilung Trumans gelassen auf. Im Stillen zog der sowjetische Staatschef jedoch seine eigenen Schlüsse. Die Amerikaner hatten offensichtlich seit Jahren an der Atombombe gearbeitet, ohne ihn davon in Kenntnis zu setzen, obwohl sie doch Verbündete waren. Das bestärkte ihn in seinem grundsätzlichen Misstrauen gegenüber den westlichen Alliierten.

Das baldige Auseinanderbrechen der Anti-Hitler-Koalition nach dem Krieg war auf eine Reihe von Faktoren zurückzuführen. Eine wesentliche Rolle spielte dabei die sowjetische Politik in den gerade befreiten Ländern Mittel- und Osteuropas. Mit dem angelsächsischen Verständnis von Demokratie und liberaler Wirtschaftsordnung war diese nicht vereinbar. Während sich Briten und Amerikaner von der Ausdehnung des sowjetischen Einflussbereichs in Europa bedroht fühlten, sah Stalin im Atombombenmonopol seiner Kriegsverbündeten eine ebenso große Gefahr für sein Imperium. Das genaue Ausmaß war schwer abzuschätzen, denn die Informationen über Produktion, Zahl und Effektivität der Nuklearwaffen wurden als großes Geheimnis behandelt.

Der Wettlauf um die Atombombe

Hitlers Kernphysiker

Kurz vor Weihnachten 1938 kamen die Chemiker Otto Hahn und Fritz Straßmann im Rahmen einer Versuchsserie am Kaiser-Wilhelm-Institut für Chemie in Berlin zu einem merkwürdigen Ergebnis. Ziel der beiden Wissenschaftler war es, durch Neutronenbeschuss von Uran Radium zu gewinnen. Doch statt Radium aus dem Urankern herauszuschlagen, hatten sie ihn in zwei Teile gespalten. Erstmals war es offenbar gelungen, so die Schlussfolgerung, eine Kernspaltung herbeizuführen. Als Otto Hahn und Fritz Straßmann Anfang 1939 ihre Ergebnisse in der Zeitschrift »Die Naturwissenschaften« bekannt gaben, stand der Ausbruch des Zweiten Weltkrieges kurz bevor. So war die weitere Atomforschung bald davon geprägt, eine kriegsentscheidende Waffe zu entwickeln. Doch darauf hatten es die Wissenschaftler, die sich mit dem Thema beschäftigten, keineswegs angelegt. Gleichwohl beteiligten sie sich in den Jahren nach 1939 an der Entwicklung der Atombombe, was sie nach 1945 erfolgreich zu verschleiern vermochten.

Im Frühjahr 1939 machten mehrere deutsche Wissenschaftler den Reichsforschungsrat – 1937 beim Reichserziehungsministerium zur Koordination wehrwissenschaftlicher Aufgaben gegründet – auf die militärischen Anwendungsmöglichkeiten der Kernspaltung aufmerksam. Daraufhin wurde Professor Abraham Esau, Direktor der Physikalisch-Technischen Reichsanstalt, zum Leiter der Fachsparte Physik des Reichsforschungsrats ernannt und mit der Bildung eines Expertengremiums für Fragen der Kernforschung beauftragt. Dieses nahm am 29. April 1939 in Berlin unter dem Namen »Uranverein« seine Arbeit auf. Er war ein lockerer Zusammenschluss von Wissenschaftlern verschiedener Institutionen. Unter der Leitung des Reichsforschungsrats sollten in diesem Gremium die weiteren Arbeiten zur Erforschung der Kernspaltung koordiniert werden.

Parallel zum Reichsforschungsrat wurde auch das Heereswaffenamt auf die neuen Möglichkeiten aufmerksam. Die entscheidenden Hinweise kamen vom Hamburger Physiker Paul Harteck. Er bemerkte in einem Schreiben vom 24. April 1939 an den Chef der Wissenschaftsabteilung des Heereswaffenamtes, Erich Schumann: »Das Land, das als erstes [von der Kernspaltung] Gebrauch macht, besitzt den anderen gegenüber eine nicht einzuholende Überlegenheit.«[3]

Von diesen Ausführungen beeindruckt, beauftragte Schumann im Sommer 1939 den Physiker Kurt Diebner mit der Prüfung der eingegangenen Hinweise.

Diebner konsultierte mehrere Spezialisten und kam zu der Auffassung, dass die Atomforschung forciert werden müsse. Wenig später wurde dann beim Heereswaffenamt nicht nur ein kernphysikalisches Referat, sondern auch ein entsprechendes Labor auf dem Heeresversuchsgelände Kummersdorf in Gottow südlich von Berlin eingerichtet. Die Militärs legten damit den Grundstein für ein eigenes Uranforschungsvorhaben. Zugleich versuchten sie, alle Aktivitäten auf diesem Gebiet an sich zu ziehen. So wurde der gerade erst gegründete Uranverein kurzerhand dem Heereswaffenamt unterstellt. Nach Kriegsbeginn konnte dieses auch zahlreiche andere Wissenschaftler, die sich der Atomforschung widmeten, enger an sich binden, darunter Werner Heisenberg, bis 1941 Professor an der Universität Leipzig und anschließend Direktor des Kaiser-Wilhelm-Instituts für Physik, Otto Hahn, seit 1928 Direktor des Kaiser-Wilhelm-Instituts für Chemie, Walter Bothe, Mitarbeiter des Kaiser-Wilhelm-Instituts für Medizin, Paul Harteck, Professor an der Universität Hamburg, und Nikolaus Riehl von der Auergesellschaft, die seltene Metalle und Uranerz verarbeitete.

Zentrum der militärisch koordinierten Forschungen sollte das Kaiser-Wilhelm-Institut für Physik in Berlin werden, dem ab 1941 Werner Heisenberg vorstand. Nach und nach spielte sich aber Diebner mit seiner Forschungsgruppe in Gottow in den Vordergrund und stand in offener Konkurrenz zum Heisenberg-Team. Während Nobelpreisträger Heisenberg unbestritten der fähigste theoretische Physiker war, verkörperte Diebner den Typus des emsigen Praktikers. Im Gegensatz zu Heisenberg war er ein überzeugter Nazi. Gemeinsam mit dem Physiker Erich Bagge aus Leipzig bereitete er zwei Geheimkonferenzen vor, auf denen ausgelotet werden sollte, ob sich die jüngsten kernphysikalischen Entdeckungen für die Entwicklung neuer Waffen nutzen ließen. Diebner bewertete diese Frage ausgesprochen positiv und drängte in den folgenden Jahren stets darauf, die Atomforschung voranzutreiben, zum Teil auch gegen den Widerstand seines Vorgesetzten Schumann, der dem Projekt eher skeptisch gegenüberstand.

Doch zunächst war es Heisenberg, der die entscheidenden Überlegungen anstellte. Anfang Dezember 1939 verfasste er für das Heereswaffenamt einen Bericht über »die Möglichkeit der technischen Energiegewinnung aus der Uranspaltung«. Man sei dem Ziel, einen Reaktor zur Energieerzeugung zu konstruieren, sehr nahe gekommen. Die entsprechend angereicherten Isotope eigneten sich zugleich dafür, »Explosivstoffe herzustellen, die die Explosionskraft der bisher stärksten Explosivstoffe um mehrere Zehnerpotenzen übertreffen«.[4] Die theoretische Hauptfrage in diesem Zusammenhang war die nach der kritischen Masse, d. h. nach der Menge spaltbaren Materials (Uran 235 oder Plutonium), die groß genug ist, um eine Kettenreaktion aufrechtzuerhalten, aber klein genug, um nicht unkontrolliert zu explodieren. Die Abschätzung dieser Masse war entscheidend für die Frage, ob sich eine Bombe entwickeln ließ. Für Heisenberg lag allerdings lediglich der Bau eines »Uranbrenners«, d. h. eines kleinen Reaktors, im Bereich des Machbaren.

Noch aber hatte man mit zahlreichen ungelösten Problemen zu kämpfen. Im Zentrum stand die Frage nach einem wirksamen Bremsstoff (Moderator), einer Substanz, die hindurchgehende Neutronen verlangsamte, aber nicht absorbierte. Die theoretischen Überlegungen ergaben, dass neben Kohlenstoff (Graphit) schweres Wasser (Deuteriumoxid, D_2O) die beste Lösung wäre. Heisenberg entschied sich, für künftige Experimente schweres Wasser zu nutzen. Doch für die Produktion dieses Stoffes waren aufwändige Elektrolyseprozesse nötig. Entsprechende Anlagen gab es zu Kriegsbeginn in Deutschland nicht. Erst nach der Besetzung Norwegens 1940 und der Anbindung der norwegischen Firma Norsk Hydro in Rjukan rund 130 Kilometer westlich von Oslo an die I. G. Farbenindustrie AG stand den deutschen Wissenschaftlern schweres Wasser zur Verfügung. Norsk Hydro wurde nämlich verpflichtet, die Schwerwasserproduktion zu steigern und ausschließlich das Deutsche Reich zu beliefern.

Den deutschen Atomwissenschaftlern fehlte es Ende der dreißiger Jahre zunächst auch an ausreichenden Uranressourcen, um im großen Stil forschen zu können. Das Erzgebirge, die einzige Region, in der es kleinere Uranerzvorkommen gab, galt geologisch als gut erkundet, darunter die Gegend um Schneeberg und Johanngeorgenstadt. Der dortige Uranvorrat wurde von den Fachleuten aber nur auf wenige Tonnen geschätzt und man rechnete nicht mit großen neuen Funden. Die im Erzgebirge tätige Sachsenerz-Bergwerks AG konzentrierte sich daher auf die Förderung seltener Metalle, die von der Rüstungsindustrie nachgefragt wurden. Lediglich im schlesischen Schmiedeberg hatte man ab 1936 die Uranerzförderung durch den Aufschluss neuer Gänge steigern können. Nach der Besetzung des Sudetengebietes und der Zerschlagung der Rest-Tschechoslowakei waren im Frühjahr 1939 die ältesten europäischen Uranerzminen in den Besitz eines deutschen Firmenkonsortiums, mit der Auergesellschaft Berlin und der Firma Buchler aus Braunschweig an der Spitze, gekommen. Eine wesentliche Ausweitung erfuhr der Joachimsthaler Bergbau jedoch auch unter der Regie dieses Radiumsyndikats nicht. Das verfügbare Material blieb begrenzt.

Erst im Laufe des Jahres 1940 bahnte sich in Sachen Uranerzressourcen eine Lösung an, nachdem die Wehrmacht im Sommer ihren Blitzkrieg im Westen gewonnen hatte. In Belgien stieß man auf große Radium- und Uranoxydvorräte, die bei der Brüsseler Union Minière lagerten. Zwar hatte deren Direktor, Edgar Sengier, bereits im September 1939 die Verschickung der Bestände nach New York angeordnet, doch bislang war erst ein Teil auf den Weg gebracht worden. Bereits ab Juni 1940 kauften die Auergesellschaft und die Degussa bei der Union Minière Uranverbindungen. Der größte Posten, insgesamt 1 244 Tonnen, wurde im Mai 1942 von der Rohstoffgesellschaft mbH (Roges), einer deutschen Kriegshandelsgesellschaft, erworben. Später kaufte die Roges auch in Frankreich Uranerze und erwarb weitere 200 Tonnen Uranverbindungen von der Union Minière, die bis zum Sommer 1944 im Auftrag der Auergesellschaft die Reinigung von Uranoxyd übernahm. Mit dem belgischen Uranoxyd standen der deutschen Forschung nun die damals weltweit größten Uranoxydvorräte zur Verfügung. Das war eine ausreichend große Menge, um eine Atombombe herzustellen.[5]

Neben der Gewinnung von schwerem Wasser und der Uranerzbeschaffung stellte die Weiterverarbeitung zu Uranoxyd und Uranmetall mit hohem Reinheitsgrad das nächstgrößte Problem dar. Im Herbst 1939 erteilte das Heereswaffenamt der Auergesellschaft den Auftrag zur Herstellung von reinem Uranoxyd. Die Firma baute daraufhin innerhalb weniger Wochen ein Werk in Oranienburg, dessen Produktionskapazität bei ca. einer Tonne Uranoxyd je Monat lag.[6] Die Weiterverarbeitung erfolgte ab 1940 in den Uranschmelzanlagen der Degussa in Frankfurt/M. und ab Ende 1944 in einer zweiten Schmelzanlage in Berlin-Grünau.[7]

Insgesamt verfügte die deutsche Atomforschung damit über eine ausgesprochen gute Ausgangsposition. Als Nächstes brauchte man jetzt noch Zyklotrone zur Messung kernphysikalischer Konstanten. Zugang zu solch einem Zyklotron erhielten die deutschen Wissenschaftler nach der Besetzung Frankreichs im Sommer 1940. Im Pariser Institut von Frédéric Joliot-Curie sollte ein im Bau befindliches Zyklotron beschlagnahmt und nach Deutschland gebracht werden. Doch dazu kam es aufgrund von Differenzen mit den französischen Wissenschaftlern nicht. Man einigte sich schließlich auf einen Kompromiss. Die Anlage blieb in Paris und wurde mit Hilfe deutscher Firmen innerhalb weniger Monate fertig gestellt. Eine kleine Gruppe deutscher Wissenschaftler durfte es fortan für eigene Forschungszwecke nutzen.[8] Wahrscheinlich wurden dabei auch bautechnische Unterlagen angefertigt und dem Heereswaffenamt sowie der Reichspostforschungsanstalt zur Verfügung gestellt.

Parallel dazu nahm man in Deutschland den Bau von Zyklotronen in Angriff, unter anderem am Siemens-Forschungslabor in Berlin, das von Gustav Hertz geleitet wurde, an den Instituten von Walter Bothe in Heidelberg und Gerhard Hoffmann in Leipzig sowie bei der Reichspostforschungsanstalt in Miersdorf bei Zeuthen und Berlin-Lichterfelde. Einer der engagiertesten Fürsprecher war Diebner, während Heisenberg eher bremste. Die Fertigstellung des ersten deutschen Zyklotrons zog sich dann allerdings noch bis 1943 hin.

Eine der wichtigsten Forschungsaufgaben war 1940 zunächst die Suche nach den chemischen Elementen 93 und 94, den so genannten Transuranen, heute bekannt unter den Namen Neptunium und Plutonium.[9] Diese waren, so die theoretische Überlegung, leichter zu spalten als Uran 235 und kamen deshalb als potenzielle Kernsprengstoffe eher infrage. Im Sommer 1940 legte Carl Friedrich von Weizsäcker das Problem der Transurane dem Heereswaffenamt dar. In seinem Bericht nannte er zwei wichtige Anwendungsmöglichkeiten der neuen Elemente: Reaktoren zur Energiegewinnung und Kernsprengstoffe. Von Weizsäcker verwies aber einschränkend darauf, dass die Spaltbarkeit der Transurane noch nicht getestet werden könne. Ein praktischer Versuch sei erst möglich, wenn man geringe Mengen in einem Reaktor gewonnen habe.

Nachdem im Frühjahr 1940 in Hamburg und Berlin erste Modellversuche mit den neu entdeckten Elementen durchgeführt worden waren, sollten diese Arbeiten bald in Berlin fortgeführt werden. So errichtete man im Sommer desselben Jahres unter der Leitung von Werner Heisenberg und Carl Friedrich von Weizsäcker ein Laborgebäude auf dem Gelände des Instituts für Biologie und Virusforschung der Kaiser-Wilhelm-Gesellschaft in Berlin-Dahlem. Um Neugierige fern zu halten, erhielt das Gebäude den Tarnnamen »Virushaus«. Tatsächlich installierte man dort einen kleinen »Uranbrenner«.

Nachdem Heisenberg im September 1941 die ersten 150 Liter schweres Wasser aus Norwegen erhalten hatte, konnte er eine neue Versuchsserie in Angriff nehmen, bei der ihm erstmals eine Steigerung der Neutronenzahl gelang. Dank der grundlegenden Arbeit von Fritz Houtermans »Zur Frage der Auslösung von Kern-Kettenreaktionen« wusste Heisenberg inzwischen auch, dass eine konstante Kettenreaktion mit Natururan zur Entstehung des Elements 94 führen musste. Damit schien klar, dass Heisenbergs Uranmaschine in absehbarer Zeit funktionieren würde.

Ende Oktober 1941 kam es zu einem legendenumwobenen Gespräch zwischen Heisenberg und dem berühmten dänischen Physiker Niels Bohr in Kopenhagen. Beide galten als die größten wissenschaftlichen Kapazitäten auf dem Gebiet der theoretischen Physik in ihren Ländern und genossen weltweit hohes Ansehen. Heisenberg hatte zuvor an einer Tagung des Deutschen Wissenschaftlichen Instituts in Kopenhagen teilgenommen. Da Bohr und seine Kollegen glaubten, man wolle sie für die deutsche Atomforschung vereinnahmen, blieben sie der Konferenz fern. Anlässlich eines privaten Gesprächs, das am Rande der Veranstaltung zu Stande kam, deutete Heisenberg gegenüber Bohr an, dass eine Atombombe machbar sei. In diesem Zusammenhang diskutierten die beiden Physiker die Frage, ob sich Wissenschaftler an der Entwicklung von Kernwaffen beteiligen sollten. Die Begegnung endete abrupt und mit einem Zerwürfnis. Bohr war entsetzt und fürchtete, Heisenberg wolle ihn aushorchen und sei gekommen, um ihn zur Kooperation mit deutschen Instituten zu bewegen.

Nach den Erfolgen der Blitzkriege ließ das Interesse des Heeres an der Atomforschung nach. Als der Krieg im Herbst 1941 so gut wie gewonnen schien, war der Bedarf an neuen Waffen stark gesunken. Das Heereswaffenamt nutzte Ende 1941 die Gelegenheit, um die Verantwortung für das inzwischen ungeliebte Atomprojekt an den Reichsforschungsrat abzugeben. Professor Schumann von der Forschungsabteilung des Heereswaffenamtes konzentrierte sich auf andere waffentechnische Ideen, wie den Bakterien- und Giftgaskrieg, für die er Hitler zu gewinnen suchte. Dem Oberkommando der Wehrmacht waren neuartige Waffen zwar stets willkommen, aber nur, wenn sie sich in absehbarer Zeit einsetzen ließen.

Am 26. Februar 1942 veranstaltete der Reichsforschungsrat in Berlin eine Tagung zum Stand der deutschen Atomforschung. Die Prominenz aus den Schaltstellen der Rüstungswirtschaft blieb dieser Veranstaltung allerdings fern. Dennoch drang die Kunde von den militärischen Anwendungsmöglichkeiten der Kernenergie in die höchsten Kreise des Staates. Reichspropagandaminister Joseph Goebbels notierte am 21. März 1942 in sein Tagebuch: »Die Forschungen auf dem Gebiet der Atomzertrümmerung sind so weit gediehen, dass ihre Ergebnisse unter Umständen noch für die Führung dieses Krieges in Anspruch genommen werden können. Es ergeben sich hier bei kleinstem Einsatz derart immense Zerstörungswirkungen, dass man mit einigem Grauen dem Verlauf des Krieges, wenn er noch länger dauert, und einem späteren Krieg entgegenschauen kann.«[10]

Rüstungsminister Albert Speer wurde im Frühjahr 1942 von Generaloberst Erich Fromm auf die Arbeiten des Uranvereins hingewiesen. Er wollte Genaueres wissen und lud am 4. Juni 1942 ins Harnack-Haus in Berlin zu einer Konferenz. Daran nahmen unter anderem der Chef des Heereswaffenamtes, General Wilhelm Ritter von Leeb, Generalfeldmarschall Erhard Milch und andere führende Militärs teil. Wieder war es Heisenberg, der das Thema der Uranbombe anschnitt und andeutete, sie habe eine gewaltige Vernichtungskraft und müsse nicht größer sein als eine Ananas. Die Offiziere waren von Heisenbergs Ausführungen begeistert. Allerdings bremste dieser umgehend die aufkommende Euphorie der Militärs und verwies auf den immensen materiellen und finanziellen Aufwand für den Bau einer Bombe, der, wenn überhaupt, erst in einigen Jahren zu realisieren sei. Speer wollte daraufhin wissen, welche Summe die Wissenschaftler für die Beschleunigung ihres Projektes benötigten. Als von Weizsäcker dann einen aus Speers Sicht lächerlich kleinen Betrag nannte, schien für ihn und die anwesenden Militärs festzustehen, dass das Projekt nicht mehr kriegsentscheidend sein könne, da sich die Wissenschaftler, so vermutete Speer, nur mit Grundlagenforschung beschäftigten.[11] Obwohl Speer vom praktischen Wert der Uranforschung nicht überzeugt war, unterstützte er die Fortsetzung der Arbeiten. Im Jahr 1943 stellte sein Ministerium 3 Millionen Reichsmark und 1944 3,6 Millionen Reichsmark zur Verfügung.[12]

Adolf Hitler, der eine tiefe Abneigung gegen die »jüdische Physik« hegte und alles, was auch nur entfernt mit Albert Einstein in Verbindung stand, verteufelte, blieb gegenüber dem Atomprojekt zunächst skeptisch. Dabei wusste die Führung des Dritten Reiches offenbar doch mehr über das britisch-amerikanische Atomprojekt als lange Zeit angenommen. Wie sie mit ihren bruchstückhaften Kenntnissen umging, konnte bislang nicht ausreichend beantwortet werden.[13]

Die Alliierten erfuhren von dem deutschen Vorhaben durch Agentenberichte und begaben sich in einen dramatischen technologischen Wettlauf mit Nazideutschland. Bewusst nahmen sie auch Ziele ins Visier, die mit dem deutschen Atomprogramm im Zusammenhang standen. Angriffe britischer Kommandotrupps und norwegischer Widerstandskämpfer im Februar und amerikanischer Bomber im November 1943 führten zur Lahmlegung der Produktion von schwerem Wasser im Werk der norwegischen Norsk Hydro. Eine Fähre, die das restliche schwere Wasser nach Deutschland bringen sollte, wurde im Februar 1944 versenkt. Daraufhin wurde die Anlage der Norsk Hydro Mitte desselben Jahres demontiert und nach Deutschland gebracht. Zwischenzeitlich hatte man aber schon in den Werken der I. G. Farbenindustrie in Leuna und Bitterfeld drei kleine und in der Nähe von Arnstadt eine weitere Schwerwasseranlage installiert. Bei der Entwicklung neuer Verfahren zur Herstellung von schwerem Wasser hatten sich vor allem Paul Harteck und sein Mitarbeiter Hans Suess in Hamburg sowie Karl-Hermann Geib in Leuna hervorgetan. Wie kaum ein anderer verstand es Harteck dabei, allen praktischen Schwierigkeiten zum Trotz neue Lösungen zu finden.

Mitte 1943 organisierte der Direktor der Physikalisch-Technischen Reichsanstalt, Abraham Esau, eine große kernphysikalische Konferenz in Berlin, auf der 41 Wissenschaftler ihre Forschungsergebnisse vorstellten. Während Heisenberg nicht auftrat – seine Versuche am Kaiser-Wilhelm-Institut für Physik stagnierten, insofern hätte er nichts Neues berichten können –, gaben Diebners Mitarbeiter Einblicke in ihre Arbeiten in Gottow, die offensichtlich gut vorankamen. Während Heisenberg noch mit Uranplatten experimentierte, hatte sich Diebner für eine andere Versuchsanordnung entschieden. In einen mit schwerem Wasser gefüllten Zylinder hängte er in einer perfekten Gitteranordnung an Drähten befestigte Uranmetallwürfel. Umgeben war das Ganze in den ersten Experimenten von einem Wassermantel, bei späteren Versuchen, die unter dem Namen G-III liefen, von einem Kohlenstoffmantel. Trotz der geringen Größe der Gottower Uranmaschine, die ungefähr nur 2 mal 3 Meter maß, ergab das Experiment eine außerordentlich hohe Neutronenvermehrung.

Diebner wollte diese Versuche schließlich in größerem Maßstab wiederholen mit dem Ziel, zu einer sich selbst erhaltenden Kettenreaktion zu kommen. Doch zu Beginn des Jahres 1944 stand nicht genügend Bremssubstanz zur Verfügung. Der hartnäckige Diebner wollte diesen Engpass durch ein Tieftemperaturexperiment unter Verwendung von Uran und einer Kohlenwasserstoffverbindung (C_5H_{10}) als Moderator überbrücken.[14] Die Idee für diesen – angeblich nicht mehr realisierten – Versuch kam von Harteck.

Angesichts der verstärkten alliierten Luftangriffe wurden die am Atomprojekt des Reichsforschungsrats beteiligten Einrichtungen ab Herbst 1943 nach Süddeutschland (Freiburg, Hechingen, Heidelberg) und die Diebner-Gruppe nach Thüringen (Stadtilm) verlagert. Für die Wissenschaftler um Heisenberg war die deutsche Niederlage nun absehbar. Sie konzentrierten sich 1944/45 daher nur noch auf ein Ziel: die Erzeugung einer Kettenreaktion in einer Uranmaschine. Dafür wurde in einem Felsenkeller in Haigerloch bei Tübingen ein letztes Experiment unter Vernachlässigung aller Sicherheitsmaßnahmen gestartet. Anfang März 1945 stand die von Werner Heisenberg geleitete Forschungsgruppe kurz vor einer sich selbst erhaltenden Kettenreaktion.[15]

Rückschauend urteilte Heisenberg über den Stand der Forschung: »Wir sahen eigentlich vom September 1941 eine freie Straße zur Atombombe vor uns.«[16] Warum diese freie Straße von der Heisenberg-Gruppe dann nicht resolut beschritten wurde – um im Bild zu bleiben –, darüber streiten Historiker bis heute. War es so, wie Beteiligte an der Atomforschung später argumentierten, dass sich die Wissenschaftler weigerten, Hitler mit der Bombe zu bewaffnen? Hat Heisenberg das Projekt gar »in einer Abstellkammer« untergebracht und dann »sterben lassen«, wie der Wissenschaftsjournalist Thomas Powers meint?[17] Oder ist Heisenberg eher an fehlerhaften theoretischen Überlegungen und begrenzten Ressourcen gescheitert? Er hat jedenfalls nichts unternommen, um die Arbeiten am Atomprojekt zu forcieren, obwohl er die Militärs mehrfach, wie geschildert, auf die Atombombe aufmerksam machte. Während Diebner und Harteck auf ein schnelleres Vorgehen drängten, hielt sich Heisenberg eher zurück. Es spricht vieles dafür, dass ihn – im Gegensatz zu Diebner – tatsächlich Skrupel plagten und er daher nur einen Reaktor, aber keine Bombe bauen wollte.

Während bislang Heisenberg, Harteck und Diebner als die zentralen Figuren galten, lassen sich inzwischen noch andere Forschungsgruppen nachweisen.[18] Sie kamen möglicherweise weiter als die Genannten und wurden von der zeitgeschichtlichen Forschung lange Zeit nicht wahrgenommen. Dies waren österreichische Wissenschaftler um Professor Georg Stetter in Wien und Innsbruck, Wissenschaftler der Reichspostforschungsanstalt in Berlin-Lichterfelde mit Manfred von Ardenne an der Spitze und in Miersdorf bei Zeuthen mit Dr. Georg Otterbein als Leiter sowie ein bisher nur schemenhaft zu verortendes Team der SS in Thüringen, Österreich und Böhmen. Diese Gruppen kooperierten mit dem Diebner-Team und mehreren großen Industrieunternehmen, darunter Siemens, AEG, Krupp und Skoda.

Die Forschungsanstalt der Deutschen Reichspost hatte neben Routineaufgaben auch eine Reihe von kriegswichtigen Projekten übernommen, u. a. die Sprachverschlüsselung und die Entwicklung von Radargeräten. Diese Arbeiten wurden vom Reichspostminister Dr. Wilhelm Ohnesorge, einem frühen Weggefährten Hitlers und Mitglied der NSDAP seit 1920, stark gefördert. Mit der Ausweitung der Rüstungsforschung wollte er sein politisches Gewicht erhöhen. Seine Vision von einer wissenschaftlich-technischen Denkfabrik versuchte der Minister in Kleinmachnow bei Berlin zu realisieren.[19] Im Dezember 1939 hatte ihn der Physiker Manfred von Ardenne auf die »ungeheure Bedeutung der Hahnschen und Straßmannschen Entdeckung« aufmerksam gemacht.[20] Aus wissenschaftspolitischer Sicht ein kluger Schachzug. Die Reichspost verfügte über einen großen Etat für die Grundlagenforschung und einen sachverständigen Minister mit Geltungsdrang. Ohnesorge entschloss sich im Januar 1940 zur Förderung des Projektes »für die technische Entwicklung von Verfahren und Anlagen auf dem Gebiet der Atomzertrümmerung«.[21] Im Institut von Ardenne in Berlin-Lichterfelde und in Miersdorf wurden daraufhin eine 1-Millionen-Volt-Anlage zur Herstellung radioaktiver Isotope und ein 60-Tonnen-Zyklotron gebaut. Ohnesorge wollte »seinem Führer« als Erster die »Uranbombe« liefern. Mehrfach berichtete er Hitler über die Fortschritte des Atomprojektes. Hitler soll sich jedoch im Juni 1942 eher amüsiert darüber gezeigt haben, dass ausgerechnet sein Postminister an neuen Waffen forschte. Doch Ohnesorge ließ sich von solchen Reaktionen nicht irritieren.

Nach dem fehlgeschlagenen Attentat auf Hitler im Juli 1944 verschoben sich die Kräftekonstellationen im Reich erheblich zugunsten der SS. Der Reichsführer SS, Heinrich Himmler, drängte immer stärker darauf, die wichtigsten Rüstungs- und Forschungsprojekte seiner Organisation zu unterstellen. In diesem Zusammenhang erlangte SS-General Dr. Hans Kammler, Leiter der Gruppe C des Wirtschafts- und Verwaltungshauptamtes der SS und Sonderbeauftragter für alle wichtigen Hochtechnologieprojekte – darunter V-Waffen (Raketen) und Düsenjäger sowie Strahlen- und Atomforschung –, einen enormen Machtzuwachs.[22] Über die Ergebnisse der Kammler unterstehenden Arbeiten gibt es widersprüchliche Angaben. Sind die Wissenschaftler, die mit der SS kooperierten und in geheimen unterirdischen Labors etwa im Objekt »Burg« in Thüringen, im Objekt »Quarz« im österreichischen Melk und im Skoda-Werk in Pilsen arbeiteten, weiter gekommen als die Gruppen um Heisenberg?[23] Sollte ein von KZ-Häftlingen im Jonastal gebautes Stollensystem nicht nur als (unvollendetes) Führerhauptquartier, sondern auch als Forschungs- und Produktionsstätte für »Siegeswaffen« dienen? Hat es Anfang März 1945 in Thüringen gar einen Test einer kleinen Atomwaffe gegeben? Diese Mutmaßungen haben sich in jüngster Zeit verdichtet.

Bisher steht nur fest, dass kurz vor dem Einmarsch der Amerikaner in Ohrdruf die SS den größten Teil der geheimnisvollen Stollen und unterirdischen Anlagen sprengte. Weitere Sprengungen nahmen die Amerikaner am 10. April 1945 vor, nachdem sie tonnenweise Unterlagen und Materialien geborgen hatten. Bis heute konnte das Geheimnis des Jonastals nicht gelüftet werden.[24] Gleiches gilt für die große unterirdische Anlage in Melk, von Verbänden der Waffen-SS noch bis zum 9. Mai 1945 verteidigt. Man kann nur mutmaßen, dass dort Atomforschung betrieben wurde.[25]

Dass die Forschungen bei der Reichspostforschungsanstalt, beim Heereswaffenamt und der SS bis zum Herbst 1944 weiter vorangekommen sein müssen als lange Zeit angenommen, davon zeugt ein erst vor kurzem aufgefundener Bericht der Reichspost. In dem Dokument heißt es: »Da lt. Bef. FHQU [Führerhauptquartier] 219/44 v. 30 Sept. 1944 der Bau der Uranbombe forciert werden musste, verzichteten wir auf die Arbeiten mit kleinen Modellen in der Größenordnung von wenigen Milligramm, sondern stützten uns bei dem Bau und der Konstruktion der Uranbombe im Wesentlichen auf die vorhandenen Forschungsergebnisse und theoretischen Spekulationen, die aber, wie wir heute schon den Beweis haben, richtig waren … Es kostete alle diese Versuche eine Riesensumme an Einsatz jeglicher Art, sowohl finanziell als auch persönlich und machen wir deshalb darauf aufmerksam, dass wir diesen geschlossenen Rechenschaftsbericht, den wir über Befehl FHQU anzufertigen haben nur ungern an eine politische Stelle weiterleiten, da die Gefahr des totalen, oder teilweisen Verlustes unseres Vorsprungs besteht, wenn der Inhalt dieses Berichtes zur Kenntnis einer dritten Person, womöglich gar unserer Gegner gelangt.«[26] Weiter ist in diesem Bericht von zwei Bombentypen die Rede: »UB I« (Uran-235-Bombe) und »UB II« (Plutoniumbombe). Genaueres lässt sich bislang nicht sagen.

Abgesehen von offenen Fragen über die Dimension und den Stand der vom

Heereswaffenamt, der Reichspost und der SS gelenkten Atomforschung deutet einiges darauf hin, dass Himmler und andere hohe SS-Führer diese und andere Projekte, unabhängig von ihrem Reifegrad, in den letzten Kriegsmonaten als Faustpfand für geheime Separatverhandlungen mit den Alliierten nutzen wollten.[27]

Obwohl die Alliierten mit einer deutschen Atombombe rechneten, begannen sie erst spät mit einer systematischen Aufklärung. Ende 1943 rief General Leslie Groves, der militärische Leiter des amerikanischen Atomprojektes, eine Einheit mit dem Tarnnamen »Alsos« (griechischer Name für Grove) ins Leben. Als Kommandeur der Einheit wurde Oberstleutnant Boris T. Pash eingesetzt. Dieser hatte sich durch seine eigenwilligen Methoden bei der Erkundung von angeblichen kommunistischen Aktivitäten einiger Angestellter des Labors von Ernest Lawrence in Berkeley, der bereits Anfang der dreißiger Jahre ein Zyklotron betrieb, einen Namen gemacht. Wissenschaftlicher Berater von Pash wurde der niederländische Atomphysiker und Kriminalist Samuel A. Goudsmit.[28]

Die wichtigste Aufgabe von Alsos bestand darin, herauszufinden, zu welchen Resultaten die deutschen Atomphysiker bei ihren Forschungen gekommen waren. Im Jahr 1944 richtete Pash sein Hauptquartier in London ein und konnte sich bald ein Bild von der deutschen Uranversorgung machen. Er erfuhr, dass die Deutschen 1940 beim Einmarsch in Belgien große Mengen Uranerze vorgefunden hatten und die Auergesellschaft diese verarbeitete.

Nach dem überraschend schnellen Vormarsch der alliierten Truppen zog die Alsos-Mission am 25. August 1944 in Paris ein. Doch der sofort befragte Joliot-Curie wusste weit weniger über die deutsche Uranforschung als erwartet. Eine neue Spur führte schließlich ins elsässische Straßburg. Dort stieß Pash Mitte November 1944 auf ein deutsches Physiklabor und zahlreiche Unterlagen. Für ihn stand fest: »Es gab keinen Zweifel. Das vorliegende Material bewies eindeutig, dass die Deutschen eine Atombombe weder hatten, noch in irgendeiner praktikablen Form konstruieren konnten.«[29] Rückblickend erklärte Pash mit einigem Stolz: »Die Bestätigung der Tatsache, dass eine deutsche Atombombe keine unmittelbare Bedrohung darstellte, war vermutlich das bedeutendste einzelne Spionageaufklärungsergebnis der Kriegszeit. Diese Information allein rechtfertigte Alsos.«[30]

Groves war mit den Ergebnissen der Alsos-Mission allerdings noch nicht zufrieden. Er wollte unbedingt den Verbleib des belgischen Uranerzes geklärt wissen. In der Tat konnte der größte Teil des Erzes in der Nähe von Staßfurt bei Magdeburg ausfindig gemacht werden. Obwohl der Ort zur künftigen sowjetischen Besatzungszone gehörte, stieß die Alsos-Einheit Mitte April 1945 dorthin vor und ließ ca. 1 100 Tonnen Uranverbindungen abtransportieren. In der Zwischenzeit ging die Jagd nach den deutschen Atomwissenschaftlern weiter. In Heidelberg, Stadtilm, Hechingen und verschiedenen Orten Bayerns wurden sie schließlich aufgegriffen.

Noch weitgehend unklar ist, was im April 1945 wirklich in Thüringen geschah. Bei ihrem schnellen Vorstoß hatten die amerikanischen Truppen auch die Kleinstadt Stadtilm eingenommen und dort in einem Schulgebäude Friedrich Berkei, Stellvertreter von Kurt Diebner, und Dokumente zur Atomforschung aufgespürt. Von den umgehend herbeigeeilten Alsos-Mitarbeitern meldete Goudsmit, dass jene einen umfangreichen Fund gemacht hätten und er diesen gerade auswerte. Doch dann geschah etwas Ungewöhnliches. Goudsmit erhielt Order aus Washington, die weitere Analyse der Stadtilmer Dokumente abzubrechen und alle Unterlagen sofort nach Washington zu schicken. Außerdem sei das gesamte Material über Reaktorexperimente, Uran und schweres Wasser von vornherein als »geheim« zu klassifizieren.[31]

Inzwischen verdichten sich die Hinweise, dass dies keine Routineanweisung war. Stand in der Nähe von Stadtilm ein unterirdischer Reaktor? Wo haben die Wissenschaftler der Diebner-Gruppe und der Reichspostforschungsanstalt gearbeitet? Sicher nicht nur in der bereits erwähnten Schule. Aufgrund dieser und anderer Indizien haben britische und amerikanische Historiker starke Zweifel an der bisherigen Darstellung der Geschichte der deutschen Atomforschung angemeldet.[32] Eine Klärung obliegt der weiteren Forschung.

Nach Kriegsende wurden zehn prominente deutsche Physiker, darunter Werner Heisenberg und Otto Hahn, für sechs Monate auf einem alten englischen Landsitz in Farm Hall interniert.[33] In der Hoffnung, die Wissenschaftler würden sich über den Stand der deutschen Atomforschung austauschen, wurden alle ihre Gespräche vom britischen Geheimdienst abgehört. Die größte Sorge der Briten war, dass in Deutschland noch nukleares Material lagerte und Forschungsberichte versteckt waren und dass der ein oder andere für die Sowjetunion arbeitete. Viel bekam der britische Geheimdienst jedoch nicht zu hören, vor allem Diebner gab sich auffällig schweigsam. Vielleicht ahnten die deutschen Physiker, dass sie belauscht wurden.

Die Nachricht vom Abwurf der ersten amerikanischen Atombombe auf Hiroshima im August 1945 wollten die internierten Wissenschaftler erst gar nicht glauben. Doch dann erfuhren sie von der riesigen Dimension des amerikanisch-britischen Projektes. Otto Hahn sagte zu Heisenberg: »Wenn die Amerikaner eine Uranbombe haben, dann sind sie [gemeint waren Heisenberg und seine Mitarbeiter – die Autoren] alle zweitklassig. Armer Heisenberg.«[34]

Als Antwort auf den ersten Atombombenabwurf und als Versuch, die Geschichte des deutschen Atomprojektes darzustellen, entwarfen die deutschen Wissenschaftler eine Presseerklärung. Sie betonten ausdrücklich, dass die deutsche Atomforschung nicht die Entwicklung eines Kernsprengstoffs zum Ziel gehabt habe. Später entstand daraus die Legende von den anständigen Wissenschaftlern. Sie hätten ihre Forschungsarbeiten bewusst verzögert, damit Hitler nicht in den Besitz der Atombombe gelangen konnte. Wenn man schon das Wettrennen um die Uranbombe verloren hatte, so wollte man wenigstens auf moralischem Gebiet der Bessere gewesen sein. Diese Sichtweise fand dann durch das 1956 publizierte Buch »Heller als tausend Sonnen« von Robert Jungk weite Verbreitung.

Japanische Bombenvorhaben

In den siebziger Jahren berichtete die amerikanische Presse erstmals darüber, dass auch die Japaner während des Zweiten Weltkrieges an Atomprojekten arbeiteten.[35] Der führende Kopf des vom Heer seit Juli 1941, also fünf Monate vor dem japanischen Angriff auf Pearl Harbor, finanzierten Projektes unter dem Codenamen NI war Professor Dr. Yoshio Nishina. Er hatte vor dem Krieg acht Jahre in Europa studiert und bei Rutherford in Cambridge sowie Bohr in Kopenhagen Vorlesungen gehört. Zurück in Japan, erhielt er 1931 ein eigenes kernphysikalisches Labor an der Universität von Tokio.

In Konkurrenz zum Heer unterhielt die japanische Marine unter dem Codenamen F-Go-Programm spätestens seit Sommer 1942 ein eigenständiges Atomprojekt. Wissenschaftlicher Leiter dieses Projekts war Dr. Bunsaku Arakatsu.[36] Auch er hatte einige Jahre im Ausland studiert, darunter am berühmten Cavendish Labor bei Ernest Rutherford in Cambridge und 1926 an der Berliner Universität (heute Humboldt-Universität) bei Albert Einstein, in dessen Freundeskreis er Aufnahme fand. Arakatsu, der an der Universität von Kyoto Physik lehrte, war neben Nishina der führende Experte auf dem Gebiet der Kernphysik in Japan.

Die Atomprojekte von Heer und Marine hatten vor allem mit materiellen Schwierigkeiten zu kämpfen. Diese wurden noch drückender, als sich die japanische Rüstungsindustrie ab 1943 zunehmenden amerikanischen Bombenangriffen ausgesetzt sah. Das größte Problem war jedoch der Mangel an Uranerz. An alle Kommandeure des Kaiserreichs erging daher Mitte 1943 der Befehl, dieses aufzutreiben.[37] Außerdem bemühte sich die japanische Botschaft in Berlin um den Ankauf von zwei Tonnen Uranerz aus den Minen von Joachimsthal, freilich ohne den Deutschen den Verwendungszweck mitzuteilen. Nach einigem Hin und Her wurde Ende 1943 ein erstes U-Boot mit der wertvollen Ressource beladen und vom Flottenstützpunkt Kiel aus nach Japan entsandt. Ob dieser und spätere Transporte ihr Ziel erreichten, ist unklar. Darüber hinaus kaufte die Marine für die immense Summe von 100 Millionen Yen – das waren 1945 ca. 25 Millionen Dollar – Uranoxyd auf dem Schwarzmarkt in Shanghai.

Auf diese Lieferungen waren die Japaner angewiesen, weil die Uranquellen in den japanisch besetzten Gebieten in Korea, China und der Inneren Mongolei insgesamt nicht sehr ergiebig ausfielen. Die wichtigsten befanden sich auf der koreanischen Halbinsel. Auch deshalb wurde der teilweise unterirdisch angelegte industrielle Komplex für das F-Go-Projekt der Marine, für das rund 300 japanische Wissenschaftler gearbeitet haben sollen, nicht auf den japanischen Inseln, sondern in Hungnam (Konan) im Norden Koreas errichtet. Die Region um die nordkoreanische Stadt war nach der Besetzung durch japanische Truppen ab 1910 industrialisiert worden. Unter anderem standen dort eine der größten Düngemittelfabriken der Welt, leistungsfähige Wasserkraftwerke, Treibstofffabriken und eine Schwerwasseranlage. Möglicherweise installierte man in Hungnam auch ein Zyklotron.

Wie weit die Japaner mit dem Bau der Atombombe kamen, konnte bislang nicht ermittelt werden. Einziger Anhaltspunkt ist die Aussage eines aus sowjetischer Gefangenschaft geflüchteten japanischen Atomphysikers gegenüber dem amerikanischen Geheimdienst kurz nach Kriegsende. Der Mann war bis zuletzt im Forschungszentrum Hungnam tätig gewesen und berichtete, dass japanische Wissenschaftler am 12. August 1945, also nur sechs Tage nach der Explosion der amerikanischen Atombombe über Hiroshima, in der Nähe von Hungnam einen Atomversuch durchgeführt hätten. Die im Auftrag der Marine entwickelte Bombe sollte von Kamikazefliegern zur Verteidigung Japans eingesetzt werden. Die Mitteilung ließ sich nicht überprüfen, da Hungnam nur wenige Tage später von sowjetischen Truppen besetzt und die meisten Unterlagen über das Atomprojekt von japanischen Wissenschaftlern vernichtet wurden.[38]

Was auch immer in Hungnam geschehen ist, fest steht, dass das japanische F-Go-Atomprojekt bis 1945 weiter vorangeschritten war als bisher angenommen. Nach den beiden amerikanischen Atombombenabwürfen über Japan und der bedingungslosen Kapitulation haben die Japaner die Geschichte des eigenen Atomprogramms völlig verdrängt. Das Land sah sich ausschließlich als Opfer der Katastrophen von Hiroshima und Nagasaki. Die am eigenen Atomprogramm beteiligten Wissenschaftler schwiegen oder behaupteten, lediglich an der friedlichen Nutzung der Kernenergie gearbeitet zu haben. Auch in den USA bestand wenig Interesse daran, Details über die konkurrierenden Atomprojekte an die Öffentlichkeit gelangen zu lassen. Kurz nach Kriegsende wurden die japanischen Zyklotrone von amerikanischen Besatzungstruppen zerstört und die wenigen noch verfügbaren Dokumente beschlagnahmt.

Los Alamos – Das amerikanische Nuklearlabor

Die Tatsache, dass die Entdeckung der Kernspaltung in Deutschland gemacht worden war, bestärkte berühmte Physiker wie Albert Einstein, Leo Szilard und Enrico Fermi – sie alle waren vor den deutschen bzw. italienischen Faschisten geflohen – in der Angst, Hitler könne eines Tages in den Besitz einer »ultimativen Waffe« gelangen. Auf Drängen von Szilard schrieb Einstein am 2. August 1939 seinen berühmten Brief an den Präsidenten der USA, Franklin D. Roosevelt, und warnte ihn vor dem Zerstörungspotential der Kernspaltung. In Reaktion auf Einsteins Brief berief der amerikanische Präsident im Oktober 1939 ein Urankomitee ein, das die tatsächlichen Möglichkeiten für den Bau einer Atombombe prüfen sollte. Weitere Anstöße dafür kamen aus Großbritannien.

Der Österreicher Rudolf Peierls und der Deutsche Otto R. Frisch, zwei nach England geflüchtete Wissenschaftler, hatten bereits vor dem Krieg Wesentliches in der Atomphysik geleistet. Anfang 1940 diskutierten sie darüber, ob sich Uran 235 mit schnellen Neutronen spalten ließ. Zu ihrer eigenen Verblüffung ergaben ihre theoretischen Berechungen, dass man dafür nicht mehrere Tonnen Uran 235, sondern nur wenige Kilogramm benötigte. Ihre Erkenntnisse fassten sie im April 1940 in einem kurzem Memorandum unter der Überschrift »Über die Konstruktion einer ›Superbombe‹ auf der Basis einer nuklearen Kettenreaktion in Uran« zusammen. Sie gingen davon aus, dass ein kleines Stück reinen Urans 235 die für eine Bombe nötige Kettenreaktion auslösen könne. Sie setzten sich auch mit den Schrecken einer solchen Bombe auseinander und erläuterten deren strategische und moralische Konsequenzen. »Als Waffe wäre der Superbombe so gut wie nichts entgegenzusetzen. Es gibt kein Material und kein Bauwerk, die der Wucht der Explosion standhalten könnten …« Des Weiteren schrieben sie: »Geht man davon aus, dass Deutschland diese Waffe besitzt oder besitzen wird, dann ist die Einsicht unumgänglich, dass es keine Schutzräume gibt, die effektiven und weiträumigen Schutz garantieren könnten. Die wirkungsvollste Antwort auf eine solche Waffe wäre wohl die Drohung, mit einer ähnlichen Waffe zurückzuschlagen.«[39]

Daraufhin wurde ein kleines Gremium von Physikern zusammengerufen, in dem diskutiert werden sollte, ob der Bau einer Atombombe wirklich machbar sei. Ende Juni 1940 gab G. P. Thomson, Physikprofessor am Londoner Imperial College, dem von ihm geleiteten Komitee den Namen MAUD.[40] Nach einjähriger Arbeit berichtete das Komitee im Sommer 1941 der britischen Regierung. Die im Gremium vertretenen Wissenschaftler waren zu der Einschätzung gekommen, dass es durchaus möglich sei, eine Atombombe herzustellen. Unschlüssig war man sich nur in der Frage, ob man ein solches Projekt in Großbritannien, das sich inzwischen im Krieg mit Deutschland befand, realisieren solle.

Der britische MAUD-Report wurde auch der amerikanischen Regierung in Washington zur Kenntnis gebracht und führte in den USA zu einem gesteigerten Interesse am Bau einer Atombombe. Dies ging so weit, dass Präsident Roosevelt die Aufsicht über die weiteren Arbeiten im Herbst desselben Jahres selbst in die Hand nahm. Mit der Koordination beauftragte er Vannevar Bush, der das Mitte 1941 gegründete Amt für wissenschaftliche Forschung und Entwicklung und damit alle kriegswichtigen Projekte leitete. Daraufhin wurden die Forschungen zur Kernspaltung an den Universitäten in Columbia, Princeton, Chicago und Berkeley forciert.

Während man sich in Deutschland auf schweres Wasser als Moderator festgelegt hatte, favorisierte man in den USA hoch reines Graphit. Im Sommer 1941 wurde die erste Versuchsanordnung aus Graphit und Uran an der Columbia-Universität in New York errichtet, und Enrico Fermi begann seine Experimente in einem Versuchsreaktor, der auf einem Squash-Platz der Chicagoer Universität stand.

Am 6. November 1941 wurde im Ausschuss der National Academy ein Memorandum über den Stand der Kernenergieforschung diskutiert. Man kam zu dem Schluss, dass unter Aufbietung aller Kräfte im Laufe der kommenden drei bis vier Jahre eine Atombombe entwickelt werden könnte.[41] Einen weiteren

Schub erfuhr das amerikanische Vorhaben nach dem japanischen Angriff auf Pearl Harbor am 7. Dezember 1941 und der Kriegserklärung durch Deutschland vier Tage später. Nach diesen beiden Ereignissen war Präsident Roosevelt fest entschlossen, gemeinsam mit den Briten die Atomforschung auf Hochtouren voranzutreiben. Ende 1941 wandte er sich daher an Premier Churchill, um ihn für eine amerikanisch-britische Zusammenarbeit zu gewinnen. Noch konnte man sich dazu in Großbritannien allerdings nicht entschließen. Immerhin vereinbarte man einen intensiveren Austausch über die jeweiligen Forschungsergebnisse.

Ein halbes Jahr später, im August 1942, gingen die USA zur großtechnischen Umsetzung ihrer bisher im Labormaßstab durchgeführten Forschungen über. Jetzt wurde auch die Armee in das Atomprojekt, das man nach dem New Yorker Stadtteil Manhattan benannte, einbezogen. Zum militärischen Chef stieg General Leslie R. Groves, Absolvent der Eliteakademie Westpoint und Leiter aller Bauvorhaben der Armee, auf. Er hatte sich als energisch zupackender Pragmatiker bewährt.

Die wissenschaftliche Leitung des Manhattan-Projektes sollte Robert Oppenheimer übernehmen. Obwohl 1942 erst 38 Jahre alt, genoss Oppenheimer, der an der Universität in Berkeley theoretische Physik lehrte, weltweit Anerkennung. Er zeichnete sich durch ein phänomenales Gedächtnis aus und war an höchst unterschiedlichen wissenschaftlichen Problemen interessiert. Dennoch war es nicht nahe liegend, gerade ihm die Projektleitung zu übertragen. Er hatte bisher auf theoretischem Gebiet gearbeitet und sollte sich nun anwendungsorientierten Fragen widmen. Zudem galt er als Sicherheitsrisiko, weil er zeitweise in linksgerichteten Kreisen verkehrte und seine Frau Mitglied der Kommunistischen Partei war. Es gab Stimmen, die Oppenheimer vom Atombombenprojekt am liebsten fern gehalten hätten.[42] Doch General Groves konnte sich schließlich mit seinem Vorschlag durchsetzen. Umgehend begann Oppenheimer, aus dem ganzen Land die besten Physiker zusammenzuholen. Anfangs rechnete er damit, dass er die vor ihm liegenden Arbeiten mit 150 Wissenschaftlern bewältigen könne. Bis Mitte 1945 wuchs jedoch allein sein Stab an wissenschaftlichen Mitarbeitern auf 2 500 an.[43]

Als die wichtigsten Personalfragen geklärt waren, musste eine Entscheidung über den Standort für das zentrale Atomlaboratorium getroffen werden, in dem die Bombe entwickelt, konstruiert und schließlich gebaut werden sollte. Oppenheimer plädierte für ein Gelände in New Mexico, etwa 60 Kilometer von Santa Fe entfernt. Einem in der Nähe gelegenen Canyon verdankte das Gebiet seinen Namen – Los Alamos, während des Zweiten Weltkriegs das am besten gesicherte und überwachte Objekt in den USA. Selbst der amerikanische Vizepräsident, Harry S. Truman, wusste vom Manhattan-Projekt bis zum Tod von Präsident Roosevelt nichts.

Das Labor in Los Alamos lag auf einem Hochplateau, gesichert durch hohe Zäune, elektronische Alarmmelder und Wachposten. Der Zugang war nur mit Sonderausweisen möglich. Die wichtigsten Mitarbeiter, die nach strengsten

Kriterien ausgewählt worden waren, wohnten auf dem Gelände und unterlagen einer Vielzahl von Restriktionen. Ihre Post wurde zensiert, die Telefone abgehört. Zahlreiche Wörter, darunter »Uran« und »Kernspaltung«, durften nicht verwandt werden. Selbst in ihren Führerscheinen war kein Name eingetragen. Die Bodyguards, die die Wissenschaftler bewachten, wenn sie sich einmal außerhalb von Los Alamos bewegten, hatten zugleich die Aufgabe, sie zu überwachen.

Obwohl sich das FBI und General Groves die größte Mühe gaben, Los Alamos abzuschirmen, blieb das Sicherheitssystem lückenhaft. Da man unter hohem Zeitdruck stand, war eine gründliche Sicherheitsüberprüfung des Personals gar nicht möglich. Zudem hing der Fortschritt des Projekts vom schnellen Informationsfluss in der wissenschaftlichen Gemeinschaft ab. Dies wiederum war nur durch einen relativ einfachen Zugang zu den neuesten Informationen zu gewährleisten. Vor diesem Hintergrund wurden schon bald die Reisebestimmungen für die Mitarbeiter gelockert. Ein erstaunlicher Umstand, wenn man bedenkt, dass der amerikanische Geheimdienst plante, den führenden Kopf der deutschen Atomforschung, Werner Heisenberg, auf einer Reise in die neutrale Schweiz umbringen zu lassen.[44] Den Umkehrfall zog man anscheinend nicht in Betracht.

Nachdem die Weichen für das Projekt gestellt waren, erreichte es in kürzester Zeit eine gigantische Dimension, vergleichbar nur mit der amerikanischen Autoindustrie. Insgesamt gehörten zum Manhattan-Projekt 37 Werke und Forschungseinrichtungen in 19 Bundesstaaten der USA.[45] Zu den wichtigsten Anlagen zählten neben der in Los Alamos die in Oak Ridge, wo Uran 235 von Uran 239 separiert wurde, und die in Hanford, wo das größte Plutoniumwerk entstand. Die Kosten wurden auf ca. 2 Milliarden Dollar veranschlagt.[46]

Das alles entscheidende Experiment startete Enrico Fermi in seinem Chicagoer Experimentalreaktor am 2. Dezember 1942. Der Meiler funktionierte und verdoppelte alle zwei Minuten seine Neutronenintensität. Erstmals konnte Atomenergie kontrolliert freigesetzt werden. Während sich alle anderen an diesem Versuch teilnehmenden Wissenschaftler freuten, war Leo Szilard bedrückt. Sein Traum von der friedlichen Nutzung der Kernenergie würde nicht in Erfüllung gehen. Fermi gegenüber sprach er von einem schwarzen Tag in der Geschichte der Menschheit.[47]

Mit Fermis »Erfolg« war das amerikanische Projekt dem britischen deutlich voraus. Jetzt waren es die Briten, die versuchten, am Atombombenprojekt der USA teilzunehmen. Den Amerikanern widerstrebte es jedoch, auf dieses Ansinnen einzugehen. Nunmehr wollten sie sich nicht weiter in die Karten schauen lassen. Der bislang intensive Austausch von Informationen wurde kurzerhand gestoppt. Am 27. Februar 1943 telegrafierte Churchill an Roosevelt: »Nach meinem Verständnis sollte alles auf der Basis der vollen Teilung der Ergebnisse und einer gleichberechtigten Partnerschaft beruhen. Ich habe keine Aufzeichnungen [über unsere einstige Abmachung], aber ich wäre sehr überrascht, wenn die Sammlung des Präsidenten nichts darüber enthielte.«[48]

Während des so genannten Trident-Treffens 1943 in Washington, an dem die Oberkommandierenden beider Länder teilnahmen und die weitere Kriegsstrategie auf der Tagungsordnung stand, griffen Churchill und Roosevelt ihre frühere mündliche Absprache wieder auf. Dennoch ging das Tauziehen um den Informationsaustausch weiter. Briten und Amerikaner wurden schließlich durch die Furcht vor einem schnelleren Vorankommen der Deutschen beim Bau der Atombombe zur Fortsetzung gemeinsamer Anstrengungen gezwungen. So schrieben die am Manhattan-Projekt maßgeblich beteiligten Physiker Hans Bethe und Edward Teller am 21. August 1943 an Robert Oppenheimer: »Es ist möglich, dass die Deutschen bis Ende des Jahres genug Material angesammelt haben werden, um eine große Zahl von Bomben herzustellen, die sie gleichzeitig auf England, Russland und unser Land hier abwerfen werden. In diesem Fall gäbe es nur wenig Hoffnung auf irgendeine Gegenmaßnahme.«[49]

Nach Churchills Überzeugung war die gemeinsame Entwicklung der Atombombe auch der Schlüssel für die nationale Stärke nach Ende des Krieges. Er drängte daher Roosevelt im August 1943 mit großer Hartnäckigkeit zur Unterzeichung des Vertrages von Quebec. Dieser sollte die engen militärischen, wirtschaftlichen und politischen Beziehungen zwischen beiden Ländern auch über die Kriegszeit hinaus festschreiben. Außerdem eröffnete er den Briten die aktive Teilnahme am Manhattan-Projekt. Die Vertragspartner verpflichteten sich auch, die Bombe niemals ohne wechselseitige Zustimmung gegen Dritte einzusetzen und ohne gegenseitiges Einvernehmen keine Informationen an Dritte weiterzugeben.

Der Vertrag von Quebec begründete das amerikanisch-britische Atombombenprojekt. Alle britischen Wissenschaftler, die sich mit der Atomforschung beschäftigten, traten dem amerikanischen Projekt bei und verlegten ihren Wohnsitz in die USA. Die meisten von ihnen arbeiteten in den Laboratorien von Los Alamos. Der Zugang zu den Plutoniumfabriken blieb ihnen allerdings versperrt. Sie wurden der Juniorpartner.

Durch das nunmehr gebündelte Know-how machte das Manhattan-Projekt rasante Fortschritte. Im November 1944 wurde das erste angereicherte Rohmetall aus dem Produktionsreaktor in Hanford gewonnen. Neben dem von der Firma Du Pont gebauten Produktionsreaktor gab es noch sechs weitere Experimentalreaktoren, die Kernsprengstoffe produzierten. Die alles entscheidende Frage war die nach der so genannten kritischen Masse, die nur durch weitere Experimente geklärt werden konnte. Diese Arbeiten unter Leitung von Otto R. Frisch gehörten zu den gefahrvollsten in Los Alamos.

Frisch und sein Team hantierten in einem eigens eingerichteten Versuchslabor, in dem sie eine unterkritische Menge spaltbaren Materials aufstapelten. Das Experiment bestand nun darin, diesem Stapel das fehlende »letzte« Uranstück, dessen Größe unbekannt war, für einen Moment hinzuzufügen. Dazu lies man das Uranstück wie bei einem Fallbeil blitzschnell durch ein ausgespartes Loch in der subkritischen Anordnung sausen. Wenn es das Zentrum passierte, setzte die Kettenreaktion für Sekundenbruchteile ein – der Drachen wurde am Schwanz gekitzelt, so witzelte Oppenheimer über das lebensgefährliche Experiment. Zwei Physiker bezahlten diese Versuche jedoch mit ihrem Leben. Sie waren einer zu hohen Strahlendosis ausgesetzt. Am 12. April 1945 gelang es Frisch schließlich, die Versuchsreihe erfolgreich abzuschließen. Das Manhattan-Projekt konnte in seine letzte Phase gehen. Seit Anfang Mai wurde in der Wüste von New Mexico der Trinity-Test, wie der bevorstehende Atomtest genannt wurde, vorbereitet.

Auch nach der bedingungslosen Kapitulation Deutschlands wurden die Arbeiten intensiv fortgesetzt. Oppenheimer spornte sein Team zu erhöhten Anstrengungen an. Der Trinity-Test sollte unbedingt noch vor Beginn der Potsdamer Konferenz erfolgen. Tatsächlich wurde »Fat Man«, die erste Plutoniumbombe, am 16. Juli 1945 um 5.30 Uhr morgens (Ortszeit) getestet. Die Sprengkraft schätzte man auf ca. 20 000 Tonnen des herkömmlichen TNT-Sprengstoffs. Nur einen Tag später begannen in Potsdam die Verhandlungen der Siegermächte.

Intern hatten die amerikanischen Militärs bereits eine Vorentscheidung zum Einsatz der Atombombe gegen Japan gefällt. Sie wollten zum einen die eigenen Verluste minimieren, zum anderen die Wirksamkeit der Bombe demonstrieren. Trotzdem sollte ein wissenschaftlicher Beirat, dem Oppenheimer, Fermi und Lawrence sowie zahlreiche Militärs und Politiker angehörten, Strategien für den Atombombeneinsatz ausarbeiten. Die entscheidende Sitzung des Gremiums fand am 31. Mai und 1. Juni 1945 in Washington statt. Die Beiratsmitglieder gaben dem Präsidenten eine verhängnisvolle Empfehlung: Die Atombombe sollte ohne Vorwarnung gegen zwei japanische Städte eingesetzt werden. Darüber hinaus riet man dem Präsidenten, in den Potsdamer Verhandlungen Stalin über den geplanten Einsatz zu unterrichten.

Am Morgen des 6. August 1945 warf der Bomber »Enola Gay«, kurz nach 8.15 Uhr Ortszeit, eine Plutoniumbombe über Hiroshima ab. Mehr als 150 000 Menschen fanden den Tod.

Stalins Atomprojekt

Die Entdeckung der Kernspaltung durch Hahn und Straßmann Ende 1938 veranlasste auch sowjetische Wissenschaftler, über die militärische Nutzung der Kernforschung nachzudenken. Einer der angesehensten Physiker, Juli B. Chariton, zog bereits im Sommer 1939 den Bau einer Atombombe in Erwägung.[50]

Die der Atomforschung gegenüber bislang skeptische Akademie der Wissenschaften entschloss sich jedoch erst im Frühjahr 1940, Nikolai Bulganin, den Stellvertretenden Vorsitzenden des Ministerrates und Verantwortlichen für Chemie und Metallurgie, auf die Möglichkeiten der Kernspaltung hinzuweisen. Offenbar war Bulganin von den neuen Aussichten angetan, denn am 30. Juli 1940 wurde beim Präsidium der Akademie der Wissenschaften eine Urankommission unter der Leitung von Witali G. Chlopin gebildet. Das war sogar der Nachrichtenagentur TASS eine Meldung wert.[51] Aufgabe der Kommission war es, die Erforschung des Urans und seiner Eigenschaften zu beschleunigen sowie die entsprechenden Arbeiten zu koordinieren. Oberste Priorität hatten die Entwicklung von Verfahren zur Trennung von Uranisotopen, der Bau eines leistungsfähigen Zyklotrons und die Einrichtung eines staatlichen Uranfonds.[52]

Die weitere Entwicklung der sowjetischen Atomforschung wurde entscheidend durch Spionageberichte über das britische bzw. britisch-amerikanische Atomprojekt vorangetrieben. Die ersten Nachrichten über die britischen Pläne zum Bau einer Atombombe lagen Stalin bereits im Herbst 1941 vor. Sie wurden von Pawel M. Fitin, einem erst 31-jährigen leitenden Mitarbeiter der sowjetischen Auslandsaufklärung, übermittelt. Dieser hatte einen Bericht von Anatoli V. Gorski erhalten, der als Agent des NKWD in London lebte. Gorski wiederum stützte sich auf Informationen von John Cairncross, dem Privatsekretär von Lord Hankey, der für die Überwachung des Geheimdienstes verantwortlich zeichnete.[53] Ein halbes Jahr später, im März 1942, erhielt der sowjetische Staatschef einen zweiten Bericht, in dem Gorsky weitere Einzelheiten über das britische Atomprojekt mitteilte.[54] Ein dritter Bericht aus London befasste sich mit der Atomforschung von Otto Hahn und Werner Heisenberg in Deutschland. Er enthielt auch Hinweise auf die Anlagen der Norsk Hydro in Norwegen zur Herstellung von schwerem Wasser.

Doch Stalin wollte all diesen Informationen keinen rechten Glauben schenken. Auch die konservative Mehrheit der Akademie-Mitglieder zeigte sich eher zurückhaltend. Sie glaubten, die Schwierigkeiten bei der Nutzung der Kernenergie seien auf unabsehbare Zeit schier unüberwindlich. Etwas optimistischer beurteilten Igor Kurtschatow und Juli B. Chariton die Möglichkeit einer Kettenreaktion. Sie konnten sich bei der Regierung zunächst jedoch kein Gehör verschaffen. Selbst Abram Joffe, Nestor der sowjetischen Atomforschung und Förderer Kurtschatows, hielt sich mit Empfehlungen zurück.

Erst ein vom jungen Physiker Georgi N. Flerow, Schüler von Kurtschatow, im April 1942 an Stalin gerichteter Brief belebte die Diskussion. Flerow hatte zuvor mehrfach vergeblich an die Akademie der Wissenschaften appelliert, sich der Atomforschung mit ganzer Kraft zuzuwenden. Geradezu tollkühn hatte er gefordert, »unverzüglich mit der Herstellung der Uranbombe zu beginnen«.[55] Der Brief an Stalin enthielt auch eine harsche Kritik an den Physikern, die die Nutzung der Atomenergie für militärische Zwecke ausschlossen.

Vor diesem Hintergrund sah sich die sowjetische Führung zum Handeln veranlasst. Im August 1942 lud das Staatliche Verteidigungskomitee die besten sowjetischen Physiker nach Moskau ein, um die Perspektiven eines Uranprojekts zu beraten. Stalin war empört, dass ein junger Laborant, der besagte Flerow, und nicht die Mitglieder der Akademie die Gefahr erkannt hatte, die von den ausländischen Nuklearforschungen ausging.

Welches Atomprojekt die sowjetische Führung mehr beunruhigte, das deutsche oder das britisch-amerikanische, ist noch immer nicht ganz klar. Fest steht, dass sich der sowjetische Geheimdienst frühzeitig darauf konzentrierte, in das Manhattan-Projekt einzudringen, hatte man doch handfeste Informationen darüber, dass Briten und Amerikaner künftig enger kooperieren wollten und der Hauptteil der Arbeiten in die USA verlegt werden sollte.

Nun ging man auch daran, ein eigenes Atomprojekt aufzuziehen, das auf Stalins Weisung direkt dem Politbüro unterstellt wurde. Zum organisatorischen Verantwortlichen ernannte Stalin im September 1942 Außenminister Molotow. Die wissenschaftliche Leitung übernahm schließlich der 39-jährige Igor W. Kurtschatow, der über herausragende wissenschaftsorganisatorische Fähigkeiten verfügte. Die Ernennung dieses jungen Professors, der auf dem Gebiet der theoretischen Physik noch keine besonderen Leistungen aufzuweisen hatte, zum Projektleiter stieß bei der Akademie auf wenig Gegenliebe. Vor allem Chlopin, Leiter der Urankommission, war alles andere als begeistert. Doch auf den persönlichen Wunsch Stalins wurde Kurtschatow im Februar 1943 in sein neues Amt eingesetzt.[56] Im selben Monat, am 11. Februar 1943, also nach der kriegsentscheidenden Schlacht um Stalingrad, verabschiedete das Staatliche Komitee für Verteidigung ein Forschungsprogramm zur Nutzung der Atomenergie. In einem Laboratorium der Akademie der Wissenschaften in Moskau, später bekannt geworden unter dem Namen Laboratorium Nr. 2, wurde die Atomwissenschaft konzentriert. Kurtschatow scharte eine kleine Gruppe überwiegend junger Wissenschaftler um sich und begann mit der Ausarbeitung eines Forschungsplans, der in seinen wesentlichen Punkten durch die Spionageerkenntnisse angeregt worden war.

Diese studierte er ab März 1943 in einem eigens im Kreml eingerichteten Arbeitszimmer. Er war der einzige Wissenschaftler, der in diese Materialien Einblick nehmen konnte. Gegenüber seinen Kollegen durfte er die Herkunft seines exklusiven Wissens allerdings nicht offen legen.[57]

In zwei am 7. und 22. März 1943 an Perwuchin, Volkskommissar für chemische Industrie und Verantwortlicher für die Uranbeschaffung, gerichteten Schreiben verglich Kurtschatow die Forschungsarbeiten der sowjetischen Physiker mit den aus dem Westen stammenden Informationen. Bei der Bewertung der Spionageberichte war er auffallend zurückhaltend. Offensichtlich zweifelte er daran, dass sie wirklich den im Westen erreichten Forschungsstand reflektierten.

Trotz aller Bedenken war Kurtschatow auch künftig auf die Spionageberichte angewiesen, wollte er den Briten und Amerikanern in Sachen Atomforschung auf den Fersen bleiben. Über den Stand der britisch-amerikanischen Atomkooperation berichtete aus Washington Donald MacLean, ein vielversprechender junger Diplomat an der britischen Botschaft.[58] Für die Gewinnung von wissenschaftlichen und technischen Informationen erwies sich Klaus Fuchs von größtem Wert.[59] Geboren und aufgewachsen in Deutschland, trat Fuchs als Student in Kiel der KPD bei und flüchtete 1933 nach England. Wie einige andere Emigranten auch, fand er 1940 in einer englischen Atomforschungseinrichtung Anstellung. Seit er sich Ende 1941 in den Dienst der GRU, der Nachrichtendienstlichen Hauptverwaltung des Generalstabs der sowjetischen Streitkräfte, gestellt hatte, lieferte er wertvolle Informationen, die an den sowjetischen Geheimdienst durchgereicht wurden. Im August 1944 wurde er mit 22 anderen britischen Wissenschaftlern nach Los Alamos gesandt und unter anderem mit der Herausgabe der 25-bändigen geheimen »Los Alamos Enzyklopädie« beauftragt, in der alle Forschungsergebnisse zusammengefasst werden sollten. Fuchs nutzte die inzwischen gelockerten Reisebestimmungen für die Los-Alamos-Mitarbeiter und traf sich mehrfach mit dem NKWD-Mitarbeiter Harry Gold in Cambridge und Santa Fe.

Ende 1945 kehrte Fuchs nach Großbritannien zurück und arbeitete in Harwell. Sein neuer Verbindungsoffizier, Alexander S. Feklisow (Fomin), betonte später einmal ausdrücklich die einmalige Bedeutung von Fuchs für das sowjetische Atomprogramm. »Das Material von Fuchs war von außergewöhnlichem Wert für unsere Wissenschaftler.«[60] Die Dokumente hätten dazu beigetragen, 200 bis 250 Millionen Rubel einzusparen. Die von Fuchs übergebenen Informationen beschleunigten das sowjetische Atomprogramm nach unterschiedlichen Schätzungen mindestens um ein bis zwei Jahre.

Doch die Quelle Fuchs versiegte bald. Der Topspion wurde verhaftet und wegen Weitergabe von Atomgeheimnissen an die Sowjets am 3. März 1950 zu 14 Jahren Gefängnis verurteilt. (Er verbrachte siebeneinhalb Jahre in britischer Haft und ging nach seiner Entlassung in die DDR, wo er als Stellvertretender Direktor des Zentralinstituts für Kernforschung in Rossendorf arbeitete. Er starb im Januar 1988.)

Churchill reagierte im Unterhaus auf die Verurteilung von Fuchs mit folgender Mitteilung: »Unsere gesamte Position in der atomaren Sphäre hat sich seit dem Krieg durch den Umstand verschlechtert, das die Russen … das Geheimnis der Atombombe gelüftet und mit ihrer Produktion begonnen haben.«[61]

Neben Fuchs verfügte der sowjetische Geheimdienst noch über eine weitere außerordentlich ergiebige Quelle, wie aus einem Bericht vom 28. Februar 1945 hervorgeht. Dieser enthielt nämlich auch Details über die Konstruktion der Bombe. Er stammte von dem hervorragenden 19-jährigen Harvard-Physiker Theodore A. Hall, von seinen Freunden nur Ted genannt und vom sowjetischen Geheimdienst als »der Junge« (Mlad) geführt. Hall, der sich schon als Student für den Marxismus begeistert hatte, war zutiefst über das sich abzeichnende amerikanische Atombombenmonopol beunruhigt und sah darin eine neue Bedrohung für die Welt. Nach seiner Anstellung in Los Alamos erhielt er Zugang zu allen Bereichen des Labors und durfte auch an den wöchentlichen Kolloquien, auf denen über den Stand des Projekts berichtet wurde, teilnehmen. Über die Konstruktion der Plutoniumbombe »Fat Man« wusste er praktisch genauso viel wie Robert Oppenheimer.[62]

Bereits im Frühjahr 1943 schrieb Kurtschatow an Berija: »Nach Sichtung des [Nachrichtendienst-]Materials bin ich zu dem Schluss gekommen, dass es für unseren Staat und unsere Wissenschaft von unschätzbarem Wert ist.«[63] Die sowjetischen Wissenschaftler selbst haben dies bestätigt. Der Atomphysiker

Abram Joffe schrieb: »Die Informationen, die wir erhielten, waren immer präzise und meistens vollständig … Sie haben unsere Arbeiten um viele Monate verkürzt.«[64]

Aufgrund ihrer Erkenntnisse rechnete die sowjetische Auslandsspionage Ende Februar 1945 damit, dass die Amerikaner bis zum ersten experimentellen Atomtest nur noch zwei bis drei Monate benötigen würden. Doch Stalin ließ sich wieder nicht aus der Ruhe bringen. Er misstraute seinen Wissenschaftlern und schloss die Möglichkeit einer alliierten Desinformation nicht aus.[65]

Erst nach dem Abwurf der Atombomben über Hiroshima und Nagasaki im August 1945 wurde sich der sowjetische Diktator vollends der veränderten geopolitischen Lage bewusst. Er fürchtete, dass die Amerikaner von den Jaltaer Absprachen über die Aufteilung Deutschlands zurücktreten könnten und sah sich um die Früchte des schwer erkämpften Sieges gebracht. Um die neue geopolitische Lage zu erörtern, lud Stalin Munitionsminister Wannikow und Professor Kurtschatow in den Kreml ein und erklärte ihnen: »Hiroshima hat die Welt verändert. Das Gleichgewicht ist gestört. Baut die Bombe – dies wird eine große Gefahr von uns abwenden.«[66] Das atomare Wettrüsten ging damit in eine neue Runde, die Atmosphäre zwischen den Alliierten wurde immer frostiger.

Der Angriff auf Oranienburg und die Zonenteilung 1945

Bis zum Frühjahr 1945 hatten sich die Alliierten immer wieder zusammengerauft, geeint durch das gemeinsame Ziel, den Zweiten Weltkrieg so rasch wie möglich zu beenden. Über die Strategie, um das zu erreichen, verhandelten sie seit 1941. In diesem Zusammenhang war die Sicherung der jeweiligen Einflusszonen in Europa eine Kernfrage. Eine Schlüsselrolle dabei spielte die in London ansässige European Advisory Commission (EAC), die 1943 auf Anregung des britischen Außenministers Eden ins Leben gerufen worden war.

Die Kommission nahm ihre Arbeit auf, als die Alliierten über die Eröffnung einer zweiten Front in Europa verhandelten. Man ging davon aus, dass die Amerikaner, deren Basen sich im Westen Großbritanniens befanden, durch Frankreich und Belgien nach Süddeutschland, einschließlich Bayern, vorstoßen. Die Briten wollten Holland befreien und über die Ruhr nach Nordwestdeutschland marschieren. Die Sowjets sollten die östlichen Territorien besetzen. Die deutsche Hauptstadt Berlin würde unter die gemeinsame Kontrolle der Alliierten gestellt werden. Eine von Clement Attlee geleitete Kommission des britischen Kabinetts bestätigte im Spätsommer 1943 diese Pläne und erarbeitete einen Vorschlag zur Festlegung der Westgrenze der sowjetischen Besatzungszone.[67]

Auf dem ersten offiziellen Treffen der EAC am 15. Januar 1944 legte der Brite Sir William Strang den Vertretern der USA und der Sowjetunion einen Vorschlag zur Zonenteilung vor, der auf dem britischen Plan beruhte. Die Reaktionen darauf fielen in Washington und Moskau höchst unterschiedlich aus. Roosevelt lehnte die britische Offerte zunächst ab, da er fürchtete, dass die USA durch ihre Präsenz im Südwesten in lokale Konflikte auf dem Balkan verwickelt werden könnten. Auf die Moskauer Instanzen wirkte der britische Plan hingegen elektrisierend.

Bereits seit dem Herbst 1943 befasste sich eine hochrangige Kommission unter Leitung von Kliment Woroschilow, einem engen Vertrauten Stalins, mit den Bedingungen für die deutsche Kapitulation. Am 12. Januar 1944, also nur drei Tage bevor die Briten in der EAC ihren Vorschlag einreichten, legte die Woroschilow-Kommission erstmals in einem Dokument die Idee der Einflusssphären dar. Es ging dabei noch nicht um die Abgrenzung der drei Besatzungszonen, sondern um die Demarkationslinie bei Kriegsende. Dafür wurden zwei Varianten formuliert.[68] Die erste zielte auf die Sicherung eines Nordseezugangs unter Einschluss von Hamburg und Kiel. Die nach militärischen Gesichtspunkten festgelegte Demarkationslinie sollte im Wesentlichen der Elbe folgen. In diesem Fall hätte der größte Teil der Provinz Sachsen (heute Sachsen-Anhalt), mehr als die Hälfte von Sachsen und ganz Thüringen zum britischen bzw. amerikanischen Besatzungsgebiet gehört.

Bei der zweiten Variante bildete die Stadt Wismar den Ausgangspunkt der Demarkationslinie. Entlang des Meridians sollte sie bis zur Elbe verlaufen, dem Fluss folgen und über die Einmündungen der Saale und Elster bis zur westlichen Grenze von Sachsen reichen. Somit wären Teile von Mecklenburg und der Provinz Sachsen sowie ganz Thüringen britisch-amerikanisches Einflussgebiet geworden. Dieser Plan wies im Übrigen erstaunliche Übereinstimmungen mit dem britischen auf. Eine gemeinsame Besetzung Berlins hatte die Woroschilow-Kommission allerdings nicht vorgesehen.

Doch die beiden sowjetischen Varianten für die Demarkationslinie blieben in der Schublade. Man wollte zunächst die Vorschläge der westlichen Alliierten sehen. Erst nachdem die Briten ihren Entwurf für die deutschen Kapitulationsbedingungen und die Einteilung der Besatzungszonen eingereicht hatten, legte sich die sowjetische Außenpolitik auf die Beschreibung einer Demarkationslinie von der Nordsee bis zum Schwarzen Meer fest. Jetzt war auch, wohl auf Weisung Stalins, von einem Sonderstatus Berlins die Rede. Von der Idee einer sowjetischen Beteiligung an der Besetzung von Kiel und Hamburg nahm man Abstand. Gewissermaßen als Ausgleich sollte Thüringen in die sowjetische Besatzungszone einbezogen werden. Dieser Vorschlag wurde schließlich Mitte Februar 1944 bei der EAC eingereicht.

Die Briten zeigten sich zufrieden, da die Sowjetunion ihre Vorschläge weitgehend akzeptierten. Ihnen war allerdings nicht bekannt, dass in den vorangegangenen sowjetischen Planungen von einer wesentlich kleineren sowjetischen Besatzungszone die Rede war. Die sowjetischen Diplomaten konnten demnach bei der Einteilung der Zonen mehr erreichen, als sie selbst gehofft hatten.

Die Amerikaner zögerten, den britischen und sowjetischen Vorschlägen zuzustimmen. Nach den Vorstellungen des Kriegsministeriums, die auf eine Notiz Roosevelts zurückgingen, sollte die amerikanische Zone 46 Prozent des deutschen Territoriums – bezogen auf den Grenzverlauf von vor 1937 – und 51 Prozent der Bevölkerung umfassen.[69] Das schloss einen großen Teil der Gebiete ein, die Sowjets und Briten als künftige sowjetische Zone vorgesehen hatten. Doch das State Departement zeigte sich an diesen Fragen nur wenig interessiert. Der amerikanische Botschafter in Moskau George Kennan drängte deshalb auf ein Treffen mit dem Präsidenten, der allein den Knoten hätte entwirren können. Als er Roosevelt endlich die Vorschläge zur Festlegung der östlichen Grenze zeigte, lachte der Präsident: »Warum? Dies ist etwas, was ich nur mal so auf der Rückseite eines Briefumschlages aufgezeichnet hatte.« Kurze Zeit später, am 1. Mai 1944, wurde der amerikanische Vertreter in der EAC Winant autorisiert, den britischen Vorschlag zu akzeptieren.[70]

Nachdem eine prinzipielle Einigung erzielt worden war, konnten die Details zum Zonenprotokoll ausgehandelt werden, das schließlich am 12. September 1944 in der EAC unterzeichnet wurde. Die britische Regierung stimmte ihm am 5. Dezember 1944 zu, die amerikanische am 2. Februar und die sowjetische am 6. Februar 1945. Die »Großen Drei«, Roosevelt, Churchill und Stalin, bestätigten es ihrerseits im Februar 1945 auf der Konferenz von Jalta. Mit diesem Akt war die europäische Interessenabgrenzung zwischen den Westmächten und der UdSSR jedenfalls vertraglich vollzogen.[71]

Als die amerikanischen und britischen Truppen ab März 1945 schnell ins Zentrum Deutschlands vorrückten und die Rote Armee in Richtung Berlin marschierte, zeigte sich Churchill zunehmend über die Politik Stalins in Osteuropa, vor allem in Polen, beunruhigt, die von dem Ziel geprägt war, kommunistische Satellitenstaaten zu installieren. Churchill appellierte daher an die westlichen Kommandeure, so weit wie möglich nach Osten vorzustoßen. Er stellte damit das zuvor verabschiedete Zonenprotokoll in Frage.

In diese Zeit fällt der verheerende amerikanische Angriff auf Oranienburg. Wie General Leslie Groves später mitteilte, »war ein Ziel besonders wichtig für uns, und zwar das Werk der Auergesellschaft in Oranienburg, ungefähr 15 Meilen nördlich von Berlin in der späteren sowjetischen Besatzungszone gelegen. Alsos hatte in Straßburg Informationen gefunden, die unsere früheren Annahmen bestätigten, dass sich dieses Werk mit der Verarbeitung von Thorium und Uranmetallen befasste, die bei der Produktion von Atomenergie verwendet werden und möglicherweise auch bei der Fertigung einer Atombombe. Als es keinerlei Chancen mehr dafür gab, dass Alsos dieses Werk erreichen konnte, wies ich General Marshall an, die Auer-Werke durch einen Luftangriff zu zerstören.«[72]

Die Rolle der Auergesellschaft bei der Verarbeitung von Uranerzen, über die Alsos bereits orientiert war, wurde durch Informationen aus Paris und Brüssel noch zusätzlich bestätigt. In Paris hatte die Auergesellschaft nach der Kapitulation Frankreichs ein jüdisches Unternehmen übernommen, das mit seltenen Metallen, hauptsächlich Thorium, handelte. Dr. Egon Ihwe, in Oranienburg für seltene Erden zuständig und mit der Geschäftsführung in Paris beauftragt, hatte dem Alsos-Team wichtige Details geliefert. Damit wusste Groves gegen Ende des Jahres 1944 definitiv, dass die Deutschen über große Uranvorräte verfügten und dass sich das Zentrum der Verarbeitung des Rohmaterials in Oranienburg befand. Es gehörte zu einem seiner wichtigsten Ziele, zu verhindern, dass die Anlage der Roten Armee in die Hände fiel. Seine Memoiren waren im Übrigen für lange Zeit die einzige Quelle, die Hinweise auf den tatsächlichen Hintergrund für den schweren Luftangriff auf Oranienburg am 15. März 1945 gaben.[73] Inzwischen gibt es neue Erkenntnisse.

Das Werk der Auergesellschaft gehörte zunächst nicht zu den von der 8. US Air Force ausgewählten Angriffszielen. Die Amerikaner hatten ursprünglich nur ein Materiallager und einen Fahrzeugpark der SS, den Verschiebebahnhof und die Heinkel Flugzeugwerke bei Oranienburg im Visier. In einem Air-Force-Bericht vom 16. März 1945, in dem der Angriff bilanziert wird, ist allerdings nach einer längeren Leerstelle zu lesen: »AUERGESELLSCHAFT AG erhielt viele Treffer, die zuletzt zwei Explosionen und zahlreiche Feuer auslösten.«[74]

Im Zieldossier des United State Strategic Bombing Survey (USSBS) findet sich ein Exemplar des Berichts, das in der Textlücke die handschriftliche Einfügung eines Zielcodes für die Auerwerke, nämlich den Code »GS-5451«, enthält. Außerdem wurde der zitierte Satz handschriftlich unterstrichen – offenbar ein Hinweis auf seine besondere Bedeutung. Es ist zu vermuten, dass die ausgesprochen ungewöhnliche Einfügung und Unterstreichung in einem der 243 Exemplare in einer Kommandobehörde der US Air Force vorgenommen wurde, die ein besonderes Interesse am Werk der Auergesellschaft gehabt haben muss. Dieses wird in dem genannten Bericht als Hersteller von »Gasmasken, Antigasausrüstungen für U-Boote und Luftfilter« charakterisiert. Doch hätte eine Gasmaskenfabrik kurz vor Kriegsende den Angriff von mehr als 600 Bombern gerechtfertigt? Den amerikanischen und britischen Zielplanern standen sehr genaue Angaben über die deutschen Industrieunternehmen zur Verfügung, bekanntlich auch über die Auergesellschaft. Daher ist die Charakterisierung der Anlage als »Gasmaskenfabrik« nur als eine nachrichtendienstliche Legende plausibel.

Der Einsatzbefehl nennt die so genannten Mean Points of Impact, d.h. die Punkte, auf die die Bomben konzentriert werden sollten. Ein Zielpunkt lag genau in der Mitte des Bahnhofs, der zweite in den Gleisen der Südostausfahrt. Doch genau dort befanden sich die Fabriken der Auergesellschaft, und zwar zu beiden Seiten der Schienenanlagen. Während des massiven Luftangriffs der 8. US Air Force lag das Werk demnach im Zentrum des Angriffs. Nicht allein die Stärke der eingesetzten Bomberverbände, sondern auch die verwendeten Bombenmengen und Typen sind aufschlussreich. Abgeworfen wurden Sprengbomben, Brandbomben und Stabbrandbomben. Außerdem gehörte zu jeder Bomberstaffel ein Flugzeug, das Zeitzünderbomben abwarf. Die mehr als 3 400 Zeitzünderbomben sollten mit Verzögerungen von ein bis zwölf Stunden explodieren. Diese Bombenlast war ziemlich ungewöhnlich. Sie sollte offensichtlich die Beseitigung der Schäden größtmöglich erschweren.[75]

Dieser massive Einsatz wurde offensichtlich ganz kurzfristig erteilt, denn für den 15. März hatte die 8. US Air Force zunächst einen Routineangriff auf die Hydrierwerke im Raum Leipzig und Ruhland geplant. Dann aber traf vom Oberkommando, der United States Strategic Air Force (USSAF), ein Befehl mit der höchsten Priorität ein. Nun sollte ein Ziel im Berliner Raum angegriffen werden. Die Zusammensetzung des Bomberverbandes und die Angriffstaktik hatte das Oberkommando vorgegeben.[76] Damit wurde der wichtigste Teil der Angriffsplanung dem kommandierenden General der 8. US Air Force, General James H. Doolittle, aus der Hand genommen und stattdessen vom Oberkommandierenden, General Carl Spaatz, persönlich entschieden. All dies deckt sich mit dem, was General Groves in seinem Buch über den Angriff berichtet: »Als er [General Marshall] zustimmte, entsandte ich meinen Untergebenen Major F. J. Smith, um dem Oberkommandierenden der United States Strategic Air Force, General Spaatz, die Mission zu erläutern. Spaatz kooperierte großartig mit uns, und in einer Zeit von dreißig Minuten warfen am 15. März 1945 612 fliegende Festungen der 8. US Air Force 1 506 Tonnen hoch explosiver Bomben und 178 Tonnen Brandbomben auf das Ziel ab. Die Analysen nach dem Angriff zeigten, dass das Werk vollständig zerstört wurde. Der Zweck unseres Angriffs auf Oranienburg wurde vor den Russen und Deutschen durch einen gleichzeitigen und ebenfalls schweren Angriff auf die Kleinstadt Zossen, wo sich das Hauptquartier der deutschen Wehrmacht befand, maskiert.«[77]

Knapp drei Wochen nach dem verheerenden Angriff beantragte die Geschäftsleitung der Auergesellschaft Entschädigung für die Schäden an ihrem Werk in Oranienburg bei den Reichsbehörden. Auf der Grundlage von Bilanzunterlagen vom Juni 1944 wurde ein Gesamtschaden in Höhe von 61 Millionen Reichsmark ermittelt.[78] Nur wenige Tage später rückte die Rote Armee in Oranienburg ein. Umgehend begann am 21. April 1945 eine sowjetische Expertenkommission mit der Inspektion des zerstörten Betriebes. Die leitenden Mitarbeiter wurden verhört und alle noch verfügbaren Patente, Dokumente und Laborausrüstungen beschlagnahmt, sämtliche noch verwendbaren Einrichtungen des Werkes demontiert und in die Sowjetunion transportiert. Gleiches geschah auch mit allen Vorräten an seltenen Erden und Metallen, darunter 900 Tonnen Monazitsand, 125 Tonnen Thoriumverbindungen und ca. 100 Tonnen Zirkon.[79] Zwei Mal wurde Nikolaus Riehl, Physiker und leitender Wissenschaftler der Auergesellschaft, von den Sowjets zur Besichtigung des zerstörten Werkes nach Oranienburg gefahren. Die sowjetischen Offiziere verhielten sich merkwürdig, wie Riehl berichtete: »Sie machten mir recht unverständliche Andeutungen, schüttelten bedenklich die Köpfe und warfen sich gegenseitig verständnisvolle Blicke zu.« Erst später verstand Riehl den Grund für ihr Gebahren: »Die mich begleitenden Russen wussten offenbar schon, dass die Luftangriffe auf unser Werk nicht mehr uns, sondern ihnen gegolten haben.«[80]

Trotz der vereinbarten Zonenaufteilung überschritten britische und amerikanische Truppen Ende April die Elbe, während sich zur gleichen Zeit sowjetische Truppen Meter für Meter ins Zentrum der Reichshauptstadt vorkämpften.

Hitler beging schließlich am 30. April Selbstmord, und Generalfeldmarschall Keitel musste eingestehen, dass Berlin nicht mehr zu halten war.

Ebenfalls am 30. April telegrafierte Eisenhower seine strategischen Entscheidungen nach Moskau. Er unterrichtete die sowjetische Führung davon, dass seine Truppen im Norden ungefähr bis zur Linie Wismar – Schwerin – Domnitz und in der Mitte Deutschlands bis zur Elbe und Mulde vorrücken werden. In der Tschechoslowakei wollte er seine Armeen bis zur Linie Karlovy Vary – Pilsen – České Budějovice marschieren lassen. Die 4. amerikanische Armee, die als erste in die Tschechoslowakei einrückte, stand unter dem Kommando von General Patton. Zwischen ihm und seinem Oberbefehlshaber Eisenhower hatte es während der Einsätze in Afrika und Sizilien viele Meinungsverschiedenheiten gegeben, in deren Folge Patton als Frontkommandant abgelöst worden war. Eisenhower holte ihn jedoch zurück und übertrug ihm das Kommando für die Operation »Overlord«.

Am 4. Mai 1945 stand eine von Pattons Einheiten kurz davor, in der Region von Linz in die sowjetischen Linien zu geraten. Am Abend dieses Tages telefonierte General Bradley mit Patton und gab ihm grünes Licht für den weiteren Vorstoß in die Tschechoslowakei. Patton kommandierte zu dieser Zeit die größte Streitmacht, die er je geführt hatte: 18 Divisionen mit rund 540 000 Mann. Er wollte so rasch als irgend möglich die Gebirgspässe überwinden, »bevor uns irgend etwas daran hindert«. Am Morgen des 5. Mai begannen seine Truppen vorzurücken. »Aufgrund der Radiomeldungen, die rebellierenden Tschechen hätten Prag eingenommen, wollte ich ihnen zu Hilfe eilen und erbat von Bradley die Genehmigung, erhielt sie aber nicht. Immerhin befanden sich Aufklärungsabteilungen der 3. Armee bereits in der Umgebung der Stadt und stießen damit unter allen von Westen anrückenden Armeen am weitesten nach Osten vor«, erinnerte sich Patton an diesen Tag. Am 6. Mai erhielt Patton vom Hauptquartier nochmals eine Bestätigung, dass seine Truppen nicht hinter die Linie von Pilsen vorrücken durften. »Ich war sehr unglücklich, denn meinem damaligen und auch heutigen Gefühl nach hätten wir bis an die Moldau gehen und die Russen, falls es ihnen nicht gefiel, zum Teufel schicken sollen.«[81]

Die Region von Karlovy Vary und Jáchymov lag im Operationsgebiet des V. Korps von Pattons Armee. Dieses wurde von General Huebner kommandiert, der seinen Einheiten befahl, Karlovy Vary einzunehmen. Nach einigen Scharmützeln erreichten die amerikanischen Einheiten am 7. Mai die Linie Kraslice – Jindřichovice – Horní Slavkov. Die Rote Armee traf dort einige Tage später ein. Die Linie zwischen den amerikanischen und sowjetischen Truppen stabilisierte sich dann bis zum Sommer 1945. Sie verlief ungefähr vom Sachsenberg in Deutschland über Rotava, Jindřichovice, Dolní Nivy, Vintířov nach Doubí und von dort nach Teplička und Bečov.[82] Da die Tschechoslowakei zu den Bündnispartnern zählte, waren die amerikanischen und sowjetischen Truppen gehalten, sich so bald wie möglich zurückzuziehen.

Während sich Amerikaner und Sowjets rasch auf einen schnellen Rückzug aus der Tschechoslowakei einigten, war die Lage in Deutschland unübersichtlicher. Churchill hatte im Frühjahr 1945 eine ganze Serie aufrüttelnder Telegramme nach Washington gesandt. Sie enthielten »finstere Visionen« und flammende Warnungen vor einer sowjetischen Vorherrschaft in Europa.[83]

Anfang Mai 1945 erreichte die Kontroverse über den Rückzug der amerikanischen Truppen hinter die vereinbarten Linien ihren Höhepunkt. Churchill schrieb in einem Memorandum für seinen Außenminister: »Der beabsichtigte Rückzug der amerikanischen Armee auf die von uns in Quebec festgelegten ... Zonengrenzen bedeutet, dass die Flut der russischen Vorherrschaft auf einer fünfhundert bis sechshundert Kilometer breiten Front um zweihundert Kilometer vorgetragen würde. Kommt es wirklich dazu, wäre das eines der betrüblichsten Ereignisse der Weltgeschichte.«[84]

Doch die amerikanische Administration war nicht gewillt, die »Faustpfandpolitik« Churchills zu unterstützen. Einen völligen Zusammenbruch der gemeinsamen alliierten Kontrolle Deutschlands wollten die Amerikaner nicht riskieren. Kurz vor dem Treffen der »Großen Drei« in Potsdam war ihnen daran gelegen, die Atmosphäre nicht durch den Bruch zuvor eingegangener Verpflichtungen zu belasten. Ohne den Rückzug aus den Gebieten, die eigentlich zur sowjetischen Besatzungszone gehörten, hätte weder der Alliierte Kontrollrat seine Tätigkeit aufnehmen können, noch hätten die Sowjets eine gemeinsame Verwaltung von Berlin gestattet.

Am 11. Juni 1945 sandte Präsident Truman – sein Vorgänger Roosevelt war am 12. April gestorben – dann das entscheidende Telegramm nach London: »In Ansehung des Drei-Mächte-Abkommens über die Besatzungszonen in Deutschland, das Präsident Roosevelt nach langer Überlegung und eingehender Erörterung mit Ihnen gebilligt hat, bin ich nicht in der Lage, den Rückzug der amerikanischen Truppen aus der sowjetischen Zone hinauszuzögern, um Druck bei der Regelung anderer Probleme auszuüben.«[85] Daraufhin zogen sich Briten und Amerikaner aus den von ihnen besetzt gehaltenen Teilen von Mecklenburg, Sachsen-Anhalt, Thüringen und Sachsen zurück. Außerdem stimmten die Amerikaner zu, dass die Rote Armee ihr Hauptquartier in Karlovy Vary auf der anderen Seite des Erzgebirges einrichtete. Die von den Amerikanern in Sachsen und Böhmen geräumten Gebiete sollten sich schon bald zu den wichtigsten Uranressourcen für Stalins Atombombe entwickeln.

Die kurze Zeit der amerikanischen Besetzung von Teilen der künftigen sowjetischen Zone gab immer wieder Spekulationen Auftrieb. Warum zogen sich die Amerikaner aus Sachsen und Thüringen zurück, anscheinend ohne zu ahnen, dass sie damit den Sowjets überhaupt erst den Zugriff auf die wichtigsten europäischen Uranressourcen ermöglichten? Hat das Uranproblem gar schon bei der Festlegung der alliierten Besatzungszonen eine Rolle gespielt? Haben die Amerikaner mit ihrem Rückzug eine welthistorische Chance versäumt?

Für den Helden des Romans »Schwarzenberg« von Stefan Heym (1984) war die Antwort einfach: »Wenn ich mir vorstelle, wie anders die Geschichte der Republik vielleicht gelaufen wäre, hätten die Amerikaner gewusst, was da unter dem Boden von Schwarzenberg lagerte! Dabei hätten sie es wissen können, denn waren die Bergleute, die in früheren Zeiten in dieser Gegend nach Silber und Zinn gruben, nicht immer wieder auf Pechblende gestoßen, und waren die radioaktiven Quellen im Umkreis nicht ein bedenkenswerter Hinweis?«[86] Andere Publizisten haben die These von der verpassten welthistorischen Chance kolportiert.[87]

Tatsächlich scheint es sich dabei um nachträgliche Gedankenspiele zu handeln, bei denen heutiges Wissen auf die Jahre 1944/45 rückübertragen wird. Bisher gibt es nicht den geringsten Hinweis darauf, dass die Uranproblematik irgendeine Rolle bei den alliierten Verhandlungen über die Besatzungszonen gespielt hat. Denn diese Unterredungen fanden zu einem Zeitpunkt statt, da Stalin dem sowjetischen Atomprojekt eher skeptisch gegenüberstand. Das gesamte Unternehmen, inklusive der Uransuche, genoss noch keine Priorität.

Auch in dem umfangreichen Schriftwechsel Churchills vom Frühjahr 1945, den er zur Begründung seiner »Faustpfand-Politik« führte, spielte die Frage der Uranerzvorkommen in Sachsen, Thüringen und Böhmen keine Rolle. Weder er noch Truman hatten zu diesem Zeitpunkt je etwas von den sächsischen Vorkommen gehört.[88]

Davon abgesehen hätte ein offener Bruch der Zonenvereinbarungen von einem Tag auf den anderen aus Kriegsverbündeten Feinde werden lassen. Zudem verfügte auch Stalin über ein »Faustpfand« – Berlin. Er verlangte nämlich als Voraussetzung für die Aufnahme der Tätigkeit des Alliierten Kontrollrates in der ehemaligen Reichshauptstadt die Verlegung der Truppen in ihre jeweiligen Zonen. Von der Öffentlichkeit in den USA und Westeuropa wäre unmittelbar nach Ende des verheerenden Krieges ein direkter Konfrontationskurs ihrer Regierungen wohl kaum akzeptiert worden. Bei nüchterner Bewertung der Ereignisse bleibt also von Churchills Legende der »verpassten Chance« wenig übrig.

Zwischen der Bereitschaft der Amerikaner, sich aus Sachsen, Thüringen und Böhmen zurückzuziehen, und der Entscheidung zur Bombardierung des Oranienburger Werkes der Auergesellschaft bestand ein scharfer Kontrast. Die beiden Entscheidungen – Bombardement und Rückzug – fielen unabhängig voneinander innerhalb eines Zeitraums von weniger als drei Monaten. Während sich General Groves in den letzten Kriegsmonaten einen sehr genauen Überblick über das deutsche Atomprojekt verschaffen konnte und alles tat, um die sowjetische Kriegsbeute zu schmälern, war er über die Uranerzvorkommen im Erzgebirge weniger gut informiert. Nur die ältesten europäischen Uranerzminen von Jáchymov waren ihm bekannt, und die galten als wenig ergiebig. Sie schienen keine ernsthafte Bedrohung für das angestrebte amerikanisch-britische Uranerzmonopol darzustellen.

Die Amerikaner zogen aus dem Erzgebirge ab, ohne auch nur zu ahnen, dass sich dort die größten europäischen Uranressourcen befanden. Die Sowjets waren auf die Besetzung dieser Region vorbereitet und kamen in der vagen Hoffnung, wenigstens einige Tonnen Uranerz zu finden. Dass es nicht bei wenigen

Tonnen blieb, sondern bis 1991 mehr als 220 000 Tonnen Uran aus Sachsen und Thüringen in die Sowjetunion geliefert werden sollten, vermochte sich im Sommer 1945 noch niemand vorzustellen.

Die sowjetische »Uranlücke« und das Erzgebirge

Nachdem Stalin den Bau der Atombombe befohlen hatte, ordnete er am 20. August 1945 die Bildung eines Sonderstabes beim Staatlichen Verteidigungskomitee an.[89] Zum Leiter des Gremiums wurde Berija ernannt. Alle Bereiche, für die Berija verantwortlich war, so erinnerte sich ein russischer Atomphysiker, funktionierten fortan mit der Präzision eines Schweizer Uhrwerkes.[90] Allein das Innenministerium (NKWD) war in der Lage, die Priorität der Ressourcenbeschaffung für das Bombenprojekt auf allen Ebenen durchzusetzen.

Gemäß einer westlichen Schätzung wurde rund die Hälfte der gesamten wissenschaftlichen Arbeiten zur Lösung des »Uranproblems«, wie man das Atomprogramm in Fachkreisen nannte, in Laboratorien durchgeführt, die man in Gefangenenlagern eingerichtet hatte. Für die meisten Bau- und Bergbauarbeiten wurden Häftlinge eingesetzt.[91] Institute und Fabriken wurden möglichst harmlos benannt, um ihre wahre Funktion zu vertuschen. Oft liefen die Anlagen nur unter Postfach- bzw. Feldpostnummern.

Die zentrale Einrichtung war das Konstruktionsbüro Nr. 2, das im Jahr 1946 in Kyschtym im Ural aufgebaut und unter dem Namen »Arzamas 16« bekannt wurde. Dort sollte ein Uranmeiler zur Fertigung der Bombe entstehen. Erster Direktor war P. M. Sernow, leitender Wissenschaftler Chariton. Die Überwachung der Arbeiten übertrug man Kurtschatow. Vier Jahre nachdem Enrico Fermi erstmals eine solche Anlage in Chicago gebaut hatte, konnte der Reaktor am 25. Dezember 1946 seinen Betrieb aufnehmen.

Wie das Konstruktionsbüro Nr. 2 wurden auch alle anderen wichtigen Institute und Fabriken östlich des Uralgebirges gebaut, jenseits der Reichweite amerikanischer Bomber und ausländischer Spione. Die sowjetische Industrie folgte erneut dem Weg der Verlagerung vom europäischen in den asiatischen Teil Russlands, wie dies bereits während des Krieges geschehen war.

Die Fabriken, oder besser gesagt Städte (Atomgrady), die sich auf den neuen Industriezweig spezialisierten, wurden unter Aufsicht der Geheimpolizei von Hunderttausenden Häftlingen und Kriegsgefangenen gebaut. Die Gefangenen in den streng geheimen Lagern mussten spezielle Schweigeverpflichtungen unterschreiben, die alle drei Monate erneuert wurden. Nachdem die erste Phase des Aufbaus der Atomstädte abgeschlossen war, wurde eine große Gruppe von Arbeitern »als ein besonders gefährliches Spezialkontingent« im September 1950 ins Kolyma-Gebirge geschickt.[92] Neben einem Archipel Gulag entstand dort ein so genannter weißer Archipel von Atombetrieben, ein »Zentrum für Tausende von hochqualifizierten Wissenschaftlern, Ingenieuren, Konstrukteuren, Produktionsarbeitern und vielen anderen, die den Krieg und die Verfolgung überlebt hatten«, wie sich Lev Altshuler erinnert, der 22 Jahre lang im weißen Archipel Gulag gearbeitet hat. Sie wurden von der Außenwelt komplett abgeschnitten: »Mein damaliger Arbeitsplatz war viele Kilometer von der nächsten Eisenbahnstation entfernt. Wir wurden in Bussen transportiert und in lange Pelzmäntel gesteckt. Wir passierten Siedlungen, die aussahen wie zu Zeiten Russlands noch vor Peter dem Großen …, und Lager, in denen Gefangene aus allen Teilen der Sowjetunion und aller Nationalitäten hausten … Jeden Morgen marschierten Kolonnen von Sträflingen durch unser Dorf. Dies war die Wirklichkeit.«[93]

Während die Häftlinge in erbärmlichen Verhältnissen lebten, wurde für die Wissenschaftler ausgezeichnet gesorgt. Stalin erklärte gegenüber Kurtschatow, dass es ihnen an nichts fehlen solle. »Wir verließen das halbverhungerte Moskau und fanden uns im Paradies wieder. Die führenden Wissenschaftler wurden außerordentlich gut bezahlt. Unsere Familien hatten alles, was man im Leben brauchte … Wir wohnten zuerst in kleinen Häusern und Hütten, später in großzügig angelegten Familienhäusern«, erinnert sich Altshuler.

Neben dem forcierten Aufbau der Atomindustrie war das drängendste Problem der gravierende Uranengpass im eigenen Land. Mitte der vierziger Jahre schätzten sowjetische Geologen die Uranvorräte auf knapp 2 000 Tonnen.[94] Das war viel zu wenig, um eine leistungsfähige Uranindustrie aufzubauen. Daher hatte sich der sowjetische Geheimdienst bereits in der Endphase des Krieges um Informationen über Uranerzlagerstätten im Ausland bemüht. Der an allen Fronten vorrückenden Roten Armee folgten zahllose Beutekommandos und Spezialeinheiten, darunter auch kleine Gruppen von Geologen.

Ein erster Erkundungstrupp wurde Ende November 1944 auf Anweisung des Rates der Volkskommissare nach Bulgarien geschickt.[95] Die Gruppe bewegte sich »auf den Spuren des deutschen Atomprojektes«, denn den sowjetischen Truppen waren im Zuge ihres Vormarsches deutsche Dokumente über Uranvorkommen in der Nähe der Stadt Buchovo in die Hände gefallen. Am 12. Januar 1945 sandten die Spezialisten einen ersten Bericht über die Ergebnisse ihrer Erkundung an Berija, der umgehend den Abbau der aufgespürten Uranerze anordnete und den angehenden bulgarischen Regierungschef und ehemaligen Leiter der Kommunistischen Internationale, Georgi Dimitroff, über das sowjetische Interesse an der Lagerstätte bei Buchovo informierte.[96] Noch im Oktober 1945 wurde eine sowjetisch-bulgarische Bergbau-Gesellschaft gegründet, und rund 300 sowjetische Geologen und Ingenieure nahmen in Buchovo ihre Arbeit auf. Den eigentlichen Abbau des Uranerzes mussten allerdings politische Häftlinge übernehmen. Bis Mitte 1946 soll das sowjetisch-bulgarische Unternehmen 272 Tonnen Erz gewonnen und zur technischen Erprobung in die Sowjetunion geschickt haben.[97] Georgi Dimitroff kümmerte sich später höchstpersönlich um den weiteren Ausbau des Unternehmens. Doch selbst er erhielt vom sowjetischen Direktor vor Ort keine Angaben über die Qualität des in Buchovo geförderten Erzes. Auch die Fördermenge unterlag strengster Geheimhaltung.[98]

Nach den bulgarischen Vorkommen wurden die Uranerzlagerstätten in der Tschechoslowakei erkundet. Die tschechische Exilregierung war bereits im März 1945 erstmals von sowjetischer Seite auf die Joachimsthaler Uranminen angesprochen worden. Ende August 1945 schickte das NKWD eine Erkundungsgruppe nach St. Joachimsthal.[99] Zu dieser gehörten mit Alexandrow und Orlow zwei Spezialisten, die schon an der Expedition nach Buchovo teilgenommen hatten. Ein erster Bericht der Experten über die tschechischen Uranerzvorkommen wurde dem Sonderkomitee für Atomfragen in Moskau am 14. September 1945 vorgelegt. Demnach betrugen die Uranerzvorräte in der Joachimsthaler Lagerstätte etwa 300 Tonnen.[100]

Zur wichtigsten sowjetischen Quelle für den Bezug von Uranerzen sollte sich die Sowjetische Besatzungszone (SBZ) entwickeln. Dabei stand anfangs weniger die Uranerzsuche im Vordergrund. Den sowjetischen Spezialisten ging es vielmehr darum, die Reste des deutschen Atomprojektes aufzuspüren und namhafte deutsche Wissenschaftler anzuwerben.[101]

Bereits einige Monate vor Kriegsende begann sich das NKWD auf die materielle und personelle »Ausschlachtung« der deutschen Atomforschung vorzubereiten. Verantwortlich dafür war NKWD-Generalmajor Awraami Sawenjagin, ein gelernter Bergmann.[102] Sawenjagin hatte in den dreißiger Jahren als Direktor eines metallurgischen Kombinates in Magnitogorsk und eines Bergbaukombinates in Norilsk gearbeitet und war 1937 zum Stellvertretenden Minister für Schwerindustrie aufgestiegen. Im Jahr 1941 wurde der als pragmatisch und intelligent geschilderte Sawenjagin zum Stellvertreter Berijas ernannt und war ab dem Frühjahr 1945 für die geheimdienstliche Absicherung des Atomprojektes verantwortlich.

Sawenjagin machte sich umgehend an die Arbeit und schickte im April 1945 ca. 40 prominente sowjetische Physiker, zum Teil gegen heftige Widerstände, nach Deutschland.[103] Ihnen gelang es, zahlreiche deutsche Wissenschaftler, darunter Manfred von Ardenne, Gustav Hertz, Heinz Pose, Nikolaus Riehl, Peter Adolf Thiessen und Max Volmer, für das sowjetische Atomprojekt zu verpflichten.

Bereits am 15. Mai 1945 legte eine hochrangige NKWD-Kommission erste Ergebnisse ihrer Untersuchung von deutschen Unternehmen und Forschungseinrichtungen, die mit Uran gearbeitet hatten, in Moskau vor.[104] Dazu gehörten das Kaiser-Wilhelm-Institut für Physik in Berlin-Dahlem, das Institut von Manfred von Ardenne in Berlin-Lichterfelde, das Institut der Reichspostforschungsanstalt in Zeuthen (Miersdorf), das Zyklotronlabor von Gustav Hertz bei der Firma Siemens sowie die Produktions- und Lagerstätten der Auergesellschaft in Berlin-Charlottenburg, Berlin-Grünau, Oranienburg und Zechlin. Alle in dem Bericht genannten Objekte wurden sofort dem NKWD unterstellt und zur Demontage vorbereitet. In Zechlin, Kagar und Rheinsberg fanden sowjetische Spezialkommandos mit dem Physiker Chariton an der Spitze mehr als 100 Tonnen Uranoxyd sowie einige Uranwürfel.[105] In der thüringischen Kleinstadt Stadtilm fiel der Einheit Sawenjagins eine Uranschmelzanlage der Degussa in die Hände.[106] Gründlich inspiziert wurde auch das im März 1945 von der amerikanischen Luftwaffe zerstörte Werk der Auergesellschaft in Oranienburg. Dort gelangten die sowjetischen Beutekommandos noch in den Besitz einiger Tonnen reinen Uranoxyds sowie mehrerer hundert Tonnen Thoriumverbindungen, Monazit und Zirkon.

Auch das Erzgebirge nahmen die sowjetischen Experten unter die Lupe, waren doch die Uranminen von St. Joachimsthal seit Jahrhunderten bekannt. Allerdings galten sie nicht als ergiebige Quellen für hochwertiges Uran. Alles in allem eher trübe Aussichten für die sowjetischen Erkundungsgruppen. Doch was blieb ihnen angesichts des prekären Uranengpasses anderes übrig, als auf die Ausbeutung selbst kleinster Vorkommen im Erzgebirge und die Erschließung neuer Vorräte zu hoffen?

Nachdem ein erstes Expertenteam im Mai 1945 deutsche Geologen in Freiberg verhört hatte und zu dem Ergebnis gekommen war, dass der tatsächliche Wert der Lagerstätten ohne intensive Untersuchungen nicht geschätzt werden könne,[107] wurde Anfang August 1945 eine zweite sowjetische Geologenkommission unter Leitung von Professor Kreiter nach Sachsen geschickt.[108] Die Kommission besuchte unter anderem das Hauptkontor der Sachsenerz-Bergwerks AG in Freiberg und die Minen bei Schneeberg und Johanngeorgenstadt. In Freiberg studierten die Experten die geologischen Karten der ehemaligen Silberreviere sowie die Akten der Bergämter. Als wichtigster Mann vor Ort erwies sich der Obersteiger der Sachsenerz-Bergwerks AG, Johannes Schmidt.[109] Er kannte die Minen wie kein anderer und konnte Hinweise für den Neuaufschluss alter Schächte und den Abbau des Uranerzes geben.

Die wichtigsten Uranvorkommen vermuteten die sowjetischen Geologen in der Umgebung von Oberschlema. Bekannt war der Ort zum einen durch die weltberühmten radiumhaltigen Heilquellen und die Außenstelle des Kaiser-Wilhelm-Instituts für Biophysik.[110] Nach Kriegsende war das Bad zunächst geschlossen worden. Im Juli 1946 erlaubten die Besatzungsbehörden kurzzeitig eine Wiederaufnahme des Kurbetriebes. Anfang August 1946 musste er dann aber ganz eingestellt werden.[111] Unmittelbar darauf wurden in der Nähe des Kurbades erste Probebohrungen vorgenommen. Große Teile des Kurviertels und die berühmten Radiumquellen von Oberschlema fielen dem wieder aufgenommenen Bergbau zum Opfer. Die Bevölkerung deutete die Demontage des Radiumbades und die Aktivitäten der sächsischen Bergbauverwaltung des NKWD zutreffend als den Beginn eines neuen »Berggeschreis«.

Wichtige Erkenntnisse über die Uranvorräte im Erzgebirge erhoffte sich der sowjetische Geheimdienst auch von der Befragung der Mitarbeiter des Kaiser-Wilhelm-Instituts für Biophysik in Oberschlema. Seit 1937 hatten Professor Boris Rajewsky und seine Mitarbeiter in den Schneeberger und später auch in den Joachimsthaler Minen den Radongehalt der Luft und des Wassers gemessen.[112] Im Sommer 1940 hatte Professor Rajewsky seinen Mitarbeiter Dr. Adolf Krebs als Leiter der Außenstelle des Kaiser-Wilhelm-Instituts für Biophysik in Oberschlema eingesetzt. Am 1. Oktober 1945 wurde Krebs von NKWD-Offizieren verhaftet, erst in Dresden und Berlin verhört, später nach Moskau geflogen und dort mehrere Monate erneut vernommen.[113] Im Frühjahr 1946 durfte Krebs nach Deutschland zurückkehren. Nach der Demontage der Außenstelle in Oberschlema wanderte er in die USA aus, wo er zunächst für das Militär und den Geheimdienst, später an mehreren Hochschulen tätig war.

Ob die Radiumquellen von Oberschlema und die Forschungen des Kaiser-Wilhelm-Instituts tatsächlich den Anstoß für den Beginn der Urangewinnung gaben, lässt sich nicht eindeutig feststellen. Wichtige Indizien für die sowjetische Entscheidungsfindung gaben beide Einrichtungen in jedem Fall.

Noch im August 1945 fasste das Sonderkomitee für Atomfragen in Moskau einen Beschluss zur Bildung einer dritten sächsischen Erzerkundungsexpedition des NKWD. Diese sollte u. a. auch eine Revision alter Grubenbaue vornehmen. Die Arbeiten begannen Anfang September 1945 und wurden von dem schon mehrfach genannten Professor Semjon P. Alexandrow geleitet. Aus Gründen der Geheimhaltung gaben die sowjetischen Geologen offiziell an, nach Kobalt oder Wismut zu suchen. Zunächst schien selbst leitenden Mitarbeitern der Sachsenerz-Bergwerks AG dieses Anliegen plausibel zu sein. Auf entsprechende Anfragen der sächsischen Landesverwaltung antworteten sie mit der Beschreibung der Kobalt, Nickel- und Wismutlagerstätten, ohne Uranvererzungen auch nur zu erwähnen.[114] Worum es wirklich ging, dies erfuhr als einer der ersten Deutschen Professor Dr. Friedrich Schumacher, Direktor des Geologischen Instituts der Bergakademie Freiberg, im Rahmen eines Gesprächs mit Professor Kreiter am 10. September 1945. Im Ergebnis der Unterredung wurde der Aufbau eines »Büros für Buntmetalle« in Freiberg beschlossen, das hauptsächlich Aufträge der Besatzungsmacht ausführen sollte. Gemeinsam mit seinem Kollegen Professor Dr. Gustav Aeckerlein, der sich seit der Gründung des Radium-Instituts an der Bergakademie Freiberg mit der Erforschung radioaktiver Quellen in Sachsen befasst hatte, wurde Schumacher mit der Erstellung von Studien zu den Uranerzlagerstätten beauftragt.[115] Ein erstes von Schumacher und Aeckerlein verfasstes Gutachten wurde der sowjetischen Kommission am 8. Oktober 1945 übergeben.[116] Die Uranerzförderung außerhalb der Reviere von Schneeberg, Johanngeorgenstadt und Joachimsthal bezeichneten sie als wenig aussichtsreich. Zu einer ähnlichen Einschätzung kamen sie mit Blick auf die Minen in Schneeberg. Etwas günstiger beurteilte Schumacher hingegen die Perspektiven für die Uranerzgewinnung in Johanngeorgenstadt. Er prognostizierte eine »mögliche Reserve von vielleicht 80 bis 90 Tonnen U_30_8 [Uranoxyd; Schumacher hatte die mögliche Uranerzförderung bereits in die zu verarbeitende Form umgerechnet]. Dies wäre mehr als das Zehnfache von dem, was der Bergbau von Johanngeorgenstadt an Uran bisher überhaupt gebracht hat. Dabei ist aber zu berücksichtigen, dass systematische Sucharbeiten nach Uranerzen, abgesehen von den unzulänglichen Versuchen der jüngsten Zeit, nie gemacht worden sind.«[117]

Angesichts des überragenden sowjetischen Interesses am Uranerzabbau und der komplizierten Nachkriegsverhältnisse darf vermutet werden, dass die Freiberger Professoren nach einer neuen Perspektive für ihre Institute suchten. Selbst wenn sich an ihrer Skepsis hinsichtlich der Wirtschaftlichkeit des Uranabbaus praktisch nichts geändert hatte, waren sie bereit, für die Besatzungsmacht die nötigen geologischen Erkundungen durchzuführen. Bis Ende 1946 erstellte Schumacher mehrere Expertisen über die Lagerstätten von Johanngeorgenstadt und Marienberg.

Pessimistischer als das Schumacher-Gutachten fiel die erste Einschätzung der sowjetischen Expertengruppe unter Leitung Alexandrows aus. Alexandrow schätzte Ende 1945 die Vorräte im Revier von Johanngeorgenstadt auf 22 Tonnen und im Schneeberger Revier auf nur 10 Tonnen Uran.[118] Derart bescheidene Vorräte hätten eigentlich keine weiteren Explorationsarbeiten gerechtfertigt. Dennoch wurde der als »höchst brisant« eingestufte Bericht im Frühjahr 1946 nach Moskau gesandt. Alexandrow plädierte nämlich trotz der geringen Fördermenge, die seiner Meinung nach in Aussicht stand, für die Aufnahme des Uranerzbergbaus in Johanngeorgenstadt.

Professor Aeckerlein bemühte sich unterdessen um den Bau bzw. die Beschaffung von Erkundungsgeräten und Messinstrumenten. Ende 1945 konnte sein Institut mit den Arbeiten an dem als geheim eingestuften Projekt »G-4« beginnen. Bis zum Frühjahr 1946 gelang allerdings nur der Bau eines Bodenluft-Emanometers. Die anderen Apparaturen mussten anderweitig beschafft werden. Aeckerlein bemühte sich daraufhin bei Firmen in der britischen Zone um den Kauf von Zählwerken und transportablen Zählrohrapparaturen. Im Frühjahr 1947 konnte er an die sowjetische Kommission schließlich mehrere importierte oder selbst gefertigte Geräte übergeben.

Für beide Freiberger Professoren endete die Zusammenarbeit mit der Besatzungsmacht nach kurzer Zeit. Im Zuge der Entnazifizierung wurde Friedrich Schumacher im November 1946 als Leiter des Büros für Buntmetalle suspendiert. Er setzte sich im Frühjahr 1947 nach Jugoslawien ab, wo er bis 1950 als Chefgeologe einer großen Blei- und Zinkgrube arbeitete. 1952 nahm er eine Stelle am Mineralogischen Institut der Universität Bonn an. Das Radium-Institut von Professor Aeckerlein wurde im Frühjahr 1948 geschlossen, mit Verweis auf das von den Alliierten ausgesprochene Forschungsverbot für die deutsche Atomphysik.

Welche Bedeutung die Arbeiten der Freiberger Professoren für die sowjetischen Kommissionen letztlich hatten, lässt sich nur schwer einschätzen. Schumachers Gutachten waren insofern von besonderem Interesse, als dass sie optimistischer ausfielen als die ersten sowjetischen Studien und nachdrücklich auf den Wert der Minen bei Johanngeorgenstadt verwiesen. Aeckerlein wiederum hatte es vermocht, wenn auch mit zeitlicher Verzögerung, einige wichtige Apparaturen für die Erforschung zu beschaffen. Auch dies trug zum Erfolg der weiteren Erkundungsarbeiten bei.

Im Juni 1946 beschloss der Ministerrat der UdSSR, mit dem Abbau der sächsischen Vorkommen zu beginnen.[119] Wie diese Entscheidung zu Stande kam, ist unklar. Handelte das Gremium nach dem Prinzip Hoffnung oder traute man der Expedition um Professor Alexandrow weniger zu als den deutschen Geologen? Wie dem auch sei, zum Zeitpunkt des Beschlusses waren die Perspektiven des Uranbergbaus in Sachsen noch höchst ungewiss.

Die Erkundungsarbeiten liefen unterdessen weiter. Im Sommer 1946 wurde eine neue sowjetische Kommission unter Leitung von N. M. Chaustow mit der Erkundung beauftragt. Ihre Vorratsbewertungen fielen optimistischer aus als die von Alexandrow und den deutschen Professoren. Unter anderem stellten sie in Oberschlema in sieben Gängen Uranerze fest.[120] Chaustow übernahm ab Oktober 1946 auch für kurze Zeit die Leitung der sächsischen Bergbauverwaltung des NKWD. In den folgenden Jahren stiegen die von den Geologen nachgewiesenen Uranerzvorräte sprunghaft an.[121] Ging man Ende 1945 lediglich von einem Vorrat von 100 Tonnen Uranerz aus, so konnte man bis Januar 1947 mit 252 Tonnen und bis Januar 1948 schon mit über 1 600 Tonnen Uranerz rechnen. Den sowjetischen Verantwortlichen war jetzt klar, dass in Sachsen die wohl größten Uranvorkommen im sowjetischen Machtbereich lagerten.

Bis Kriegsende besaßen die Amerikaner kaum Kenntnisse von den Uranressourcen in Sachsen. Sie deuteten die in den zurückliegenden Jahren vernachlässigte Uransuche in Deutschland als Beleg dafür, dass es keine abbauwürdigen Vorkommen im Erzgebirge gab.[122] Allerdings waren ihre Informationen nicht sonderlich zuverlässig. So ging der Combined Development Trust (CDT) von einer völligen Einstellung des Uranbergbaus der Sachsenerz-Bergwerks AG im Jahr 1943 aus, was aber nicht stimmte.

Die amerikanische Wochenzeitschrift »Newsweek« zeigte sich am 25. November 1946 wenig beeindruckt von den sowjetischen Aktivitäten im Erzgebirge: »Sie [die Russen] öffneten eine preußische Staatsmine in Schneeberg neu und teuften einen Schacht in der Nähe des Radiumbades Oberschlema ab. Aber in keinem von beiden fanden sie Uranerz.«

Eine entscheidende Rolle für die zitierte voreilige Einschätzung haben die Berichte deutscher Experten und sowjetischer Überläufer gespielt. Natürlich waren dem britischen und amerikanischen Geheimdienst die sowjetischen Aktivitäten im Erzgebirge nicht verborgen geblieben. Im Mittelpunkt ihres Interesses stand die Frage nach der Ergiebigkeit der Uranlagerstätten.[123] Es schien den Amerikanern geradezu paradox, dass die Sowjets in einer Region mit dem Uranabbau begannen, in der es nach Auffassung angesehener Geologen nur geringe Vorkommen minderer Qualität gab. Diese Einschätzung ging unter anderem auf ältere Arbeiten von Professor Schumacher, die Dissertationsschrift von Professor Rajewsky sowie eine Arbeit des Mineralogen Dr. Hirsch zurück. Alle genannten Experten hatten in ihren Studien auf Uranerzfunde im Erzgebirge hingewiesen. Allerdings gingen sie übereinstimmend nur von gelegentlichen Vorkommen aus. Die Wirtschaftlichkeit des Uranabbaus in Sachsen stellten sie grundsätzlich in Frage. Zu dieser Fehleinschätzung hatte auch Dr. Adolf Krebs beigetragen, nachdem er in die USA übergesiedelt war. Obwohl Krebs kein ausgesprochener Experte auf dem Gebiet der Lagerstättenkunde war, beauftragten ihn die Amerikaner mit der Ausarbeitung eines Gutachtens über die Uranlagerstätten im Erzgebirge. In seinen Anfang 1948 verfassten Darlegungen kam er zu dem Ergebnis, dass im Gebiet um Oberschlema mit keinen größeren Vorkommen zu rechnen sei.[124]

Eine Bewertung des tatsächlichen Wertes der Lagerstätten im Erzgebirge war den Amerikanern somit nicht möglich. Die nach Kriegsende von deutschen und sowjetischen Geologen vorgenommenen Vorratsberechnungen waren ihnen nicht zugänglich. Sie versuchten es deshalb mit einer Überschlagsrechnung. Im günstigsten Fall, so schließt der betreffende Geheimbericht, könnten im sächsischen Teil des Erzgebirges 13 Tonnen Uranoxyd pro Jahr gewonnen werden.[125] Eine ernsthafte Bedrohung des amerikanischen Uranmonopols war das nicht. Noch bis Mitte 1948 gingen amerikanische Militärs davon aus, dass sich der Uranerzabbau im Erzgebirge nicht lohnen würde und dass die »Uranlücke« für das sowjetische Atomprojekt das größte Problem darstellte.[126]

Erst allmählich wurden sich die Amerikaner ihrer Fehleinschätzung bewusst. Die Fülle der inzwischen über den Uranbergbau in Sachsen, hauptsächlich vom Ostbüro der SPD und vom britischen Geheimdienst gesammelten Informationen ließ nunmehr kaum noch Zweifel zu, dass sich dort doch größere Uranlagerstätten befanden als ursprünglich prognostiziert. Als das amerikanische Militär Anfang 1949 in den Besitz mehrerer Erzproben aus Johanngeorgenstadt gelangte,[127] stand nach gründlicher Analyse fest, dass die vom amerikanischen Geheimdienst für das Erzgebirge aufgestellten Vorratsprognosen hinfällig waren.

Uranbergbau im Erzgebirge

Bergbaustädte, Uranfarben und Radiumbäder

Der Bergbau auf Silber, Zinn und andere Erze prägte die Region zwischen Sachsen und Böhmen seit dem frühen Mittelalter. Noch heute zählt das Erzgebirge zu den am dichtesten besiedelten Gebirgsregionen Europas, eine Folge der verschiedenen Bergbauperioden. Am Anfang stand der im 12. Jahrhundert begonnene Silberbergbau in Freiberg. Der Sage nach sollen Fuhrleute aus dem Harz dort in der Spur ihrer Wagenräder einige Brocken von reichhaltigem Bleierz gefunden haben. Die Nachricht von den Erzvorkommen erreichte das Siegerland, woraufhin siegerländer Bergleute ins Erzgebirge zogen und den Grundstein für den dortigen Bergbau legten. So weit die Sage. Nachweisbar ist, dass sich zu jener Zeit Erzgänge teilweise bis zur Oberfläche erstreckten. Die ersten drei Gruben, in denen sich vorzügliches Silbererz fand, wurden auf dem Platz betrieben, an dem heute das Freiberger Rathaus steht. Die eigentliche Gründung des Ortes erfolgte um 1200, bereits im Jahr 1218 wurde Freiberg zur Freien Bergstadt erhoben.

Der ersten Silberperiode im 12./13. Jahrhundert folgte im 14. und frühen 15. Jahrhundert ein intensiver Zinnabbau.[1] Neben Zinn hat man auch schon Wismuterze gewonnen.

Ein zweites »silbernes Jahrhundert« wurde dann ab 1470 durch weitere große Silberfunde eingeleitet.[2] Das »große Berggeschrei«, wie man die sich rasch verbreitende Kunde von den neu entdeckten Erzvorkommen nannte, lockte zahlreiche Bergleute mit ihren Familien ins Erzgebirge. In kurzer Folge entstanden gleich mehrere Städte. Zu den bedeutendsten Gründungen gehörten Schneeberg (1471), Annaberg (1497), St. Joachimsthal (1520) und Marienberg (1521).

Nachdem Schneeberg 1481 zur Freien Bergstadt erhoben worden war, verhalfen wenig später neue Silberfunde der Stadt und dem Kurfürsten von Sachsen zu Reichtum. Friedrich der Weise hatte also allen Grund, Schneeberg als sein »Klein-Venedig« zu bezeichnen.

Noch vor dem ersten Schneeberger Silberboom baute man im nahe gelegenen Schlematal Eisen- und Kupfererze ab. Poch- und Hammerwerke sowie Schmelzhütten kündeten von der Eisenerzgewinnung und -verarbeitung als neuen Gewerbezweigen. Die Namen einzelner Gruben verweisen darauf, dass in Niederschlema auch Silber gefördert wurde. So findet sich in alten Chroniken neben den Gruben »König David« und »Kaiser Heinrich« auch eine Grube mit dem Namen »Silberwaag«. Die Dimension des Schneeberger Bergbaus erreichte der Bergbau von Schlema allerdings zu keiner Zeit.[3]

Der bekannteste Stollen war der 1503 angelegte »Markus Semmler Stolln«. Dieser Wasserführungsstollen für den Schneeberger und Oberschlemaer Bergbau durchzog das gesamte Schlematal und sollte im 19. Jahrhundert eine Gesamtlänge von 44 Kilometern erreichen. Anfang des 20. Jahrhunderts wurden im »Markus Semmler Stolln« radioaktive Quellen entdeckt.

Nahe der Stadt Aue wurde vor allem Zinn gefördert und geschmolzen, das dank seiner Reinheit sehr begehrt war. Mit dem Zinnbergbau sowie der Eisen- und Blechwarenerzeugung von Auerhammer und der Blaufarbenherstellung in Niederpfannenstiel – beide Orte wurden eingemeindet – entwickelte sich Aue zu einem Zentrum der Metallverarbeitung. Nach 1945 sollte die Stadt zum wichtigsten Zentrum des Erzbergbaus werden.

Silberfunde am Schreckenberg führten Ende des 15. Jahrhunderts zur Begründung der Gemeinden Annaberg und Buchholz. Die Erhebung von Annaberg zur Freien Bergstadt erfolgte schließlich 1497. Die 1509 erlassene Bergordnung wurde für den gesamten Bergbau im Erzgebirge wegweisend.[4] Die Stadt wuchs bis Mitte des 16. Jahrhunderts rascher als alle anderen Städte in Sachsen. Um 1540 zählte Annaberg ca. 12 000 Einwohner und war damit nach Freiberg zur zweitgrößten Stadt der Region aufgestiegen.[5] Diese Entwicklung war hauptsächlich dem Silberbergbau zu verdanken. Vom Fleiß und der hohen Kunst der Annaberger Bergleute zeugt bis heute der »Markus Röhling Stolln«, die einstmals bedeutendste Grube der Region.

Bereits damals nahm der Bergbau in vielerlei Hinsicht eine soziale Sonderstellung ein. Früher als in allen anderen Gewerbezweigen wurden Lohnarbeitsverhältnisse eingeführt. Voraussetzung dafür waren die persönliche Freiheit der Bergleute ebenso wie die Freiheit der Arbeit. Die gemeinsam bestandenen Nöte und Gefahren führten zu einem besonders engen sozialen Zusammenhalt. Dies fand seinen Ausdruck etwa in der Organisation von Knappschaften. Neben ihrer Funktion, die in Not geratenen Mitglieder zu unterstützen, kam ihnen auch eine äußerst wichtige Bedeutung bei der Verbesserung der Lebens- und Arbeitsbedingungen zu. Erst durch den Einfluss der Knappschaften konnte eine Reihe von sozialen Forderungen, darunter die Bildung von Sanitätskommissionen und der Bau von Bergarbeiter-Siedlungen, verwirklicht werden.

Der große Silberboom endete um 1570. Silberimporte aus der »Neuen Welt«, vor allem aus Mexiko, führten zu einem drastischen Rückgang der Nachfrage nach sächsischen Erzen. Die Bergstädte verarmten, die Bevölkerungszahlen sanken. Einen absoluten Tiefpunkt verzeichnete der Bergbau im Erzgebirge dann in der Zeit des Dreißigjährigen Krieges (1618 bis 1648).

Doch noch einmal konnte sich der Silberbergbau von diesen schweren Rückschlägen erholen. Neue Funde führten ab 1660 zu seiner dritten und letzten großen Blüte. Herausragende Bedeutung erlangte in dieser Zeit Johanngeorgenstadt (1654). Ihre Gründung verdankte die Stadt böhmischen Protestanten, die nach dem Dreißigjährigen Krieg aus den Bergbaustädten Platten, Gottesgab und St. Joachimsthal fliehen mussten und nach Sachsen auswanderten. Der sächsische Kurfürst Johann Georg I. erteilte ihnen im Februar 1654 die Erlaubnis, eine Bergstadt am Vorderen Fastenberg zu gründen, und verlieh ihr seinen Namen.[6] Zur wirtschaftlichen Basis der Siedlung sollte sich der Silberbergbau entwickeln. Darüber hinaus wurden Kobalt, Eisen, Zinn und Schwefel abgebaut. Mit den Kobalterzen hatte es eine besondere Bewandtnis. Sie nutzte man für die Gewinnung von Blaufarben. Aus dem böhmischen St. Joachimsthal und aus Platten kam dieses Gewerbe Anfang des 17. Jahrhunderts nach Sachsen. Mehrere Blaufarbenwerke entstanden daraufhin in Johanngeorgenstadt, Schneeberg und später in Oberschlema. Zur bedeutendsten Blaufarbenfabrik des Erzgebirges stieg die 1644 gegründete Blaufarbenfabrik von Oberschlema auf. Der sächsische Staat war darauf bedacht, diese wertvolle Exportindustrie zu schützen, und verbot 1683 die Ausfuhr von Kobalterzen. Bei Zuwiderhandlung drohte den Delinquenten sogar die Todesstrafe. Erst Anfang des 18. Jahrhunderts wurde das sächsische Blaufarbenmonopol gebrochen.[7] In diese Zeit fiel auch der Höhepunkt der dritten Silberperiode im Erzgebirge.

Mitte des 18. Jahrhunderts geriet der Bergbau in Johanngeorgenstadt in eine Krise, und die kurfürstliche Bergwerkskasse musste die unrentablen Gruben unterstützen. 1838 wurden sieben noch wirtschaftlich selbstständig arbeitende Gruben unter dem Namen »Vereinigt Feld am Fastenberg« zu einer Gewerkschaft, einer speziellen Unternehmensform im Bergbau, zusammengeschlossen. Sie förderte silberhaltige Erze, Wismut, Schwefelkies und Uranerz.

Ende des 19. Jahrhunderts ging auch die Rentabilität der Freiberger Gruben stark zurück, zumal die Metallpreise infolge der überseeischen Konkurrenz fielen. Daher wurden sie 1886 verstaatlicht und mussten durch Zuschüsse gestützt werden. Die Zahl der Beschäftigten in den sächsischen Erzgruben sank aufgrund dieser Entwicklung rapide. Für das Jahr 1896 wurde die Belegschaft in allen sächsischen Erzgruben mit ca. 5 300 angegeben. Zehn Jahre später gab es nur noch 2 500 aktive Erzbergleute in Sachsen.[8] Seit 1908 waren lediglich die beiden staatlichen Gruben »Himmelfahrt« und »Himmelsfürst« sowie eine gewerkschaftliche Grube in Betrieb. Kurz vor dem Ersten Weltkrieg mussten schließlich auch die staatlichen Gruben stillgelegt werden. Anfang des 20. Jahrhunderts besaß nur noch der Abbau von Kobalt, Wolfram, Zinn und Nickel einige Bedeutung.

St. Joachimsthal in Böhmen

Zur wichtigsten Bergbaustadt im Erzgebirge entwickelte sich St. Joachimsthal in Böhmen an der Grenze zu Sachsen. Das dicht bewaldete Tal St. Joachim wurde bis Ende des 16. Jahrhunderts intensiv gerodet. In dieser Zeit entstand eine kleine Handelsroute, welche die sächsische Silberbergbaustadt Annaberg mit Böhmen verband. An dieser Straße gründeten Siedler um 1300 den Ort Konradsgrün, das spätere St. Joachimsthal (Jáchymov). Zusammen mit dem nahe gelegenen Schlackenwerth (Ostrov nad Ohři) wurde Konradsgrün 1437 von König Sigismund an seinen Kanzler, Graf Caspar Schlick, übereignet.

Nachdem die Minen bei Schneeberg in Sachsen abgesoffen waren, verlagerte sich die Silbersuche ab 1511 auf die böhmische Seite des Erzgebirges. Im folgenden Jahr begannen zwei erfahrene Bergleute bei Konradsgrün mit dem Anlegen eines Schachts. Nachdem ihnen das Geld ausgegangen war, übernahmen Graf Schlick und andere Adlige aus der näheren Umgebung die Finanzierung. Sie gründeten eine Bergbaugesellschaft und stellten Bergleute ein, die in der Folgezeit auf reiche Silberadern stießen. Die Kunde von den Silberfunden am Keilberg verbreitete sich in Windeseile und löste eine Zuwanderungswelle von Arbeitern, vornehmlich aus Sachsen, aus.

Die entlegene und isolierte Siedlung Konradsgrün bestand 1516 aus 400 Häusern. Im folgenden Jahr komplettierten die Schlicks die Burg Freudenstein, um die Bergbaustadt vor Überfällen zu schützen. Das signalisierte den Bergleuten einmal mehr, wer die Macht in den Händen hielt. Am 6. Januar 1520 wurde Konradsgrün per Dekret in den Rang einer Freien Königlichen Bergstadt erhoben und in St. Joachimsthal, das Tal von St. Joachim, Vater der heiligen Maria, umbenannt.

Trotz des königlichen Exportverbots für Silber – dieser Bann war bereits während des ersten Silberbooms im Jahr 1300 erlassen worden – verkaufte man einen Teil des Joachimsthaler Silbers an die großen Handelshäuser in Deutschland, die Fugger in Augsburg und die Welser in Nürnberg. Graf Heinrich Schlick, verärgert über die ihm entgehenden Gewinne, verhandelte erfolgreich mit dem böhmischen Reichstag über das Münzrecht. Im Jahr 1519 wurde in den Kellern der Freudensteiner Festung der erste »Joachimsthaler« geprägt. Mit einem Silbergehalt von 931 (zu 1000) wurden die Joachimsthaler zur Gemeinschaftswährung in Europa. Zwischen 1520 und 1528 wurden über 3 Millionen Taler geprägt.

Mit 18 200 Einwohnern war St. Joachimsthal 1532 nach Prag die bevölkerungsreichste Stadt des böhmischen Königreiches. Die Silberproduktion erreichte im Laufe der dreißiger Jahre ihren Höhepunkt: In 134 Silberminen arbeiteten ca. 8 000 Bergleute und 800 Beamte.[9] Die Joachimsthaler Bergleute förderten im 16. Jahrhundert mehr als 300 000 Kilogramm Silber. Dies war im europäischen Vergleich eine außergewöhnlich große Ausbeute.

Einen schweren Rückschlag erlitt Joachimsthal, als 1670 in Prag eine königliche Münze eröffnet wurde und sich der Schwerpunkt der Münzprägung dorthin verlagerte. Von Zeit zu Zeit versuchte der Staat im 18. Jahrhundert zwar, dem Silberbergbau in Joachimsthal wieder auf die Beine zu helfen, doch zu bleibendem Erfolg führte das nicht.

Uranfarben und Radiumbäder

Die Bergbaustadt erreichte niemals mehr ihre einstige Prosperität. Die fortschreitende Industrialisierung im Habsburger-Reich nahm im 19. Jahrhundert eine andere Richtung: In Joachimsthal wurden die traditionellen Häkelarbeiten von der Handschuhindustrie übernommen sowie eine Fabrik zur Herstellung von Flaschenkorken und eine Papiermühle gebaut. Zu diesen neuen Betrieben kamen in den 1860er Jahren eine Tabakfabrik und eine Puppenfabrik, geleitet von den Brüdern Samuel, hinzu. In dieser Zeit begannen die böhmischen Glasmacher und Keramikhersteller Uranfarben zu nutzen, die bald zu einem begehrten Exportartikel wurden. Das sicherte einigen der alten Minen die Existenz, der Bergbau konnte immerhin auf einem bescheidenen Niveau fortgesetzt werden. Aufgrund dieser Entwicklung sah sich die Kaiserlich-Königliche Finanzverwaltung von Österreich-Ungarn veranlasst, ab 1853 die Verarbeitung von Uranerzen in der Silberhütte von Joachimsthal aufzunehmen.[10] Zum einen lockten die Gewinne aus dem Uranfarbengeschäft, zum anderen wollte man die Verarbeitung der Erze nicht länger allein den sächsischen Unternehmern überlassen. Das Geschäft mit den Uranfarben erreichte seinen Höhepunkt zwischen 1921 und 1930. In dieser Dekade wurden über 154 Tonnen hergestellt.[11]

Neben der Uranfarbenindustrie erlangte noch ein zweiter mit der Nutzung von Uranerzen im Zusammenhang stehender Gewerbezweig in Böhmen, Sachsen und Thüringen überregionale Bedeutung – das Kurwesen. Radioaktive Quellen gab es im Erzgebirge in großer Zahl, nur wenigen wurde allerdings eine heilende Wirkung nachgesagt. Zu den ersten gehörte eine um 1660 in der Stadt Ronneburg in Thüringen entdeckte Mineralquelle. Ein Jahrhundert später ließ der an der Gicht leidende Herzog Friedrich III. von Sachsen-Gotha den Brunnen tempelartig überbauen. Jedes Jahr kam er in die thüringische Kleinstadt, um sein Leiden zu kurieren. Der prominente Gast trug dazu bei, dass Ronneburg zu einem bedeutenden Badeort avancierte. Anfang des 20. Jahrhunderts verlor die Stadt jedoch ihre Vorrangstellung an andere Kurorte und stellte den Badebetrieb 1935 ein.[12]

Auch in Joachimsthal war die Heilwirkung der örtlichen Quellen seit langem bekannt. Bereits die Silberbergleute nutzten das Wasser, um ihre rheumatischen Erkrankungen zu behandeln. Kaiser Matthias (1612–1619) ließ es sogar bis nach Wien karren. 1906 eröffnete Josef Kuhn, der örtliche Bäcker, in seinem Haus zwei Badekabinen. Ein Bergmann brachte ihm in Holzeimern 40 Liter Wasser vom nahe gelegenen Werner-Schacht. Das Geschäft florierte: Ein Bad kostete 3 Kronen, dies entsprach etwa dem Preis für zwei gute Mahlzeiten.

Heinrich Mache und Stefan Meyer, Physiker am berühmten Radiuminstitut der Wiener Universität, kamen am 7. Januar 1907 nach Joachimsthal, um den radioaktiven Gehalt der Quellen zu untersuchen. Das Wasser, das sie aus dem nördlichen Teil der zweiten Ebene des Werner-Schachts entnahmen, wies 2 500 Becquerel (bq) pro Liter auf, der höchste Wert, der bis dahin je gemessen worden war. Kurz darauf begann sich das Wiener Ministerium für öffentliche Arbeiten für Joachimsthal zu interessieren. Nachdem man im Oktober 1911 eine Wasserleitung gelegt hatte, wurde unter den Klängen der Joachimsthaler Bergmannskapelle feierlich ein Kurbad eröffnet.

Bereits im Jahr zuvor war ein privates Unternehmen aus Wien in die Finanzierung des Radium-Palast-Hotels eingestiegen.[13] Das tief im Wald gelegene Hotel verfügte über 250 Räume und 40 Badekabinen für radioaktive Bäder. Jedes Zimmer besaß elektrisches Licht und ein Telefon, es gab Lese- und Spielräume sowie eine Konzerthalle. Doch das Hotel erwirtschaftete keinen Gewinn. Es wurde nach 1918 an eine englische Firma verkauft und 1922 zu einem wesentlich höheren Preis an den tschechischen Staat veräußert.

Angeregt von der Entwicklung in Joachimsthal, erteilte das sächsische Finanzministerium dem Leiter des Hüttenmännischen Instituts der Bergakademie Freiberg, Professor Carl Schiffner, im Jahr 1908 den Auftrag, auch in Sachsen die Zusammenhänge zwischen Uranlagerstätten und Bodenwässern zu untersuchen.[14]

An den Forschungen Schiffners waren in der Folgezeit der Arzt Dr. Max Weidig sowie der Schlemaer Werkbaumeister Richard Friedrich beteiligt. Mit ihren Arbeiten legten sie den Grundstein für den Bau der Radiumbäder in Oberschlema und Brambach. Die ab 1909 in der Umgebung von Oberschlema untersuchten Quellen wiesen außerordentlich hohe Emanationswerte auf. Es lag nahe, diese Quellen in Konkurrenz zu den Radonquellen von St. Joachimsthal für therapeutische Zwecke zu erschließen. Im Mai 1918 wurde das Radiumbad in Oberschlema schließlich eröffnet. Das Bad erfreute sich wachsender Beliebtheit und zählte im Jahr 1930 bereits rund 10 000 Kurgäste.

Nach dem Ersten Weltkrieg erlebte auch der Joachimsthaler Kurbetrieb einen erneuten Aufschwung. Eine Welle von Grundstücksspekulationen und der Bau neuer Bäder, Hotels und Pensionen folgten. Im Jahr 1925 eröffnete eine Badeapotheke, die auch die damals sehr beliebte radioaktive Salbe verkaufte. Joachimsthal entwickelte sich zum Zentrum der Herstellung und des Vertriebs solcher Produkte.

Damit schienen die einstigen Silberstädte eine neue Bestimmung gefunden zu haben. Ihre Entwicklung zu modernen Kurstädten sollte jedoch durch bahnbrechende wissenschaftliche Entdeckungen am Ende der dreißiger Jahre in eine andere, unvorhergesehene Richtung gelenkt werden.

Der Beginn des Atomzeitalters

Schon vor dem Ersten Weltkrieg fanden die ersten Radiumpräparate in der Medizin Anwendung. Sie dienten vor allem der Behandlung von Hautkrankheiten, wurden aber auch als Hausmittel gegen rheumatische Erkrankungen und Nervenentzündungen angepriesen.[15]

Der Boom der mit Radium versetzten Produkte führte 1927 in der Tschechoslowakei zur Gründung des Unternehmens Radiumchema. Diese Firma produzierte mit Radium behandelte Seife und Haarshampoo, genannt »Radisapon« und »Sulforadon«. Darüber hinaus bot sie ein leuchtendes Souvenir an, »Spinthariscope«, und »Joachimsthal in der Tasche«, ein Gerät zur Herstellung von radioaktivem Wasser. Es wurde 1932 zu einem Preis von ca. 100 Dollar verkauft und erzeugte radioaktive Strahlen, die mitunter fatale Wirkungen hatten.

Radiumchema setzte den Vertrieb seiner Produkte auch noch nach ersten Unglücksfällen weltweit fort und berief sich darauf, dass sie den neusten medizinischen Standards entsprechen. Die Faszination der Radioaktivität machte selbst vor Brauereien nicht halt, die 1930 ein Radiumbier auf den Markt brachten. Auch in der Kosmetik fand Radium Verwendung. Gesichtscreme, Haarwasser und Zahnpasta wurden mit Radium präpariert.

Kurz vor dem Ersten Weltkrieg entstand mit der Leuchtfarbenherstellung eine weitere Branche, in der Uranerze als Ausgangsstoff dienten. Einen Aufschwung erlebte sie während des Ersten Weltkrieges. Vor allem Flugzeugarmaturen und Armbanduhren wurden mit Radium »bemalt«. Auch nach dem Krieg florierte das Geschäft mit den leuchtenden Zifferblättern weiter. Allein in den USA wurden 1920 rund vier Millionen mit Radium leuchtende Armbanduhren hergestellt.[16] Die amerikanischen Radiummalerwerkstätten zählten in dieser Zeit mehr als 2 000 Beschäftigte. Eine der bekanntesten Firmen war die US Radium Corporation. Deren Image nahm allerdings nach dem qualvollen Tod mehrerer Ziffernblattmalerinnen schweren Schaden. Sie hatten ihre Pinsel mit den Lippen befeuchtet und dabei jedes Mal winzige Mengen Radium geschluckt. Erst diese Vorfälle brachte Wissenschaftler und Ärzte darauf, dass die inkorporierte Strahlung gefährlich war.

Zu den deutschen Unternehmen, die Radiumpräparate herstellten, gehörten die Buchler & Co. GmbH in Braunschweig – hier arbeitete bis zu seinem Tod 1924 einer der Pioniere der deutschen Radiumforschung, Dr. Friedrich Giese –, die Auergesellschaft in Berlin, die Allgemeine Radium AG Berlin und die Radium Chemie AG in Frankfurt/M.[17] Die deutsche Radiumindustrie verarbeitete in dieser Zeit überwiegend Uranerze aus Joachimsthal.

Ein großer Konkurrent erwuchs den tschechischen Uranminen im Jahr 1922. Die belgische Firma Union Minière du Haut-Katanga hatte reichhaltige Uranvorkommen im Kongo erschlossen und verdrängte Joachimsthal vom ersten Platz im Handel mit Radium und Uranpräparaten. Der Abbau der Katanga-Lagerstätten führte in den zwanziger Jahren zunächst zu einem Preissturz bei Radium, während der Weltwirtschaftskrise von 1929 bis 1933 ging auch die Nachfrage drastisch zurück. Nachdem am Großen Bärensee in Kanada reichhaltige Uranvorkommen entdeckt worden waren, konnte Anfang der dreißiger Jahre die kanadische Gesellschaft Eldorado Goldminen mit ihrem Radiumwerk in Port Hope (State Ontario) die Spitzenposition in der Radiumproduktion übernehmen. 1937 entfielen 66 Prozent der Weltradiumproduktion auf Kanada, 15 Prozent auf Belgisch-Kongo, 11 Prozent auf die Tschechoslowakei und 8 Prozent auf die USA und andere Staaten.[18]

Rund die Hälfte des Radiums wurde für Heilzwecke, vor allem bei der Krebsbekämpfung, verwendet, ein gutes Viertel für die Herstellung von Leuchtfarben und der Rest für die Forschung. Angesichts der geringen Produktion wurden nur kleinste Mengen gehandelt. Wichtigste Abnehmer für Radium aus Joachimsthal waren deutsche und britische Firmen.

Vor Beginn des Zweiten Weltkrieges war weltweit eine erhebliche Steigerung der Radiumproduktion zu verzeichnen. Vor allem die USA, Großbritannien und das Deutsche Reich bemühten sich um die Anlage einer strategischen Radiumreserve.[19] Die Militärs rechneten mit einem stark steigenden Bedarf an Radiumfarben in der Flugzeug- und U-Bootindustrie. Insofern erhielt auch das Uranerz, aus dem das Radium extrahiert wurde, den Rang eines rüstungswichtigen Rohstoffes. Einige Hundert Tonnen Uranerze schienen für diese Zwecke ausreichend zu sein.

Grenzlandtragödien

In den alten Silberminen des Erzgebirges hatten Chronisten bereits Ende des 15. Jahrhundert das Auftreten einer seltsamen Krankheit registriert.[20] Sie setzte häufig in relativ jungem Alter ein und nahm unter Husten und Atemnot stets einen tödlichen Ausgang. Viele Bergleute starben, noch bevor sie das 40. Lebensjahr erreicht hatten. Der Berg mache die Männer krank, so hieß es. Wegen des eigenartigen Verlaufs der Krankheit und ihrer regionalen Begrenzung wurde sie »Bergsucht« bzw. »Schneeberger Krankheit« genannt. Die moderne Krankheitslehre versteht unter diesen Begriffen den strahlenbedingten Lungen- oder Bronchialkrebs der Bergleute in einem radioaktiven Untertageklima.

Bereits der Begründer der modernen Montanwissenschaft, Georg Bauer, genannt Agricola, studierte Mitte des 16. Jahrhunderts als Stadtarzt von Joachimsthal die »Bergkrankheit«. Als Erster erkannte er, dass diese rätselhafte Krankheit durch verpestete Luft und Staub ausgelöst wird.[21] Agricola plädierte dafür, die Bewetterung der Minen zu verbessern. Sein Nachfolger Magnus Hund beschrieb die Brustkrankheit der Bergleute als »schweren Atem, Engbrüstigkeit und Angst der Brust«. Den Ausdruck »Bergsucht« gebrauchte er allerdings noch nicht.[22] Er empfahl beim Auftreten erster Krankheitssymptome einen Orts- und Berufswechsel. Dieser Rat wird unter den damaligen sozialen Verhältnissen jedoch nur selten durchführbar gewesen sein.

Den eigentlichen Anstoß für eine mehrere Jahrhunderte währende wissenschaftliche Diskussion über die Ursachen der Bergsucht gab der wohl berühmteste Arzt des Mittelalters Philipp Aureolus Theophrast Bombast von Hohenheim, genannt Paracelsus. Sein bereits 1534 verfasstes, aber erst 1567 veröffentlichtes Werk »Von der Bergsucht oder Bergkranckheiten drey Bücher« regte spätere Generationen zu weiteren Forschungen an. In besonderem Maße engagierten sich dabei Ärzte und Montanwissenschaftler aus Sachsen und Böhmen.

Mitte des 19. Jahrhunderts erlangte Schneeberg medizinhistorische Bedeutung. Seitdem man mit dem systematischen Abbau von Uranerzen begonnen hatte, häuften sich die Fälle von Lungenkrebs. Dem Studium der Schneeberger Krankheit widmeten sich der Schneeberger Bergarzt Härting und der Amtsarzt von Schwarzenberg Hesse. Nach intensiven, über zwei Jahrzehnte geführten Untersuchungen berichteten beide erstmals 1879 über ihre Erkenntnisse. Sie hatten bei Bergleuten, die im Alter von 30 bis 35 Jahren »bergfertig« waren und nach einer Erkrankung der Atmungsorgane ca. zehn Jahre später verstarben, die Bergsucht zweifelsfrei als Lungenkrebs identifiziert. Bereits 1881 wurde daraufhin der »Schneeberger Lungenkrebs« im »Handbuch des öffentlichen Gesundheitswesens« als Berufskrankheit ausgewiesen.

Die Arbeiten von Härting und Hesse fanden weltweit Beachtung. In den USA griffen Mediziner nach dem Zweiten Weltkrieg auf ihre Studien zurück, um vor den Risiken des Uranbergbaus zu warnen. Fachkollegen und Minenbesitzer hielten ihnen die besonderen Bedingungen des Schneeberger und Joachimsthaler Reviers entgegen, worauf Härting und Hesse selbst verwiesen hatten. Die schlechte Ernährung der Bergleute in einer Armutsregion sowie die Degeneration der Einwohnerschaft der Bergdörfer und Städte wurden für das Auftreten der Schneeberger Krankheit verantwortlich gemacht. Ein fataler Irrtum, der die Diskussion über Jahre in eine falsche Richtung lenkte. Erst in den fünfziger Jahren stand zweifelsfrei fest, dass die Inhalation von Radon, insbesondere der verschiedenen Radonfolgeprodukte (Radontöchter), zu Lungenkrebs führte.

Das Edelgas Radon hatte bereits im Jahr 1900 der Physiker Ernest Rutherford entdeckt. Es gehört zu den Zerfallsprodukten der natürlichen Radioaktivität und weist als Alphastrahler eine hohe spezifische Aktivität auf. Im Bergbau spielt hauptsächlich das Radon 222, früher auch als Radium-Emanation bezeichnet, eine Rolle. Es besitzt eine Halbwertzeit von nur 3,8 Tagen, tritt aus kristallinen Gesteinsverbänden aus und wird vom Wetterstrom transportiert.

Es lag nahe, den hohen Radongehalt in den Minen und die krebserregende Wirkung der Strahlung in Verbindung zu bringen. Einen ersten wichtigen Schritt in diese Richtung unternahm der Zwickauer Bergdirektor Müller in einem Gutachten zur Erkrankung eines Schneeberger Bergmanns. Nach der Beschreibung des Krankheitsbildes erklärte er wörtlich: »Ich betrachte daher den Schneeberger Lungenkrebs als eine besondere Berufskrankheit der Gruben, deren Gesteine Radium enthalten und deren Luft mit starker Emanation beladen ist.«[23] Müllers Erkenntnisse blieben umstritten. Die Einordnung der Schneeberger Bergkrankheit sorgte auch weiterhin für Diskussionsstoff: Handelte es sich um einen Krebs, um Tuberkulose oder um eine Staublunge?

Die sächsischen Gesundheitsbehörden veranlassten schließlich zwischen 1922 und 1926 fünf Reihenuntersuchungen von Bergleuten. Die Arbeitsbedingungen in den Schneeberger Gruben wurden dabei wie folgt charakterisiert: Die Grubenbaue gingen bis zur Teufe von ca. 300 Metern und hatten keine Mannschaftsfahrung. Einzelne Grubenabschnitte waren sehr feucht. Die Temperatur vor Ort betrug zwischen 9 und 16 Grad Celsius. Im weichen Gestein arbeitete man mit Spitzhacke, im harten mit Pressluftbohrern, die jedoch nur zwei Stunden täglich in Betrieb waren. Auf die starke Staubentwicklung bei der Pressluftbohrung wurde ausdrücklich hingewiesen. Staubmasken standen zwar zur Verfügung, die Bergleute benutzten sie jedoch kaum. Die Arbeitszeit betrug acht Stunden.

Einbezogen in die amtlichen Untersuchungen wurden nicht nur 154 Bergleute der Schneeberger Gruben, sondern zur Kontrolle der Ergebnisse auch 176 Arbeiter des Blaufarbenwerkes Oberschlema sowie 186 Personen aus der übrigen Bevölkerung von Schneeberg und Umgebung, insgesamt also 516 Menschen.[24] Die Untersuchungsergebnisse wurden 1926 publiziert und sorgten für Aufsehen. Von den erfassten 154 Schneeberger Bergleuten waren zwischenzeitlich 21 verstorben, bei mindestens 13 von ihnen wurde Lungenkrebs als Todesursache angegeben.

Die geologischen Verhältnisse von Schneeberg und Joachimsthal wiesen weitgehende Übereinstimmungen auf. Daher war verschiedentlich die Frage aufgetaucht, ob sich bei den Joachimsthaler Bergleuten ähnliche Erkrankungsfälle zeigten wie in Schneeberg. Nahezu zeitgleich zu den sächsischen Reihenuntersuchungen sollten deshalb auch im böhmischen Joachimsthal Kontrolluntersuchungen beginnen. Einen entsprechenden Auftrag hatte die medizinische Fakultät der Karls-Universität Prag 1925 an den Kurarzt von Joachimsthal, Max Heiner, vergeben.[25] Zwei Jahre später wurde Heiner von der Prager Ärztekammer gebeten, Arbeitsschutzvorschriften für die Minen von Joachimsthal sowie Bestimmungen für Kontrolluntersuchungen auszuarbeiten. In diesem Zusammenhang hatte František Běhounek vom Staatlichen Radiologischen Institut Prag bereits 1924/25 systematische Messungen der Radioaktivität von Quellwässern, der Bodenluft und der Grubenluft in Joachimsthal unternommen. Er konnte stark erhöhte Emanationswerte in den Joachimsthaler Gruben und ihrer unmittelbaren Umgebung nachweisen.[26]

Anfang 1929 publizierte Professor Dr. Julius Löwy von der Universitätsklinik Prag erstmals Ergebnisse von Untersuchungen zweier an Lungenkrebs verstorbener Joachimsthaler Bergleute. Die Parallelen zu den Schneeberger Krankheitsverläufen waren unverkennbar: »Die Bergverhältnisse in Joachimsthal und Schneeberg scheinen eine gewisse Ähnlichkeit insofern zu haben, als in Schneeberg der Emanationsgehalt der Luft 50, in Joachimsthal 40 Macheeinheiten beträgt und der Staub in beiden Bergwerken arsenhaltig ist. Wir haben also dieselben ursächlichen Momente, wir haben dieselben Krankheitssymptome und wir können auf dieselbe Diagnose schließen.«[27] Aufgrund seiner Studien hielt Löwy das Vorkommen eines beruflich bedingten Lungenkrebses in Joachimsthal für sehr wahrscheinlich. Zwischen 1929 und 1938 wurden zahlreiche Joachimsthaler Bergleute obduziert. Die Ergebnisse waren Besorgnis erregend. Einen Handlungsbedarf sah man dennoch nicht.

Löwys Forschungen in Prag regten weitere Studien über die Schneeberger bzw. Joachimsthaler Krankheit an. Sie erhielten später auch eine politische Dimension. Dabei überschnitt sich die Frage nach den natürlichen Krankheitsursachen mit der Frage nach den von Menschen zu verantwortenden Arbeits- und Lebensumständen der Bergleute.

Nach dem Ende des Ersten Weltkrieges fiel der Distrikt Joachimsthal von Österreich an die neu gegründete Tschechoslowakische Republik. In der Stadt Joachimsthal lebten nach wie vor ganz überwiegend Deutsche. Die lokale Situation veränderte sich kaum. Der Bergbau blieb für die Deutschen die wichtigste Einkommensquelle, die Verwaltung lag zunächst noch in der Hand von Habsburger Beamten. Erst Mitte der dreißiger Jahre kamen zahlreiche Tschechen in die Stadt, die auch Posten in der örtlichen Verwaltung übernahmen.

Auf der deutschen Seite des Erzgebirges war die Schneeberger Krankheit bereits am 12. Mai 1925 erstmals in die Liste der Berufskrankheiten aufgenommen worden.[28] Ungeklärt blieben allerdings versicherungsrechtliche Unstimmigkeiten. Seit 1929 gab es auch in der Tschechoslowakei Bestrebungen, die Joachimsthaler Krankheit als Berufskrankheit anzuerkennen. Dies erfolgte schließlich mit dem Gesetz Nummer 99 vom 1. Juni 1932.[29]

Zwischenzeitlich hatte die Weltwirtschaftskrise zu einer dramatischen Verschlechterung der Lebenslage der ca. 300 Bergarbeiterfamilien geführt. Kurzarbeit und Entlassungen zogen drastische Einkommensverluste nach sich. Die bittere Not bereitete den Nährboden für nationalistische Stimmungen unter den Bergleuten.

Traditionelle sozialdemokratische Milieus begannen sich aufzulösen. Dank einer massiven Propaganda und verdeckter finanzieller Hilfe aus Berlin gelang es der Sudetendeutschen Partei (SdP) von Konrad Henlein, nach den Parlamentswahlen von 1935 mit breiter Unterstützung der Bergleute zur größten politischen Organisation der Region aufzusteigen. Dabei spielte sie geschickt mit der Joachimsthaler Krankheit.

Neuerliche vom Dresdener Landesgewerbearzt Dr. Artur Brandt in Sachsen ab 1936 durchgeführte Reihenuntersuchungen verstärkten den Druck auf die tschechische Regierung, sich eingehender mit den Gesundheitsproblemen der Joachimsthaler Bergleute zu befassen.

Nach wiederholten Protesten deutscher Bergleute, die von Henleins Partei unterstützt wurden, entschloss sich das tschechische Gesundheitsministerium im Herbst 1937, eine ärztliche Beratungs- und Forschungsstelle für die Bergarbeiter in Joachimsthal zu errichten. Eine regelmäßige ärztliche Untersuchung der Bergleute kam dennoch nicht zu Stande, da das Arbeitsministerium entsprechende Anträge offenbar nur zögernd behandelte. Enttäuschend war bis dahin auch die Auslegung des Gesetzes Nr. 99 verlaufen. Nur in wenigen Fällen waren Entschädigungen für Berufskrankheiten gewährt worden.

Dr. Max Heiner stellte daraufhin eine umfangreiche Dokumentation zur

Bergmannskrankheit zusammen. Er kombinierte seine Ergebnisse mit anderen Forschungen, die bis zum Jahr 1907 zurückreichten, verfasste ein Gutachten und mehrere Studien. Auch dem Laien fiel bei einem Blick in das »Verzeichnis der verstorbenen Bergleute von 1913 bis 1938« sofort auf, dass sich unter den erfassten Bergleuten sehr viele junge Menschen befanden. Die zwischen 1929 und 1938 Verstorbenen erreichten nur ein Durchschnittsalter von 45,5 Jahren. 58 Obduktionsbefunde konnten in 46,6 Prozent der Fälle einen Krebs der Atmungsorgane, in 22,4 Prozent der Fälle eine schwere Staublunge und in 20,6 Prozent der Fälle Lungentuberkulose diagnostizieren. Die Krebsfälle wurden als Radiumschädigung, d.h. als Joachimsthaler Krankheit diagnostiziert. Als Ursache für die frühe Sterblichkeit der Joachimsthaler Bergleute benannte Dr. Heiner die schlechte körperliche Konstitution infolge schlechter Ernährung (Eiweißmangel), die hohe Staubbelastung in den Minen und die Emanation.

Die Staubbelastung konnte seit Anfang der dreißiger Jahre durch die Einführung amerikanischer Bohrmaschinen mit Wasserspülung deutlich gesenkt werden. Als völlig ungenügend wurde hingegen die Bewetterung der Schächte »Einigkeit« und »Werner« eingeschätzt: »Die schlechte Bewetterung hängt hier wesentlich mit dem unfachmännischen Abbau in den letzten Jahren zusammen; es wurde das Uranerz an den Fundstellen sofort gierig ausgebrochen, ohne erst den Stollen auszubauen, für Bewetterung und dergleichen zu sorgen und geeignete Luftschächte anzulegen.«[30]

Heiner schlug folgende Schutzmaßnahmen vor: genaue ärztliche Untersuchung jedes neu Einzustellenden, zwei obligatorische Kontrolluntersuchungen pro Jahr, Urlaub für krankheitsverdächtige Arbeiter bis zu acht Wochen, Pensionierung der Betreffenden bei zweifelsfrei festgestellter Radiumschädigung, Begrenzung der Arbeitszeit auf sieben Stunden und drei Wochen Urlaub pro Halbjahr, Bekämpfung der Staubentwicklung, vollständiges Umkleiden vor und nach der Arbeit sowie 14-tägliche Messungen der Luft in allen radioaktiven Betriebsstätten. Heiners Forschungsergebnisse boten politischen Zündstoff: Während sich das Management der Uranerzminen inzwischen in tschechischer Hand befand, waren unter Tage nahezu ausschließlich Deutsche tätig. Heiners Kritik an den Arbeitsbedingungen der Bergleute in Joachimsthal wurde in Berlin gern gehört.

Die soziale Bedrückung war der beste Nährboden für die Agitation der Sudetendeutschen Partei, die sich als Interessenvertreter der Bergleute profilierte. Der Bergmannsstand wurde hoch gelobt und zugleich auf die kärgliche Entlohnung und unzureichende soziale Betreuung verwiesen. Die SdP führte die niedrige Lebenserwartung der Joachimsthaler Bergleute direkt auf die ihrer Meinung nach vollkommen unzureichende Betriebsführung durch die tschechischen Beamten zurück. Kritisiert wurden sowohl der »maßlose Raubbau« als auch die »kärglichsten Lebensverhältnisse der deutschstämmigen Bergleute« und der völlig unzureichende Gesundheitsschutz.[31] Mit Verweis auf die niedrige durchschnittliche Lebenserwartung der Uranbergleute wurde der tschechische Staat an den Pranger gestellt. Demgemäß waren die Prager Behörden im

Verein mit der tschechischen Leitung des Joachimsthaler Bergbaus dafür verantwortlich, dass der Arbeitsschutz in den Minen und im Radiumwerk über Jahre sträflich vernachlässigt worden war und geschädigte Arbeiter nach ihrem Ausscheiden aus dem Unternehmen ein elendes Dasein fristeten bzw. rasch verstarben.

In der gleichgeschalteten Regionalpresse des Reiches wurden die sozialen Verhältnisse im tschechischen Uranbergbau in finsteren Farben geschildert: »Die unwürdigen gesundheitlichen und sozialen Zustände, die den Bergarbeiter dazu zwingen, für einen Hungerlohn so lange zu arbeiten, bis er zusammenbricht und unrettbar verloren ist, gehen einzig und allein zu Lasten jener staatlichen Stellen, die für den Radiumbergbau in Joachimsthal verantwortlich sind und die den Nutzen aus den mit dem Tode so vieler deutscher Bergleute bezahlten Erträgnissen haben. Ob man nicht Mittel und Wege schon längst gefunden hätte, wenn nicht deutsche, sondern tschechische Bergarbeiter in den staatlichen Gruben Beschäftigung fänden?«[32]

Mit solchen Artikeln wurde der Nationalitätenkonflikt angeheizt. Die Agitation der Sudetendeutschen Partei führte zu einer regelrechten Krankheitspsychose. Niemand, außer Adolf Hitler und seine Nationalsozialistische Deutsche Arbeiterpartei (NSDAP), konnte helfen, so suggerierte es die Propaganda der Nazis. Noch vor dem Münchener Abkommen verlangte die SdP die Anerkennung der Joachimsthaler Bergleute als selbstständige Berufsgruppe und erarbeitete eine Gesetzesvorlage »zum Schutz der mit der Gewinnung und Verarbeitung von Radium beschäftigten Personen«.[33] Der Antrag wurde an die tschechoslowakische Nationalversammlung gesandt. Eine Delegation der Bergleute fuhr Anfang Februar 1938 nach Prag, um dem Präsidenten Edvard Beneš ihre Lage zu schildern. Sie warteten zwölf Tage vergeblich auf ein Gespräch. Der Präsident empfing die Bergleute nicht.

Diesen Fehlschlag nutzte die SdP für ihre weitere Propaganda und konnte die Bergleute zu einem Hungerstreik bewegen. Neben Lohnerhöhungen, einer Aufbesserung der Pensionen und der sofortigen Einstellung der Obduktion verstorbener Bergarbeiter forderte Henlein nun auch den Anschluss des Sudetengebietes an das Deutsche Reich. Vereinzelt kam es zu tätlichen Auseinandersetzungen zwischen Streikenden und der Polizei.

Die Besetzung des Sudetengebietes

Die von Henlein geschürte »Sudetenkrise« erreichte im Herbst 1938 ihren Höhepunkt. »Gelöst« wurde sie schließlich durch das Münchener Abkommen vom 29. September 1938, mit dem die britische und französische Außenpolitik auf Kosten des tschechischen Staates einen drohenden Krieg mit dem Deutschen Reich verhindern wollte. Im Ergebnis des schändlichen Abkommens, von den Tschechen und Slowaken als Verrat an allen Prinzipien des Völkerrechts empfunden, wurde das Sudetengebiet im Oktober 1938 an Deutschland abgetreten. Die Grenzgebiete von Böhmen und Mähren, einschließlich Joachimsthal, gehörten nun zum Deutschen Reich.

Kurze Zeit später war Otto Hahn und Fritz Straßmann am Kaiser-Wilhelm-Institut in Berlin-Dahlem die erste Spaltung des Atomkerns gelungen. Für ihre Experimente hatten sie seit mehr als 20 Jahren radioaktives Material aus Joachimsthal genutzt.

Hitler ernannte Konrad Henlein zum Gauleiter des Sudetengebietes. Die Joachimsthaler Bergwerke und die Radiumfabrik wurden noch im Oktober in deutsches Eigentum überführt.[34] Die größtenteils tschechischen Bergbaubeamten verließen Joachimsthal fluchtartig. Von 42 Angestellten blieben lediglich 7 vor Ort.[35]

Unmittelbar nach der Annexion des Sudetengebietes erfolgte eine kritische Bestandsaufnahme der Leistungsfähigkeit der Joachimsthaler Minen durch das deutsche Radiumkartell. Ingenieur Kurt Patzschke, ab März 1939 neuer Geschäftsführer der St. Joachimsthaler Bergbau GmbH, stellte fest: »Die Häuerleistungen sind äußerst schlecht. Der Joachimsthaler Bergmann ist, wie dies früher auch in anderen, gebirgigen armen Landesteilen, so an der Lahn und der Sieg, der Fall war, anscheinend nur mit halbem Herzen Bergmann. Durch die Gewöhnung von Generationen und gezwungen durch die schlechten Verdienste auf der Grube, war er vor und nach der Schicht mit seinem Ackerbau, Vieh- und Waldwirtschaft und sonstigen Nebenarbeiten beschäftigt. Wenn er erst einmal, wie dies schon in den letzten beiden Monaten geschehen ist, einen einigermaßen auskömmlichen Grundlohn hat, und sieht, dass er durch bessere Leistungen mehr verdienen und dadurch seine Lebenshaltung und Ernährung verbessern kann (auch Gemüsenahrung), wird die Berufsfreude sich steigern. Über die Frage des Einflusses der Ra-Emanation, unter welcher Psychose alles steht, bin ich nicht kompetent. Jedenfalls hat die Bergverwaltung durch starke Bewetterung der Arbeitspunkte und Bohren an fast allen Arbeitspunkten mit Wasserspülung zur Verhütung des gefährlichen Bohrstaubes schon viel getan. Durch Hilfestellung auch der Deutschen Arbeitsfront (DAF) und Nationalsozialistischen Volkswohlfahrt (NSV) wird sich die Lebensführung besser organisieren lassen, um so den Alpdruck zu vermindern, der durch die Radiumeinwirkung vorhanden ist oder sein soll.«[36]

Walter Buchler beschrieb seine Eindrücke wie folgt: »Die chemischen Verfahren waren überholt. So wird die Fabrik eine Gefahr für die dort Beschäftigten und für das elegante Bad, als veraltet abgerissen.«[37] Bestehen blieben hingegen der Hüttenbetrieb und die Bergwerke. Letztere wurden als wehrwirtschaftlich wichtig eingestuft.

Am 7. Februar 1939 forderte das Reichswirtschaftsministerium, mit dem Einverständnis des Reichsfinanzministeriums, das Konsortium der deutschen Radium verarbeitenden Industrie schnellstmöglich zur Bildung einer GmbH in Joachimsthal auf. Zu diesem Zweck sollte ein Pachtvertrag zwischen dem Reich und dem Konsortium geschlossen werden. Angesichts der hohen Kosten für den Betrieb der Uranminen und des schlechten Zustandes ihrer technischen

Einrichtungen war an einen wirtschaftlichen Betrieb nicht zu denken. Dies hatte ein im Auftrag des Reichswirtschaftsministeriums von Kurt Patzschke erstelltes Gutachten ergeben. Im Interesse der Gewinnung von Radium für militärische Zwecke war das Reich jedoch willens, den Joachimsthaler Bergbau zu subventionieren. Mithilfe des so genannten Förderprämienverfahrens sollte der weitere Betrieb der Minen gewährleistet werden. Besagtes Verfahren lief darauf hinaus, die Differenz zwischen den jährlichen Gestehungskosten und dem Abgabepreis des geförderten Rohstoffes aus Reichsmitteln zu vergüten. Das Reichswirtschaftsministerium drängte auf einen schnellen Abschluss der Verträge.[38]

Die zum Radiumkartell gehörenden Firmen waren vom Ansinnen des Reichswirtschaftsministeriums alles andere als begeistert. Die Firmen verwiesen auf ihre fehlenden Bergbaukompetenzen. Diesen Einwand ließ das Reichswirtschaftsministerium jedoch nicht gelten. Daraufhin erfolgte am 7. März 1939 die Gründung der St. Joachimsthaler Bergbau GmbH.[39] Das Stammkapital der Gesellschaft betrug 300 000 Reichsmark und wurde zu gleichen Teilen auf die Auergesellschaft AG Berlin, die Chininfabrik Buchler & Co. Braunschweig und die Treibacher Chemische Werke AG verteilt.[40] Die Gesellschaft betrieb 1939 drei Schachtanlagen und beschäftigte 234 Bergleute. Die Erzvorräte wurden auf ca. 60 Tonnen für drei Jahre geschätzt. Um einen weiteren Abbau zu gewährleisten, sollten neue Erzfelder erschlossen werden.[41]

Dafür beantragte das Unternehmen in der Folgezeit beim Reichswirtschaftsministerium reichsverbürgte Kredite. Die Gauleitung der NSDAP im Sudetenland befürwortete die Anträge: »Doch ist wohl nicht zu erwarten, dass die Gewinnung jemals als lohnend zu bezeichnen sein wird. Es handelt sich jedoch bei dem Unternehmen um ein volkswirtschaftlich interessantes und wichtiges Vorhaben, das auch für den Arbeitseinsatz des Joachimsthaler Gebiet(es) äußerst notwendig ist.«[42]

Zwischenzeitlich wurden die Arbeitsbedingungen in den Joachimsthaler Minen durch den Kauf neuer Fördermaschinen, Ventilatoren, Kompressoren und Transformatoren verbessert.[43] Eine Steigerung der Jahresproduktion auf 3 bis 4 Gramm Radium gelang allerdings nicht. Dies hätte ungefähr eine Verdoppelung der bisherigen Uranerzförderung erfordert, die trotz neuer Aufschlüsse nicht erreicht werden konnte. Im Jahr 1940 wurden lediglich 12,5 Tonnen Uranerz gewonnen. Daraus konnten 1,75 Gramm Radium extrahiert werden. Obwohl die Radiumproduktion später noch gesteigert wurde, blieb man deutlich hinter den ursprünglichen Zielen.

Anfang 1941 traten wichtige Veränderungen im System der Arbeitskräftelenkung ein. Nach Beginn des Krieges gegen die Sowjetunion spitzten sich die Arbeitskräfteprobleme in der deutschen Rüstungsindustrie zu. Im Zuge des »Göring-Programms« vom 21. Juni 1941 wurde der verstärkte Einsatz von Kriegsgefangenen und Fremdarbeitern in der deutschen Industrie, vor allem im Kohlebergbau, vorbereitet. Eine neue Dimension erreichte das Zwangsarbeiterprogramm Anfang 1942 nach der Berufung von Fritz Sauckel zum Generalbevollmächtigten für den Arbeitseinsatz.

Himmlers SS hatte bereits seit 1939 dafür plädiert, in Joachimsthal Häftlinge einzusetzen. Im folgenden Jahr, nach dem Frankreichfeldzug, kamen dann französische Kriegsgefangene nach Joachimsthal. Die meisten von ihnen waren Bauern aus der Bretagne. Bergleute gab es unter ihnen nicht. Anfang des Jahres 1942 waren 196 Bergleute und 21 technische und kaufmännische Angestellte in den Minen von Joachimsthal tätig, daneben 37 französische Kriegsgefangene im »Werner-Schacht«. Dort und im Schacht der Sächsischen Edelleute wollte die Direktion den Bergbau ausweiten.

Die französischen Kriegsgefangenen musste man allerdings auf Druck des Internationalen Roten Kreuzes aus dem Bergbau herausnehmen und an andere Einsatzorte verlegen. Gemäß dem Genfer Abkommen »über die Behandlung der Kriegsgefangenen« von 1929, das die deutsche Regierung 1934 unterzeichnet hatte, durften Kriegsgefangene nämlich nicht für gefährliche Arbeiten eingesetzt werden. An die Stelle der französischen Kriegsgefangenen traten daher ab Juni 1942 sowjetische Kriegsgefangene. Sie fielen nicht unter die Bestimmungen der Genfer Konvention, da ihnen die Sowjetunion nicht beigetreten war.

Die Produktionsziele wurden während des Krieges nicht besonders hoch gesteckt. Im Juni 1944 gab das Oberbergamt in Freiberg eine monatliche Produktion von 0,9 Tonnen Uranoxyd vor. Aufgrund des Arbeitskräftemangels, vor allem bei Schlossern und Elektrikern, konnte selbst diese geringe Menge nicht erreicht werden. Daher bat Geschäftsführer Patzschke um eine Reduzierung der Produktionsauflage von 0,9 Tonnen auf 0,8 Tonnen Uranoxyd. Gegen Ende des Krieges musste man die Uranerzgewinnung weiter zurückfahren.

Die alliierten Nachrichtendienste waren über die Situation in Joachimsthal im Bilde. Ihre Agenturen berichteten, dass die Deutschen während des Krieges die Uranerzförderung in Joachimsthal nicht nennenswert gesteigert hatten.[44] Der Grund dafür lag auf der Hand. Die deutsche Wehrmacht hatte 1940 große Mengen an Uranverbindungen in Belgien gekauft. Damit konnte der Bedarf für das deutsche Atomprojekt problemlos gedeckt werden.

Es waren nicht die Militärs, die dem Joachimsthaler Bergbau eine besondere Bedeutung bemaßen, sondern einige Ärzte, und dies in einem negativen Sinn.

Vernichtung durch Arbeit in den Uranminen?

Bereits Ende 1938 hatte die Deutsche Arbeitsfront (DAF) auf die Gesundheitsprobleme der Joachimsthaler Bergleute hingewiesen und Veränderungen eingefordert: »Es ergibt sich nun die Notwendigkeit, dafür Sorge zu treffen, dass die schädlichen Einflüsse der Radiumemanation auf die Bergleute vermieden oder doch auf ein Mindestmaß herabgedrückt wird.«[45] Außerdem bemühte sich die DAF um eine deutliche Aufwertung der sozialen Stellung der Bergleute und die Verbesserung ihrer Pensionen. Nach der Gründung der St. Joachimsthaler Bergbau GmbH im Frühjahr 1939 sicherte die Reichsknappschaft den Bergleuten grundlegende Verbesserungen zu. Der Joachimsthaler Lungenkrebs sollte unter die deutschen Berufskrankheiten subsumiert werden. Außerdem gab es Bestrebungen, die Beschäftigung der Bergarbeiter unter Tage auf einen Zeitraum von 15 Jahren zu beschränken.[46]

Der Leiter des gewerbeärztlichen Dienstes von Sachsen, Dr. Artur Brandt, fühlte sich einem rassisch motivierten Wohlfahrtsdenken verpflichtet und ordnete eine Reihenuntersuchung aller Joachimsthaler Bergleute an. Im Juli 1939 übernahm er die Leitung des sächsischen Forschungsinstituts für Arbeitsmedizin und Gewerbehygiene in Dresden. Von dort aus forcierte er auch den Neuaufbau des gewerbeärztlichen Dienstes im Sudetengebiet. Nach Abschluss der Reihenuntersuchungen wurden die Joachimsthaler Bergleute als Belohnung für erwiesenes »Deutschtum« und politisches Wohlverhalten auf Vorschlag des sächsischen Gauleiters der NSDAP, Martin Mutschmann, zu einem 14-tägigen Erholungsurlaub ins Bergarbeiterheim nach Hartenstein eingeladen.

Neben der Erfassung von Lungenkrebs wurde nun auch Silikose (Staublunge) systematisch verzeichnet. Unter den Bergleuten, die länger als 20 Jahre tätig waren, wurden bei mehr als 80 Prozent aller untersuchten Personen silikotische Veränderungen ersten bis dritten Grades festgestellt. Daraufhin schieden 22 von 389 untersuchten Bergleuten aus, 15 wurden an Tuberkulose-Fürsorgestellen verwiesen. Weitere Verfahren befanden sich noch in der Schwebe.[47]

Die Diskussion um praktische Maßnahmen zugunsten der Joachimsthaler Bergleute erreichte nach der Veröffentlichung eines Untersuchungsberichtes von Dr. Brandt im Sommer 1939 ihren Höhepunkt. In dem Bericht wurden drei schwer wiegende Gesundheitsgefahren ausführlich erörtert: Lungenkrebs infolge radioaktiver Bestrahlung, Staublunge sowie radioaktive Bluterkrankungen. Nennenswerte Erfolge im Kampf gegen den Lungenkrebs vermochte Dr. Brandt nicht zu nennen. Im Erkrankungsfall musste mit einem baldigen Ableben gerechnet werden.

Der tschechoslowakische Staat hatte im Februar 1938, wie bereits erwähnt, eine Zusatzverordnung zum Gesetz über die Berufskrankheiten erlassen, die bei einer nachgewiesenen Verminderung der Erwerbsfähigkeit um 10 Prozent, verursacht durch Radiumemanation, eine Einstufung als Berufskrankheit erlaubte. Bei einer Übertragung der deutschen Gesetze auf den Joachimsthaler Bergbau hätten die Bergleute eine Verschlechterung ihrer Versicherungsverhältnisse erfahren. Angesichts dieser Tatsache forderte Dr. Brandt eine Neudefinition der Bergkrankheit und neue Rentenregelungen. Eine Überarbeitung der tschechischen Verordnung schied aus politischen Gründen aus. Stattdessen schlug Dr. Brandt eine Ergänzung der Berufskrankheitsverordnung vom 12. Dezember 1936 um einen Passus zur »Schneeberger Bergarbeiterkrankheit« vor.

Er argumentierte dazu wie folgt: »Gerade sie [die Bergleute] hatten erwartet, dass sich ihre Verhältnisse nach Rückkehr zum großdeutschen Reich wesentlich bessern würden. Das ist ihnen auch in der Hitze des politischen Kampfes verschiedentlich in Aussicht gestellt worden.«[48] Was noch während der maßlosen Polemik gegen die tschechischen Behörden keine Erwähnung gefunden hatte, das wurde nach der Annexion des Sudetengebietes offen zugegeben: Bereits Mitte der dreißiger Jahre waren die Wetterführung in den Minen von Joachimsthal verbessert und das Nassbohrverfahren eingeführt worden.[49] Diese Maßnahmen hatten offenbar zu einer Absenkung der Radioaktivität geführt. Jedenfalls lagen die Messwerte für die Radioaktivität der Grubenluft in Joachimsthal seit dieser Zeit nicht über, sondern deutlich unter den in Schneeberg festgestellten Werten.

Die von der NS-Propaganda nach Kräften geschürten Ängste vor der Joachimsthaler Bergkrankheit drohten nun auf die neuen Herren im Revier zurückzufallen. Dessen war sich Dr. Brandt bewusst. Er verlangte daher genaueste ärztliche Prüfungen der Joachimsthaler Bergleute. Selbst eine Begrenzung der Tätigkeit unter Tage auf 15 Jahre versprach seiner Meinung nach keinen ausreichenden Schutz. Die deutschen Entschädigungsregelungen für Berufskrankheiten sollten sofort eingeführt und durch die vorgeschlagenen Änderungen ergänzt werden. Gegen solche Eile verwahrten sich jedoch die Reichsversicherungsanstalt und das Reichsarbeitsministerium. Das Problem wurde vertagt.

Ende März 1940 fand eine vom Amt für Gesundheit und Volksschutz der DAF geleitete Arbeitstagung über die Joachimsthaler Bergkrankheit statt. Auf dieser Tagung berichteten unter anderem der Landesgewerbearzt Dr. Artur Brandt, der Betriebsleiter der St. Joachimsthaler Bergbau GmbH, Kurt Patzschke, und der Leiter des Frankfurter Kaiser-Wilhelm-Instituts für Biophysik, Professor Dr. Boris Rajewsky, über ihre neusten Erkenntnisse zur Bergkrankheit.

Boris Rajewsky galt damals als der führende Fachmann auf dem Gebiet der Biophysik.[50] Bereits seit 1937 hatten sich Rajewsky und seine Mitarbeiter mit der Messung des Radongehalts in Luft und Wasser des Schneeberger Reviers befasst. Diese Untersuchungen führten schließlich zum Aufbau einer Außenstelle seines Instituts in Oberschlema. Das Rajewsky-Institut diente fortan als Zentralstelle der schon seit einiger Zeit laufenden medizinischen Überwachung der Uranminen von Joachimsthal und Schneeberg.

In kurzer Zeit stieg das Institut in Oberschlema zur führenden europäischen Einrichtung auf dem Gebiet des Strahlenschutzes auf. Rajewsky wies 1939 als Erster nach, dass auch die alleinige Inhalation von Radon Lungenkrebs auslöst.[51] Gegenüber konkurrierenden Instituten und Gelehrten im Reich setzte sich Rajewsky dank seiner überlegenen Messtechnik und seines fundierteren wissenschaftlichen Ansatzes durch.

Nachdem der Ausbau der Außenstelle in Oberschlema abgeschlossen war, führten die Institutsmitarbeiter unter Leitung von Dr. Adolf Krebs regelmäßige Messungen in den Minen von Schneeberg, Joachimsthal und Johanngeorgenstadt durch. Dies waren die weltweit ersten systematischen Kontrollmessungen der Radonkonzentration in Minen des Uranbergbaus.

Im Verlauf der Tagung stellte Prof. Rajewsky die Ergebnisse von ca. 2000

Emanationsmessungen vor. Demnach betrug die Belastung der Grubenluft in St. Joachimsthal durchschnittlich 3 bis 5 Macheeinheiten. Dieser Wert lag deutlich unter den Schneeberger Messergebnissen. An einzelnen Punkten der drei Gruben von St. Joachimsthal wurden jedoch bis zu 18 Macheeinheiten gemessen. Weit stärker als die Luft war das Wasser mit bis zu 7 000 Macheeinheiten belastet. Eine Radonkonzentration von weniger als 3 Macheeinheiten hielten die Experten für ungefährlich.

Die Auswertung der Forschungen ergab eine mehrfache Gefährdung der Uranbergleute: »Zusammenfassend wird festgestellt, dass folgende Krankheitserscheinungen auftreten: 1. Lungenkrebs, 2. Silikose, 3. Blutbildveränderungen, 4. Tuberkulose. Die ersten 3 Krankheitserscheinungen sind zusammengefasst die Joachimsthaler Bergkrankheit. Sie hängen direkt mit der Arbeit zusammen, während die Tuberkulose nicht direkt durch die Arbeit bedingt ist, aber durch die Emanation verschlimmert wird.«[52]

Intensiv wurden auf der Tagung auch versicherungsrechtliche Fragen diskutiert und eine möglichst umfassende sozialpolitische Betreuung der Joachimsthaler Bergleute in Erwägung gezogen. Damit wollte man offensichtlich einer unter den Bergleuten um sich greifenden Psychose entgegenwirken.

Der betriebliche Arbeitsschutz sollte durch eine neue Bergpolizeiverordnung geregelt werden. Am 21. November 1940 erließ daraufhin das Bergamt Karlsbad eine »Vorläufige bergpolizeiliche Verfügung über Schutzmaßnahmen für die Belegschaft der St. Joachimsthaler Bergbau GmbH«.[53] Die Verfügung war in sieben Abschnitte untergliedert: 1. Bewetterung, 2. Staubbekämpfung, 3. Mannschaftsräume und Bäder, 4. ärztliche Untersuchungen, 5. Arbeitszeit, 6. Strafen und 7. Sonstiges. In der Verfügung heißt es: »Die Wettermenge muss so groß und die Verteilung der Wetterströme so gestaltet sein, dass eine weit gehende Verdünnung der Radium-Emanation erreicht wird. Im Durchschnitt soll der Emanationsgehalt der Betriebsabteilung 5 Macheeinheiten nicht übersteigen. Anzustreben ist, dass der Emanationsgehalt nirgends mehr als 3 Macheeinheiten im Liter der Grubenluft beträgt.«[54] Arbeitspunkte, an denen mehr als 22 Mache gemessen wurden, waren dem Bergamt zu melden. Das Amt sollte sodann über die Fortsetzung oder Einstellung der Arbeiten entscheiden. Dies war der weltweit erste Versuch, der Strahlengefahr im Uranbergbau durch umfassende Schutzmaßnahmen, die dem damals neusten Stand der medizinischen Forschung entsprachen, zu begegnen.

Ergänzend zur »Vorläufigen Verfügung« hatte das Amt für Gesundheit und Volksschutz der DAF bereits im September 1940 einen »Vorschlag für die Entschädigung der Erkrankungen im Joachimsthaler Uranerzbergbau nach der 3. Verordnung über die Ausdehnung der Unfallversicherung auf Berufskrankheiten« erarbeitet. Nach weiterer Prüfung der Verhältnisse in den Gruben von Schneeberg und Johanngeorgenstadt sollten dann auch für die dortigen Betriebe entsprechende Auflagen erlassen werden.

Den Fortschritten in der Erkenntnis der Strahlenkrankheit stand jedoch keine vergleichbare Verbesserung der Lebensverhältnisse der Joachimsthaler Bergleute gegenüber. Die Kriegswirtschaft hatte zu gravierenden Einschnitten in das Wirtschaftsleben geführt.[55] Auch der Uranbergbau in Joachimsthal wurde als kriegswichtig eingestuft. Im November 1942 sandte der Gauleiter und Reichsstatthalter im Sudentengebiet, Konrad Henlein, ein Schreiben an das Reichsversicherungsamt, mit dem eine »endgültige, rasche Lösung der Bergarbeiterfrage in St. Joachimsthal« eingeleitet werden sollte.[56] Er stützte sich dabei auf einen Bericht von Landesgewerbearzt Dr. Brandt vom 10. Oktober 1942. Dieser hatte zwischenzeitlich 485 erkrankte aktive und pensionierte Bergleute untersucht. Er diagnostizierte weitaus höhere Krebs- und Silikoseraten unter den Joachimsthaler Bergleuten als in allen anderen Wirtschaftsbereichen. Die Folgen waren dramatisch: »In dem Augenblick, wo ein Schneeberger Lungenkrebs einwandfrei diagnostiziert wird, ist das Todesurteil bereits gesprochen. Es ist dann mit einer Lebensdauer von höchstens drei bis sechs Monaten zu rechnen. Die jetzt im Joachimsthaler Bergbau ergriffenen vorbeugenden Maßnahmen können von Erfolg sein, sie sind jedoch für die jetzt lebende Bergarbeiterschaft praktisch ohne wesentliche Bedeutung, da alle diejenigen, die unter den bisherigen und besonders unter den tschechischen Verhältnissen gearbeitet haben, mit einer gewissen Wahrscheinlichkeit der schädigenden Einwirkung so ausgesetzt gewesen sind, dass eine wesentlich unterschiedliche Lebenserwartung für diese nicht vorhanden ist.«[57]

Da den Joachimsthaler Bergleuten trotz aller inzwischen eingeleiteten Schutzmaßnahmen nicht ausreichend geholfen werden konnte, schlug Dr. Brandt folgende »endgültige Lösung des Joachimsthaler Problems«vor: »1. Im Joachimsthaler Bergbau werden in Zukunft grundsätzlich keine vollwertigen deutschen Arbeiter beschäftigt; der Betrieb ist entweder mit bestimmten ausländischen Arbeitskräften oder auch mit Strafgefangenen durchzuführen. Begründung: Es ist nicht zu verantworten, dass wertvolle Volksgenossen eine Arbeit leisten müssen, die bei längerer Verrichtung mit einer gewissen Sicherheit zum frühzeitigen Tod durch Lungenkrebs führt. Wenn der Staat die Gewinnung von Radium im Interesse des deutschen Volkes für notwendig hält, dann sind hierfür grundsätzlich Kräfte einzusetzen, die bei vorzeitigem Ableben für das deutsche Volk keinen Verlust bedeuten. Ein Ersatz von mindestens zwei Drittel der deutschen Gefolgschaft durch ungelernte fremde Arbeitskräfte wird betriebstechnisch für möglich gehalten.«[58]

Die Beschäftigungsdauer für deutsche Bergleute wollte Brandt auf maximal 15 Jahre begrenzen und erkrankten deutschen Bergleuten sofort eine einmalige Zuwendung zahlen.

Die Vorschläge von Dr. Brandt wurden an ca. 40 staatliche Dienststellen, die DAF, die Versicherungen usw. gesandt. Doch keine einzige Stelle griff die rassisch motivierten Vorschläge auf. Das Oberbergamt Freiberg wies darauf hin, dass sich die SS bereits 1939 vergeblich um den Einsatz von Häftlingen bemüht habe. Auch die Betriebsleitung der St. Joachimsthaler Bergbau GmbH lehnte den Einsatz von Häftlingen mit Verweis auf die besonderen Verhältnisse eines Firstenbaues ab. Geradezu empört äußerte sich das Bergamt Karlsbad:

»Die Arbeit des Bergmannes ist Dienst am Volk, hier in einer ganz besonders hervorgehobenen Weise; von diesem Dienst ist der Gedanke an Opfer nicht zu trennen, die im Interesse der Sache gebracht werden müssen, wenn es unumgänglich ist. Der Vorschlag des Herrn Brandt würde aber eine Diffamierung der bergmännischen Arbeit und eine Verletzung des Standesbewusstseins und der Tradition des Joachimsthaler Bergmannes bedeuten. Dies würde zu den unheilvollsten Folgen führen und in der Geschichte des deutschen Bergbaus eine erstmalige Erscheinung sein.«[59]

Auch Dr. Fritz Bockhacker vom Amt für Gesundheit und Volksschutz der DAF stand dem Ansinnen von Dr. Brandt skeptisch gegenüber: »Der Bergbau leidet schon heute an den größten Nachwuchsschwierigkeiten. Wenn Häftlinge, Strafgefangene und Ostarbeiter im Bergbau eingesetzt werden, so wird hierdurch der Bergbauberuf in der Achtung noch mehr sinken und ein Nachwuchs an deutschen Arbeitern kaum noch möglich sein. Sollte auch in bestimmten anderen Gruben ein Einsatz von Häftlingen und Ostarbeitern in größerem Umfange erfolgen, so muss damit gerechnet werden, dass die Produktion hierdurch unter Umständen beträchtlich abfällt. Da in Joachimsthal aber für kriegsentscheidende Zwecke eine möglichst große Menge Uranpechblende gefördert werden muss, müssen gegen das Experiment, Häftlinge und ähnl. einzusetzen, immerhin Bedenken geäußert werden.«[60]

Selbst der nationalsozialistische Präsident des Reichsgesundheitsamtes, Hans Reiter, lehnte eine »vorbeugende Arbeiterauslese« ab. Er argumentierte mit dem »Grundsatz der Ritterlichkeit« und dem »Heldentum der Arbeit«.

Richtungsweisend war eine Stellungnahme von Boris Rajewsky vom 15. März 1943. Er unterstützte die Argumentation von Dr. Brandt nur im Hinblick auf eine Sonderregelung der Sozialversicherung. Als wichtigsten Punkt erachtete Rajewsky die Verbesserung der Arbeitsverhältnisse in den Gruben und eine entsprechende Regelung der Arbeitsdauer unter Tage. Den Ersatz deutscher Arbeiter durch Sträflinge oder Ausländer lehnte auch er ab.[61]

Zu einer abschließenden Klärung kam es am 25. März 1943 im Reichswirtschaftsministerium. Festgelegt wurde das zwangsweise Ausscheiden der Bergleute nach 15-jähriger Arbeit unter Tage. Die Ausscheidenden sollten durch »Ostarbeiter« ersetzt werden. Rückwirkend zum 1. Januar 1943 setzte der Reichswirtschaftsminister schließlich eine Sonderregelung für die Joachimsthaler Bergleute in Kraft. Demnach stand jedem Bergmann, der mindestens 180 Monate im Joachimsthaler Bergbau gearbeitet hatte, eine Knappschaftsrente von mindestens 80 Reichsmark im Monat zu. Diese wohlmeinende Rentenregelung hatte in der Zeit des Krieges eine fatale Konsequenz. Sofern ein Bergmann aufgrund dieser Neuregelung aus seinem Beruf ausscheiden musste, wurde er umgehend von der Wehrmacht eingezogen. Der Bergmann Josef Pschorn brachte es auf den Punkt: »Für den Bergbau untauglich, aber nicht für die Wehrmacht.«[62]

Bereits kurz nach Ende des Zweiten Weltkrieges, Anfang Juli 1945, wurde der Bergbau in Jáchymov, nun wieder unter Leitung eines tschechischen Managements, fortgesetzt. Der Betrieb beschäftigte 122 Arbeiter, verfügte über einen Lastkraftwagen und zwei Pferdefuhrwerke. Die Stadt bot damals ein chaotisches Bild. Noch bevor auf der Potsdamer Konferenz die Umsiedlung von Millionen Menschen sanktioniert wurde, kam es in Jáchymov zur willkürlichen Vertreibung der meisten Deutschen. Alle deutschen Einwohner wurden angewiesen, weiße Flaggen aus den Fenstern zu hängen und weiße Armbinden zu tragen. Eine Atmosphäre der Furcht lag über der gesamten Stadt. Die Deutschen fürchteten die neu nach Jáchymov kommenden Tschechen. Diese wiederum hatten Angst vor den Deutschen, die nachts zu ihren ehemaligen Häusern zurückkehrten, um noch soviel sie konnten von ihrem Besitz zu retten.

Auf der Grundlage des Vergeltungsdekrets vom 19. Juni 1945 wurden in der Tschechoslowakei so genannte Volksgerichte zusammengerufen sowie Internierungs- und Straflager eingerichtet, denn die normalen Gefängnisse reichten schon bald nicht mehr aus. Bis Mitte 1947 wurden von den »Volksgerichten« über 132 000 Fälle verhandelt, mehr als 38 000 Personen kamen vor ein außerordentliches Gericht. Es wurden 713 Todesurteile ausgesprochen, davon 475 gegen Deutsche, mindestens 20 000 Personen wurden zu langjähriger Kerkerhaft verurteilt. In den Jahren 1945 bis 1948 waren schätzungsweise 200 000 Tschechen und Slowaken, die der Kollaboration verdächtigt wurden, sowie Deutsche von den Vergeltungsgesetzen betroffen.

Zu den Verurteilten gehörten auch einige hundert Deutsche aus Joachimsthal und Umgebung.[63] Ihnen wurden Verbrechen gegen die tschechische Zivilbevölkerung vorgeworfen. Mit einem fairen Prozess konnten sie nicht rechnen. Es gab weder eine ordentliche Beweisaufnahme, noch wurde den Angeklagten ein Verteidiger zur Seite gestellt. In Schnellverfahren wurden viele von ihnen zur Zwangsarbeit in den Uranminen verurteilt. Dort arbeiteten sie gemeinsam mit deutschen Kriegsgefangenen.

Während die meisten Kriegsgefangenen Anfang 1950 aus den Joachimsthaler Minen entlassen wurden, mussten ungefähr 800 von den Volksgerichten Verurteilte noch bis Mitte der fünfziger Jahre in den Uranminen arbeiten, bevor sie in die Bundesrepublik Deutschland ausreisen durften. Nur einige wenige deutsche Bergarbeiterfamilien blieben in Jáchymov und wurden später tschechoslowakische Staatsbürger.

Nach ihrer Entlassung und Ausreise gründeten die ehemaligen Kriegsgefangenen in der Bundesrepublik eine »Kameradschaft der ehemaligen Gefangenen des Uranbergbaus von Joachimsthal und anderer Lager und Gefängnisse«. Sie gab das Blatt »Der Joachimsthaler« heraus, widmete sich der Suche nach verschollenen Kameraden und kümmerte sich vor allem um soziale Belange ihrer Mitglieder, hauptsächlich um Rentenfragen. Einige »Joachimsthaler« verlangten in der Rentenfrage ihre Gleichstellung mit KZ-Häftlingen:

»war es wirklich im KZ um so vieles schlechter als bei uns, die wir das Pech hatten, in russische Kriegsgefangenschaft zu kommen?«[64] In den Erinnerungen nicht weniger Joachimsthaler und den Publikationen der Kameradschaft findet sich immer wieder die Gleichsetzung der Joachimsthaler Uranminen mit den Konzentrationslagern der Nationalsozialisten. Im Bemühen um öffentliche Aufmerksamkeit verstiegen sich Funktionäre der Sudetendeutschen Landsmannschaften und der Kameradschaft der Joachimsthaler zu unangemessenen Gleichsetzungen. So wurden die Minen von Joachimsthal als ein gigantisches Katyn bezeichnet, in denen mehr Opfer zu beklagen gewesen seien als beim Massenmord des NKWD an den polnischen Offizieren – nahe Katyn und an anderen Orten waren 1940 ca. 11 000 polnische Offiziere von der sowjetischen Geheimpolizei ermordet worden.[65] Es war absurd, diesen Massenmord mit der Zwangsarbeit in den Joachimsthaler Minen zu vergleichen. Mit der Metapher vom tschechischen »Uran-KZ« wurde vor allem deutsche Schuld verdrängt. Hinweise auf die Annexion des Sudetengebietes, die NS-Verbrechen oder die Aktivitäten der St. Joachimsthaler Bergbau GmbH sucht man in den Publikationen der Kameradschaft vergeblich.

Als in der Bundesrepublik nach dem Regierungswechsel 1969 eine neue Ostpolitik eingeleitet wurde, waren dazu aus den Reihen der Kameradschaft ganz überwiegend ablehnende Stimmen zu vernehmen. Selbst den nach der Niederschlagung des Prager Frühlings 1968 geflüchteten Tschechen und Slowaken standen die Mitglieder der Kameradschaft skeptisch gegenüber.[66]

Viele Joachimsthaler kehrten mit gesundheitlichen Schäden aus der Gefangenschaft heim. In welchem Maße ihre Gesundheitsleiden auf die radioaktiven Belastungen der Grubenluft zurückzuführen war, ließ sich kaum exakt feststellen. Dennoch war für Mediziner, die sich seit längerer Zeit mit der Thematik der Schneeberger bzw. Joachimsthaler Bergkrankheit befasst hatten, ein Zusammenhang zwischen der überdurchschnittlichen Rate an Krebserkrankungen unter den Joachimsthalern und ihrer Tätigkeit in den Uranminen unverkennbar. Nachdem 1955/56 ca. 800 deutsche Gefangene aus den tschechischen Uranminen und Lagern entlassen worden waren und in die Bundesrepublik ausreisen durften, bemühten sich Dr. von Nathusius und Dr. Grischek – beide hatten selbst jahrelang in den Uranminen von Johanngeorgenstadt bzw. Joachimsthal gearbeitet – um eine Analyse typischer Krankheitssymptome. Sie stellten nach Befragungen ehemaliger Bergleute von Joachimsthal und der Wismut AG fest, dass im Durchschnitt größere Schädigungen im tschechischen Bergbau aufgetreten waren und führten dies auf die schlechtere Ernährung in Joachimsthal zurück.[67] Ihre Publikationen sorgten in der Bundesrepublik für einiges Aufsehen.[68] Genauere Angaben waren aber nur auf Grundlage exakter Angaben über die Dauer und den Ort der Unter-Tage-Arbeit zu gewinnen. Daher leitete der ärztlich-wissenschaftliche Beirat des Verbandes der Heimkehrer Anfang 1958 eine Aktion zur Erfassung aller Heimkehrer aus dem Uranbergbau ein, die dann im Frankfurter Strahleninstitut untersucht wurden. Letztlich kam das zu spät und betraf nur einen vergleichsweise kleinen Personenkreis.

Die ehemaligen Joachimsthaler lebten inzwischen verstreut in der ganzen Bundesrepublik. In den Jahren des anhaltenden Wirtschaftswachstums gelang vielen von ihnen der Aufbau einer neuen Existenz. Die Erinnerungen an die Jahre der Gefangenschaft waren nicht vergessen, aber sie spielten in der Öffentlichkeit kaum noch eine Rolle. Einzelne Joachimsthaler bemühten sich vergeblich, die Politik für ihr Schicksal zu interessieren. Anfang der achtziger Jahre stellte das Kameradschaftsblatt »Der Joachimsthaler« sein Erscheinen ein. Die meisten Mitglieder der Kameradschaft waren inzwischen verstorben.

Ein Industriegigant mit »strahlender Zukunft« – Das tschechoslowakische Nationalunternehmen Jáchymov

Hoffen auf ein tschechoslowakisch-sowjetisches Bündnis

Ein Jahr vor Beginn des Zweiten Weltkrieges im September 1939 war die Tschechoslowakische Republik zum Spielball in der Politik der europäischen Großmächte geworden. Hitler hatte von dem Nachbarland ultimativ die Abtretung des Sudetengebietes verlangt, weil die dort lebenden Deutschen von der tschechoslowakischen Regierung benachteiligt würden, wie er argumentierte. Um den Sudetenkonflikt zu schüren, war Hitler und seinen Helfern jedes Mittel recht gewesen. Das zeigte sich auch in der bereits erwähnten, von der Sudetendeutschen Partei in der Joachimsthaler (Jáchymover) Bergbauregion propagandistisch ausgeschlachteten Debatte um die »Joachimsthaler Bergkrankheit«.

Durch das Münchener Abkommen vom 29. September 1938 verlor die Tschechoslowakei das Sudetengebiet an das Deutsche Reich. Damit nicht genug. Im Frühjahr 1939 marschierten deutsche Truppen in Böhmen und Mähren ein. In der Slowakei entstand ein eigener, weitgehend von Berlin abhängiger Staat, der sich später aktiv am Feldzug gegen die Sowjetunion beteiligte.

Präsident Edvard Beneš, der bereits im Oktober 1938 zurückgetreten war, flüchtete nach London und gründete dort unter großen Schwierigkeiten eine Exilregierung. Nach dem Krieg wollte er den tschechoslowakischen Staat wieder aufbauen. Dafür benötigte er sowohl die Unterstützung des Westens als auch die der Sowjetunion. Er hoffte, dass sein Land dann eine Brückenfunktion zwischen Ost und West wahrnehmen könne. Die Spitzenfunktionäre der kommunistischen Partei, mit Klement Gottwald an der Spitze, gingen dagegen nach Moskau ins Exil. Damit gab es, wie in anderen Fällen auch, zwei starke Emigrantengruppen, die auf eine politische Zukunft in ihrer Heimat hofften.

Die entscheidenden Schritte für die Neugründung der Tschechoslowakei wurden nicht in London, sondern in Moskau eingeleitet. Im Dezember 1943 schloss die Londoner Exilregierung, gegen den Widerstand ihrer britischen Gastgeber, einen Freundschaftsvertrag mit der Sowjetunion. Er regelte hauptsächlich die militärische und politische Zusammenarbeit zwischen der tschechoslowakischen Exilregierung in London und der Sowjetunion im Kampf gegen Deutschland.

Ende März 1945 diskutierten die »Londoner« in Moskau mit dem sowjetischen Außenminister Wjatscheslaw Molotow über die Zusammensetzung der künftigen provisorischen Regierung, in der auch die im Moskauer Exil lebenden Kommunisten mitwirken sollten. Als Preis für die sowjetische Unterstützung bei der Wiederherstellung der nationalen Souveränität der Tschechoslowakei verlangte Molotow die Abtretung der Karpato-Ukraine an die Sowjetunion.

Bereits Anfang April 1944 hatten sowjetische Truppen, unterstützt von einer tschechoslowakischen Brigade, die östliche Grenze der früheren Tschechoslowakischen Republik erreicht. Nach dem Ausbruch des slowakischen Nationalaufstandes gegen das von Berlin abhängige Regime rückten Ende August 1944 deutsche Truppen in die Slowakei ein und schlugen den Aufstand blutig nieder. Aufgrund der militärischen Situation sahen die westlichen Alliierten keine Möglichkeit, dem Eingreifen der Deutschen in der Slowakei etwas entgegenzusetzen, die Rote Armee konnte die Karpatenpässe mehrere Monate nicht überwinden. So blieben die Aufständischen in der Slowakei auf sich allein gestellt und erlitten eine Niederlage.

Erst nachdem die Rote Armee Berlin erobert hatte, gelang ihr und der 4. amerikanischen Armee unter General Patton Anfang Mai 1945 die vollständige Befreiung der Tschechoslowakei. Die amerikanischen Truppen rückten Anfang Mai 1945 in Westböhmen ein, befreiten Karlovy Vary und erreichten sogar die Vororte von Prag. Am 9. Mai 1945 zog dann die Rote Armee in die tschechoslowakische Hauptstadt ein. Damit war der Zweite Weltkrieg in Mitteleuropa zu Ende.

Alliierte Abkommen oder auch nur informelle Absprachen über die Zukunft der Tschechoslowakei gab es nicht.[1] Moskau und Washington einigten sich schließlich darauf, ihre Truppen bis Ende 1945 vollständig aus dem verbündeten Land abzuziehen. Dies war in Mitteleuropa ein einmaliger Vorgang. Der Spielraum für die aus dem Londoner Exil nach Prag zurückgekehrte Regierung schien damit größer zu sein als in allen anderen von der sowjetischen Armee befreiten Ländern. Beide Großmächte hielten sich an ihre Übereinkunft, mit einer allerdings gewichtigen Ausnahme. Eine Kompanie sowjetischer Soldaten hielt die Uranminen von Jáchymov besetzt. Darauf wird noch näher einzugehen sein.

Unmittelbar nach der Befreiung wurde die tschechoslowakische Republik wieder errichtet. Auf diesen Akt hatten die Exilregierung in London, die tschechischen und slowakischen Kommunisten im Moskauer Exil und im Land agierende Widerstandsgruppen hingearbeitet. Ihre Konzepte für die Gestaltung der Nachkriegsordnung waren allerdings sehr verschieden. Der »Prager Gruppe«, das waren die wenigen im Widerstand oder der inneren Emigration verbliebenen Kräfte, gelang es nach Kriegsende nicht, größeren Einfluss auf die Besetzung der politischen Schlüsselpositionen zu gewinnen. Sie wurde von den »Londonern«, dazu gehörten der ehemalige Präsident Edvard Beneš, Außenminister Jan Masaryk und der Botschafter der Exilregierung in der Sowjetunion, Zdeněk Fierlinger, sowie den »Moskowitern«, das waren die Kommunisten unter Klement Gottwald, schon bald ausmanövriert.

Der international bekannteste von ihnen war zweifellos Edvard Beneš. Er hatte bereits während des Ersten Weltkrieges Tomáš Masaryk bei den Vorbereitungen zur Gründung eines unabhängigen tschechoslowakischen Staates unterstützt und war in den zwanziger Jahren zum wichtigsten Außenpolitiker der jungen Republik aufgestiegen. Beneš gehörte der National-Sozialistischen Partei an – nicht zu verwechseln mit der NSDAP Hitlers –, die nationalistisch geprägt war und von der bürgerlichen Mitte gewählt wurde. Wichtiger als alle innenpolitischen Fragen blieb für Beneš die Außenpolitik, der er sich mit all seiner Kraft widmete. Mit einer Amtszeit von 17 Jahren, von 1918 bis 1935, war er seinerzeit der dienstälteste Außenminister in Europa.

Während in den zwanziger und dreißiger Jahren in den Nachbarländern der Tschechoslowakei – in Polen, Ungarn und Deutschland – totalitäre Diktaturen entstanden, blieb das Land seiner demokratischen Verfassung treu. Nach dem Rücktritt des Staatsgründers und Staatspräsidenten Tomáš Masaryk 1935 trat Beneš dessen politisches Erbe an und wurde im Dezember 1935 mit den Stimmen der Linken, der Landwirte und der bürgerlichen Parteien zum Präsidenten gewählt. Nur drei Jahre später musste er erleben, wie Großbritannien und Frankreich die Interessen seines Landes zugunsten Hitlers opferten, was eine tiefe Verbitterung bei ihm hinterließ.

Sieben Jahre litten Tschechen und Slowaken unter deutscher Besatzung bzw. einem Kollaborationsregime. Nach Kriegsende kehrte Beneš von London über Moskau und die Ostslowakei am 16. Mai 1945 nach Prag zurück, wo man ihm einen triumphalen Empfang bereitete. Zum zweiten Mal war ihm die Gründung einer tschechoslowakischen Republik gelungen, allerdings unter anderen Vorzeichen als nach dem Ersten Weltkrieg.

Erklärtes Ziel der neuen tschechoslowakischen Regierung war es, während der Besatzungsjahre begangenes Unrecht zu sühnen und einen ethnisch homogenen Nationalstaat aufzubauen. Dies geschah allerdings um den Preis neuen Unrechts. Bereits Anfang 1942 hatte die Exilregierung einen radikalen Plan zur Vertreibung der meisten Deutschen und vieler Ungarn aus dem neu zu gründenden Staat entwickelt. Stalin hatte diesem Plan umgehend zugestimmt, die Regierungen in London und Washington erst nach einigem Zögern.

Die ersten Gesetze der neuen tschechoslowakischen Regierung, die so genannten Beneš-Dekrete vom 19. und 21. Juni 1945, waren besonders problematisch. Sie sahen nicht nur die kollektive Entrechtung der Sudeten- und Karpatendeutschen sowie der Ungarn in der Slowakei, sondern auch deren entschädigungslose Enteignung und Vertreibung aus der Tschechoslowakei vor. Im Oktober 1945 beschloss die Regierung außerdem eine weit gehende Verstaatlichung der Industrie sowie des Bank- und Versicherungswesens.[2] All diese Maßnahmen erschütterten das Sozialgefüge nachhaltig.

Abgesehen von diesem Unrecht, knüpfte die Tschechoslowakei nach dem Zweiten Weltkrieg für knapp drei Jahre an ihr Mehrparteiensystem aus den zwanziger Jahren an. Zwar wurde die Zahl der zugelassenen politischen Parteien drastisch reduziert, doch das System der Gesetzgebung durch Präsidentenerlasse blieb erhalten. Insofern besaß Präsident Beneš eine starke Machtposition.

Schon bald stieg allerdings die Kommunistische Partei (KPČ) zur stärksten

Kraft auf. In den Wahlen vom März 1946 erhielten die Kommunisten im tschechischen Teil des Landes knapp 40 Prozent und in der Slowakei rund 38 Prozent der Stimmen. Ihr im Vergleich zu anderen mittel- und osteuropäischen Ländern sehr hoher Stimmenanteil spiegelte u.a. eine prosowjetische Stimmung in großen Teilen der Gesellschaft wider. Damit verbunden waren Hoffnungen auf eine grundlegende Umgestaltung der Sozialstrukturen. Im Ergebnis der Märzwahlen von 1946 wurde der Führer der KPČ, Klement Gottwald, Ministerpräsident.

Der Gewährsmann Moskaus – Zdeněk Fierlinger

Zdeněk Fierlinger spielte über viele Jahre eine entscheidende Rolle bei der Entwicklung der tschechoslowakisch-sowjetischen Beziehungen. Er wurde 1891 in Olmütz (Olomouc) geboren, besuchte das Gymnasium seiner Heimatstadt und danach die deutsche Handelshochschule. Bereits im Alter von 19 Jahren verließ Fierlinger Olmütz und reiste nach Russland. Er arbeitete in Rostow am Don als Repräsentant für die amerikanische Firma Mac Cormick International Harvester Company.[3] Dies war der Auftakt für seine enge Bindung an die spätere Sowjetunion.

Als Freiwilliger trat er im Ersten Weltkrieg der tschechischen Division bei, einer Einheit, die in Rostow am Don aufgestellt wurde und sich aus Mitgliedern der tschechischen Gemeinde rekrutierte. Sie kämpfte schließlich gemeinsam mit der russischen Armee an der Ostfront. Nach der Revolution von 1917 ging aus dieser Formation die tschechoslowakische Legion hervor, die zusammen mit den Interventionstruppen der Alliierten die bolschewistische Regierung bekämpfte.[4] Fierlinger gehörte zu den tschechischen Offizieren, die kurz nach dem Ausbruch der russischen Revolution im November 1917 nach Frankreich gingen. In Paris arbeitete er bis zum Ende des Ersten Weltkrieges mit Edvard Beneš zusammen, damals Sekretär des tschechoslowakischen Nationalrates. Nach dem Ersten Weltkrieg wurde Fierlinger Leiter der wirtschaftspolitischen Abteilung des neu gegründeten tschechoslowakischen Außenministeriums und vertrat die Tschechoslowakei im Völkerbund.

Als die Weltwirtschaftskrise Anfang der dreißiger Jahre ihren Höhepunkt erreichte, war Fierlinger immer stärker von der sowjetischen Planwirtschaft fasziniert. Um sich ein eigenes Bild von den Verhältnissen in der Sowjetunion zu machen, reiste er 1931 für einige Wochen nach Moskau. Seine Eindrücke publizierte er in dem Buch »Die Sowjetunion auf einem neuen Weg«, das 1932 in Prag veröffentlicht wurde. In den folgenden Jahren verfasste er darüber hinaus eine ganze Reihe von Artikeln über das neue Regime für die tschechoslowakische Presse. In seinen Beiträgen rühmte Fierlinger die Errungenschaften der Politik Stalins und die Erfolge der sowjetischen Wirtschaft. Er ging davon aus, dass der Sozialismus europaweit im Vormarsch sei, der Westen und der Osten enger zusammenrücken werden. Die Theorie der Konvergenz zwischen

Kapitalismus und Sozialismus, wie sie später genannt wurde, stand in Prag hoch im Kurs. Sie bot den intellektuellen Rahmen für die Ausrichtung der tschechoslowakischen Diplomatie auf die Sowjetunion.

Im Frühjahr 1936 wurde Fierlinger zum Leiter der politischen Abteilung im Außenministerium befördert. Nachdem er eigenmächtig die Lieferungen tschechoslowakischer Waffen nach Portugal gestoppt und die portugiesische Regierung daraufhin nicht nur die diplomatischen Beziehungen mit der Tschechoslowakei abgebrochen, sondern auch den Handelsvertrag aufgekündigt hatte, sah er sich kurz vor dem politischen Aus. Doch er überstand diese Krise und ging im Sommer 1937 als Minister nach Moskau. Dort wurde er Zeuge der letzten großen Säuberungen und rühmte Stalins Courage im Umgang mit den »inneren Feinden«. Für ihn gab es keinen Zweifel, dass die Verurteilten von äußeren Feinden unterstützt worden waren und die Opposition in Moskau mit den Deutschen zusammengearbeitet hatte, um die Regierung zu stürzen.[5]

Nach der Besetzung von Böhmen und Mähren durch die Truppen Hitlers und der Etablierung des slowakischen Staates im März 1939 geriet Fierlinger von zwei Seiten unter Druck. Von der Regierung in Prag wurde er zum Rücktritt gedrängt, vom deutschen Auswärtigen Amt aufgefordert, die Vertretung der Tschechoslowakei in Moskau an deutsche Diplomaten zu übergeben, da sein Heimatland inzwischen von deutschen Truppen besetzt und zum Protektorat erklärt worden war. Als Fierlinger Ende Juni aus dem Urlaub nach Moskau zurückkehrte, hatte Stalin den bisherigen Volkskommissar für Auswärtige Angelegenheiten (Außenminister) Maxim Litwinow durch Molotow, einen seiner engsten Mitarbeiter, ersetzt. Kurz darauf, am 23. August 1939, wurde der Hitler-Stalin-Pakt unterzeichnet. Diese drastische Antwort auf das Desinteresse der Westmächte an einem Bündnis mit der Sowjetunion kam für Fierlinger völlig überraschend. Vor dem Vertragsabschluss mit Deutschland hatte sich die Sowjetunion vergeblich um ein militärisches Bündnis mit Großbritannien und Frankreich bemüht. Zur neuen Lage erklärte Fierlinger gegenüber Beneš: »Ich gehe davon aus, dass sie mit einem hohen Einsatz spielen, doch ich denke, dass die Zögerlichkeit des Westens der einzige Grund für die sensationelle Wende in der sowjetischen Außenpolitik ist.«[6]

Das Zweckbündnis zwischen Hitler und Stalin hatte auch für die tschechoslowakischen Exilpolitiker Konsequenzen. Fierlinger wurde am 14. Dezember 1939 von sowjetischen Offiziellen aufgefordert, seinen Posten in Moskau aufzugeben. Er verließ daraufhin die Sowjetunion und fuhr nach Paris.

Vorbereitungen für einen Freundschaftsvertrag

Kurz nach dem deutschen Überfall auf die Sowjetunion im Sommer 1941 kehrte Fierlinger auf seinen alten Posten nach Moskau zurück und wurde erneut zum Botschafter der tschechoslowakischen Exilregierung in der Sowjetunion ernannt. Die sowjetische Regierung konnte im Kampf gegen Hitler jeden Verbündeten gebrauchen und belebte ihre Kontakte zur tschechoslowakischen Exilregierung.

In der Folgezeit ließ Fierlinger nichts unversucht, um einen tschechoslowakisch-sowjetischen Freundschaftsvertrag auf den Weg zu bringen. Die Sowjetunion sollte die Exilregierung bei der Wiederherstellung des tschechoslowakischen Staates unterstützen. Tatsächlich gelang es ihm, Beneš für diese Idee zu gewinnen, der bislang auf Polen als Verbündeten gesetzt hatte. »Die Idee für einen tschechoslowakisch-sowjetischen Vertrag stieg wie ein Phönix aus der Asche der ursprünglich beabsichtigten tschechisch-polnischen Konföderation«, schrieb die junge Madeleine Korbel – spätere Albright und amerikanische Außenministerin in der Regierung Clinton – in ihrer Dissertation.[7] Fierlinger musste auf diesen Vertrag allerdings noch bis zum Dezember 1943 warten. Als Beneš dann nach Moskau kam, um den Vertrag zu unterzeichnen, war dies für den Botschafter der Beweis, dass sich sein langer Atem gelohnt hatte.

Trotz der ablehnenden Haltung des britischen Außenministeriums hielt Beneš daran fest, dass der Vertrag für die Zukunft der Tschechoslowakei lebenswichtig sei. Die nötigen Argumente lieferte ihm Fierlinger. Beneš selbst war schließlich fasziniert von der Vorstellung, selbst die Rolle des Vermittlers zwischen den Interessen des Westens und des Ostens zu übernehmen. Doch er und seine Exilregierung sollten später sowohl von der Sowjetunion als auch von der Kommunistischen Partei der Tschechoslowakei in die »bolschewistische Zange« genommen werden. Zug um Zug wurde sein politischer Spielraum enger.

Es war schwierig für Beneš, entschlossen zu reagieren, als Fierlinger 1944 einen halboffiziellen Brief an das Moskau-freundliche polnische Lubliner Komitee sandte und dessen Vorsitzenden, Osubka-Morawski, zum Vormarsch der polnischen Streitkräfte auf polnischem Boden gratulierte. Damit erkannte er indirekt das von den polnischen Kommunisten beherrschte Komitee als Keimzelle für eine künftige polnische Regierung an.

Die britische Regierung wie auch der Außenminister der Exilregierung, Jan Masaryk, protestierten gegen das Schreiben. Fierlinger antwortete seinem Chef mit einem resoluten Brief. Die Spannungen zwischen der Exilregierung in London und ihrem Emissär in Moskau gingen so weit, dass sich die Regierungsmitglieder einstimmig dafür aussprachen, den eigenmächtig handelnden Fierlinger seines Postens zu entheben. Dies war für den 28. Juli 1944 geplant, doch Beneš lehnte die Abberufung ab.

In Moskau stand Fierlinger mit den tschechoslowakischen Kommunisten seit seiner Rückkehr auf seinen Posten im Jahr 1941 in engem Kontakt. Er half ihnen, über diplomatische Kanäle Verbindung zu ihren Landsleuten in London zu halten. In einem Memorandum für Gottwald vom November 1944 sprach er sich für eine weit reichende Enteignung aller Feinde und Kollaborateure aus. Fierlinger bestand auch darauf, alle Finanzinstitute unter staatliche Kontrolle zu stellen und sah in der Sowjetunion zukünftig den wichtigsten Handelspartner für die Tschechoslowakei. Zu diesem Zeitpunkt war klar, dass die erste Phase der »Volksdemokratie« eine sanfte Eintrittsaufforderung an die Menschen in der Tschechoslowakei darstellen und dass ihr später eine Zeit »fundamentaler Maßnahmen zur Verstaatlichung« folgen sollte.[8]

Im März 1945 reiste Fierlinger Beneš auf dessen langem Weg nach Moskau entgegen und traf den Präsidenten in Teheran. Dort informierte er ihn darüber, dass die Kommunisten in ihm, Fierlinger, den künftigen Ministerpräsidenten sahen. Auf diese Nachricht war Beneš nicht vorbereitet. Er versuchte, Fierlinger die Annahme dieser Offerte auszureden. Doch der stellte sich stur – die Unterredung endete mit einem Zerwürfnis.[9] Wenig später unterrichtete Klement Gottwald auch Jan Masaryk, dass die Kommunisten Fierlinger als Kandidaten für das Amt des Ministerpräsidenten vorschlagen wollten. Masaryk weigerte sich, diesem Ansinnen seinen Segen zu geben, unterlies es aber, darauf zu verweisen, dass die Exilregierung in London mit Fierlingers Aktivitäten während des Krieges äußerst unzufrieden gewesen war.[10] Dennoch wurde Fierlinger mit Unterstützung der »Moskowiter« Ende März 1945 als Ministerpräsident der neuen Regierung eingesetzt.[11]

Beneš gelang es immerhin für eine gewisse Zeit, die wachsenden Differenzen zwischen den »Londonern« und den »Moskowitern« zu überspielen. Er nahm an, dass Stalin zu einer Politik der guten Beziehungen mit den Westalliierten zurückkehren und dass die zwei Systeme, das kommunistische und das kapitalistische Gesellschaftsmodell, sich annähern würden.

Die Uranfrage im Spannungsfeld der internationalen Diplomatie

Von Anfang an war eine sowjetische Einflussnahme auf den neu gegründeten Staat spürbar. Zum Dreh- und Angelpunkt der sowjetisch-tschechoslowakischen Beziehungen sollte sich dabei, von der Öffentlichkeit unbemerkt, die Uranfrage entwickeln. Der weltweite Uranwettlauf in den Jahren 1944 bis 1949 blieb der Allgemeinheit im Unterschied zu der vorangegangenen Suche nach Edelmetallen weitgehend verborgen. Er unterschied sich aber noch aus einem anderen Grund vom »Goldrausch« vergangener Tage: Der Besitz von Uranerz versprach weder Einzelpersonen noch Firmen große Reichtümer, aber unbegrenzte Macht für den Staat.

Nur drei Staaten mit ergiebigen Uranressourcen waren Mitte der vierziger Jahre bekannt: Kanada, Belgisch-Kongo und die Tschechoslowakei. Länder, die über Uranlagerstätten verfügten, sahen sich bald neuen politischen und diplomatischen Interessen gegenüber. So schlossen die USA und Großbritannien mit Belgien und Kanada langfristige Uranlieferverträge, die ihnen einen alleinigen Zugriff auf den knappen Rohstoff sicherten. Im Falle der Tschechoslowakei waren die politischen Folgen ihres Uranbesitzes wahrscheinlich noch folgenreicher. Die Minen von Jáchymov (Joachimsthal) stellten 1945 das einzige größere Uranbergwerk im sowjetischen Einflussbereich dar. Zwar konnten, zum Teil schon lange vor dem Zweiten Weltkrieg, vereinzelte Uranerzfunde auch in der Sowjetunion und auf der deutschen Seite des Erzgebirges gemacht werden, doch nur in Jáchymov gab es eine nennenswerte und kontinuierliche Förderung. Diese Uranminen waren mithin die einzigen in Europa, die Politiker, Militärs und Geheimdienstler in Washington, London und Moskau gleichermaßen kannten.

In Londoner und Washingtoner Regierungskreisen wurde frühzeitig darüber spekuliert, ob die tschechoslowakischen Uranminen ein Hauptgrund dafür gewesen waren, dass Stalin die Tschechoslowakei enger an Moskau zu binden versuchte. Außerdem sahen die Westmächte im Schicksal der tschechoslowakischen Uranindustrie eines der wichtigsten Signale im Hinblick darauf, welche Richtung die tschechoslowakische Außenpolitik nehmen würde. In diesem Punkt kreuzte sich die tschechoslowakische Landesgeschichte mit der großen internationalen Politik.

Nach den Atombombenabwürfen über Hiroshima und Nagasaki im Sommer 1945 gab es in London kaum Zweifel über den Eindruck, den die Atombombenexplosionen auf Stalin gemacht hatten. Ein britischer Diplomat berichtete aus Moskau, die Sowjetunion fürchte, dass ihr der im Zweiten Weltkrieg schwer errungene Sieg aus den Händen genommen würde. In einem an Außenstaatssekretär Ernest Bevin gerichteten Memorandum vom 11. September 1945 war von einer »Grabesfurcht« die Rede. Die Briten und Amerikaner wie auch Marschall Stalin waren sich der Möglichkeit des Auseinanderdriftens der »Großen Drei« infolge der Entwicklung der Atombombe sehr wohl bewusst. Es sei klar, so argumentierte der britische Diplomat, dass »Russland jede nötige Anstrengung unternehmen wird, um auch in den Besitz der Atombombe zu gelangen. Bis dieses Ziel nicht erreicht ist, wird es misstrauisch und ärgerlich auf den von den Amerikanern und uns in vielen anderen Fragen ausgeübten Druck reagieren. Russland wird auch stärker als zuvor an der Treue seiner Satellitenstaaten zweifeln.« In seinem Memorandum war des Weiteren zu lesen, dass der Aufbau einer Atomindustrie nicht »allein eine Frage der Beherrschung exklusiver Verfahren und Fabriken ist. Auch das Rohmaterial kann zur Quelle erheblicher Probleme werden. Unsere Maßnahmen zur exklusiven Versorgung und Kontrolle dieser Rohstoffreserven brachten die Länder der Englisch sprechenden Welt enger zusammen, mit denen wir Verträge geschlossen haben. Sollte dies der sowjetischen Regierung bekannt werden, dürfte ihr Misstrauen wachsen. Wahrscheinlich wird sich die sowjetische Regierung dann entscheiden, ähnliche Verträge, zum Beispiel mit der Tschechoslowakei, zu schließen. Das, was wir zu verhindern trachten, wird dann eintreten. Die betreffenden Länder werden beschleunigt in die rivalisierende Einflusssphäre abdriften.«[12]

Die »ultimative Waffe« in Händen der Amerikaner bedrohte das Entstehen eines Gleichgewichts und veranlasste Stalin dazu, nicht nur seine Außenpolitik, sondern auch seine Innenpolitik zu überdenken. Trotz der immens hohen Kriegsverluste schickte sich die sowjetische Gesellschaft an, einen großen Sprung in der Technologie zu machen. Viele Tausende Tonnen Uranerz mussten gewonnen, Laboratorien und Fabriken gebaut und Milliarden von Rubeln investiert werden. Dies war der Beginn der Entwicklung des Militär-, Industrie- und Wissenschaftskomplexes in der Sowjetunion sowie des Wettrüstens mit den USA.[13] Bei der von Stalin initiierten Neuausrichtung der sowjetischen Politik nahm die Tschechoslowakei einen besonderen Platz ein.

Weniger als drei Monate nachdem der britische Diplomat die Befürchtung geäußert hatte, dass die Sowjetunion mit der Tschechoslowakei einen Uranvertrag aushandeln könnte, wurde am 23. November 1945 tatsächlich ein solcher Kontrakt in Prag geschlossen.[14] Die Sowjets machten gegenüber ihren tschechoslowakischen Verhandlungspartnern kein Geheimnis daraus, dass sie das Uranerz für militärische Zwecke benötigten. In späteren Diskussionen im kleinen Kabinett – auch als »Regierungspräsidium« bezeichnet, dem der Premierminister und seine fünf Stellvertreter angehörten, die zugleich alle Parteien der Tschechen und Slowaken repräsentierten – wurde allerdings zu keinem Zeitpunkt die Nutzung des Urans für militärische Fragen diskutiert.

Drei Wochen nach der Zerstörung von Hiroshima besuchten General Michailow und Oberst Alexandrow die Stadt Jáchymov. Sie kamen vom Hauptquartier der Roten Armee in Karlovy Vary. Alexandrow war einer der erfahrensten sowjetischen Geologen und stand in Diensten des NKWD. Am 26. und 27. August 1945 inspizierten sie die Mine »Svornost« (Eintracht) im Zentrum der Stadt, die Anlagen zur Erzaufbereitung und das Erzlager. Eindringlich erkundigten sie sich danach, ob bereits andere Ausländer die Minen besucht hätten. »Aus ihren Fragen ging hervor, dass ihr Interesse an unseren Uranminen außerordentlich groß war«, so sah es zumindest der Generalstabschef der tschechoslowakischen Armee, General Boček.[15] Die Sowjets hatten die tschechoslowakischen Behörden über ihren Besuch vorab nicht informiert. Als ein Vertreter des Verteidigungsministeriums im September 1945 nachfragte, wie man sich bei künftigen Visiten von Offizieren der Roten Armee in Jáchymov zu verhalten habe, antwortete ihm Fierlinger: »Unternehmen sie nichts.«[16]

Die Leitung der Minen von Jáchymov informierte am 13. September den tschechoslowakischen Generalstab, dass drei Abteilungen der Roten Armee, in der Stärke von jeweils 20 Mann, die Minen besetzt hätten. Eine Woche später erhielten die Verantwortlichen vor Ort Besuch von einem General der Roten Armee, der strenge Einlasskontrollen anordnete. Von nun an war der Zutritt zu den Minen nur noch mit Spezialausweisen gestattet, ausgestellt von der Kommandantur der Roten Armee in Karlovy Vary. Die Bergleute mussten sich vor und nach ihrer Schicht Leibesvisitationen unterziehen, damit kein Erz herausgeschmuggelt wurde.

Der Fall der Jáchymover Minen beschäftigte sowohl das tschechoslowakische Militär als auch das Ministerium für Industrie. Das Militär fragte am 2. Oktober erneut nach, welchen Status die Wachen der Roten Armee auf dem Gelände der Uranminen eigentlich hätten. Am 23. Oktober notierte das Ministerium für Industrie – Minister war Bohumil Laušman, der Führer der Sozialdemokratischen Partei –, dass die Präsenz der Roten Armee zu keinen Störungen des

Abbaubetriebs führen werde, aber den Sowjets den Zugang zu wichtigen Informationen über die Uranindustrie gestatte. Das Ministerium sah sich außerstande, eine Aussage darüber zu treffen, ob durch diese Praktiken die tschechoslowakischen Interessen nachteilig beeinflusst würden. Es bat lediglich, die Frage der Passierscheine nochmals zu überdenken, da ihre Ausstellung durch die Kommandantur der Roten Armee nur sehr schleppend erfolgte.

Das Ministerium für Industrie war für alle Bergbauaktivitäten in der Tschechoslowakei und für die Radiumproduktion verantwortlich. Dennoch unterrichtete Fierlinger den verantwortlichen Minister nicht über die ersten Verhandlungsschritte mit der Sowjetunion, sodass Laušman zunächst annahm, die Förderung in Jáchymov könne erst nach dem Abzug der sowjetischen Einheiten wieder aufgenommen werden. In einem auf Mitte Oktober 1945 datierten Bericht für den Minister wurde die Wiederaufnahme des Uranbergbaus erwähnt, allerdings ohne jeden Hinweis auf die sowjetischen Interessen.[17] Darüber hinaus ging es sowohl um die sofort abbauwürdigen Lagerstätten als auch um die während der deutschen Besatzungszeit neu erkundeten Vorräte. Beklagt wurden demgegenüber der Mangel an Arbeitskräften und die geringe Produktion, die sich lediglich auf ein Zehntel der früheren Jáchymover Kapazitäten belief. Erst später wurde Laušman von den bereits weit fortgeschrittenen Verhandlungen über das Geheimabkommen in Kenntnis gesetzt.

Der tschechoslowakisch-sowjetische Uranvertrag vom 23. November 1945

Im Zuge der Ausarbeitung des Vertrags nutzte Fierlinger geschickt die Autorität von Präsident Beneš, den er, immer wenn er es für nötig erachtete, über den Stand der Verhandlungen unterrichtete. Dem sowjetischen Botschafter in Prag, Valerian Zorin, überreichte er den tschechoslowakischen Vertragsentwurf am 12. September 1945.[18] Er enthielt Bestimmungen, die Fierlinger mit Beneš abgesprochen hatte: Die Minen sollten im Besitz der Tschechoslowakei bleiben und die Uranerzlieferungen, wie auch die gemeinsamen Bergbau- und Forschungsaktivitäten, jährlich neu vereinbart werden. Außerdem wollte die Tschechoslowakei einen Teil des Uranerzes zur eigenen Verfügung behalten.

Am 26. September leitete Fierlinger ein Treffen, an dem die Minister für Inneres, Verteidigung und Industrie sowie der Chef des Generalstabes teilnahmen. Die sowjetische Delegation war nicht so hochkarätig besetzt und bestand nur aus vier Personen. Dazu gehörten Iwan Bakulin vom Ministerium für Außenhandel[19], der sich dienstlich in Prag aufhielt, und der schon erwähnte Oberst Alexandrow vom NKWD.

Die sowjetische Delegation war daran interessiert, ihren Vorschlag zur Bildung eines tschechoslowakisch-sowjetischen Gemeinschaftsunternehmens in den nun anstehenden Verhandlungen durchzudrücken. Demgegenüber legten die Tschechoslowaken größten Wert auf ihre gerade wiedergewonnene nationale Souveränität. Sie wollten den Uranerzbergbau in eigener Regie führen. Fierlinger erklärte, dass eine auf technische Fragen begrenzte Kooperation den tschechoslowakischen Vorstellungen eher entsprechen würde, zumal das Land gerade im Begriff war, die Industrie zu nationalisieren. Laušman merkte an, dass die tschechoslowakische Regierung »den Westalliierten nicht ökonomische Rechte und Positionen vorenthalten könne, um sie andererseits dem östlichen Verbündeten einzuräumen. Eine solche Verhaltensweise würde der Tschechoslowakei politischen Schaden zufügen.«

Die sowjetische Seite unterbreitete daraufhin den Vorschlag, künftig das gesamte Uranerz in die Sowjetunion zu liefern. Im Gegenzug wollte sie Mittel für die geologische Erkundung auf dem tschechoslowakischen Territorium bereitstellen. Alexandrow ließ keinen Zweifel daran, dass die Sowjetunion das Atombombenmonopol der USA so schnell wie möglich brechen müsse. Gegen Ende der Sitzung erklärte er, dass sich die Minen sechs Jahre lang in den Händen der deutschen Faschisten befunden hätten, »die 50 Tonnen Uranerz pro Jahr fördern wollten«. Aus dieser Bemerkung war ein Vorwurf gegen die Tschechen herauszuhören. Sie hätten es zugelassen, dass eine solche Entwicklung überhaupt eintreten konnte. Doch dann schlug Alexandrow wieder einen konzilianteren Ton an. Abschließend sagte er: »Nicht die Sowjetunion hat die Atombombe zur Waffe der Zukunft erklärt.« Alles, was Fierlinger darauf noch antworten konnte, war: »Nun wissen wir, wo wir stehen.«[20]

Als Bakulin am 6. Oktober Fierlinger erneut besuchte, übte er starken Druck auf den Ministerpräsidenten aus. Seine Fragen ließen auf eine hohe Dringlichkeit des Uranproblems schließen. Gab es eine Gewähr dafür, dass die sowjetischen Vertreter die Produktion und Ausbeutung der Uranlagerstätten entsprechend den Bedürfnissen der Sowjetunion beeinflussen konnten? Kann den sowjetischen Vertretern das Recht eingeräumt werden, an der täglichen Kontrolle des Produktionsplanes teilzunehmen?

Am folgenden Tag, einem Sonntag, nutzte Fierlinger einen Besuch auf seinem Landhaus in Sezimovo Ústí in Südböhmen, um mit seinem dortigen Gartennachbarn, Präsident Beneš, zu sprechen. Er erläuterte ihm das sowjetische Interesse am schnellstmöglichen Ausbau der Uranminen und berichtete ihm, dass die sowjetische Regierung das Ganze als Angelegenheit von großer politischer und militärischer Wichtigkeit ansah. Beneš lehnte jedoch den Vorschlag ab, das gesamte zu fördernde Uran der Sowjetunion zur Verfügung zu stellen. Fierlinger hingegen wollte auf diese Forderung eingehen. In diesem Fall würde die Tschechoslowakei von der Sowjetunion verschiedene Kompensationen erhalten, etwa technische Hilfe für die Ausbeutung der Ölvorkommen in der Slowakei und in Mähren. Außerdem werde sie die tschechoslowakischen Gebietsansprüche gegenüber Österreich unterstützen. Der gute Wille der Sowjetunion schien auch bei der Neufestlegung der tschechoslowakisch-polnischen Grenze nötig. Diese Argumente überzeugten Beneš schließlich.

Während noch am Text für den Uranvertrag gearbeitet wurde, erinnerte Bakulin Fierlinger daran, dass er sein Einverständnis zur Lieferung von 38,5 Tonnen radioaktiven Materials aus der Tschechoslowakei an die Sowjetunion gegeben habe. Fierlinger ordnete daraufhin umgehend die Übergabe des Materials an die sowjetische Außenhandelsorganisation Torgpredstvo an und bat die Ministerien für Industrie und Außenhandel, den Transfer mit äußerster Sorgfalt abzuwickeln. Am 14. Oktober wurden ca. 37 Tonnen Uranfarben mit einem Uranoxydgehalt von bis zu 58,4 Prozent aus den Uranschmelzwerken in Příbram und am 29. und 30. Oktober noch einmal 9,7 Tonnen 58-prozentiges Urankonzentrat in Eisen- und Holzkisten abtransportiert. Außerdem ließ man die Halden des Silberbergbaus nach Pechblenderesten untersuchen. Aus diesen Quellen erhielt die Sowjetunion 1945 ca. 30,8 Tonnen Uranerz, wobei nur 0,9 Tonnen aus dem laufenden Abbau stammten.[21]

In der Zwischenzeit war die tschechoslowakische Botschaft in Moskau unter Druck geraten. Der sowjetische Außenminister Molotow hatte sich nämlich höchstpersönlich in die Verhandlungen über den Uranvertrag eingeschaltet. Er erklärte den Tschechoslowaken, dass der Vertrag mit dem Geist des Bündnisses zwischen beiden Staaten korrespondieren solle und die Sowjetunion, wenn sie denn schon keine Eigentumsanteile an den Uranminen erwerben könne, so doch zumindest im Leitungsgremium des Unternehmens präsent sein müsse. Auch Molotow drängte seinerseits darauf, den Vertrag so rasch als möglich abzuschließen.

Am 4. November bat Molotow den tschechoslowakischen Botschafter Jiří Horák zu sich. Molotow nahm nunmehr endgültig vom Modell einer gemischten Aktiengesellschaft Abstand. Insofern unterschied sich der sowjetisch-tschechoslowakische Uranvertrag von dem am 17. Oktober 1945 zwischen der Sowjetunion und Bulgarien, aber auch von dem im August 1953 zwischen der Sowjetunion und der DDR geschlossenen Vertrag. Aus sowjetischer Sicht wurde stattdessen die zweitbeste Variante gewählt: ein tschechoslowakisches Nationalunternehmen, geleitet von einer gemeinsamen tschechoslowakisch-sowjetischen Kommission.

Zehn Tage später, am 14. November, legte Bakulin in Prag einen neuen Vertragsentwurf vor. Die Tschechoslowaken akzeptierten die wesentlichen Punkte. Die vorgesehene dreißigjährige Laufzeit des Vertrages lehnten sie aber ab und bestanden auch darauf, einen Teil der Produktion zu behalten. Vier Tage später, am 17. November, traf sich das kleine Kabinett, um über den sowjetischen Entwurf zu beraten. Ministerpräsident Fierlinger erstattete einen Bericht über die »sehr dringende Frage der Gewinnung von Uranerz in Jáchymov«. Er erklärte, dass darüber seit August mit der Sowjetunion verhandelt werde und dass die Sowjetunion »vor allem die Möglichkeiten der wirtschaftlichen Nutzung der Atomenergie prüfe«. Einer der Stellvertreter des Ministerpräsidenten, Jan Šrámek, ein älterer katholischer Geistlicher und Vorsitzender der Christlichen Volkspartei (Lidova), zeigte an dieser Frage besonderes Interesse. Er hatte vor dem Krieg in Diensten des Ministeriums für Gesundheitswesen gestanden und berichtete seinen Kollegen von seinen Gesprächen mit mehreren Ärzten. Diese hatten ihm versichert, dass die Nutzung von Radium für Heilzwecke nicht mehr sei als eine fragwürdige empirische Methode. Anschließend charakterisierte Šrámek das Uranerz als einen wertvollen Rohstoff, für den die Tschechoslowakei einen angemessenen Preis erhalten müsse. Als die Frage der von der Sowjetunion angebotenen technischen Hilfe erörtert wurde, zeigte sich der Minister für Landwirtschaft, der KPČ-Funktionär Duriš, überrascht, dass diese überhaupt vonnöten sei. Jaroslav Stránský, Stellvertretender Ministerpräsident und Mitglied der tschechoslowakischen National-Sozialistischen Partei, ging von einem profitablen Geschäft mit der Sowjetunion aus. Er legte aber Wert darauf, den Vertrag so zu gestalten, dass »wir die Kontrolle über den Betrieb behalten«.[22] Die Kabinettsmitglieder zeigten sich schließlich mit der nunmehr auf zwanzig Jahre begrenzten Laufzeit des Vertrages ebenso einverstanden wie mit der Regelung, einen noch zu bestimmenden Teil der Uranproduktion in der Tschechoslowakei zu belassen. Damit war eine Einigung über die Vertragsbedingungen mit der Sowjetunion in greifbare Nähe gerückt.

Offen war nun noch die Frage, wie der Preis für das Uranerz zu kalkulieren sei. In dieser Hinsicht gab es verschiedene Vorschläge. Sie wichen alle von den sowjetischen Kalkulationen ab. Doch einmal mehr konterte Fierlinger die Einwände aus den eigenen Reihen mit dem Hinweis auf die von der sowjetischen Seite zu erwartende Kompensation. Er bat darum, die Verhandlungen im Geist der gerade beendeten Diskussion weiterführen zu dürfen. Seine Stellvertreter kannten Fierlinger gut und wussten, was dies bedeutete. Er würde sein Bestes tun, um die sowjetische Seite zufrieden zu stellen, und zugleich die tschechoslowakischen Interessen so gut es ging zu wahren.

Am 21. November setzten Bakulin und Alexandrow Fierlinger davon in Kenntnis, dass Moskau mit dem neuen Vertragsentwurf einverstanden sei, vorausgesetzt, die Tschechoslowakei gebe sich mit 10 Prozent der Uranproduktion zur eigenen Verfügung zufrieden. Nach Rücksprache mit Präsident Beneš stimmte Fierlinger den ausgehandelten Bedingungen zu. Endgültig ausgearbeitet wurde der Vertrag noch vor einer geheimen Sitzung des gesamten Kabinetts am 23. November. Auf dieser Sitzung hörten die meisten Minister, darunter auch Außenminister Jan Masaryk, erstmals vom Uranvertrag. Fierlinger informierte die versammelte Ministerrunde über die seit August mit Wissen des Präsidenten geführten Verhandlungen und über die Zustimmung des kleinen Kabinetts. Er charakterisierte den Vertrag als »einmalige Vereinbarung« und vertrat die Ansicht, dass aus dem Abkommen »keine finanziellen Belastungen für den Staat erwachsen würden. Im Gegenteil: Er wird einen finanziellen Gewinn bringen.«[23]

Die Diskussionen, die über das Uranproblem in der tschechoslowakischen Regierung geführt wurden, kann man bestenfalls als oberflächlich bezeichnen.[24] Die Politiker in Prag erkannten weder die gesamte Dimension des atomaren Problems nach dem Zweiten Weltkrieg, noch waren sie in der Lage, die Konsequenzen ihrer Entscheidungen in diesem Bereich vollständig zu überblicken.

Drei Stunden nach Ende der Kabinettssitzung fanden sich Alexandrow und Bakulin zur Vertragsunterzeichnung ein. Sie waren in Eile und hatten eine sowjetische Ausfertigung des Vertragstextes mitgebracht. Er war identisch mit dem Text, der den Ministern am Nachmittag vorgelegt worden war, doch das Ergänzungsprotokoll wich von der tschechoslowakischen Version ab. Die Klauseln über die Fortsetzung der Produktion und über die Geheimhaltung waren einseitig verschärft worden. Diese Fassung akzeptierten die tschechoslowakischen Verhandlungsführer kommentarlos.

Der von den Regierungen der Sowjetunion und der Tschechoslowakischen Republik am 23. November 1945 in Prag abgeschlossene Geheimvertrag war eines der wichtigsten außenpolitischen Dokumente, die nach dem Zweiten Weltkrieg unter Präsident Beneš unterzeichnet wurden. Im tschechoslowakisch-sowjetischen Vertrag über die »Steigerung der Produktion von Erz und Konzentrat in der Tschechoslowakei, das Radium und andere radioaktive Elemente enthält« war vom Uranerz, also dem eigentlichen Vertragsobjekt, allerdings kein einziges Mal die Rede. Lediglich im Ergänzungsprotokoll wurde darauf hingewiesen, dass das Abkommen »streng geheim« sei. Vom Charakter her handelte es sich eher um einen politischen denn einen Wirtschaftsvertrag. Darüber waren sich beide Seiten im Klaren. Doch die ganze außenpolitische Tragweite des Dokuments und die gravierenden innenpolitischen Folgen traten erst allmählich zu Tage.

Interessanterweise gab es zwischen dem tschechoslowakisch-sowjetischen Vertrag und dem dreiseitigen amerikanisch-britisch-belgischen Vertrag in Sachen Uranerzlieferungen vom 26. September 1944 auffallende Ähnlichkeiten. In beiden Fällen waren es politisch motivierte Dokumente. Wie der tschechoslowakisch-sowjetische Vertrag hatte auch das dreiseitige amerikanisch-britisch-belgische Abkommen eine lange Laufzeit: Bis 1956 sollte die gesamte Uranproduktion von Belgisch-Kongo ausschließlich den Briten und Amerikanern für militärische Zwecke zur Verfügung gestellt werden. Die Texte der Abkommen legten in fast deckungsgleichen Formulierungen die Produktionskosten plus einem »angemessenen Gewinn« als Grundlage für die Kalkulation des Uranpreises fest. Man kann daher mit einiger Berechtigung vermuten, dass die Sowjets den Text des amerikanisch-britisch-belgischen Abkommens kannten. Allerdings wurde Belgien zugesagt, dass es einen Anteil am Gewinn erhalten sollte, wenn Briten und Amerikaner das Uranerz weiterveräußerten.

Infolge des tschechoslowakisch-sowjetischen Vertrages wurde die kleine tschechoslowakische Uranindustrie unter dem Druck der sowjetischen »Uranlücke« innerhalb weniger Jahre zu einem Großunternehmen ausgebaut. Die Tschechoslowaken trugen zur Überwindung des sowjetischen Uranengpasses bei, ohne darüber informiert zu sein, wie dringend die Sowjetunion das Erz wirklich brauchte. Sie wussten nicht, dass, kurz nachdem die Sowjets im Sommer 1945 ihr Interesse an den Uranlagerstätten von Jáchymov bekundet hatten, das gesamte Atomprogramm unter die Kontrolle von Lawrenti Berija und seiner Sicherheitsdienste gestellt worden war.

Ihre Einflussnahme auf die Entwicklung der tschechoslowakischen Uranindustrie hatte die sowjetische Seite im gemeinsamen Vertragswerk festgeschrieben. Wichtigstes Gremium in dieser Hinsicht war die Ständige tschechoslowakisch-sowjetischen Kommission. Beide Seiten, so bestimmte es Paragraph 4, entsandten jeweils zwei Repräsentanten in diese Kommission, die alle wesentlichen betriebswirtschaftlichen Fragen der Uranerzförderung sowie die Preisbildung für die Uranerzlieferungen in die UdSSR zu entscheiden hatte.

Paragraph 6 enthielt Festlegungen für die Besetzung von technischen Posten durch sowjetische Experten, wodurch die sowjetische Position weiter gestärkt wurde. Darüber hinaus gab es ein weiteres Mittel für die sowjetische Einflussnahme auf den Industriezweig, und zwar den Geologischen Service. Er wurde anfangs ausschließlich von sowjetischen Experten betrieben. Im Vertrag gab es dazu allerdings keine genaueren Bestimmungen.

Die Vereinbarungen über die Preisbildung für das Uranerz waren vage und für die Kalkulatoren wenig hilfreich. Die sowjetische Definition der Kosten beschränkte sich auf die reinen Produktionskosten und klammerte die notwendigen Infrastrukturinvestitionen, einschließlich des Häuserbaus, der Bewachung der Anlagen und der medizinischen Versorgung der Belegschaft, aus. Über die Erschließung neuer Ressourcen wurden keine Aussagen getroffen.

In welchem Maße der Vertrag zum neuralgischen Punkt in der tschechoslowakischen Politik und Diplomatie wurde, sollte sich schon bald erweisen.

Masaryks Rede vor der UN und ihre Folgen

Als sich die Repräsentanten von 51 Staaten Ende April/Anfang Juni 1945 in San Francisco trafen, um den Entwurf der Charta der Vereinten Nationen anzunehmen, wurde die tschechoslowakische Delegation von Außenminister Jan Masaryk geleitet. Der Sohn des hoch geschätzten Gründers der Tschechoslowakei, Tomáš Masaryk, stand in seinem sechzigsten Lebensjahr. Seine Mutter war Amerikanerin. Daher sprach Jan Englisch mit amerikanischem Akzent.

Masaryks Unbeschwertheit bei öffentlichen Auftritten kaschierte einen komplizierten Charakter. Er hatte es vor dem Ersten Weltkrieg nicht geschafft, in Amerika Karriere zu machen, und am Krieg in der österreichisch-ungarischen Armee teilgenommen. Nach dem Krieg trat er in den Dienst des Außenministeriums ein und war zwischen 1940 und 1945 Minister für Äußeres in der Londoner Exilregierung. In der Zwischenkriegszeit erzählte man sich in Prag, dass nur wenige Menschen Jan Masaryk wirklich kannten.[25]

Während des Zweiten Weltkrieges stärkten seine Radioansprachen den patriotischen Geist der Tschechen in der Heimat. Durch diese Reden erlangte er eine immense Popularität. Auch Präsident Beneš war Jan Masaryk sehr gewogen, nicht zuletzt deshalb wurde er bereits als Präsidentennachfolger gehandelt. Doch Masaryk verfügte weder über die Zähigkeit und unbeirrbare Entschlusskraft wie Beneš noch teilte er dessen Hingabe zur Politik. Er brauchte jemanden, der ihm die Richtung vorgab. Nach dem Tod seines Vaters 1938 war dies Beneš.

Masaryk begleitete Beneš Ende 1943 nicht zur Unterzeichnung des tschechoslowakisch-sowjetischen Freundschaftsvertrages nach Moskau. Er hatte sich im Juni 1943 gegenüber Philipp Niclos, dem Beauftragten der britischen Regierung für die tschechoslowakische Exilregierung, skeptisch zu dem vorgeschlagenen Abkommen geäußert.[26] Masaryk teilte den Optimismus von Beneš über das veränderte Wesen des sowjetischen Kommunismus nicht, und er sah in Stalin, anders als der Präsident, keinen zuverlässigen und ehrenhaften Partner.

Nach der Unterzeichnung des tschechoslowakisch-sowjetischen Freundschaftsvertrages geriet jedoch auch Masaryk zunehmend ins Kielwasser der nach Osten gewandten Politik des Präsidenten. Dabei liebte Masaryk den Komfort, wie er ihn aus London oder New York kannte, und hob sich von vielen seiner Kollegen der tschechoslowakischen Exilregierung ab, für die die britische Hauptstadt nur ein zeitweiliger und ihnen fremder Aufenthaltsort war. Allerdings vermochte sich Masaryk im März 1945 einer Reise nach Moskau nicht zu entziehen. Ihm fiel die Aufgabe zu, für die neu zusammengesetzte Regierung Beziehungen aufzubauen. Stalins Moskau war allerdings nicht der Platz, wo Masaryk seine Talente vorteilhaft ausspielen konnte. Als im Grunde westlich orientierter Politiker wurde er mit den Moskauer Kommunisten und deren Auftreten nicht so recht warm. Außerdem agierte dort auch noch Zdeněk Fierlinger, der tschechoslowakische Botschafter, der von den Kommunisten bereits für den Posten des Ministerpräsidenten ins Spiel gebracht worden war. Masaryk konnte ihn nicht ausstehen.

Er wartete daher nicht darauf, mit dem Rest der Exilregierung von Moskau nach Prag, in die von der Roten Armee befreite Hauptstadt, zu reisen, sondern machte sich früher auf den Weg. Als er im Sommer 1945 von Offiziellen und Würdenträgern empfangen wurde, erkannte er unter dem Dienstpersonal einen seiner alten aristokratischen Freunde wieder. Masaryk ging zu ihm und sagte »Rudolf«, so hieß der Mann, »wir stecken tief in der Scheiße«.[27] Ein ganz privates Gespräch vor großem Publikum, dies war der Stoff, aus dem die Masaryk-Legende gewoben wurde. Die Episode hatte auch einen starken antikommunistischen Unterton, der nicht so recht zu Masaryks öffentlichen Erklärungen passte.

Anders als zu seinen Londoner Zeiten, schwenkte Masaryk nach seiner Rückkehr nach Prag auf den rhetorischen Kurs von Beneš ein: Stalin werde sich nicht in die inneren Angelegenheiten der Tschechoslowakei einmischen, ließ er sich vernehmen. Er erklärte, dass das Land auf volle intellektuelle Freiheiten bauen könne, es keine Anzeichen für eine Teilung Europas oder gar das Niederlassen eines Eisernen Vorhangs gäbe.

Doch allmählich verlor Masaryk das Gespür für die sich herausbildende Nachkriegswelt. Hinzu kam, dass in diesen Jahren selbst Beneš kein zuverlässiger Partner mehr für ihn war. Auch nach der bedingungslosen deutschen Kapitulation blieb Beneš vom Gedanken einer deutschen Bedrohung besessen, und die Macht der Sowjetunion schien ihm der beste Schutz für die Tschechoslowakei zu sein. Dennoch glaubte Beneš an die Möglichkeit der Konvergenz zwischen der sozialistischen und der kapitalistischen Welt und verstand die Gründe für das Aufkommen wachsender Spannungen zwischen der Sowjetunion und den USA nicht. Weder Beneš noch Masaryk erkannten, dass sich Stalin vor dem amerikanischen Atombombenmonopol fürchtete.

Die meisten Delegierten, die sich im Frühsommer 1945 in San Fransisco trafen, wussten nichts über die Entwicklung der Atomwaffe. (Ihr erster erfolgreicher Test fand erst kurz nach der Annahme der UN-Charta am 16. Juli 1945 statt.) Die Atombombenabwürfe über Japan im August 1945 rückten die Frage der Kontrolle der Atomenergie allerdings schlagartig ins Bewusstsein der Weltöffentlichkeit und an die Spitze der diplomatischen Tagesordnung. Am Tag des Atombombenabwurfes auf Hiroshima, dem 6. August 1945, gab Truman in einer Erklärung seiner Hoffnung Ausdruck, dass künftig von der Atomkraft ein »kraftvoller Einfluss auf die Erhaltung des Weltfriedens« ausgehen könne. Die Regulierung der Uranversorgung durch eine UN-Organisation wurde von Washington als zentrale Frage für ein internationales Management der Kernenergie angesehen.

Im Januar 1946 stand Masaryk anlässlich der ersten Sitzung der UN-Generalversammlung in London erneut an der Spitze der tschechoslowakischen Delegation. Trotz der vergeblichen Bemühungen des Völkerbundes in der Zwischenkriegszeit, den Frieden zu bewahren, waren die in die neue internationale Organisation gesetzten Hoffnungen erneut recht groß. Man erwartete von den Vereinten Nationen, dass sie Konflikte zwischen ihren Mitgliedern auf friedlichem Wege lösen, einen hohen Standard bei den Menschenrechten sichern und zum sozialen und wirtschaftlichen Vorteil der gesamten Menschheit wirken würden.

Die Tschechoslowakei verfügte zu dieser Zeit über die einzige bekannte größere Uranquelle in Europa. Diese Vorkommen befanden sich nicht wie die kanadischen und kongolesischen Minen unter amerikanischer bzw. britischer Kontrolle. Obwohl Masaryk nicht an der Ausarbeitung des geheimen Uranvertrages zwischen der Sowjetunion und der Tschechoslowakei beteiligt gewesen war, wusste er von dem Abkommen. Er hatte an der Kabinettssitzung am 23. November teilgenommen, auf der der Vertragstext verlesen worden war. Bei seiner Ankunft in London im Januar 1946 hätte er also über die Bedeutung dieses Vertrages im Bilde sein müssen.

Kaum war die amerikanische Delegation in London eingetroffen, wurde Staatssekretär James Byrnes von Journalisten zur amerikanischen Haltung bei der Kontrolle der Atomenergie befragt. Dieses große Interesse an der Uranfrage im weitesten Sinne entging Masaryk. Weder er noch seine Berater, die ihm bei der Vorbereitung auf seine Rede vor der Generalversammlung halfen, erkannten die Bedeutung dieses Themas auf der internationalen Tagesordnung.

Jan Masaryk leitete in London eine Delegation, die sich aus Vertretern aller politischen Parteien zusammensetzte. Er bat sie, ihm die volle Unterstützung für seine Rede zu geben und ihn bei deren Vorbereitung zu beraten. Masaryk bevorzugte es, frei zu sprechen und tat sich schwer dabei, die Rede im genauen Wortlaut auszuarbeiten.[28] Die Passagen über das Uranproblem waren besonders sensibel, und Masaryk wusste dies.

Zur Delegation gehörte auch der Rektor der Universität Prag, Jan Bělehrádek, ein Biologe und Mitglied der Sozialdemokratischen Partei. Er schien die richtige Person zu sein für die Formulierung der Passage über die Uranerzminen in Jáchymov. Der einzige Nachteil bestand darin, dass er nichts von dem geheimen Vertrag mit der Sowjetunion wusste. Masaryk erklärte Bělehrádek die Bedeutung der Uranproblematik, auf die er in seiner Rede auf jeden Fall eingehen wollte. Die Frage war nur, so Masaryk, wie dies am besten geschehen könne. Er wusste, dass jeder Sozialist gegen die Fortsetzung des Wettrüstens und für die Kontrolle der Rüstungsindustrie eintreten würde. Daher sagte er Bělehrádek, dass er sich über das Problem der Abrüstung bereits während des Krieges Gedanken gemacht habe und eine internationale Kontrolle befürworte. Bělehrádek fühlte sich geschmeichelt, dass Masaryk gerade ihn konsultierte, und erklärte sich bereit, einige kurze Passagen für die Rede zu formulieren. Er hatte die Idee, die Frage der Kontrolle der Atomenergie mit »unserem Jáchymov« zu verbinden.

Masaryk eröffnete seine Rede mit einer Reverenz an den Völkerbund, in den sein Vater wie auch Edvard Beneš so viel Vertauen gesetzt hatten. In diesem Zusammenhang bekannte er, dass die nach dem Ersten Weltkrieg so verbreitete Zuversicht, den Frieden auf immer bewahren zu können, falsch war. Daher wolle er für einen »ruhigen und realistischen Optimismus« werben.[29] Mit Blick auf die Uranfrage führte Masaryk aus: »Kriege müssen durch die Kontrolle aller Mittel zur Kriegsführung verhindert werden, egal, ob es sich dabei um physische, chemische, biologische, psychologische oder soziologische Mittel handelt. Im Rahmen unserer Organisation sollte die Wissenschaft gegen den Missbrauch ihrer Ergebnisse für politische oder militärische Zwecke einen internationalen Schutz erfahren. […] Die Rüstungsindustrie sollte zusammen mit ihren letzten zerstörerischen Erfindungen unter die Kontrolle der UN gestellt werden. *(Applaus)* Ich spreche in dieser Angelegenheit gewissermaßen als ein Experte zu ihnen, denn unsere Radiumminen gehörten zu den ersten, die der Menschheit Radium für medizinische Zwecke zur Verfügung stellten, bevor weitere Vorkommen erschlossen wurden. Und erlauben sie mir, der Hoffnung Ausdruck zu verleihen […], dass kein einziges Stück des in der Tschechoslowakei geförderten Uranerzes jemals für massenhafte Zerstörung oder Vernichtung eingesetzt wird. *(Applaus)* Wir, in der Tschechoslowakei, wollen unser Uran gerade im entgegengesetzten Sinne nutzen: für die Schaffung, Verbesserung und Sicherung eines hohen Lebensstandards, sodass wir unser Leben intensiver und in größerer Sicherheit führen können. In diesem Sinne werden wir unsere Radiumindustrie nutzen, und wir bitten Sie, uns dabei zu unterstützen.«[30] Nach seiner Rede deutete Masaryk in einem Interview mit einem Korrespondenten der Nachrichtenagentur Reuters an, dass die Minen von Jáchymov für eine internationale Inspektion offen stünden.

Während Masaryks Rede von den Delegierten in London begeistert aufgenommen wurde, fiel die Reaktion in Prag weniger enthusiastisch aus. Sie hatte vielmehr zu einer kollektiven Hysterie geführt und stand als erster Punkt auf der Tagesordnung der Sitzung des kleinen Kabinetts am 18. Januar 1946. Alle Anwesenden waren sich einig, dass Masaryk diese Rede niemals hätte halten dürfen. Der Stellvertretende Ministerpräsident, Jaroslav Stránský, bezeichnete sie als einen »furchtbaren Fauxpas«. Der Führer der Kommunistischen Partei, Klement Gottwald, sah in ihr eine Bedrohung der guten Beziehungen zur Sowjetunion. Sogar Jan Šrámek, der Kirchenvertreter, nahm an, dass »wir nach der Rede von Masaryk in den Augen der Sowjetunion sehr merkwürdig dastehen«.

Gegen Ende der Sitzung diskutierten die Minister über Masaryks Rückberufung nach Prag, doch Ministerpräsident Fierlinger wollte für diesen Schritt nicht die Verantwortung übernehmen. Er verließ die Sitzung, um sich mit Beneš zu beraten. Dieser riet, Masaryk in London zu belassen, doch er sollte aufgefordert werden, seine Rede zu erläutern. Um eventuellen diplomatischen Verwicklungen vorzubeugen, wurde Masaryks Stellvertreter, Vlado Clements, zum sowjetischen Botschafter, Valerian Zorin, gesandt. Dem Diplomaten musste signalisiert werden, dass die Rede Masaryks nicht mit der tschechoslowakischen Regierung abgestimmt gewesen war.

Nach Rücksprache mit Beneš telegraphierte Fierlinger an Masaryk in London: »Das Präsidium der Regierung hat sich heute mit den Teilen Ihrer Rede vor dem Plenum der UN befasst, in denen die Kontrolle der Rüstungsindustrie und der Minen von Jáchymov behandelt wurden. Ein besonderes Interesse galt ihrer Erklärung gegenüber einem Korrespondenten von Reuters bezüglich der Inspektion der Uranminen. Wir bitten Sie, über all dies später detailliert zu berichten. Wir fürchten sehr unangenehme politische Konsequenzen [...], nicht zuletzt im Hinblick auf unsere vertraglichen Beziehungen zur Sowjetunion, die geheim gehalten werden müssen. Versuchen Sie unter allen Umständen, dem Eindruck, den Ihre Rede erweckt haben könnte, entgegenzuwirken, und [...] behandeln Sie künftig alle Fragen, die die Großmächte betreffen, so vorsichtig wie möglich.«[31] Eigenmächtiges Handeln wurde ihm strikt untersagt. Von dieser Nachricht, die ihn auf dem UN-Plenum in Westminster Hall erreichte, war Masaryk schockiert. Er verließ die Sitzung umgehend und fuhr zu seiner Wohnung in Westminster Garden, um eine kurze Stellungnahme zu verfassen. Sein Privatsekretär notierte: »Ich habe ihn noch nie so fassungslos gesehen.«

Masaryks Antwort zeigte, dass er sich sehr getroffen fühlte. Wie in seiner Rede vor der Generalversammlung der UN verwechselte er Radium mit Uran und sprach sich erneut für die Kontrolle der Rüstungsindustrie aus. Er erklärte, die Tschechoslowakei habe seines Wissens nie ein Geheimnis aus der Produktion von Radium gemacht. In einem konfus formulierten Abschnitt gab er seiner Hoffnung Ausdruck, dass es keinen Krieg mehr geben möge und weder »die Sowjets noch wir« die Atombombe nutzen werden.

Am Morgen des 19. Januar diktierte Masaryks Privatsekretär Lumír Soukup das Telegramm einer Sekretärin der Botschaft. Es wurde verschlüsselt und anschließend nach Prag geschickt. Kurz vor 10.00 Uhr meldete sich Masaryk telefonisch und kündigte eine neue Fassung an. Soukup erklärte ihm daraufhin, dass das erste Telegramm bereits abgesandt worden sei, und bot an, die zweite Version ebenfalls abschreiben zu lassen. Masaryk überlegte eine Weile und sagte dann, es könne bei der ersten Fassung bleiben. »Sie werden es sorgfältig lesen und dann einiges zu vergleichen haben in ihren dummen Köpfen …« Masaryk ließ den Satz unvollendet.[32]

An den Sitzungen der folgenden zwei Tage konnte er aus gesundheitlichen Gründen nicht teilnehmen. Er bat den Minister für Außenhandel, Hubert Ripka, ihn zu vertreten. Im Hotel ans Bett gebunden, bemerkte er gegenüber Soukup: »Sie wollen mich loswerden!« Wen er damit meinte, sagte er nicht. »Wer könnte Sie schon ersetzen?« fragte sein Privatsekretär daraufhin. Doch der Minister war nicht zu trösten. Er dachte wohl an zwei Mitglieder des Kabinetts, die an seine Stelle treten könnten, und möglicherweise auch gern getreten wären: Hubert Ripka und Zdeněk Fierlinger.

Hubert Ripka versuchte immerhin, Masaryk gegenüber dem Stellvertretenden Ministerpräsidenten Jaroslav Stránský in Schutz zu nehmen. In einem Schreiben vom 21. Januar hob er hervor, Masaryk sei »außerordentlich deprimiert«, weil »die Erklärung [den Sowjets] unterbreitet wurde, bevor er die Regierung informieren konnte. Er ist natürlich auch besorgt über den Ton des vom Präsidium der Regierung verfassten Telegramms. Nach all dem hat er gestern einen Schlaganfall erlitten und möchte die Leitung der Delegation bis zur Klärung der ganzen Angelegenheit abgeben. Wir haben ihm dies ausgeredet, weil ein solcher Schritt hier zu diversen Spekulationen führen könnte. Er ist zurzeit ernsthaft krank, aber das erregt keine besondere Aufmerksamkeit, da andere Delegierte ebenfalls erkrankt sind.«

Ripka stellte den Reaktionen auf Masaryks Rede in Prag das positive Echo in London gegenüber, einschließlich der Bewertung durch die sowjetische Delegation. Dass der Außenminister die Uranfrage angesprochen hatte, führte Ripka auf zwei Gründe zurück. In London sei die tschechoslowakische Delegation von allen Seiten danach befragt worden, ob sich die Sowjetunion tatsächlich einen exklusiven Zugriff auf die Uranerzvorkommen gesichert habe. »Wir haben kategorisch erklärt, dass dies nicht stimmt, und betont, dass sich der Uranerzbergbau in unserer Hand befindet.« Masaryk habe, so Ripka, lediglich seine Zustimmung zum Prinzip der internationalen Rüstungskontrolle gegeben. Dieses Prinzip werde allgemein akzeptiert und die Tschechoslowakei werde nur dann daran festhalten, wenn sich auch alle anderen Staaten entsprechend gebunden fühlten. »Es versteht sich von selbst, dass wir keine Kontrollen zulassen werden, die nur uns betreffen oder speziell auf unsere Uranindustrie gerichtet sind«, schrieb er. Für Ripka gab es keinen Zweifel, dass die tschechoslowakische Erklärung in Übereinstimmung mit der sowjetischen Politik stand.[33]

Ebenfalls am 21. Januar 1946 sandte Professor Jan Bělehrádek einen Brief an seinen Parteigenossen Fierlinger: »Einige Tage bevor Masaryk seine Rede gehalten hat, lud er die gesamte Delegation zu einem Treffen ein und bat uns um Vorschläge für die Rede. Einige Mitglieder unserer Delegation brachten Ergänzungen vor. Ich selbst habe sechs Punkte genannt, die mit kulturellen und wissenschaftlichen Fragen im Zusammenhang standen und mit dem Missbrauch der Wissenschaft für militärische Zwecke. Der Minister griff all diese Punkte in seiner Rede auf. Als Parteimitglied [Sozialdemokrat] war ich darüber aufrichtig erfreut – erstens, weil die von mir beigesteuerten Gedanken, die auf der sozialistischen Weltsicht beruhten, am Anfang der Rede standen, und, zweitens, sie sich weitgehend in Übereinstimmung mit der Diskussion befanden, die ich vor meinem Abflug mit den Genossen Vilím und Vanek sowie, wenn ich mich recht erinnere, zumindest teilweise auch mit Dir geführt habe.« Im übrigen sei Masaryks Rede gut angekommen. Aus zahlreichen Delegationen habe er gehört, sie sei eine der besten Ansprachen auf der Londoner Generalversammlung gewesen, erklärte Bělehrádek. Dies zeige sich auch daran, dass viele Delegierte, darunter sowjetische Vertreter, Masaryk gratuliert hätten.[34]

Weder Ripkas noch Bělehrádeks Schreiben beeindruckten die Mitglieder des kleinen Kabinetts. Sie blieben dabei, dass Masaryks Rede den Beziehungen zwischen der Tschechoslowakei und der Sowjetunion geschadet habe. Fierlinger hatte es verstanden, seine Kabinettskollegen von der unbedingten Geheimhaltung des Uranvertrages zu überzeugen. Nun fürchteten sie eine scharfe sowjetische Reaktion und gaben Masaryk die Schuld an der scheinbar verfahrenen Situation. Ob die sowjetische Diplomatie überhaupt auf die Rede Masaryks reagiert hätte, bleibt unklar. Bei der ganzen Affäre handelte es sich eher um ein Komplott gegen den populären Außenminister.

Aus den Aufzeichnungen von Masaryks Privatsekretär Soukup geht hervor, dass der Außenminister vor allem Fierlinger verdächtigte, den Vorfall für eine Verschwörung gegen ihn zu nutzen. Masaryk nahm an, dass Fierlinger zusätzlich zu seinem Amt als Ministerpräsident auch noch den Posten des Außenministers übernehmen wolle. Soukup beruhigte Masaryk: Beneš würde seine Auswechslung sicher nicht akzeptieren. Allerdings deutete der Privatsekretär an, dass der ambitionierte Fierlinger nach Beneš' Posten trachte. Masaryk bemerkte resigniert: »Er stellt gerade ein Dossier zusammen …« Dann fuhr er unvermittelt fort: »Nachdem die Bomben über Hiroshima und Nagasaki niedergegangen waren, beschlagnahmte Zorin unser Erz. Er wusste, dass es auf der internationalen Bühne einen schlechten Eindruck hinterlassen würde, wenn die Sowjets ihre eigenen Bergleute schickten. Daher ließen sie die Minen in unseren Händen und kauften uns das Erz ab. Auf den internationalen Märkten hätten wir harte Währung bekommen, doch von den Sowjets können wir nur Pfennige erwarten.«[35] Danach herrschte beredtes Schweigen.

Lumír Soukups Notizen deuten darauf hin, dass Masaryk die Aufmerksamkeit der internationalen Öffentlichkeit bewusst auf das tschechoslowakische Uran lenken wollte. Wenn dies wirklich der Fall war, dann hatte er einen Umweg und letztlich auch ineffektiven Weg gewählt. Es stand ihm frei, seine eigene

Sicht der Dinge in der Frage der internationalen Kontrolle der Uranressourcen zu erläutern, aber er hätte seine Regierung und den Präsidenten einbeziehen müssen.

Der geheime Vertrag entwickelte sich rasch zu einem neuralgischen Punkt in der tschechoslowakischen Diplomatie. In einem auf den 20. Februar datierten Brief an Beneš beschwerte sich der tschechoslowakische Botschafter in Moskau, Jiří Horák, über die schlechte Prager Informationspolitik: »Uns werden alle Informationen vorenthalten, die das Abkommen über die Uranförderung in Jáchymov betreffen, obwohl ich in dieser Angelegenheit schon bei Molotow interveniert habe!« Mit Blick auf Masaryks Rede in London ging Horák davon aus, dass »das hastige Vorsprechen beim sowjetischen Botschafter in Prag definitiv die Reputation der Regierung als auch der lokalen Entscheidungsträger, soweit sie einbezogen waren, beschädigt hat. Die Sowjets sind mehr durch ruhiges Handeln als durch vorschnelle Reaktionen zu beeindrucken, die man als Ausdruck von Schwäche deutet.«[36]

Die Reaktionen des kleinen Kabinetts auf die Rede Masaryks vor dem Plenum der UN warfen ein grelles Licht auf das im Umbruch befindliche politische Leben in Prag Anfang 1946. Das Wohlwollen der sowjetischen Regierung war den Kabinettsmitgliedern wichtiger als die Reputation ihres Außenministers. Der geheime Uranvertrag band das Land eng an die Sowjetunion und schränkte den Spielraum der tschechoslowakischen Diplomatie ein. Selbst Beneš überblickte die langfristigen Folgen des Uranvertrages nicht. Er war gesundheitlich längst nicht mehr auf der Höhe und hatte die Behandlung dieser hochbrisanten Frage Fierlinger überlassen.

Das tschechoslowakische Uranerz war für die im Aufbau befindliche sowjetische Atomindustrie äußerst wichtig. Schließlich wurde in den ersten Nachkriegsjahren allein in Jáchymov mehr Uranerz gefördert als in der gesamten Sowjetunion. Insofern hatte die sowjetische Politik ein großes Interesse an »geordneten Verhältnissen« im tschechoslowakischen Uranerzbergbau. Eine vollständige Machtübernahme durch die tschechoslowakischen Kommunisten lag daher auch im Interesse der sowjetischen Atomindustrie.

Zwei Jahre nach dem diplomatischen Vorfall stürzte die Tschechoslowakische Republik in eine folgenschwere innenpolitische Krise. Sie begann am 13. Februar 1948, als die Regierung eine Anweisung des kommunistischen Innenministers annullierte, acht Polizeioffiziere zu versetzen. Der Minister selbst hatte an der entscheidenden Kabinettssitzung nicht teilnehmen können und protestierte umgehend gegen die Beschneidung seiner Kompetenzen. Der Streit spitzte sich zu: Am 20. Februar traten schließlich zwölf nichtkommunistische Minister zurück. Sie gehörten der National-Sozialistischen Partei, der Katholischen Volkspartei und der Slowakischen Demokratischen Partei an. In den folgenden Tagen sah sich vor allem Präsident Beneš massivem Druck ausgesetzt, der sich zunächst weigerte, die von Ministerpräsident Gottwald zusammengestellte neue Regierungsmannschaft, die aus Kommunisten und deren Verbündeten in anderen Parteien bestehen sollte, zu akzeptieren. Am 25. Februar 1948 gab Beneš schließlich nach. Damit war der Weg frei für die Alleinherrschaft der KPČ als Staatspartei.

Gegen den Rat seiner nichtkommunistischen Regierungskollegen trat Jan Masaryk im Februar 1948 nicht vom Posten des Außenministers zurück und diente länger als einen Monat der neu gebildeten Gottwald-Regierung. Er starb in der Nacht vom 9. zum 10. März 1948 bei einem Fenstersturz aus dem Czerin Palais, in dem sich seine Dienstwohnung befand. Bis heute konnte nicht geklärt werden, ob Masaryk Selbstmord beging oder Opfer eines Mordkomplotts wurde.

Die tschechische Zeitgeschichtsschreibung tendiert dazu, die ersten drei Nachkriegsjahre als Phase eines langsamen, aber stetigen Hineingleitens in das kommunistische Regime zu beschreiben.[37] Insofern wird die Februarkrise von 1948 nicht mehr als die alleinige und alles entscheidende Weichenstellung interpretiert. Dies schließt eine kritischere Sicht auf die Präsidentschaft von Beneš und auf die letzte demokratisch gewählte Regierung ein.

Die Anfänge des Nationalunternehmens

Der geheime Uranvertrag war ein Vertrag mit weit reichenden politischen Konsequenzen. Angesichts des sowjetischen Bedarfs an Uranerzen entwickelte sich die tschechoslowakische Uranindustrie in Kürze zu einem gigantischen Unternehmen. Möglich war das nur durch die Einführung eines rigiden Planungssystems und den Einsatz von Zwangsarbeitern.

Die sowjetische Einflussnahme auf die Uranindustrie wurde in späterer Zeit wiederholt thematisiert. Nach kommunistischer Lesart hatte das Zentralkomitee der Kommunistischen Partei der Tschechoslowakei unmittelbar nach Ende des Zweiten Weltkrieges einen erfolgreichen Industriesektor durch die Sicherung günstiger Konditionen geschaffen. Dies waren in erster Linie »enge Beziehungen zur Sowjetunion, um die politischen und ökonomischen Interessen unseres Landes zu sichern«.[38] Der langjährige Direktor des Nationalunternehmens Jáchymov, Antonín Schindler, formulierte das in den siebziger Jahren so: »Die Sowjetunion sandte uns erfahrene Spezialisten und gewährte uns in jeder Weise materielle Unterstützung.«[39]

Die postkommunistische Geschichtsschreibung betont ebenfalls die dominierende Rolle der Sowjetunion: »Die Führung der tschechoslowakischen Uranindustrie ordnete sich vom Moment der Unterzeichnung [des geheimen Vertrages vom November 1945] voll den sowjetischen Interessen unter, ohne irgendeine Rücksichtnahme auf die Buchstaben des Vertrages und die Existenz einer zweistaatlichen Regierungskommission.«[40] Ohne Zweifel verfügten die Sowjets in der Uranindustrie von Anfang an über einen großen Einfluss, wobei Konfliktfelder bestehen blieben. Es dauerte zum Beispiel drei Jahre, bis die Differenzen bei der Auslegung des Vertrages, speziell im Zusammenhang mit dem Preis des Urans, ausgeräumt werden konnten.

Die Tschechen hatten den geheimen Vertrag geschlossen, ohne über den Stellenwert des Nuklearprogramms in der sowjetischen Politik orientiert zu sein. Sie wussten nicht, dass das gesamte Uranprogramm bereits im Sommer 1945 unter die Kontrolle von Lawrenti Berija und seiner Sicherheitsorgane gestellt worden war. Das Ringen um die völlige Kontrolle über die Uranindustrie dauerte bis zur kommunistischen Machtübernahme im Februar 1948.

Gemeinsam mit dem Kirchturm dominiert noch heute der eiserne Förderturm über dem Schacht »Eintracht« die Stadt Jáchymov. Im Jahr 1945 gab es in der Nähe noch zwei weitere Uranschächte. »Brüderlichkeit« (Bratrství), vorher »Schacht der Sächsischen Edelleute« genannt, und »Gleichheit« (Rovnost), der vormalige »Werner-Schacht«. Der Schacht »Brüderlichkeit« erstreckte sich in ein Tal, das in den zwanziger Jahren als kleines Ferienzentrum mit Tennisplätzen, einem Swimmingpool und einem beliebten Tanzsaal angelegt worden war. Auf dem Schacht »Gleichheit« herrschte ein raueres Klima. Er befand sich auf dem Gipfel des Gebirges, hoch über der Stadt.

Nach Kriegsende wurde der kleine Bergbaubetrieb in Jáchymov in ein großes staatliches Unternehmen umgewandelt. Für den 2. Juli 1945 wurde die Zahl der Beschäftigten mit 122 angegeben.[41] Die staatliche Bergbaubehörde überwachte die drei Schächte, die bergmännischen Tätigkeiten wurden hauptsächlich mit deutschen Arbeitern wieder aufgenommen. Acht Monate später, im April 1946, d.h. nach der Unterzeichnung des tschechoslowakisch-sowjetischen Vertrages, waren beim Nationalunternehmen Jáchymov bereits 320 freiwillige Arbeiter und 100 deutsche Kriegsgefangene tätig. Hinzu kamen noch 69 Wachsoldaten und 4 Offiziere der Roten Armee. Die Disziplin der Wacheinheit wurde mehrfach geprüft, woraufhin Trunkenheit, Raufereien und Diebstähle nachließen. Das Nationalunternehmen begann einen eigenen Wachdienst unter Leitung von Leutnant Koryma aufzubauen, einem jungen tschechoslowakischen Offizier, der an der Ostfront gekämpft hatte.[42]

Unmittelbar nach Ende des Zweiten Weltkrieges hatte die Belieferung der Kohleindustrie mit Bergbauausrüstungen und anderem technischen Gerät oberste Priorität.[43] Auch erfahrene Arbeiter schickte man in die Kohleindustrie, bevor sich das sowjetische Interesse Geltung verschaffte und die Entwicklung des Nationalunternehmens Jáchymov auch für die Tschechoslowaken an die erste Stelle rückte.

Das Nationalunternehmen Jáchymov wurde rückwirkend zum 1. Januar 1946 gegründet. Der Betrieb war anfangs der Zentralverwaltung der tschechoslowakischen Bergbauindustrie berichtspflichtig. Ende der vierziger Jahre trat die Uranindustrie in ein neues Entwicklungsstadium ein. Die Zuständigkeit für das Nationalunternehmen Jáchymov ging von der Zentralverwaltung für Bergbau beim Ministerium für Industrie auf die Hauptverwaltung für die Erkundung und Förderung von radioaktivem Material über. Mit der Einrichtung einer eigenen Hauptverwaltung wollte man die Sonderstellung des Uranbergbaus stärken. Diese hatte eigene Abteilungen für Betriebsführung, Verkauf, Planung sowie Personal und sollte theoretisch zusammen mit der Ständigen Kommission die Kontrolle über das Nationalunternehmen Jáchymov ausüben. Die Sonderstellung des Unternehmens kam auch darin zum Ausdruck, dass der Direktor der Zentralverwaltung, Ingenieur Svatopluk Rada, in die Ständige tschechoslowakisch-sowjetische Kommission berufen wurde. Das vierköpfige Gremium hatte gemäß den Festlegungen des Geheimvertrages die Aufgabe, die Uranindustrie zu leiten. Es war für die Ausarbeitung der Pläne und Methoden zur Steigerung der Produktion, die technischen und finanziellen Fragen sowie die Preisfestlegung des Endprodukts verantwortlich und entwickelte sich mit der Zeit zum wichtigsten Instrument der sowjetischen Kontrolle über die Uranindustrie.

Die sowjetischen Interessen in der Ständigen Kommission vertraten zunächst der Wirtschaftsreferent der sowjetischen Botschaft in Prag, Daschkjewitsch, und K. Wolochow. Letzterer wurde 1950 von S. N. Woloschuk, dem späteren Direktor der Wismut AG, abgelöst. Ein Jahr später musste auch Daschkjewitsch seinen Platz räumen, den nunmehr A. P. Morosow einnahm. 1954 wurde schließlich Woloschuk durch D. N. Suchanow ersetzt.

Für die tschechoslowakische Seite saß neben Svatopluk Rada Ingenieur Václav Kovář in der Kommission, der 1948 durch Dr. Otákar Pohl abgelöst wurde. Nach dem Selbstmord Radas im Jahr 1952 rückte Ingenieur Antonín Schindler nach. Er war Bergbauingenieur, kam aus dem schlesischen Steinkohlerevier und sprach Deutsch besser als Tschechisch. Schindler überstand dank seiner Fachkenntnisse viele politische und organisatorische Veränderungen unbeschadet.

Die Zusammenarbeit zwischen den sowjetischen und den tschechoslowakischen Kommissionsmitgliedern gestaltete sich vor allem in den ersten Monaten schwierig. Die Sowjets fühlten sich beispielsweise nicht an die örtlichen Bergbaugesetze und Vorschriften gebunden. Sie ignorierten auch den Umstand – so beklagten sich ihre tschechoslowakischen Kollegen –, dass die Schachtleiter für die Sicherheit aller Arbeiter die Verantwortung trugen, unabhängig von deren Nationalität.[44]

Die Kontroversen spielten sich jedoch nicht allein zwischen den Sowjets und den Tschechoslowaken ab. Vor allem die sowjetischen Vertreter auf der mittleren Leitungsebene waren sich untereinander nicht immer einig. Besonders häufig kam es zwischen dem Produktionsleiter Kriwonosow und Ingenieur Pawlenko, einem der wichtigsten Bergbauingenieure, zu offen ausgetragenen Konflikten. In einem der ersten Berichte über unterschiedliche Auffassungen bei der Arbeitsorganisation gehörte die Sympathie eines Mitglieds des tschechoslowakischen Teams eindeutig Pawlenko, da er »unseren Idealen von einem guten Bergbauingenieur« sehr nahe kommt. Er war fähig, gebildet und erfahren, seine ruhige und selbstbeherrschte Art hob sich deutlich von Kriwonosows »explosiver und aufbrausender Natur« ab. Letzterer galt als autoritärer Charakter, der alles unter seiner persönlichen Kontrolle halten wollte. Trotzdem waren beide, Kriwonosow und Pawlenko, nach Meinung der Tschechoslowaken »zu großzügig in finanziellen Angelegenheiten«.[45]

Viele Schwierigkeiten, über die sich das Management beschwerte, hingen mit der unklaren Rolle des Nationalunternehmens Jáchymov in der Nachkriegswirtschaft der Tschechoslowakei zusammen. So gab es Verzögerungen bei der Belieferung der Minen mit Maschinen und Transportmitteln, Arbeitskräfte waren permanent knapp. Vor allem die Minister in Prag, die nichts von der Existenz des geheimen Vertrages wussten, lehnten die Material- und Ausrüstungsforderungen der Jáchymover Unternehmensleitung ab, wenn keine direkten Anordnungen vom Ministerpräsidenten oder wenigstens von einem seiner Stellvertreter vorlagen. Die tschechoslowakischen Mitglieder der Kommission wandten sich daher direkt an Klement Gottwald, der seit den Wahlen vom Mai 1946 Ministerpräsident war.

Differenzen über die Interpretation des Vertrages

Zu handfesten Auseinandersetzungen kam es auch unter den verantwortlichen Tschechoslowaken vor Ort. Während die einen die Ressourcen schonend abbauen wollten, plädierten die anderen für maximale Förderzahlen. Die Differenzen wurden auch auf der mittleren und unteren Führungsebene ausgetragen. Die kommunistische Führung war über diese divergierenden Ansichten im Bilde, und man kann davon ausgehen, dass die sowjetischen Vertreter ebenfalls Bescheid wussten. Hinzu kam, dass eine kleine Gruppe tschechoslowakischer Experten und Beamten eigene Vorstellungen von der Zukunft der Uranindustrie hatten.

Kurz vor der Unterzeichnung des Vertrages war auf einer von der staatlichen Verwaltung für Bergbau und Metallurgie am 8. November 1945 einberufenen Beratung mit Vertretern der Ministerien für Gesundheit, Nationale Verteidigung, Außenhandel und Finanzen die Frage der Wiederaufnahme der Radiumproduktion diskutiert worden. Die Teilnehmer stimmten überein, dass die alten Abbauverfahren nicht mehr taugten. Ingenieur Koblic, der die Aufsicht über das Kurbad und die Radiumindustrie von Jáchymov ausübte und für den Einsatz neuer Technik plädiert hatte, wurde dem Ministerium für Verteidigung als Berater empfohlen[46] und im März 1946 ins kleine Kabinett berufen. Nachdrücklich wies er darauf hin, dass ein intensiver Uranbergbau die radioaktiven Quellen von Jáchymov beeinträchtigen werde, und schlug daher vor, nur bereits aufbereitetes Uranerz in die Sowjetunion zu exportieren.[47]

Die Frage, wie intensiv das Uranerz abgebaut werden sollte, konkretisierten einige Geologen das erste Mal in einem einseitigen Memorandum vom 22. Juni 1946. Zunächst wurde der offensichtliche Fakt hervorgehoben, dass die Tschechoslowakei bei der Entwicklung von Nuklearwaffen mit den Großmächten nicht konkurrieren könne. Man rechnete allerdings damit, dass sich aus einem Kilogramm Uranerz in »wenigen Jahrzehnten« genauso viel Energie gewinnen ließe wie aus 3 000 Tonnen Kohle. Mit dieser einmaligen Ressource müsse man daher sehr sorgsam umgehen: »Heute exportieren wir Uranerz in großer Menge. Die Experten befürchten, dass der Verkauf des Rohstoffs, der für künftige Generationen einen enormen Wert haben wird, nur unserer Generation zugute kommt und künftige Generationen benachteiligt.« In dem Memorandum wurde andererseits darauf hingewiesen, dass, sollte Jáchymov die einzige Ressource in sowjetischer Reichweite sein, es »natürlich unsere moralische Pflicht gegenüber unserem großen Befreier und Alliierten ist, das Erz zur Verfügung zu stellen«. Abschließend empfahlen die Experten jedoch, den Verkauf des Uranerzes zu überdenken, »da die Tschechoslowakei nur über begrenzte andere Energieressourcen verfügt und der Besitz von Uranerz einen günstigen Einfluss auf das gesamte Wirtschaftsleben unseres Landes haben könnte«.[48]

Der Geheimvertrag überließ die Festsetzung des Uranpreises der Ständigen Kommission, die damit zum Schauplatz eines heftigen Feilschens wurde. Außerdem gingen die sowjetischen Zahlungen ziemlich unregelmäßig ein: Bis zum 16. September 1946 hatten die Sowjets erst fünf Millionen Kronen überwiesen und für etwa die Hälfte der genannten Summe Ausrüstungen geliefert. Das reichte bei weitem nicht aus, um die tatsächlichen Kosten zu decken. Daher musste die Tschechoslowakei ihrerseits Kredite für die Finanzierung des Nationalunternehmens Jáchymov bereitstellen, um das von den Sowjets vorgegebene Produktionsniveau überhaupt erreichen zu können: für den so genannten Zweijahrplan von 1947 bis 1948 rund 32 Millionen Kronen (dies entsprach 160 Millionen Kronen nach der Währungsreform von 1953). Bereits 1947 wurde allerdings offensichtlich, dass eine wesentlich höhere Summe benötigt wurde. Man rechnete mit mindestens 230 Millionen Kronen. Die Sowjets boten daraufhin einen Kredit von 200 Millionen Kronen an.[49]

Die »Produktionskosten«, wie sie im Vertrag festgelegt waren, stellten bestenfalls eine ungefähre Größenordnung dar, da man die Höhe des »angemessenen Gewinns« nicht definiert hatte. Diesen Umstand nutzten die Tschechen, um einen Faktor »Erschöpfungskosten« als Ausgleich für den Abbau der wertvollen Ressource Uranerz zu veranschlagen. Er wurde mit bis zu 6 200 Kronen je Kilogramm Uranoxyd hoch angesetzt. Die verantwortlichen Wirtschaftsfachleute beriefen sich dabei auf eine althergebrachte Praxis im zentraleuropäischen Bergbau, die bereits in Gesetzen des Königs von Böhmen nachzulesen war und – im Fall von Jáchymov – bis zum Ausbruch des Zweiten Weltkrieges beibehalten worden war. Die Sowjets baten um einen entsprechenden schriftlichen Vorschlag.[50]

Als sich Kovář daranmachte, den Gesamtpreis für das Uranerz zu kalkulieren, lagen ihm keinerlei Vorgaben vor, wie hoch die Summe maximal ausfallen durfte. Er verglich daher das Potenzial von einer Tonne Kohle und einer Tonne Uran für die Energiegewinnung und bildete daraus eine Relation. Seinen Berechnungen lag ferner die Annahme zugrunde, dass sich die Uranerzvorräte in Jáchymov auf maximal 400 Tonnen beliefen. Nach der verqueren Rechnung Kovářs hätten pro Kilogramm Uran zwischen 30 000 und 75 000 Kronen (nach der Währungsreform von 1948 entsprach dies 6 000 bis 15 000 Kronen) gezahlt werden müssen – ein astronomischer Preis. In dieser Zeit zirkulierten in Prag Gerüchte, dass die Amerikaner 300 Dollar für ein Kilogramm Uranerz aus Belgisch-Kongo bezahlen würden. Tatsächlich bewegte sich der Preis um die 35 Dollar, und ein Teil der Uranverbindungen, die als Nebenprodukt bei der Radiumgewinnung anfielen, wurde für nur zwei bis fünf Dollar pro Kilogramm verkauft. Obwohl den Sowjets bekannt war, wie viel die Amerikaner für ihre Urankäufe zahlten, ließen sie dies gegenüber den Tschechoslowaken nicht durchblicken.

Kovář diskutierte das Preisproblem am 5. Februar 1947 mit Daschkjewitsch.[51] Er machte den Vorschlag, zusätzlich zu den Produktionskosten eine Provision für die Erschöpfung der Vorräte und einen Gewinn von 18 Prozent zu berücksichtigen. In die Produktionskosten eingerechnet werden sollten die Löhne, Gehälter und Sozialabgaben sowie die Verwaltungskosten des Nationalunternehmens. Die indirekten Kosten für die schnell wachsende Industrie, darunter die Ausgaben für den Ausbau der Infrastruktur wie Schulen, Krankenhäuser und Unterkünfte, fanden keinen Eingang in die Preisgestaltung.[52] Daschkjewitsch lehnte es jedoch ab, einen Ausgleich für die Verknappung der Vorräte zu gewähren. Er verwies auf die Unterstützung durch sowjetische Experten bei der Erkundung neuer Uranerzlagerstätten. Davon würde die Tschechoslowakei in beträchtlichem Umfang profitieren. Ergänzend fügte er hinzu, die Tschechoslowaken hätten zurzeit der Unterzeichnung des Abkommens gewusst, dass es sich nicht vorrangig um einen Wirtschaftsvertrag handele. Wenn sie dennoch von einem höheren Weltmarktpreis ausgingen und das Abkommen entsprechend geändert werden solle, so könne dies nicht eigenmächtig von der Ständigen Kommission entschieden werden. Die Frage der Kosten für die Verknappung der Vorräte sollte beim nächsten Besuch von Ministerpräsident Gottwald in Jáchymov zur Sprache gebracht werden. Man »einigte« sich schließlich darauf, die »Erschöpfungskosten« bei der Preisbildung nicht zu berücksichtigen. Ein zweiter kontrovers diskutierter Punkt des Uranvertrages betraf die Zehn-Prozent-Regelung, die den Tschechoslowaken wenigstens einen kleinen Teil der Uranerzförderung für eigene Zwecke sicherte. Nach Auffassung Daschkjewitschs sollten sie diesen Anteil jeweils nur mit Zustimmung der sowjetischen Regierung behalten dürfen. Sie hätten dafür, bei rasch steigender Produktion, ohnehin keine hinreichende Verwendung, argumentierte er.

Die Kontroverse über den Preis für das tschechoslowakische Uranerz ging unterdessen weiter. Als Ingenieur Svatopluk Rada und J. Kašpárek vom Außenministerium Ende 1947 Moskau besuchten, wurden sie nicht gerade herzlich empfangen. Die Sowjets verwiesen darauf, dass das Uranerz aus den alten Beständen und von den Abraumhalden des Altbergbaus kaum mehr wert sei als die Kosten für den Transport. Später revidierten sie diese Ansicht.

Wie dem auch sei, der Besuch der tschechoslowakischen Delegation in Moskau verlief wenig erfolgreich und stand am Beginn weiterer Schwierigkeiten für die Uranindustrie. Nach Prag kehrte Rada als resoluter Verteidiger der sowjetischen Positionen zurück. Kašpárek flüchtete nach der Februarkrise von 1948 in den Westen und schrieb Anfang der fünfziger Jahre den ersten Artikel über das tschechoslowakische Uranerz für eine Fachzeitschrift.[53] Kovář wurde in der zweiten Hälfte des Jahres 1948 von seinem Posten als Mitglied der Ständigen Kommission abberufen und durch Ingenieur Pohl ersetzt. Laušman verließ das Ministerium für Industrie im November 1947 und stieg wenig später zum Vorsitzenden der Sozialdemokratischen Partei auf. (Er emigrierte 1949 nach Jugoslawien. Im Jahr 1955 wurde er in Österreich vom tschechoslowakischen Geheimdienst entführt, in sein Heimatland verschleppt und zu 17 Jahren Haft verurteilt. Er starb 1963 im Gefängnis unter ungeklärten Umständen.)

Bis Ende 1947 konnten sich die Sowjets in fast allen strittigen Fragen durchsetzen. Allerdings dauerte es noch vier Jahre, bevor die Bedingungen für den Verkauf des Urans abschließend und auf längere Sicht geklärt werden konnten.

Die sowjetische Verpflichtung zur Deckung der Produktionskosten war an die Sicherung der höchstmöglichen Produktion gekoppelt. Doch die tschechoslowakische Uranindustrie verfügte nur über eine mangelhafte technische Ausstattung und unzureichende geologische Vorarbeiten. Daher mussten 1946 1 330 Kronen aufgewendet werden, um ein Kilogramm Uranerz zu gewinnen. Im Jahr 1949 beliefen sich die Kosten sogar auf 1 834 Kronen. Erst Anfang der fünfziger Jahre konnten die Aufwendungen deutlich gesenkt werden und lagen 1953 bei 724 Kronen und 1955 nur noch bei 636 für ein Kilogramm Uranerz.[54]

Ende 1949 eskalierte ein Konflikt zwischen den sowjetischen und tschechoslowakischen Mitgliedern der Ständigen Kommission, der bereits längere Zeit schwelte, und zwar um die Wirtschaftlichkeit des Uranerzbergbaus. In diesem Jahr gelang es der Kommission erstmals nicht, sich auf eine verbindliche Kostenberechnung für das vorangegangene Jahr zu einigen. Einige sowjetische Wirtschaftsfunktionäre waren die Feilscherei leid und versuchten daher noch bis 1950, den Uranbergbau in der Tschechoslowakei unter die Kontrolle einer gemischten Aktiengesellschaft zu bringen. Sie verwiesen auf die zu niedrigen Wachstumsraten der Produktion und behaupteten, dass das Nationalunternehmen Jáchymov schlecht wirtschafte und wertvolle Uranressourcen aufs Spiel gesetzt habe. Mit ihren Forderungen nach einer grundsätzlichen Veränderung des Vertrages konnten sie sich aber nicht durchsetzen.

Zu einer Zeit, in der es noch keinen Weltmarktpreis für Uranerz gab, war das tschechoslowakische Uranerz teurer als das amerikanische und das belgische. Die Kosten glichen sich erst an, als die Reviere von Jáchymov und Horní Slavkov zugunsten der reicheren Vorkommen von Příbram schrittweise aufgegeben wurden.

Die Legende vom billigen Uran, das die Kommunisten der Sowjetunion lieferten, hatte nichts mit den Realitäten zu tun. Die tatsächlichen Kosten der Uranindustrie für die tschechoslowakische Gesellschaft stehen auf einem anderen Blatt und sind nur sehr schwer zu bestimmen. Die für den Betrieb des Uranbergbaus notwendige soziale Infrastruktur in Jáchymov und später im Revier von Příbram, der Bau von Wohnungen für die schnell wachsende Belegschaft, von Schulen und medizinischen Einrichtungen, muss dabei ebenfalls berücksichtigt werden. All diese Aufwendungen gingen nicht in die Kalkulation der Produktionskosten für das Uranerz ein. Noch wichtiger war der Umstand, dass diese Industrie ohne jede Rücksichtnahme auf die dringenden Bedürfnisse der Nachkriegswirtschaft aufgebaut wurde.

Der Geologische Service

Unmittelbar nach der Gründung des Nationalunternehmens Jáchymov im Jahr 1946 entwickelte sich der Geologische Service – wie die Ständige Kommission – zu einem weiteren Gremium für den wachsenden sowjetischen Einfluss in der tschechoslowakischen Uranindustrie. Er konnte zwar nicht die gleiche Machtstellung wie die Ständige Kommission erlangen, aber beeinflusste das Tagesgeschäft der Uranindustrie dennoch auf nachhaltige Weise. Die tschechoslowakischen Kommunisten zahlten einen hohen Preis für die Arbeit der sowjetischen Geologen und führten das schnelle Wachstum der Produktion maßgeblich auf ihre Hilfe zurück.[55]

Zu den ersten sowjetischen Geologen in Jáchymov gehörte A. E. Worontschow. Seine Aufgabe war es, den Geologischen Service aufzubauen. Er wurde in zwei Abteilungen gegliedert. Eine befasste sich mit der Produktion, die andere mit der Erzerkundung. Ende des Jahres 1946 gehörten 14 sowjetische Experten und 12 tschechoslowakische Assistenten, also insgesamt 26 Mitarbeiter, dem Gremium an.[56]

Die geologischen Arbeiten rund um Jáchymov begannen mehr oder weniger chaotisch, da die Sowjets anfangs nur auf sehr wenige geologische Dokumentationen über das Jáchymover Revier zurückgreifen konnten.[57] Zunächst musste sich der Geologische Service mit einer alten Karte – Maßstab 1:14 000 – und zwei deutschen Berichten zufrieden geben. Der eine Bericht stammte aus dem Jahr 1916, der andere war vom Geologen Elstner im Sommer 1945 im Auftrag von Oberst Alexandrow verfasst worden, nachdem dieser die Lagerstätten und Institute in der SBZ inspiziert hatte. Auf die Arbeiten von Professor J. Kratochvíl aus der Zwischenkriegszeit sind Worontschows Mitarbeiter anscheinend nicht gestoßen. Dabei hatte er in seinen Büchern die Erzvorräte in Böhmen beschrieben und kartiert.[58]

Als ergiebige Quelle erwies sich das Archiv des Staatlichen Geologischen Instituts in Prag. Bei der Auswertung der Unterlagen arbeiteten tschechoslowakische Lagerstättenexperten und sowjetische Geologen bereits vor der Gründung des Geologischen Service eng zusammen. Am 28. August 1945, nur einen Tag nachdem General Michailow und Oberst Alexandrow Jáchymov verlassen hatten, fertigten zwei Mitarbeiter des Instituts, Dr. V. Zoubek und Dr. J. Koutek, im Auftrag des Ministeriums für Industrie einen Bericht über die Uranminen von Jáchymov an. Sie rechneten nicht damit, dass man noch auf nennenswerte neue Uranvorräte in Jáchymov stoßen werde.

Dieser Befund stand im Widerspruch zu den Erkenntnissen von Kurt Patzschke, der während des Krieges die Jáchymover Minen im Auftrag der Joachimsthaler Bergwerks GmbH geleitet und die Vorkommen für ergiebig gehalten hatte. Patzschkes Bericht wurden daher von den sowjetischen Geologen aufmerksam studiert. Sie plädierten dafür, neue Erkundungsarbeiten auch in entlegeneren Teilen des Jáchymover Reviers durchzuführen und dabei die Standorte des früheren Silberbergbaus einzubeziehen.[59]

Koutek und Zoubek verfassten im Juni 1947 einen weiteren Bericht, in dem sie auf das Riesengebirge sowie Falknov und Cheb in Nord- und Westböhmen verwiesen. Ihre Bewertung der Region um Příbram fiel hingegen weniger positiv aus. Das war eine Fehleinschätzung, wie sich zeigen sollte. Tatsächlich wurden bei Příbram die wichtigsten Uranerzlagerstätten in der gesamten Tschechoslowakei erschlossen.[60]

Rasches Wachstum der Uranindustrie

Für eine lange Zeit konzentrierte sich das sowjetische Interesse im Wesentlichen nur auf die traditionsreichen Reviere von Jáchymov und Horní Slavkov. Dafür sprach die Kontinuität des Bergbaus in diesen Regionen. Bereits die Silberbergleute des Mittelalters hatten ein gutes Verständnis für die Abfolge der Erzadern entwickelt. Sie unterteilten sie in »Mitternachts- und Morgenflöze«: Erstere liefen von Nordwesten nach Nordnordosten, letztere von Westen nach Osten.[61] Bekannt war auch, dass die Uranerzadern in der Region überwiegend der »Mitternachtslinie« folgten und in größerer Tiefe an die Stelle anderer Mineralisationen traten.

Neben Jáchymov wies vor allem das nahe gelegene Rovnost ein hohes Potenzial auf. Bereits 1946 wurden dort bemerkenswerte Mengen Uranerz in den Abraumhalden der nicht mehr in Betrieb befindlichen Mine »Eliáš« gefunden. Ein Jahr später machte man westlich von Rovnost einen weiteren überraschenden Fund. Mit Abertamy kam zwischen 1959 und 1961, als der Bergbau in der Region bereits weitgehend erschöpft war, noch ein letzter Ort in der Umgebung von Jáchymov zum Uranerzbergbau hinzu. Die Produktion in den zwei alten Minen »Bruderschaft« und »Eintracht« erreichte jedoch zu keinem Zeitpunkt den erwarteten Umfang.

Die Gruben bei Horní Slavkov wurden im Verlauf des Jahres 1947 in Betrieb genommen. Größtenteils griff man dabei auf die Methode des schrägen Schachtbaus zurück und folgte von der Oberfläche aus den absteigenden Erzadern. Mit dieser Technik konnten die Fördermengen rasch gesteigert werden.

Die beiden Gebiete – Jáchymov und Horní Slavkov – wiesen einige grundsätzliche Gemeinsamkeiten auf, insbesondere was die Entwicklungsstadien der Erzgänge betraf: Die meisten Gänge waren anfangs kurz, nur wenige hundert Meter lang. Die Erzadern fielen allerdings vergleichsweise dünn aus, stellenweise hatten sie einen Durchmesser von nur wenigen Zentimetern. Uranerz wurde auch in Form von eigenartigen Nestern oder Linsen gefunden, was den Abbau deutlich erschwerte.

Den Stand der technischen Ausrüstung konnte man unmittelbar nach Gründung des Nationalunternehmens bestenfalls als bescheiden bezeichnen. Man verfügte lediglich über vier Fördermaschinen, sieben Kompressoren, 26 Pumpen, 32 Ventilatoren, zwei Lokomotiven und eine Aufbereitungsanlage.[62] Eine hohe Anzahl von Arbeitskräften sollte den niedrigen Mechanisierungsgrad wie auch den Engpass an Facharbeitern, vor allem Schlossern und Zimmerleuten, kompensieren.

Im geheimen tschechoslowakisch-sowjetischen Vertrag waren die Maßnahmen für die Erhöhung der Produktion mit dem Angebot umfangreicher technischer Hilfe durch die Sowjetunion kombiniert worden. Tatsächlich belieferte sie in den ersten Nachkriegsjahren das Nationalunternehmen Jáchymov mit allem, was sie von ihren eigenen Ressourcen zur Verfügung stellen konnte.

Bis Ende des Jahres 1945 hatten 237 Bergleute in Jáchymov erst weniger als eine Tonne Uranerz abgebaut. Im folgenden Jahr waren es bereits 14,5 Tonnen, wobei 3,5 Tonnen nicht aus dem Abbau stammten, sondern aus alten Vorräten bzw. von den Abraumhalden. Im Jahr 1947 wurden 49,1 Tonnen Uranerz in die Sowjetunion gesandt, von denen 44,7 Tonnen aus den wiedereröffneten Minen stammten. In diesem Jahr zählte das Unternehmen 3 742 Beschäftigte, darunter 1 956 deutsche Kriegsgefangene und 107 sowjetische Experten. Ein Jahr darauf stieg die Produktion auf 102 Tonnen, davon 84,1 Tonnen frisch abgebautes Uranerz. Jetzt verfügte das Unternehmen über 7 966 Beschäftigte, einschließlich 3 663 deutscher Kriegsgefangener.[63] Der Urangehalt des Erzes war jedoch ausgesprochen niedrig. Im Durchschnitt sollen es 0,04 Prozent gewesen sein. Auch aus diesem Grund musste der Abbau rasch ausgeweitet werden.[64]

Die ersten Abbaumaßnahmen basierten zumeist auf einer unzureichenden Bewertung der Lagerstätten, was die Kosten der Förderung in die Höhe trieb. Den außergewöhnlichen Umfang der Erkundungs- und Förderarbeiten belegen die Daten aus dem Jáchymover Revier. Dort wurden zwischen 1946 und 1960 25 Schächte angelegt, mit einem weit verzweigten Stollensystem in insgesamt 162 verschiedenen Tiefen. Einige Gänge waren bald viele Kilometer lang. Bei Rovnost wuchs sich einer der Stollen von 3 Kilometern im Jahr 1949 bis auf über 20 Kilometer im Jahr 1952 aus. Der Abraum stieg zwischen 1953 und 1957 von 1,3 auf 1,7 Millionen Kubikmeter, einzelne Halden überragten sogar die Kirchturmspitzen. Damit war im Revier Jáchymov der historische Höchststand erreicht.[65] Alles in allem verschlang der Uranerzbergbau dort Unsummen: bis 1957 etwa 1,8 Milliarden Kronen.[66]

Ein neues Uranrevier: Příbram

Ende der fünfziger Jahre hatte der Uranerzbergbau in Jáchymov und Horní Slavkov seinen Höhepunkt überschritten. In Jáchymov wurde er 1964 und in Horní Slavkov bereits 1962 eingestellt. Die Fortexistenz der Uranindustrie in der Tschechoslowakei und eine weitere Belieferung der Sowjetunion mit Uranerz wurde durch die Erschließung neuer und dazu noch wesentlich größerer Lagerstätten in der Region um Příbram in Südböhmen gesichert. Dieses Revier konnte auf eine noch längere Bergbaugeschichte zurückblicken als Jáchymov und verfügte über günstigere geologische Bedingungen. Sowjetische Geologen waren durch das Studium von Archivmaterial auf das Gebiet aufmerksam geworden.

In Příbram erschloss man ab 1950 die damals zweitgrößte Uranerzlagerstätte Europas. Während die Uranerzförderung in Jáchymov erst 1955, nach einer zehnjährigen Aufbauphase, ihren Höchststand erreichte, konnte Příbram bereits 1956 das Produktionsvolumen von Jáchymov überschreiten und erzielte 1962 mit 2 087 Tonnen seine höchste Jahresproduktion.

In Příbram sah das Nationalunternehmen Jáchymov zunächst nur eine Quelle für die Gewinnung von Facharbeitern. So verhandelten Kovář und Vertreter der Gewerkschaft am 15. März 1946 in Březové Hory bei Příbram über die Versetzung von 400 Bergleuten nach Jáchymov. Den Bergleuten wurden freie Verpflegung und Unterkunft sowie ein tägliches Trennungsgeld in Höhe von 65 Kronen angeboten. Außerdem sagte man ihnen höhere Prämien als in Příbram zu. Aus Eintragungen in der Stadtchronik von Příbram – sie konnte als ein öffentliches Dokument trotz der Geheimhaltung aller mit der Urangewinnung in Verbindung stehenden Vorgänge bewahrt werden – geht hervor, dass bis zum 1. April 1947 lediglich 150 Freiwillige ihr Interesse an einer Arbeit in Jáchymov bekundeten. Nur 69 von ihnen wechselten dann tatsächlich nach Jáchymov. Am 12. April folgte noch eine zweite, kleinere Gruppe, sodass insgesamt ca. 100 Freiwillige aus Příbram eine Arbeit beim Nationalunternehmen aufnahmen.

Wie in Jáchymov hatte auch die Bevölkerung in Příbram nach dem Krieg stark abgenommen. Zusammen mit Březové Hory und Zdaboř kam Příbram 1890 auf 18 743 Einwohner. Bis 1950 ging deren Zahl dann auf 12 445 zurück. Erst die Uranindustrie führte zu einer neuerlichen Belebung der Stadt.

Im Sommer 1947 kam schließlich eine Geologengruppe unter der Leitung von A. I. Zubow nach Příbram. Mit Geigerzählern suchten sie an der Oberfläche nach Radioaktivität. Einer von ihnen, der gerade das örtliche Gymnasium verlassen und einen Schnellkurs für Geologie in Jáchymov absolviert hatte, berichtete über die ersten Tage der Uransuche in der südböhmischen Stadt: »Wir waren so ungeduldig, dass wir gleich nach unserer Ankunft in Příbram zu einer nahegelegenen Abraumhalde an einem alten Schacht mit dem Namen ›Lill‹ gingen, dort die Geräte zur Strahlungsmessung aufstellten und auf die ersten Messergebnisse warteten. Es dauerte nicht lange, bis von allen Seiten ein Geschrei einsetzte: ›Ich habe es.‹ Um den entzückten Zubow herum wurden immer mehr größere und kleinere Gesteinsbrocken, mit eindeutigen Zeichen für eine Uranerzmineralisation, abgelegt. Es war ein wunderbares Gefühl, vor allem für mich, einen geborenen Příbramer, dass sich die ersten vagen Informationen zu bestätigen schienen. Von unserem Erfolg berauscht, kehrten wir nach Příbram zurück. Dort beschlossen wir, die weitere Suche in zwei Gruppen durchzuführen. Die eine begab sich noch am selben Tag zum Schacht ›Anna‹ bei Březové Hory, wo es im ›Janská‹-Gang eine sichtbare Uranvererzung gab. Die andere Gruppe hatte den Auftrag, die Abraumhalden der alten Minen zu untersuchen – die Relikte des alten und glorreichen Bergbaus im Příbramer Revier.«[67]

Im Rahmen der ersten Uranprospektionen im Příbramer Revier wurden mehr als 60 Plätze untersucht, einschließlich der Erzminen in der Region von Březové Hory und Bohutín. Alte Bergbücher verwiesen zudem auf Uranvorkommen u. a. im Schacht »Anna« und auf den Abraumhalden in der Nähe des Schachtes »Lill«. Im Ergebnis der ersten Untersuchungen wurden fünf Stellen für eine weitere intensive Erkundung ins Auge gefasst. Der entsprechende Abschlussbericht von 1947 endete mit der Feststellung, dass »entsprechend unseren Funden der Bezirk Příbram als eine neue, unabhängige Uranprovinz angesehen werden kann, die möglicherweise industrielle Perspektiven bietet.«[68]

Die wichtigste Entdeckung waren Uranerzfunde in den Abraumhalden einer alten Mine beim Lager »Vojna«. Im Jahr 1948 stießen Radiometristen auch auf mehrere vielversprechende Urangänge, die bis an die Oberfläche reichten. Kurz darauf wurden drei neue Schächte angelegt. Die Erzsucher hatten zu jedem Objekt, das sie interessierte, ungehinderten Zugang.

Die von Zubow begonnene Suche führte schließlich 1950 zur Bildung eines ersten unabhängig von Jáchymov agierenden Betriebes in Příbram. Er wurde »K 2« genannt und vom sowjetischen Geologen A. G. Stepanow geleitet.

Einer der ersten Stollen entstand bei Třebsko. Um Platz für die Lagerung des geförderten Uranerzes zu schaffen, planierte man den Park der Burg Kamenná. Von dort wurde das Erz zum Prager Flughafen geschafft und auf direktem Wege in die Sowjetunion geflogen.

Die einzigen offiziell registrierten Mitarbeiter des Betriebes K 2 waren 65 deutsche Kriegsgefangene, die man von Jáchymov nach Příbram verlegt hatte. Die tschechoslowakischen Zivilbeschäftigten arbeiteten Seite an Seite mit den Kriegsgefangenen. So geht es jedenfalls aus den Aufzeichnungen der örtlichen Bergbaugesellschaft »Erz und Graphitminen« (Rudné a tuhové doly – RTD) hervor. Möglicherweise wollte man so die Beschäftigung von tschechoslowakischen Arbeitern in den Uranminen geheim halten.[69] Es gibt aber auch noch eine andere Erklärung: Die ersten Monate des Uranbergbaus in Příbram waren nämlich eher als eine Art kurzfristiger Notbehelf gedacht, und die sowjetischen Geologen wussten zu diesem Zeitpunkt noch gar nicht, dass sie auf eine der damals weltweit reichsten Urankonzentrationen gestoßen waren.

Erster Direktor des neuen Betriebes in Příbram wurde Ingenieur Petr Polák. Bereits nach einem Jahr enthob man ihn seines Postens und ersetzte ihn durch Ingenieur Vladimír Liška. Beide kamen von RTD und waren erfahrene Bergbauingenieure. Allerdings widmeten sie sich an ihrem neuen Arbeitsort nicht technischen Problemen, sondern befassten sich mit der Kalkulation der Löhne und mit Personalfragen. Die Förderung des Uranerzes und die Weiterverarbeitung oblag sowjetischen Experten, die auch weiterhin im Betrieb K 2 das

Sagen hatten. Die Geheimhaltungsbestimmungen wurden in Příbramer Revier noch rigoroser als in Jáchymov umgesetzt. Außerdem waren in Příbram auch auf der mittleren Leitungsebene, einschließlich der Planungsabteilung und der Lohnbuchhaltung, sowjetische Fachkräfte tätig.[70]

In den Jahren zwischen 1950 und 1955 wurden in Příbram 1 297 Tonnen Uranerz für den Export in die Sowjetunion gewonnen, wobei die Produktion allein 1955 629 Tonnen erreichte.[71] Das schnelle Wachstum war am 2. August 1956 Anlass für eine Sitzung im Büro des Direktors des Nationalunternehmens Jáchymov. Daran nahmen 18 Experten teil, unter ihnen Genosse Růžička vom Zentralkomitee der Tschechoslowakischen Kommunistischen Partei sowie fünf tschechoslowakische und zwölf sowjetische Bergbauingenieure. Im Interesse einer größtmöglichen Fördermenge plädierten die Sowjets dafür, in Tiefen von 1 000 Metern und mehr vorzudringen, und rechneten damit, in dem Revier noch weitere zehn Jahre Pechblende fördern zu können.[72] Mit dieser Entscheidung legten sie den Grundstein für die bald noch phantastischeren Förderzahlen.

Der Uranfaktor in der tschechoslowakischen Innen- und Außenpolitik

Der geheime tschechoslowakisch-sowjetische Uranvertrag vom 23. November 1945 führte de facto zur Übergabe eines industriellen Schlüsselsektors an Moskau und erlaubte es den Sowjets, Einblicke in die tschechoslowakische Gesellschaftsordnung zu gewinnen. Zum anderen trieb der Vertrag einen Keil zwischen die traditionellen Handelspartner im Westen und die Tschechoslowakei.

Als die Vertreibung der Deutschen aus den westlichen Grenzgebieten der Tschechoslowakei einsetzte – und diese Gebiete daraufhin besonders stark unter Arbeitskräftemangel litten –, fürchteten die Sowjets eine schwer wiegende Beeinträchtigung des Bergbaus. Sie begannen daher kurz nach Unterzeichnung des Vertrages, deutsche Kriegsgefangene nach Jáchymov zu entsenden. Im Jahr 1948 belief sich deren Zahl bereits auf 3 663.[73] Sie stellten damit zu jener Zeit fast die Hälfte der Belegschaft. Derweil bemühte sich die tschechoslowakische Gebietsverwaltung, die administrative Kontrolle über Jáchymov zu übernehmen, und traf Vorbereitungen für eine schnelle Herauslösung der noch verbliebenen Deutschen aus dem Betrieb.

Ende 1945 lebten lediglich etwas mehr als 3 000 Tschechoslowaken im Landkreis Jáchymov. In den Gemeindewahlen vom 28. Mai 1946 erhielten die Kommunisten 1 122, die Sozialdemokraten 473, die National-Sozialisten 593 und die Volkspartei 159 Stimmen.[74] Im Führungsgremium der Uranindustrie spiegelten sich diese Zahlenverhältnisse nicht wider. Der Erste Direktor, Ingenieur Bohuslav Hegner, war Mitglied der Volkspartei, sein Stellvertreter, Ingenieur Josef Čmelák, gehörte der Kommunistischen Partei, sein zweiter Stellvertreter, Ingenieur Žalud, den Sozialdemokraten an. Die politische Vielstimmigkeit in der Leitung des Bergbaubetriebes nutzten die Kommunisten einige Jahre später, um die geringe Effektivität der Jáchymover Minen anzuprangern.

Erwähnung verdient der bezeichnende Fall des Leiters des Postamtes von Jáchymov, der Mitglied der Volkspartei war. In einem Schreiben vom 2. Februar 1946 an seine Parteiführung stellte er die offizielle Version vom vollständigen Abzug der Roten Armee aus Jáchymov in Frage. Bei den verbliebenen Einheiten könne es sich auch nicht um tschechoslowakische Truppen in sowjetischen Uniformen handeln, betonte der Postmeister. In einem weiteren Brief vom 13. Februar berichtete er an die Führung der Volkspartei (sehr wahrscheinlich an den Postminister), dass zwei sowjetische Offiziere, in Begleitung von Ingenieur Kolář, dem Generaldirektor der tschechoslowakischen Minen, und Ingenieur Rada, Mitglied der Ständigen tschechoslowakisch-sowjetischen Kommission, Jáchymov besucht hätten und in den nächsten Tagen 100 deutsche Kriegsgefangene sowie 40 tschechoslowakische Soldaten erwartet würden. Die Vertreter der Polizei setzten den »Betriebsleiter derart unter Druck, dass er hier nicht länger bleiben kann. Die Miliz ist ausschließlich in Händen der Kommunisten. Es kann sein, dass ich und andere Mitglieder der Volkspartei hier bald verschwinden müssen, andernfalls werden sie uns alle verhaften!«[75] Der Postmeister konnte nicht ahnen, dass seine Briefe an die Kommunisten weitergegeben wurden und auf dem Schreibtisch von Klement Gottwald landeten.

Damit war die kommunistische Parteiführung genau darüber im Bilde, was Vertreter anderer Parteien über den Uranbergbau in Jáchymov wussten. Sie unternahm in der Folgezeit alles, um die alleinige Kontrolle über die Leitung der Minen zu erlangen, u. a. mit dem Ziel, keine Informationen mehr nach außen dringen zu lassen.

Auch amerikanische, britische, französische und schwedische Regierungskreise begannen sich unmittelbar nach Kriegsende für die Jáchymover Region zu interessieren. Eine Reihe von Abenteurern sowie professionelle und Amateurspione begaben sich auf die Reise. Der britische Konsul in Karlovy Vary, O. Bamborough, berichtete an die Botschaft in Prag, dass er Jáchymov am 4. Januar 1946 besucht habe. Die »Minen sind in russischer Hand, die Stärke der Wachmannschaft beläuft sich auf rund 40 Mann«.[76] Er verwies darauf, dass er nach seiner Rückkehr mit dem französischen Botschafter, M. Dejean, gesprochen habe, der ebenfalls von Karlovy Vary nach Jáchymov reisen wolle.

Die britische Botschaft in Prag leitete den Bericht am 6. Februar 1946 nach London weiter. In diesem Zusammenhang wies sie auf die Meldung einer tschechoslowakischen Nachrichtenagentur vom 5. Januar hin. Demnach hätte die Rote Armee Jáchymov verlassen, die Kontrolle über die Minen läge nunmehr allein in den Händen der Tschechoslowaken. Der Bergbau werde mit dem Ziel der Radiumextraktion für medizinische Zwecke fortgesetzt. Anderes wusste ein junger Diplomat aus London zu berichten. Am 11. Februar 1946 verfasste er eine streng geheime Aktennotiz über sein Gespräch mit Robert Luc, der an der französischen Botschaft in der britischen Hauptstadt angestellt war. Luc ließ durchblicken, dass Stalin vor kurzem Fierlinger darum gebeten hatte, die gesamte Jáchymover Uranerzförderung der Sowjetunion zu überlassen.[77]

Auch in der Folgezeit befasste sich die britische Botschaft mit den Vorgängen in Jáchymov. Mitte März 1946 kam Charles Hambro im Rahmen einer Geschäftsreise, die er im Namen seiner Familienbank unternahm, nach Prag.[78] Die Botschaft bat ihn, sich auch mit der Angelegenheit der Jáchymover Uranminen zu befassen. Hambro fragte kurzerhand bei tschechoslowakischen Behörden an, ob sie in der Lage wären, ihn mit Uranerz aus Jáchymov zu beliefern. Die tschechoslowakische Seite informierte ihn, dass man das Erz vor Ort aufbereite und anschließend für die Radiumgewinnung nutze. Hambro hielt dies für eine Ausrede und fragte sich, ob die Sowjets irgendein Interesse am tschechoslowakischen Uranerz hatten. Er fand heraus, das dem so war.[79]

Es gab noch weitere Anzeichen, die dem britischen Außenministerium Anhaltspunkte lieferten, in welche Richtung sich die tschechoslowakische Außenpolitik nach 1945 entwickelte. Am 26. November, d. h. nur wenige Tage nach der Unterzeichnung des Geheimvertrages mit der Sowjetunion, bat das tschechoslowakische Außenministerium die britischen Behörden vergeblich um die Rückgabe von 9,223 Kilogramm »Uranerz«, das am 26. Februar 1945 von Jáchymov nach Treibach transportiert worden sein sollte.[80] Stutzig machte die Diplomaten vor allem die genaue Gewichtsangabe mit drei Kommastellen. Daher nahmen die Briten an, dass es sich bei dem »Uranerz« kaum um Rohmaterial handeln könne. Das Schreiben stellte einen weiteren Beleg dafür dar, dass die Tschechoslowaken, wie auch ihre sowjetischen Verbündeten, nicht an Radium für medizinische Zwecke, sondern eher an Urankonzentraten für die Atombombenherstellung interessiert waren. Ein britischer Experte erklärte den Diplomaten, dass neun Kilogramm Konzentrat bestenfalls ausreichten, um weniger als ein Milligramm Radium zu gewinnen.[81]

Ende Januar 1946 verbreiteten amerikanische Zeitungen im Zusammenhang mit der Rede von Jan Masaryk in London erstmals die Nachricht, die Sowjets würden die einzige Uranmine in Europa kontrollieren.[82] Ein Jahr später wusste Washington durch Geheimdienstberichte sowohl über den Abschluss des sowjetisch-tschechoslowakischen Vertrages als auch über die Details des Sicherheitsregimes und die Bergbautechnologie im Jáchymover Revier Bescheid.[83]

Washington und London verfügten spätestens Mitte 1946 über hinreichende Informationen, dass die Bergbauaktivitäten in Jáchymov und Umgebung rasch ausgeweitet wurden und die gesamte Uranerzproduktion für die Sowjetunion bestimmt war, und dies mit dem vollen Einverständnis der tschechoslowakischen Regierung.

In der Bergbauregion von Jáchymov spitzte sich unterdessen die politische Situation zu. Vor allem die Kommunistische Partei war mit der dortigen Entwicklung unzufrieden. In einem umfassenden Bericht von Svatopluk Rada, dem Stellvertretenden Minister für Industrie und Mitglied der Ständigen Kommission, an Ministerpräsident Klement Gottwald heißt es: »Die Partei existiert in Jáchymov einfach nicht. Parteisekretäre und Funktionäre werden in schneller Folge ausgewechselt, einer der Parteisekretäre hat sich sogar erschossen, als seine Kontakte in den Westen überprüft wurden. Ich will damit nur andeuten, wie weit die Aktivitäten von Spionagezellen im Nationalunternehmen reichten, und noch immer reichen.«[84]

Am 20. September 1947 meldete Genosse Svoboda von der Bezirksleitung der KPČ in Karlovy Vary an den Generalsekretär der Partei, Rudolf Slánský: »Am 18. dieses Monats sprach ich mit leitenden Genossen des Jáchymover Betriebes. Sie berichteten, dass der Förderplan des letzten Monats lediglich zu 60 Prozent erfüllt wurde.« Svoboda führte diese Rückstände nicht allein auf die fehlende Initiative der Genossen in leitenden Positionen zurück. Ingenieur Hegner, Generaldirektor und Mitglied der Volkspartei, sowie einige andere Vertreter der technischen Intelligenz stünden den Kommunisten zudem ablehnend gegenüber.

Vor diesem Hintergrund konzentrierte sich KPČ-Chef Slánský auf die Organisationen seiner Partei in Karlovy Vary und Jáchymov, einschließlich jener beim Nationalunternehmen. Er wollte die kommunistischen Strukturen in der gesamten Bergbauregion stärken und die Verantwortlichen vor Ort dabei unterstützen, die politische Kontrolle über die Uranminen zu erlangen. In der Tat hatten Slánský und seine Genossen nach der Februarkrise von 1948 allen Grund zur Annahme, dass sie den Kampf mit den anderen politischen Parteien um die Vorherrschaft im Management der Uranindustrie so gut wie gewonnen hatten. Nun wollten sie sich der Erhöhung der Effizienz des Betriebes zuwenden.

Auf Betreiben eines kommunistischen Aktionskomitees im Nationalunternehmen Jáchymov verloren zuerst Direktor Hegner, wenig später auch andere Leitungskräfte ihre Posten. Slánský hatte bei seinem Plan, der KPČ die Kontrolle über die Uranindustrie zu sichern, allerdings völlig übersehen, dass die Sowjetunion eigene Interessen verfolgte: den Jáchymover Betrieb auf ihre Weise zu führen, gestützt auf ihre eigenen Sicherheitsorgane im Bergbaurevier.

Beginnende Rechtlosigkeit

Die Außerkraftsetzung einer ordentlichen Rechtsprechung hatte in der Tschechoslowakei bereits kurz nach Kriegsende eingesetzt. Im Juli 1945 wies Klement Gottwald, der Führer der Kommunistischen Partei, seine Genossen an, dass sie »einfach den alten Gesetzen nicht mehr gehorchen sollten, wenn sie einer revolutionären Maßnahme im Weg stehen«[85].

Unmittelbar nach der Befreiung von Prag durch die Rote Armee im Mai 1945 begann der sowjetische Geheimdienst, seine Netze in der tschechoslowakischen Hauptstadt zu spinnen. Die Verantwortung dafür trugen zwei Offiziere, die offiziell bei der sowjetischen Botschaft beschäftigt waren. Sie drängten die tschechoslowakischen Politiker umgehend zur Einladung von sowjetischen Sicherheitsberatern.[86] Sie versuchten u. a., Dr. Štěpán Plaček, Leiter des tschechoslowakischen Inlandsgeheimdienstes, von der Notwendigkeit eines solchen Schrittes zu überzeugen, und baten ihn, den Generalsekretär der KPČ, Rudolf Slánský, entsprechend zu beeinflussen.[87] Doch Slánský lehnte es ab, dem Drängen der sowjetischen Offiziere nachzugeben. Das sollte ihm sechs Jahre später zum Verhängnis werden, als er Opfer eines Schauprozesses wurde.[88]

Im September 1949 nahm die sowjetische Seite einen neuen Anlauf, eigene Sicherheitsberater in Prag zu platzieren. Als Begründung führte man die Vorbereitungen des Prozesses gegen László Rajk, 1946 bis 1948 ungarischer Innenminister, dann Außenminister, in Budapest an. Am 16. September schließlich wandte sich Gottwald, inzwischen Staatspräsident der Tschechoslowakei, an Georgi Malenkow, Sekretär des Zentralkomitees der KPdSU und Mitglied des Politbüros, in Moskau und bat um »einige Experten, denen die Resultate der Untersuchung in Ungarn bekannt sind und die uns in dieser Angelegenheit [der Vorbereitung von Prozessen gegen vermeintliche Verräter in den eigenen Reihen] helfen sollen, unsere eigenen Untersuchungen durchzuführen«[89]. Slánský bestätigte den Telegrammtext.

Gottwalds Anfrage wurde in Moskau als Aufforderung verstanden, nach dem »tschechoslowakischen Rajk« zu suchen. Am 23. September antwortete Moskau positiv auf das Schreiben aus Prag und entsandte eine Gruppe von sowjetischen Agenten.[90] In der tschechoslowakischen Hauptstadt wurde daraufhin eine streng geheime Abteilung des Sicherheitsdienstes aufgebaut, die sich ausschließlich mit »Feinden« in der Parteiführung befassen sollte. Nun begann auch in der KPČ die Suche nach Mitgliedern einer vermeintlichen internationalen Konspiration gegen Stalin. Die nach Prag kommandierten sowjetischen Geheimdienstoffiziere vertraten die Ansicht, dass der tschechoslowakische Geheimdienst nicht hart und entschieden genug agiere und »den Klassenfeind mit Samthandschuhen« anfasse.[91]

Die Methoden des tschechoslowakischen Geheimdienstes waren jedoch alles andere als »weich«. Allerdings hatten die Mitarbeiter bis dahin Order, gegen führende Mitglieder der Kommunistischen Partei nicht vorzugehen. Der für Kaderfragen zuständige Teodor Baláž zum Beispiel lehnte es ab, Einzelheiten über »feindliche Aktivitäten« von Koloman Maškovič, einem hochrangigen Funktionär der Kommunistischen Partei der Slowakei, an einen der neu angekommenen »sowjetischen Berater« weiterzugeben. Baláž behauptete, dass er über keine diesbezüglichen Informationen verfüge, und wenn, würde er diese erst genauer zu prüfen versuchen. Der sowjetische Agent erwiderte daraufhin: »Mir ist es egal, woher du die Informationen bekommst und mir ist es auch vollkommen egal, ob die Informationen stimmen oder nicht. Ich werde sie glauben und den Rest kannst du getrost mir überlassen. Warum machst du dir überhaupt Sorgen um diesen jüdischen Scheißkerl?«[92]

Die sowjetischen Geheimdienstoffiziere arbeiteten eng mit dem Leiter der »Abteilung zur Suche nach Feinden in der KPČ«, Karel Šváb, zusammen. Sie trafen sich täglich, was Šváb vor seinen tschechoslowakischen Genossen weitgehend geheim hielt.[93] Das Misstrauen und die Verdächtigungen gegenüber den führenden tschechoslowakischen Funktionären der Kommunistischen Partei war das engste Band zwischen ihm und den sowjetischen Agenten.

Als erster geriet Innenminister Václav Nosek unter Verdacht. Er hatte während der Kriegsjahre im Londoner Exil gelebt und schien für die Rolle des »tschechoslowakischen Rajk« geeignet zu sein. Ende 1949 bemerkte Nosek gegenüber seinem Stellvertreter Josef Pavel, dass er nicht wisse, was im Staatssicherheitsdienst vor sich gehe, und nicht über die Verhaftung einiger Personen informiert worden sei. Ein Mitarbeiter der Staatssicherheit, der gegen »Parteifreunde« ermittelte, hatte hohe KPČ-Funktionäre davon in Kenntnis gesetzt, dass u. a. Noseks Frau angeblich als Agentin des britischen Geheimdienstes arbeite.[94] Doch das Komplott gegen Nosek scheiterte. Den sowjetischen Geheimdienstoffizieren und ihren tschechoslowakischen Gehilfen gelang es zunächst nicht, einen tschechoslowakischen Flügel der vermuteten internationalen Konspiration gegen Stalin und den Sozialismus aufzudecken. Sie behalfen sich damit, Prozesse gegen die Funktionäre anderer Parteien zu führen. Zu einem der ersten Opfer zählte Milada Horáková, die Führerin der National-Sozialisten. Ihr unterstellte man die Weitergabe vertraulicher Informationen an ausländische Geheimdienste. Dafür wurde sie im Juni 1950 zum Tode verurteilt.

Bald konzentrierte man sich allerdings doch wieder auf unliebsame KPČ-Funktionäre. Dabei rückte Generalsekretär Slánský immer mehr in den Mittelpunkt der Säuberungsaktionen.

Parteikontrollen

Als die sowjetischen Geheimdienstoffiziere 1949 nach Prag kamen, stand Rudolf Slánský im Zenit seiner Macht. Am 31. Juli 1901 in einer jüdischen Mittelklassefamilie geboren, trat er der Kommunistischen Partei der Tschechoslowakei bereits 1921, also kurz nach ihrer Gründung, bei. Er widmete sich ganz der Politik und rückte schließlich 1929 in die Führung der KPČ auf. Zwischen 1935 und 1938 war er Abgeordneter des tschechoslowakischen Parlaments. Nach dem Münchener Abkommen und dem Verbot der Kommunistischen Partei im Herbst 1938 emigrierte er mit seiner Familie nach Moskau. Als er 1945 nach Prag zurückkehrte, gehörte er zu Stalins loyalen Dienern und großen Bewunderern. Er wurde noch im gleichen Jahr Generalsekretär der KPČ und damit einer der einflussreichsten Männer des Landes.

Die Partei erfreute sich nach dem Krieg eines unerwartet großen Zulaufs, bevor sie im Februar 1948 die unangefochten führende Rolle übernahm. Die De-facto-Ausschaltung der anderen Parteien, die zu keiner Zeit besonders stark waren, erfolgte überwiegend durch brutale Einschüchterung, sodass die Kommunisten schließlich die uneingeschränkte Kontrolle über den Staat an sich reißen konnten.

Slánský, bis dahin eher der Mann hinter den Kulissen, trat nunmehr auch stärker öffentlich in Erscheinung. Er setzte die Stalinisierung der Partei und des gesamten Landes fort. Von einem tschechoslowakischen Weg zum Sozialismus war nun keine Rede mehr. Slánský wurde auch Leiter des aus fünf Personen bestehenden »Sicherheitsrates«. Neben ihm gehörten dem Gremium Innenminister Václav Nosek, der Stellvertretende Innenminister Josef Pavel, Ladislav Kopřiva und Staatssicherheitsoffizier Karel Šváb an. Diese Gruppe entzog den Gerichten alle wichtigen Kapitalfälle. Bis zum Zeitpunkt seiner Verhaftung im November 1951 hatte Slánský an 139 Entscheidungen des »Sicherheitsrates« mitgewirkt und Dutzende von Todesurteilen gebilligt.

Als effizienter Organisator wollte Slánský der Partei ein neues Gewand verpassen und das gesamte Land vom Kopf auf die Füße stellen. Die regionale Parteiorganisation in Karlovy Vary, der auch der Bezirk Jáchymov unterstand, bereitete der KPČ-Zentrale bereits seit längerer Zeit Kopfzerbrechen. Entsprechende Meldungen über Ungereimtheiten in Jáchymov erreichten die Zentrale der Kommunistischen Partei in Prag erstmals im Sommer 1947. Der Parteisekretär von Karlovy Vary, Svoboda, teilte in einem Schreiben vom 20. September 1947 mit, dass sich bei ihm »führende Genossen« aus Jáchymov darüber beschwert hätten, wie der Betrieb geführt werde.[95] Die Produktion habe im August 1947 lediglich 60 Prozent des Planes erreicht. Die örtlichen Parteimitglieder zeigten jedoch keine Neigung, daran etwas zu ändern.

Als Svoboda seinen Genossen in Prag Bericht erstattete, lag die Leitung der Jáchymover Minen noch nicht ausschließlich in den Händen von Kommunisten. Direktor Hegner war Mitglied der christlichen Volkspartei, der einzigen tschechischen Partei in der Regierungskoalition, die sich nicht als sozialistische Partei bezeichnete. Einer von Hegners Stellvertretern, Ingenieur Žalud, war Sozialdemokrat. Nur Ingenieur Čmelák, der erste Stellvertreter, gehörte der KPČ an. Er war der Partei kurz nach dem Krieg beigetreten, seine Loyalität galt allerdings als zweifelhaft. Die Kommunisten, unzufrieden mit ihrer untergeordneten Position im Jáchymover Management, waren davon überzeugt, dass sie den Betrieb besser führen könnten.[96]

Auch nach der kommunistischen Machtübernahme im Februar 1948 konnten die Schwierigkeiten des Nationalunternehmens – wie die geringe Produktivität und die Spannungen in der Ständigen Kommission – nicht überwunden werden. Es gab weiterhin Differenzen zwischen den tschechoslowakischen und den sowjetischen Leitern sowie Konflikte zwischen dem Management und dem Geologischen Service. Immer wenn die Ständige Kommission nicht in der Lage war, die Probleme intern zu lösen, wurde dies Gottwald mitgeteilt. Die Auseinandersetzungen erreichten Ende der vierziger Jahre ihren Höhepunkt, als es der Ständigen Kommission nicht gelang, ein Übereinkommen über den Uranpreis für das Jahr 1948 zu erzielen. Die problematische Situation wurde obendrein durch überzogenes Sicherheitsdenken angeheizt: die Agentenhysterie blühte. Parteifunktionäre wurden in kurzen Abständen ausgewechselt, einer von ihnen erschoss sich, nachdem er verdächtigt worden war, in Kontakt mit westlichen Geheimdiensten zu stehen. »Ich teile dies nur mit, um zu zeigen, wie tief die Infiltration der westlichen Geheimdienstzellen in Jáchymov bereits reichte – und bis heute noch reicht«, schrieb das tschechoslowakische Mitglied der Ständigen Kommission Rada an den Präsidenten im Dezember 1949.

Nach der kommunistischen Machtübernahme profilierte sich Rudolf Slánský damit, hart gegen »Verräter« in den eigenen Reihen vorzugehen. »Wir müssen auf die Reinheit der Partei achten«, erklärte er am 11. März 1949. »Wir müssen jedes einzelne Parteimitglied, egal ob jung oder alt, überprüfen.« Und am 15. September ergänzte Slánský: »Wir dürfen nicht vergessen, dass wir noch nicht das gesamte Agentennetzwerk in unseren Reihen, im Staatsapparat und in der Wirtschaft aufgedeckt haben.«[97] Besonders suspekt waren Kommunisten, die während des Krieges im Westen im Exil gelebt und Kontakte mit Noël und Hermann Field, zwei amerikanischen Charitasmitarbeitern, unterhalten hatten, die vom sowjetischen Geheimdienst bezichtigt wurden, im Dienste des amerikanischen Geheimdienstes zu stehen.

Derweil hielt die Nervosität in Jáchymov unvermindert an. Im Januar 1949 wurde Gottwald über die Bezirksleitung der KPČ in Karlovy Vary eine Beschwerde von zwei Parteifunktionären aus der Region Jáchymov zugespielt. Ihrem Bericht zufolge wurden Parteimitglieder in Jáchymov ohne erkennbaren Grund verhaftet, Funktionäre als »Henker« und die Gebietsleitung als »Schlachthaus« bezeichnet. Die Kommission für Parteikontrolle sandte daraufhin eine hochkarätige Delegation nach Karlovy Vary. Zu ihr gehörten u. a. Jarmila Taussigová und Karel Šváb – später, während der »Säuberungen« wurde Taussigová ebenso eingesperrt wie Ladislav Kopřiva, der 1950 zum Minister für Nationale Sicherheit ernannt wurde und pikanterweise auch für das Verfahren gegen Rudolf Slánský verantwortlich zeichnete. Šváb wurde Opfer seiner Zusammenarbeit mit dem sowjetischen Geheimdienst im Verfahren gegen Slánský und selbst zum Tode verurteilt.

Die Parteikontrolleure rückten eines frühen Morgens an und unterzogen das Sekretariat der KPČ in Karlovy Vary einer mit Polizeimethoden geführten Untersuchung. Alle Telefonverbindungen wurden kurzerhand gekappt, anschließend alle Mitarbeiter verhört und das Sekretariat sowie die Wohnungen aller Angestellten durchsucht. Im Abschlussbericht vom 28. Februar 1949 an Gottwald hieß es resümierend: »Es scheint uns, dass die Genossen aus dem Gebietskomitee sich der Heilung und einer konstruktiven Kritik widersetzen, und dass sie dies mithilfe des Geheimdienstes tun.« Und in einem weiteren Bericht vom April war zu lesen: »Wir würden uns nicht wundern, wenn ein Mitglied der Gebietsleitung für einen ausländischen Geheimdienst arbeitet.«[98] Wenig später wurde nach Prag in aller Deutlichkeit berichtet: »Die Parteileitung des Nationalunternehmens Jáchymov genießt kein großes Ansehen und ist nicht durchsetzungsfähig. Ihr Sekretär besitzt keine Zuständigkeiten. Er nimmt weder an Arbeitsberatungen noch an Verhandlungen der Direktion teil. Kurzum, die Partei spielt hier keine, ganz zu schweigen von einer führenden Rolle.«[99]

Beschwerden gab es nicht nur über den Zustand der kommunistischen Parteiorganisation in Jáchymov. Auch das Gebaren des Nationalunternehmens selbst geriet ins Kreuzfeuer der Kritik. Beispielsweise gehörten dem Betrieb

120 Hektar Ackerland und 560 Hektar Weideland. Das Ackerland liege brach, um die zum Weideland gehörende Schafherde von ca. 200 Tieren kümmere sich niemand. Sieben vom Ministerium für Landwirtschaft für die Farm zur Verfügung gestellte Traktoren würden einfach zweckentfremdet. Die im Dorf Dolní Zd'ár, südlich von Jáchymov, eingerichtete Musterfarm habe das Nationalunternehmen kurzerhand vereinnahmt: Ställe und Scheunen würden als Büros bzw. Lagerhallen genutzt. Daran stießen sich Kommunisten aus dem Ort und intervenierten beim Nationalunternehmen. Sie wurden mit dem Hinweis auf die »geheimen Gründe« für das Agieren des Nationalunternehmens gestoppt. Die Wörter »geheim« und »vertraulich«, so erläuterte der Autor eines entsprechenden Berichts, wurden geradezu als Beschwörungsformeln verwandt.

Den katastrophalen Engpässen bei Unterkünften für die Arbeiter stand eine extensive Nutzung von Wohnraum durch technische Angestellte gegenüber. Einige ließen sich ihr neues Heim sogar aufwändig renovieren. Die Verantwortlichen für solche Missstände seien aber nur schwer aufzuspüren, wie Kommunisten vor Ort berichteten.

Damit nicht genug: Bemängelt wurde auch, dass die Leitung des Nationalunternehmens zahlreiche Menschen einstellte, die als »politisch unzuverlässig« galten und zum Teil in Saus und Braus lebten. Der Leiter der Wirtschaftsabteilung etwa wohne allein in einer ungewöhnlich großen Wohnung. Er gestattete es seinem Stellvertreter, vollkommen nutzlose Waren in großem Umfang zu bestellen. Dazu gehörten 3 800 Zimmermannssägen und Stahlträger in einem Gesamtwert von rund 20 Millionen Kronen. Zudem werde wertvolles Material vergeudet. Öl- und Petroleumkannen stünden unter freiem Himmel, ungeschützt vor Regen und Diebstahl.

Des Weiteren wurde darauf verwiesen, dass der amerikanische Geheimdienst große Summen in Aussicht stelle, um interne Informationen zu erhalten. Eine Frau soll eine Million Kronen für ein Stück Uranerz erhalten haben. »Man hat sie nur zu einer zweijährigen Haftstrafe verurteilt, anstatt zu zwanzig Jahren. Andererseits wurde der Polizist, der sie verhört hatte, disziplinarisch zur Verantwortung gezogen, da er unerlaubte Verhörmethoden angewandt hatte«, erklärten die Mitglieder der Parteikontrollkommission empört.

Um derlei Missstände aus dem Weg zu räumen, hat ein sowjetischer Ingenieur der Delegation aus Prag offenbar vorgeschlagen, dass »ein fähiger und politisch reifer, von der Partei ausgewählter Sekretär die Kontrolle über die Aktivitäten des gesamten Managements, also auch über die sowjetischen Leitungskräfte, übernehmen sollte«. Nur solch ein Mann an der Spitze der Parteiorganisation in Jáchymov könne die Krise bewältigen: »Er muss über alles Bescheid wissen, was in den Minen vor sich geht.«[100]

Die Berichte der Parteikontrollkommission über die Untersuchungen in Jáchymov zeigten die in der KPČ herrschende Nervosität genauso wie ihr fehlendes Verständnis für das imperiale sowjetische Interesse, das darauf zielte, die tschechoslowakische Uranindustrie vollständig unter ihrer Kontrolle zu halten. Es war naiv von den tschechoslowakischen Kommunisten, anzunehmen, dass die Sowjets irgendeine ergänzende Form der Kontrolle von ihnen über die Uranindustrie begrüßen würden.

Die Daumenschrauben werden angezogen

Die Untersuchungen der Parteikontrolleure blieben nicht folgenlos. Im Oktober 1949 wurden der erste Direktor, Bohuslav Hegner, und sein Nachfolger, Josef Čmelák, zusammen mit 14 anderen leitenden Angestellten des Nationalunternehmens eingesperrt. Den Leiter der Bauverwaltung, Stanislav Chmela, verurteilte man am 24. März 1951 sogar zum Tode. Das Urteil wurde wenig später allerdings in eine lebenslange Zuchthausstrafe umgewandelt. Während der ersten Repressionswelle nach der kommunistischen Machtübernahme kamen auch acht Mitglieder der Gefängnisverwaltung (SVS) Ostrov in Untersuchungshaft.

Chmela und die anderen Kommunisten aus dem Nationalunternehmen in Jáchymov wurden 1954 amnestiert. Die Mitglieder der Geheimpolizei, die sie während der Vernehmungen gequält hatten, erhielten später lediglich milde Parteistrafen. Bohuslav Lejsek, der die Säuberungen verantwortete, gab gegenüber einer Spezialkommission des Innenministeriums 1963 zu Protokoll, dass er »viele Objekte gesehen habe, darunter Stäbe, Gummischläuche, Schlagstöcke und Nagelscheren, welche die Genossen als ›Wahrheitsdetektoren‹ bezeichnet hätten«.[101]

Auf der Suche nach Schuldigen für die zahllosen Ungereimtheiten beim Nationalunternehmen Jáchymov geriet auch KPČ-Generalsekretär Slánský ins Visier der »Säuberer«. In diesem Zusammenhang schlachtete man u. a. sein besonderes Engagement bei der Straffung der Gebietsparteiorganisation Jáchymov und sein Interesse an den Vorgängen im Nationalunternehmen selbst aus. Am 1. März 1950 berichtete Pohl, Mitglied der Ständigen Kommission, an Gottwald, dass Slánský ihn um eine ehrliche Einschätzung der Situation in den Jáchymover Minen gebeten habe. Er fügte hinzu: »Der Generalsekretär, Genosse Slánský, hat den Wunsch geäußert, über die Zustände in den Jáchymover Minen sowie über die Erfüllung ihres Produktionsplanes einen ehrlichen Bericht zu erhalten. Ich betrachte es als Selbstverständlichkeit, dem Wunsch des Genossen Slánský nachzukommen, auch wenn Du Dir das Recht vorbehalten hast, alles zu erfahren, was mit dem vorher genannten Betrieb zu tun hat. Ich bitte Dich um Deine ausdrückliche Zustimmung.«[102] Im späteren Schauprozess gegen den Generalsekretär sollte dieser Vorgang eine, wenn auch nebengeordnete, Rolle spielen.

Nachdem Slánský am 24. November 1951 verhaftet worden war, konzentrierten sich die Ermittlungen gegen ihn zunächst auf seine Haltung zur Uranindustrie. Offenbar wollte man ihm nachweisen, der Kopf krimineller Machenschaften in Jáchymov gewesen zu sein. So sammelte man alles, was entsprechende Hinweise liefern konnte. Vier Tage nach Slánskýs Festnahme schrieb Rada, Mitglied der Ständigen tschechoslowakisch-sowjetischen Kommission, an Gottwald: »Ich füge die letzten Berichte, die wir an den früheren Generalsekretär der Partei Rudolf Slánský gesandt haben, diesem Schreiben bei. Der letzte Bericht, den er persönlich angefordert hat und der auf Grundlage dessen verfasst wurde, was er zu wissen wünschte, war so wichtig, dass ich Dich persönlich um Dein Einverständnis gebeten habe. Erst nachdem ich dies erhalten hatte, wie mir Genossin Kohlerová [Gottwalds Privatsekretärin] am Telefon bestätigte, gab ich das Dokument [über die Zustände in den Jáchymover Minen] frei.«[103]

Ein Offizier des Staatssicherheitsdienstes beschuldigte ihn im Laufe der ersten Verhöre, dass er im Interesse der Imperialisten der Bombardierung der Tschechoslowakei mit Atomwaffen zugestimmt hätte. Während des Verhörs hatte Slánský geschrien: »Gebt mir die Atombombe.«[104]

Abgesehen von dieser bizarren Episode, fand die Jáchymov-Problematik keinen Eingang in das Drehbuch für den Schauprozess. Warum die Anklage darauf verzichtete, ist unklar. Möglicherweise hatte man bereits genügend belastendes Material zusammengebastelt und Aussagen erpresst, sodass man auf die Uranepisode verzichten konnte, oder man wollte das Material für den Prozess gegen den Leiter der tschechoslowakischen Bergbauindustrie nutzen. Fest steht, dass der Slánský-Prozess bis ins kleinste Detail durch sowjetische Berater vorbereitet wurde, die in enger Abstimmung mit dem Machtzirkel um Stalin handelten. So wurde die öffentliche Anklage gegen Rudolf Slánský in der Sprache des ideologischen Krieges verfasst. Die Partei ließ den ehemaligen Generalsekretär fallen. Er wurde zusammen mit zehn anderen Genossen am 27. November 1952 zum Tode verurteilt.

In ihren eigenwilligen Memoiren geht seine Witwe nicht auf die Gründe für seine Absetzung als Generalsekretär ein; und sie versucht auch nicht zu erklären, warum seine Genossen, an erster Stelle Gottwald, ihren Mann sterben ließen. Sie wollte nicht glauben, dass Gottwald in der Lage gewesen war, solch ein Unrecht zu begehen. Andererseits verdächtigte sie ihn der schlimmsten psychologischen Tricks. Sie schreibt: »Ich lebte jahrelang im ehrlichen Vertrauen, dass alles, was die Partei tut, korrekt ist. Ich vertraute der Partei blind. Und nun sagen Stalin (das war die Sowjetunion) und Gottwald (das war die Partei), dass Rudolf ein Verräter, ein Spion ist. Zum ersten Mal kam meine innere Überzeugung in Konflikt mit meinem Parteigewissen.«[105]

Hinter der Willkür der Schauprozesse und dem Terror gegen die eigenen Leute verbarg sich eine innere Logik. Folgende Aspekte sind zu bedenken: Der Ostblock bereitete sich Anfang der fünfziger Jahre auf einen Krieg in Europa vor und Stalin glaubte, oder wollte glauben machen, dass ein amerikanischer Angriff auf sein Lager bevorstehe. Mit einer Politik der »Erziehung durch Leichen« gedachte er, wie in den dreißiger Jahren, gegenüber den eigenen Reihen, aber auch dem Gegner seine Unbeugsamkeit demonstrieren.

Der Prozess wies außerdem starke antisemitische Untertöne auf, und die Beschuldigungen schlossen den Vorwurf des »Zionismus« ein. Zurzeit des Prozesses war die Sowjetunion gerade im Begriff, ihre zuvor eher proisraelische Politik zu revidieren, in der die Tschechoslowakei, als Lieferant von Waffen und Trainingslager für die israelischen Streitkräfte, eine wichtige Rolle gespielt hatte.

Die Auswahl der Opfer für die Schauprozesse war wahrscheinlich Auseinandersetzungen zwischen rivalisierenden Gruppen im sowjetischen Sicherheitsapparat geschuldet. Dies erklärt auch, warum Ankläger kurz darauf selbst zu Opfern wurden.

Der Fall Svatopluk Rada

Nachdem Slánský verurteilt worden war, geriet Svatopluk Rada, der höchste tschechoslowakische Regierungsvertreter in der Uranindustrie, ins Visier der Geheimpolizei. Die Kampagne gegen ihn wurde unter dem Kürzel »Svatopluk« geführt.[106]

Rada, am 21. September 1903 in Moravské Zlin geboren, war nicht nur gelernter Bergmann, sondern auch studierter Bergbauingenieur. Sein Examen machte er 1928 an der Hochschule für Bergbau in Příbram. Rada spezialisierte sich auf die Erkundung und Bewertung von mineralischen Lagerstätten, hauptsächlich von Kohle. Seine berufliche Karriere begann er als Assistent an der Bergbauschule von Ostrava. Später arbeitete er im schlesischen Bergbaurevier und im ukrainischen Donez-Steinkohlenbecken, bevor er sich dem Balkan und der Türkei zuwandte. Im Jahr 1936 fand er eine Anstellung bei der Bergbau- und Metallurgiegesellschaft in Prag und leitete Erkundungsarbeiten in Bulgarien.

Zeitweilig arbeitete er auch für den tschechoslowakischen Geheimdienst. Zu diesem Zweck gab er sich als Handelsreisender für die Firma Bata-Schuhe aus. Als seine junge Frau ihm 1939 nach Bulgarien folgte, war Rada mit dem Aufbau eines Agentennetzes beschäftigt, zu dem Mitglieder der tschechischen Gemeinde in Sofia gehörten. Mithilfe seiner Firmenkontakte wurde das Netzwerk auf Jugoslawien ausgeweitet. Laut den Aussagen seiner Frau Ende der sechziger Jahre unterhielt er Kontakte zum französischen, britischen und sowjetischen Geheimdienst.[107]

Seine geheimen Aktivitäten wurden von Oberst Bulander, dem Leiter der tschechoslowakischen Militärmission in Sofia, sehr hoch eingeschätzt. Aus Sicht Burlanders war er ein »Untergrundarbeiter erster Güte«[108]. Auf Weisung des Prager Geheimdienstes verließ er Bulgarien am 11. Februar 1941, nachdem die Gestapo in Sofia ein Büro aufgebaut hatte, und schloss sich nach Hitlers Überfall auf die Sowjetunion einer tschechoslowakischen Einheit, die bei Buzuluk in der Sowjetunion stationiert war, an. Er stand in Verbindung zu Oberst Heliodor Pika, der mit den Sowjets über die tschechoslowakische Militärpräsenz in der UdSSR verhandelte und seit 1941 Leiter der tschechoslowakischen Militärmission in Moskau war. Pika wurde kurz nach der kommunistischen Machtübernahme im Februar 1948 verhaftet und im Januar 1949 aufgrund einer erlogenen Spionageanklage zum Tode verurteilt.

An der Front kämpfte Rada während des Krieges jedoch nicht. Er knüpfte nützliche Kontakte mit kommunistischen Politikern und Militärs. Als 1945 die Besetzung der neuen tschechoslowakischen Regierung anstand, war Rada als Minister für Industrie im Gespräch. Die Entscheidung fiel jedoch nicht zu seinen Gunsten aus. Stattdessen wurde Rada Anfang 1946 Direktor der Zentralverwaltung für Bergbau beim Ministerium für Industrie und vertrat in der Ständigen tschechoslowakisch-sowjetischen Kommission, die für die Umsetzung des geheimen Uranvertrages vom 23. November 1945 gebildet worden war, die Interessen der tschechoslowakischen Regierung. Ihm oblag es, die Belange der traditionell starken Bergbauindustrie und des schnell wachsenden Nationalunternehmens Jáchymov miteinander in Einklang zu bringen. Dieser Balanceakt war nicht gerade leicht, galt es doch, eine größtmögliche Uranerzförderung in kürzester Zeit zu erzielen. Das war nur auf Kosten des heimischen Bergbaus zu realisieren.

Doch Rada machte sich immer wieder für die tschechoslowakischen Interessen stark. Am 22. November 1949 teilte er Gottwald in einem Schreiben mit, die sowjetischen Mitglieder der Ständigen Kommission versuchten hartnäckig, den Bergbaubetrieb in Jáchymov vollständig unter ihre Kontrolle zu bringen. In diesem Zusammenhang betonte er, dass er auch künftig eine tschechoslowakische Teilhabe an der Leitung des Nationalunternehmens befürworte. Seiner Meinung nach waren die zahlreichen Probleme mit den steigenden Kosten des Bergbaus nicht ausschließlich auf ein schlechtes Management zurückzuführen.

Rada, der sich mit solchen Positionen nicht gerade beliebt machte, zog bald die Aufmerksamkeit der tschechoslowakischen Geheimpolizei auf sich. Den ersten Anstoß gaben Radas Verhandlungen mit westdeutschen Firmen und Behörden im Jahr 1949. Es ging dabei um den Export von Kohle aus den Minen von Komořány und Sokolov. Misstrauisch stimmte auch der Umstand, dass Rada Männer in Leitungspositionen gebracht hatte, die dem Sozialismus reserviert gegenüberstanden. Dieser Vorwurf bezog sich u. a. auf den Generaldirektor Hegner und dessen Stellvertreter Čmelák.

So konzentrierten sich die Untersuchungen gegen Rada in den Jahren 1951 und 1952 vor allem auf seine Personalpolitik. Die Geheimpolizei stützte sich dabei auf »Beweise«, die während der Verhöre von Beschäftigten des Nationalunternehmens im Herbst 1948 durch die Parteikontrollkommission zusammengetragen worden waren.

Am 4. April 1952 entschied Geheimpolizeimajor Doubek, Rada am 22. April festzunehmen. Zunächst aber wurde er am 16. April 1952 unter strenge Aufsicht des Geheimdienstes gestellt. In der folgenden Nacht, um 23.00 Uhr, kam er im Garten seines Hauses im Prager Stadtteil Smíchov ums Leben. Ein Gerichtsmediziner stellte (möglicherweise voreilig) Selbstmord durch einen Pistolenschuss fest – so lautete jedenfalls die erste offizielle Version.

Zehn Jahre später, im Sommer 1962, rollte das Innenministerium den Todesfall nochmals auf. Laut einer Zeugenaussage wurde Rada am Abend vor seinem Tod von Antonín Prchala, dem Stellvertretenden Innenminister, und Milan Močka, dem Leiter der Untersuchungskommission, besucht. Beide hätten lange und erregt mit Rada diskutiert. Mehr war jedoch nicht zu ermitteln. Bemerkenswert sind weitere Indizien, die jetzt ans Tageslicht kamen. Tatsächlich soll die kriminaltechnische Untersuchung ergeben haben, dass ein Selbstmord als Todesursache auszuschließen sei. Von den Staatssicherheitsbeamten, die sich im Vorgarten von Radas Haus aufhielten, hatte niemand während der Nacht einen Schuss gehört.[109] Die Frage, ob es Mord oder Selbstmord war, konnte zehn Jahre nach dem Ereignis nicht mehr zweifelsfrei geklärt werden.

Wie schon im Fall von Slánský, so stand auch bei Rada die Uranproblematik drohend im Hintergrund. Diese »Trumpfkarte« mussten die Ankläger aus den geschilderten Gründen in beiden Verfahren gegen die prominenten Kommunisten gar nicht erst ziehen. Anders sah es in Prozessen gegen einfache Bürger aus. In ihren Fällen wog der Vorwurf des Verrats von Urangeheimnissen schwer.

Der Pfadfinder-Prozess

In der Tschechoslowakei kam es noch zu weiteren Prozessen in Verbindung mit der Uranindustrie. In den so genannten Pfadfinder-Prozessen, die am 3. April 1953 ihr Ende fanden, wurden zwei der Angeklagten, Jaroslav Švenek und Josef Hettler, zu jeweils 15 Jahren Gefängnis verurteilt. Ein vergleichsweise mildes Urteil. Hätte der Prozess nur wenige Monate früher sein Ende gefunden, nämlich vor dem Tod Stalins, wären sie kaum mit dem Leben davongekommen.

»Jaroslav Švenek arbeitete zusammen mit Josef Hettler in einem bestimmten Betrieb im Nordwesten Böhmens, der außerordentlich wichtig ist für die Landesverteidigung und den Weltfrieden. Zu Beginn seiner Anstellung wurde der Angeklagte über die Bedeutung des Betriebes belehrt, und er hat sofort die Verpflichtung akzeptiert, über alles zu schweigen, was seinen Arbeitsplatz angeht. Der Angeklagte Švenek war mit dieser Verpflichtung einverstanden und hat eine schriftliche Schweigeerklärung unterzeichnet. Im Sommer 1948 fragte Josef Hettler den Angeklagten, ob sie sich treffen könnten. Bei dem Treffen waren außerdem Josef Anderle und noch eine weitere Person, genannt M. S., zugegen. Anderle informierte die Anwesenden, dass er Berichte in der Form benötige, wie sie ihm eine andere Person (der Name wurde nicht genannt) geliefert habe. Dann forderte er die Anwesenden auf, eine Organisation mit dem Namen ›Funke‹ zu gründen, deren Aufgabe das Sammeln von Informationen jeder Art sein sollte.«[110]

In der Anklageschrift, in der die Gründe für die Verurteilung der Angeklagten zusammengetragen wurden, fanden die Wörter »Uran« und »Jáchymov«

keine Erwähnung. Jáchymov wurde lediglich als ein Ort umschrieben, der »wichtig ist für die Landesverteidigung und für den Weltfrieden«. Die beiden Angeklagten waren dort kurz nach Kriegsende eingestellt worden, und die Vorwürfe gegen sie bezogen sich auf Vorgänge in den Jahren 1948/49. Švenek und Hettler wurden beschuldigt, ihre offizielle Schweigeverpflichtung gebrochen und an eine Person Informationen gegeben zu haben, die später in den Westen geflohen war. Gemeint war Josef Anderle. Švenek, der der Spionage in einem minder schweren Fall für schuldig befunden wurde, erklärte, dass er nach 1948 darüber verärgert war, dass so viele Funktionäre in der Uranindustrie nur daran dachten, ihr eigenes Schäflein ins Trockene zu bringen und ihre Dienststellungen für private Zwecke missbrauchten. Die Teilnahme an der Pfadfinderbewegung – einer aus den USA stammenden Jugendbewegung, die vor allem auf Gemeinschaftserlebnisse in der Natur baute und in den zwanziger und dreißiger Jahren auch in Europa eine gewisse Verbreitung fand – hätte ihm eine Möglichkeit geboten, solche kriminellen Aktivitäten ans Licht zu bringen.

Die Anklageschrift kommentierte die Pfadfinderbewegung wie folgt: »Die Bourgeoisie, die in den kapitalistischen Staaten herrscht und im Klassenkampf gegen die Arbeiterschaft steht, benutzt neben dem Terror und der Gewalt auch ideologische Mittel, um die Arbeiterschaft weiterhin als Subjekt der Ausbeutung zu benutzen. Eines dieser Instrumente der Bourgeoisie für die Verbreitung ihrer Ideologie im harten Klassenkampf, vor allem unter der Jugend, ist die Pfadfinderbewegung. Sie stammt aus England und dient als globaler Träger kosmopolitischer Ideen, mit denen die Jugend kleinerer Nationen hauptsächlich zur Bewunderung der USA und Großbritanniens erzogen werden soll. Auf diesem Weg wird die nationale Selbstachtung gefährdet, und die jungen Menschen werden zur Anerkennung der Überlegenheit der angelsächsischen Staaten erzogen. Die Bewegung verbreitete sich insbesondere nach dem Ersten Weltkrieg über die ganze Welt. Sie kam vor allem in der Tschechoslowakei als Träger des Kosmopolitismus und der westlichen Ideologie auf. Dies wurde nach der Befreiung 1945 und besonders nach der Niederschlagung des konterrevolutionären Putsches im Februar 1948 klar. Die Pfadfinderbewegung, in der Tschechoslowakei unter dem Namen Junák bekannt, unterstützte den Faschismus und Nationalsozialismus in der Zeit des Münchener Abkommens und des Protektorates. Trotzdem wurde sie 1940 verboten, da sie unter angelsächsischem Einfluss stand. Nach der Befreiung unseres Landes wurde Junák von seinen früheren Führern wiederbelebt und konnte gegen die vereinigte und fortschrittliche Jugendbewegung genutzt werden, die gerade gebildet worden war.«[111]

Hervorgehoben wurde, dass Josef Hettler 1938 der von Josef Anderle geführten katholischen Junák beigetreten sei. Im Frühjahr 1948 sei Anderle dann selbst nach Jáchymov, den »Ort, der wichtig ist für die Landesverteidigung und für den Weltfrieden«, gekommen. Dort soll er Hettler aufgefordert haben, geheime Informationen preiszugeben. Dies sei seine Pflicht als Mitglied der Pfadfinderbewegung. Ungefähr drei Monate später stieß Jaroslav Švenek, ebenfalls ein früheres Mitglied der Pfadfinderbewegung, zu der Runde. Gemäß den

Untersuchungsprotokollen soll Anderle die zwei Männer darüber informiert haben, dass die Führung der Pfadfinderbewegung in den Untergrund gehen musste, um der drohenden Auflösung zu entkommen. Ihre Treffen seien daher illegal, sagte er ihnen, und beschrieb dann die Situation der tschechoslowakischen Exilanten in Westdeutschland. Die Beschuldigten konnten demnach feststellen, dass Anderle über auswärtige Verbindungen verfügte, die der nachrichtendienstlichen Arbeit fremder Mächte dienen sollte. Auf diesem Treffen wurde die illegale Zelle »Funke« gegründet. Einige Zeit später, wahrscheinlich im November 1948, wurde Hettler von Karel Forst nach geheimdienstlich verwertbarem Material gefragt. Forst erzählte Hettler, dass Anderle ihn geschickt habe, um entsprechende Informationen zu sammeln. Anfang 1949 fand ein weiteres Treffen zwischen Forst und Hettler statt. Forst berichtete von der Flucht Anderles in den Westen. Bei dieser Gelegenheit erhielt Hettler 5 000 Kronen von Forst sowie ein paar Nylonstrümpfe für seine Frau.

Der Angeklagte wurde für schuldig befunden, geheime Informationen weitergegeben zu haben. Zu seiner Verteidigung führte Hettler an, dass er sich dem Ehrenkodex der Pfadfinder verpflichtet gefühlt und es sich bei den von ihm weitergegebenen Informationen nicht um Staatsgeheimnisse gehandelt habe.

Jaroslav Švenck arbeitete später in der mineralogischen Abteilung des Nationalmuseums in Prag und starb 1994. Josef Hettler lebt als Rentner in der Kleinstadt Zlaté Hory in Moldawien.

Die Lage der Uranregion an der westlichen Grenze des sowjetischen Blocks brachte es mit sich, dass einige Informationen über die Produktion des Uranerzes die westlichen Geheimdienste erreichten und diese dadurch in den frühen fünfziger Jahren in der Lage waren, eigene Schätzungen über den Umfang und die Qualität der Uranerzförderung im Ostblock anzustellen. Im Großen und Ganzen konnten die Sowjets jedoch die Geheimnisse ihrer Atomindustrie bewahren. Sowohl defensiv als auch offensiv war der sowjetische Geheimdienst erfolgreich. Löcher auf der östlichen Seite wurden durch sowjetische Spione im Westen gestopft. Letztlich waren jedoch beide Seiten im Kalten Krieg von der Agentenhysterie infiziert. Slánský und Rada gehörten zu den prominentesten unter vielen Opfern dieser Hysterie.

Ein tschechoslowakischer Archipel Gulag

Der sowjetische Uranbedarf, der Arbeitskräfteengpass in den ersten Nachkriegsjahren und nicht zuletzt die Methoden von Berijas Geheimdienst waren auf ungewöhnliche Weise miteinander verknüpft. Jáchymov lag in einem zuvor ganz überwiegend von Deutschen besiedelten Gebiet. Deren Vertreibung nach Kriegsende veränderte die demographischen Verhältnisse in der Grenzregion grundlegend. Die Entvölkerung führte zusammen mit den Bevölkerungsverlusten während des Krieges durch die Abtretung der Karpato-Ukraine an die Ukrainische Sozialistische Sowjetrepublik – insgesamt mehr als drei Millionen Menschen – zu einem akuten Arbeitskräftemangel.

Allein mit den wenigen in Jáchymov wohnenden Tschechen hätten die Uranminen nicht betrieben werden können. Seit Gründung des Nationalunternehmens wurden daher deutsche Kriegsgefangene eingesetzt. Allerdings konnte ihre Verlegung in die Bergbauregion erst ein Jahr später vertraglich zwischen der Tschechoslowakei und der Sowjetunion geregelt werden. Die Verhandlungen hatten sich so lange hingezogen, weil die tschechoslowakische Seite eigentlich keine deutschen Kriegsgefangenen für den Uranabbau in Jáchymov heranziehen wollte. Mit diesem Anliegen konnten sie sich gegenüber den Sowjets, die auf einen schnellstmöglichen Ausbau der Uranförderung drängten, jedoch nicht durchsetzen.

Während das Nationalunternehmen im Januar 1946 erst 163 Bergleute, darunter rund 100 deutsche Kriegsgefangene, und 20 Leitungskräfte beschäftigte, waren es Ende des Jahres 1946 bereits 909 Beschäftigte, unter ihnen 847 deutsche Kriegsgefangene. Im Jahr 1948 stieg die Zahl der Zivilbeschäftigten auf 4 303. Zuzüglich der inzwischen 3 663 deutschen Kriegsgefangenen verfügte das Unternehmen damit über insgesamt 7 966 Arbeitskräfte. Im folgenden Jahr verdoppelte sich die Belegschaftszahl annähernd auf 13 653, darunter 9 128 zivile Arbeitskräfte, 3 390 deutsche Kriegsgefangene und 1 135 tschechoslowakische Häftlinge.[112]

Der Einsatz deutscher Kriegsgefangener für den Uranerzabbau in der Tschechoslowakei widersprach bald internationalen Vereinbarungen – jedenfalls indirekt. Im April 1947 hatten sich die Siegermächte auf der Moskauer Außenministerkonferenz auf eine Freilassung aller deutschen Kriegsgefangenen bis Ende 1948 geeinigt. Die Sowjetunion erfüllte ihre Zusage jedoch nur schleppend. Auf Drängen der ostdeutschen SED-Führung sagte die Sowjetunion schließlich zu, bis Januar 1950 alle Kriegsgefangenen, mit Ausnahme verurteilter Kriegsverbrecher, freizulassen. Doch erst nach dem Besuch des westdeutschen Bundeskanzlers Konrad Adenauer im Sommer 1955 in Moskau, der zur Aufnahme diplomatischer Beziehungen zwischen der Bundesrepublik Deutschland und der UdSSR führte, konnten die letzten rund 10 000 deutschen Kriegsgefangenen aus sowjetischen Lagern den Heimweg antreten.

Seit der Moskauer Außenministerkonferenz stand auch die Entlassung der in Jáchymov eingesetzten deutschen Kriegsgefangenen auf der Tagesordnung. Entsprechende Verhandlungen nahmen die Sowjetunion und die Tschechoslowakei im Frühsommer 1949 auf. In deren Ergebnis fasste der sowjetische Ministerrat am 10. Juni 1949 den Beschluss, alle in Jáchymov befindlichen deutschen Kriegsgefangenen freizulassen, sofern sie sich verpflichteten, weiter im Uranbergbau zu arbeiten – auf der deutschen Seite des Erzgebirges bei der Wismut AG. Wer sich weigerte, dem drohte die erneute Verschickung in ein Kriegsgefangenenlager.[113] Kurz darauf kamen sowjetische Offiziere von der Wismut AG nach Jáchymov und warben unter den Kriegsgefangenen für eine Arbeit im sächsischen Uranbergbau. Mehr als 2 000 von ihnen gingen unmittelbar auf das

Angebot ein und unterschrieben einen Arbeitsvertrag. Ende des Jahres begann ihre Überführung in die SBZ. Allerdings flüchtete ein Teil der Heimkehrer bereits auf dem Transport. Dies veranlasste die sowjetischen und tschechoslowakischen Verantwortlichen dazu, die Entlassung der noch verbliebenen Kriegsgefangenen hinauszuzögern. Daraufhin traten mehr als 500 von ihnen im Lager »Mustek« in einen Hungerstreik. Sie wurden schließlich Ende Januar 1950 entlassen und nach Frankfurt/O. gebracht.

Bereits zuvor hatten sowjetische Offiziere einige deutsche Gefangene unter der Bedingung entlassen, dass sie weiterhin in den Jáchymover Minen, nun aber als normale Bergleute auf Grundlage eines Arbeitsvertrages, tätig sein würden. Damit waren die Tschechoslowaken allerdings überhaupt nicht einverstanden. Ebenso wenig mochten sie sich mit dem Vorschlag des technischen Direktors, Ingenieur Raschew, anfreunden, Deutsche aus der SBZ zum Nationalunternehmen nach Jáchymov zu holen. Das konnten sie immerhin verhindern, nicht zuletzt mit dem Hinweis darauf, dass es für die Deutschen bei der Wismut AG genug zu tun gab.

Vergleichsweise wenig bekannt ist über die ab 1948 größte Gruppe der Beschäftigten der Uranindustrie – die freiwilligen tschechoslowakischen Arbeiter. Es dauerte einige Zeit, bis für das Nationalunternehmen Jáchymov besondere Konditionen eingeführt werden konnten, sodass ein Arbeitsplatz in der Uranindustrie attraktiv erschien. Dazu zählten höhere Löhne als in den meisten anderen Industriebetrieben sowie eine Vielzahl von Zuschlägen und Prämien, darunter für den Untertageeinsatz. Doch die so angelockten Arbeiter reichten nach wie vor nicht aus, um die Nachfrage der Uranindustrie nach Arbeitskräften zu decken.

Zu weiteren Verbesserungen des Lohn- und Prämiensystems kam es dann im November 1951, nachdem Ministerpräsident Antonín Zápotocký diese Frage mit den Mitgliedern der Ständigen Kommission diskutiert hatte. Das Nationalunternehmen Jáchymov konnte auf gute Ergebnisse verweisen, so auf eine Steigerung der Produktivität um 31,5 Prozent im zurückliegenden Jahr. Daher sollte der Lohnfonds für die Bergleute von 56,47 auf 81,8 Millionen Kronen erhöht werden. Noch rascher wollte man die Löhne für die qualifizierten Bergleute und Führungskräfte anheben, nämlich um das 2,1- bis 2,8-fache. Dieser Vorschlag wurde am 12. Dezember 1951 angenommen. Außerdem erhielten die Bergleute höhere Lebensmittelzuteilungen, so genannte Russenrationen, Bekleidung und preiswerte Unterkünfte. Dieses in hohem Maße leistungsorientierte Lohnsystem blieb in der Uranindustrie bis Anfang der sechziger Jahre in Kraft, bevor es durch ein eher egalitäres Lohnsystem abgelöst wurde.

Zu den drängendsten Problemen zählte die Wohnungsfrage. Kurzfristig war der rasch steigende Bedarf nach Unterkünften nicht zu befriedigen. Einige wenige Arbeiter zogen in die von den Deutschen geräumten Häuser, die oft starke Schäden aufwiesen. Aus Sicht der Unternehmensführung genügten diese nicht den Ansprüchen der neuen sozialistischen Arbeiterklasse. Erst Ende der vierziger Jahre konnte die Kleinstadt Ostrov nad Ohří in eine Wohnstadt für die

Uranbergleute umgewandelt werden. Dort wurden 2 940 »Wohneinheiten« sowie Schulen, Läden und ein Krankenhaus gebaut. Die neue Siedlung – eines der frühesten Beispiele für den sozialistischen Plattenbau in der Tschechoslowakei – erfüllte über ein Jahrzehnt, bis zum Ende des Bergbaus im Jáchymover Revier, ihren Zweck. Nachdem sich der Schwerpunkt des Uranbergbaus in den Distrikt Příbram verlagert hatte, entstand dort Anfang der fünfziger Jahre eine ähnliche Wohnsiedlung. In beiden Fällen wurden Gefangene für die Bauarbeiten eingesetzt.

Als die KPČ im Februar 1948 die Macht übernahm, befand sich die Uranindustrie in einer akuten Krise. Nach wie vor lag die Produktion hinter den von den Sowjets geforderten Zielen zurück. Die Kommunisten reagierten darauf, indem sie Arbeitskräfte nach Jáchymov dirigierten und noch im Lande verbliebene Deutsche zur Arbeit im Uranbergbau zu rekrutierten gedachten. Letztere Entscheidung fiel ihnen nicht leicht, hatten doch die tschechoslowakischen Behörden gerade erst mit allen Kräften versucht, sich der Deutschen in ihrem Land zu entledigen. Die so genannte Aktion J (J stand für Jáchymov) war eine Idee des Ministeriums für Industrie und begann am 6. August 1948. In elf Distrikten des Landes wurden Deutsche angeworben und zusammen mit ihren Familien nach Jáchymov gebracht. Dies geschah ohne Rücksichtnahme auf ihre jeweiligen Arbeitsverhältnisse. Die Kampagne musste bereits nach kurzer Zeit wieder abgebrochen werden und vermochte der Uranindustrie auch nur einen Teil der geforderten 5 000 neuen Arbeitskräfte zuzuführen. Gleiches traf auf die vom Ministerium für Arbeit im Jahr 1949 begonnene »Aktion A« zu, die auf die Anwerbung ziviler tschechoslowakischer Arbeitskräfte zielte. Letztendlich konnten nur einige hundert Arbeiter gewonnen werden, eine Zahl, die gerade einmal ausreichte, um die Abgänge aus der Uranindustrie zu kompensieren. Weder durch den Einsatz der deutschen Kriegsgefangenen und Zwangsvermittelten im Rahmen der »Aktion J«, noch durch die verstärkte Anwerbung von tschechoslowakischen Freiwilligen konnte das Arbeitskräfteproblem des Nationalunternehmens gelöst werden.[114]

Als sich 1949 die Entlassung der deutschen Kriegsgefangenen abzeichnete, drohte sich der Arbeitskräfteengpass in der tschechoslowakischen Uranindustrie erneut zuzuspitzen. Die sowjetischen Vertreter in der Ständigen Kommission suchten nach Alternativen und dachten auch daran, mit Rumänien und Bulgarien einen Vertrag über die Anwerbung zusätzlicher Arbeitskräfte für die Uranindustrie zu schließen. Darüber hinaus machten sie den Vorschlag, im Rahmen des Fünfjahrplanes 1949 bis 1953 53 800 sowjetische Arbeiter, darunter 43 300 Bergleute, nach Jáchymov zu holen.[115] Wie bei der Beschäftigung von Deutschen blieben die tschechoslowakischen Kommunisten auch gegenüber der vorgeschlagenen Einwanderung von sowjetischen Arbeitern höchst reserviert. Sie befürchteten das Entstehen einer potenziell einflussreichen Minderheit auf ihrem Staatsgebiet. Daher lehnten sie das von den sowjetischen Vertretern in der Ständigen Kommission unterbreitete Angebot ab. Dies war ein bezeichnender Vorgang beim Aufbau des tschechoslowakischen Nationalstaates in der Nachkriegszeit. Die Kommunisten verfolgten nämlich das Ziel, einen ethnisch homogenen Staat aufzubauen.

Da keine Kriegsgefangenen mehr zu Verfügung standen und Gastarbeiter generell nicht erwünscht waren, verfiel das kommunistische Regime auf die Idee, neben der verstärkten Werbung von Freiwilligen auf den Einsatz von Häftlingen aus dem eigenen Land zu setzen. Einige der Gefangenen waren wegen krimineller Delikte oder Schwarzmarkthandel verurteilt worden, andere für die Kollaboration mit dem Besatzungsregime während des Krieges. Letztere wurden auch Retributionsgefangene genannt. Anfang 1949 kam eine neue Kategorie von Häftlingen in die Gefängnisse: Menschen, denen Verstöße gegen die neuen Gesetze zur Last gelegt wurden, hauptsächlich gegen das berüchtigte Gesetz Nummer 231 zum Schutz des kommunistischen Staates.

Im Januar 1949, weniger als ein Jahr nach der kommunistischen Machtübernahme, diskutierten die Mitglieder der Ständigen Kommission erstmals über den Einsatz von Häftlingen im Uranbergbau. Damit ebneten sie den Weg für die Errichtung eines Systems von Arbeitslagern in der Tschechoslowakei, einem an der Grenze des Ostblocks, in unmittelbarer Nähe zum Westen, gelegenen Gulag.

Die Grundlagen für den Einsatz von Gefangenen aus dem eigenen Land wurden in den Jahren 1949 bis 1951 gelegt. Ziel war es, den Mangel an technischer Ausrüstung und qualifizierten Bergleuten zu kompensieren. Dabei konnten die sowjetischen Vertreter auf die Erfahrungen mit dem Einsatz von Häftlingen in der Sowjetunion zurückgreifen. Anfangs setzten sich die tschechoslowakischen Behörden dafür ein, die Anzahl der politischen Gefangenen unter 30 Prozent der Gesamtzahl der Gefangenen in den Lagern zu halten. Immer wieder wurden allerdings grundsätzliche Bedenken laut, »Staatsfeinde« überhaupt mit der Arbeit zu betrauen, die in der Republik das höchste Prestige genoss. Zudem lag die Bergbauregion nahe der Westgrenze des Landes. Letztendlich gelang es der Leitung des Nationalunternehmens Jáchymov jedenfalls nicht, die Zahl der politischen Gefangenen unter dem einst festgelegten Limit zu halten. Die meisten Gefangenen arbeiteten unter härtesten Bedingungen unter Tage.[116]

Die »Aktion D«, später auch als »Aktion Ostrov« bezeichnet, sorgte für einen schnellen Start des neuen Arbeitskräfteeinsatzes. Das Abkommen zwischen dem Nationalunternehmen Jáchymov und dem Ministerium für Justiz über die Beschäftigung von Häftlingen wurde am 9. März 1949 getroffen und bis zum 21. Oktober 1949 umgesetzt. Der erste Transport von Gefangenen nach Jáchymov erfolgte im März oder Mai (die Angaben variieren). Da die Verantwortlichkeit für Häftlinge aus dem Zuständigkeitsbereich des Ministeriums für Justiz in den Bereich des Ministeriums für Staatssicherheit und kurz darauf des Innenministeriums überging, schloss das Nationalunternehmen Jáchymov mit allen drei Institutionen entsprechende Verträge.

Am 15. Juni 1949 wurden die Lager der Gefängnisverwaltung SVS (Sbor vězeňské stráže) – sie wechselte mehrfach ihren Namen – von Ostrov nad Ohří unterstellt. Sie agierte bis zu ihrer Auflösung am 1. Januar 1963 als Bindeglied zwischen dem Unternehmen und den Lagerkommandanten, führte die Personaldaten der Gefangenen und überwachte ihren Ein- und Ausgang.

Im Jahr 1951 befanden sich unter den 32 638 Insassen der Gefängnisse 11 026 politische Häftlinge, 10 621 Retributionsverurteilte sowie 9 634 Kriminelle und 1 357 Schwarzhändler. Im Todesjahr von Stalin, 1953, erreichte die Zahl der Gefangenen mit 46 675 ihren höchsten Stand. Wie viele von ihnen wegen »politischer Delikte« einsaßen, ist nicht genau bekannt. Durch die Amnestien von 1953 und 1955 reduzierte sich die Gesamtzahl der Häftlinge auf 23 755, danach stieg ihre Zahl bis 1959 erneut an. Nunmehr befanden sich 39 383 Gefangene in Haft, darunter schätzungsweise 9 000 politische Häftlinge.[117]

Das Nationalunternehmen Jáchymov avancierte bald zum größten Arbeitgeber für die politischen Gefangenen. Wahrscheinlich musste jeder, der zwischen 1949 und 1960 für ein politisches Vergehen verurteilt wurde, einen Teil seiner Haftzeit in den zum Nationalunternehmen Jáchymov gehörenden Lagern fristen.[118] Unter ihnen befanden sich auch viele Prominente wie der Germanist und Diplomat Eduard Goldstücker, der nur mit knapper Not dem Naziterror entkommen war. Nach Kriegsende kehrte er aus dem Londoner Exil nach Prag zurück und gehörte zu den führenden Intellektuellen der Tschechoslowakei. Von seinen kommunistischen Parteigenossen wurde er »als jüdischer bourgeoiser Nationalist« denunziert und 1951 eingekerkert. Die Arbeitsbedingungen in Jáchymov brachte er wie folgt auf den Punkt: »Aber auf die Menschen kam es hier nicht an, sie waren bloße Masse.«[119]

Im Jahr 1953 gab es bereits 13 821 Häftlinge unter den nunmehr 40 317 Beschäftigten in der tschechoslowakischen Uranindustrie. Mitte der fünfziger Jahre erreichte die Arbeitskräftezahl in der Uranindustrie mit 46 351 Beschäftigten, davon 9 214 Häftlinge, schließlich ihren Höhepunkt. Bis 1960 ging sie auf 25 633 Beschäftigte, darunter noch 2 923 Häftlinge, zurück.[120]

Die größten Jáchymover Arbeitslager befanden sich in Horní Slavkov mit 1 455, Rovnost mit 1 240 und Vykmanov mit 1 083 Häftlingen. Die Zahl der Gefangenen wuchs rasch: am 30. September 1950 unterstanden der Gefängnisverwaltung von Ostrov 6 989 Gefangene, ein Jahr später waren es bereits 10 974, wobei die Insassen des Lagers »Vojna« im Distrikt Příbram noch nicht einmal berücksichtigt sind. Ihren höchsten Stand erreicht die Zahl der Gefangenen in den Büchern der Gefängnisverwaltung von Ostrov mit 14 996 im März 1953. Nach dem Tode Stalins und der Amnestie vom 4. Mai 1953 wurden 4 053 Gefangene freigelassen.[121]

Die Diskriminierung von politischen Häftlingen war in den zum Jáchymover Unternehmen gehörenden Lagern an der Tagesordnung. Štefan Rais, der Minister für Justiz, ordnete an, die »Klassenfeinde« von den übrigen Gefangenen zu separieren. Das stalinistische Regime in Prag wollte die »reaktionären Elemente« ein für allemal ausschalten. Der Chef der Gefängnisverwaltung im Innenministerium, V. Baudyš, sprach sich ebenfalls für eine Separierung der Gefangenengruppen aus. Er fürchtete, dass die »weniger gefährlichen Häftlinge, vor allem die Kleinkriminellen, unter den Einfluss der gefährlichsten Gruppe kommen, die gegen die Sicherheit des Staates verstoßen haben und dann das Gefängnis oftmals mit Hassgefühlen gegen den Staat verlassen.«[122]

Seit 1949 wurden politische Gefangene, die zu Haftstrafen von mehr oder weniger als zehn Jahren verurteilt worden waren, in zwei erste, und Kriminelle, die zu Haftstrafen von mehr oder weniger als fünf Jahren verurteilt worden waren, in zwei weitere Kategorien eingeteilt.[123] Die Häftlinge der ersten Kategorie kamen in die Lager »Vojna«, »Nikolaj«, »Vykmanov II«, »Rovnost« und »Eliáš«, die der zweiten Kategorie in die Lager »Prokop«, »Svatopluk«, »Mariánská« und »Vršek« (auch als »Barbora« bekannt). Das Lager »Ležnice« war für die dritte Kategorie vorgesehen, die Gefangenen der vierten Kategorie kamen in die Lager »Nummer XII«, »Bratrství«, »Svornost«, »Vykmanov I« und »Central«. Retributionshäftlinge, die man wegen Kollaboration mit den Nazis verurteilt hatte, steckte man in die dritte und vierte Kategorie, da sie nicht länger als ernsthafte Bedrohung für das neue Regime angesehen wurden. Das Lager »Nummer XII« verfügte außerdem noch über eine separate Abteilung für Militär- und Polizeigefangene.[124] Die Kategorien für die Einteilung der Gefangenen wurden im April 1953 endgültig gebilligt, doch es war in jedem Fall schwierig, die Richtlinien in der Praxis umzusetzen.

Die Lagerältesten und Informanten rekrutierte man in der Regel aus dem Kreis der Kriminellen oder Kollaborateure. Einige von ihnen wurden Lager- oder Stubenälteste. Sie hegten nur wenig Sympathie für die politischen Gefangenen, im besten Fall standen sie mit stummer Zustimmung der politischen Häftlinge an der Spitze der Lagerselbstverwaltung.[125] Weitaus öfter nutzten die Ältesten jedoch ihre Machtstellung zur Einschüchterung und Schikanierung.

Wenn es die Aufgabe der Lager gewesen sein soll, neben der Versorgung der Uranindustrie mit billigen Arbeitskräften die »Klassenfeinde« im eigenen Land zu schwächen, d.h. die bürgerlichen Eliten auszuschalten, dann verfolgten die Behörden dieses Ziel eher nachlässig. Die Leidtragenden der politischen Justiz des kommunistischen Staates waren überwiegend die »kleinen Leute«. Dies zeigt ein Blick auf die Sozialstruktur der Häftlinge. Im Mai 1950 befanden sich unter den 11 026 politischen Häftlingen 3 488 Arbeiter, 1 119 Bauern, 3 082 mittlere und kleine Angestellte, 961 höhere Angestellte, 1 193 Händler bzw. Besitzer von Kleinbetrieben, 306 Geschäftsleute und Selbstständige sowie 877 andere.[126]

Das Ziel, eine möglichst große Zahl von Gefangenen der Uranindustrie zur Verfügung zu stellen, beeinflusste auch die Größe der Gefängnisverwaltung. Ende 1950 war SVS Ostrov die größte Gefängniseinheit in der Tschechoslowakei, und zwar mit mehr als einem Drittel aller Gefangenen.[127] Damit nicht nur der Uranabbau selbst, sondern auch der Einsatz von Gefangenen wenigstens weitgehend geheim blieb, musste ein großer Sicherheitsapparat in den Ministerien für Justiz, Staatssicherheit und Inneres aufgebaut werden. Für das Jahr 1951 wird geschätzt, dass sich ca. 4 000 Personen mit Sicherheitsfragen befassten.

Die Bezirksgefängnisse in Böhmen waren gehalten, alle Insassen, einschließlich derjenigen, die nur für leichte Arbeiten eingesetzt werden konnten, im Auftrag einer »speziellen Arbeitsverwaltung in Ostrov nahe Karlovy Vary ins Lager Vykmanov« zu schicken. Von dort aus wurden sie dann auf die anderen Lager verteilt. Die Gefängnisse in Moldawien hatten den Auftrag, Gefangene, die für die Untertagearbeit im schlesischen Kohlebezirk Ostrava nicht in Frage kamen, sowie Gefangene, die vom Staatsgericht verurteilt worden waren, d.h. die politischen Häftlinge, nach Ostrov zu schicken. Diese Gruppe von Häftlingen wurde unter dem Codenamen »Ostrov« geführt. Im offiziellen Schriftwechsel durfte kein anderes Wort verwandt werden. Bevorzugt in den Uranbergbau gelenkt wurden Langzeithäftlinge. Sammelstellen für die zur Arbeit nach Ostrov rekrutierten Häftlinge richtete man in den Gefängnissen von Prag, Pilsen, Olomouc und Brno ein.[128]

Der Einsatz von Zwangsarbeitern war nicht allein für den Aufbau des Nationalunternehmens Jáchymov unentbehrlich, sondern spielte auch eine entscheidende Rolle bei der Überbrückung von Engpässen in Zeiten, in denen das Unternehmen eine maximale Produktion erzielen sollte, ohne über die nötigen technischen Ausrüstungen und Facharbeiter zu verfügen. Die Zwangsarbeit wirkte auf die übrige Bevölkerung einschüchternd und trug damit zur Stabilisierung des Regimes bei. Für die Industrialisierung der Sowjetunion seit langem in Zentralasien und Sibirien angewandte Methoden wurden nun auch im Zentrum Europas eingeführt.[129]

Die Einführung des Systems

Nachdem im März 1949 die Entscheidung gefallen war, Häftlinge als Arbeitskräfte im Uranbergbau einzusetzen, entwickelte sich rasch ein System von Arbeitslagern, ein tschechoslowakischer Archipel Gulag. Gefangene wurden in so genannte Strafarbeitslager bzw. Zwangsarbeitslager gesteckt. Bis 1953 gehörten 18 Lager zum System, von denen zwölf im Revier Jáchymov, vier in Horní Slavkov und zwei in Příbram lagen.

In einigen Fällen wurden die Lager nach den Orten benannt, in oder bei denen sie sich befanden, zum Beispiel »Vykmanov« oder »Mariánská« im Revier Jáchymov, »Ležnice« bei Horní Slavkov oder »Bytíz« nahe Příbram. Öfter wurden die Lager allerdings nach den Minen bezeichnet, zu denen sie gehörten: dies war in Jáchymov unter anderem die Mine »Bruderschaft« (Bratrství) mit zwei Lagern, »Bratrství« und »Ústřední«; nahe der »Eliáš«-Mine gab es ebenfalls zwei Lager, »Eliáš I« und »Eliáš II«. Auch Rovnost verfügte über zwei Lager, »Rovnost I« und »Rovnost II«, das alte und das neue Rovnost. Bei Horní Slavkov lagen u.a. die Lager mit den Namen »Svatopluk«, »Prokop« und das Lager »Nummer XII«, benannt nach den lokalen Minen. Das wichtigste Lager bei Příbram war das Lager »Vojna«, das später als Kaserne weiter genutzt wurde.

Anfang März 1949 kamen die ersten 209 Gefangenen ins Lager »Vykmanov«. Ihnen folgten weitere 753 Männer einen Monat später.[130] Sie arbeiteten über Tage und halfen darüber hinaus beim Aufbau des Lagers. Anfang Juni trafen auch im Lager »Mariánská« die ersten Insassen ein, darunter mehr als 200 Häftlinge aus »Vykmanov«. Sie arbeiteten in den Minen »Eva« und »Adam«. Als man die Uransuche ausweitete, entstand im Juli 1949 in Horní Slavkov ein weiteres Arbeitslager. Ein viertes eröffnete man am 29. Juli in der Nähe der Grube »Eliáš«, und zwar in einem ehemaligen Kriegsgefangenenlager, das desinfiziert und entlaust worden war. Auch in Rovnost und Svornost wurden frühere Kriegsgefangenenlager noch vor Ende 1949 für ihre neue Bestimmung hergerichtet. Die letzten Kriegsgefangenen hatten Rovnost Mitte September 1949 verlassen, jetzt rückten tschechoslowakische Gefangene aus den Lagern »Mariánská« und »Eliáš« an, um es aufzuräumen. Es wurde für 978 Gefangene vorbereitet, von denen 800 aus dem zentralen Lager »Vykmanov«, 97 aus »Mariánská« und 81 aus »Eliáš« kamen. Das Lager »Svornost« bestand aus vier Holzbaracken, einem separaten Küchentrakt, einem kleinen Lagerhaus und einem Klubhaus. Die letzten deutschen Kriegsgefangenen hatten das Lager am 3. Dezember 1949 verlassen, das kurz darauf von fünfzig einheimischen Gefangenen gründlich gereinigt wurde. Künftig sollten hier rund 600 Gefangene hausen.[131]

Zumindest in den ersten zwei Jahren erhielt das Justizministerium eine Vielzahl kritischer Berichte über die Zustände in den Lagern. So meldete Major František Čermák nach einem Besuch des Jáchymover Bergbaureviers am 13. und 14. August 1949, dass die Leitung des Nationalunternehmens Jáchymov nicht in der Lage sei, für eine anständige Unterbringung der Gefangenen zu sorgen. Es fehle an einer ausreichenden Wasserversorgung, Trinkwasser müsse extra angeliefert werden. Im Lager »Eliáš« sei die Wasserqualität »sehr gesundheitsschädlich«. Den Gefangenen mangele es an vernünftiger Bekleidung, Schuhen, Bettzeug und Geschirr, selbst Verbandszeug habe man dort kaum. Die medizinische Betreuung sei völlig unzureichend.[132]

Daraufhin besuchte Karel Martínek im Auftrag des Justizministeriums am 21. und 22. Oktober 1949 die Lager bei Vykmanov, Horní Slavkov und Rovnost sowie die Lager »Eliáš« und »Mariánská«. Seiner Meinung nach waren die Bedingungen in Rovnost am schlechtesten. Dieses Lager hatte man auf einem schmalen Landstück in unmittelbarer Nähe zur Mine gebaut. Es war überfüllt, die Küche konnte nur die Hälfte der Insassen gleichzeitig versorgen. Zudem gab es Engpässe bei der Arbeitsbekleidung. Es fehlten Gummischuhe und Capes. Das Lager bei Horní Slavkov war derart überbelegt, dass die in drei Schichten arbeitenden Gefangenen ihr Bett mit anderen teilen mussten.

Im Jahr 1950, nach einer Inspektion des Lagers »Vojna« im Bezirk Příbram, wurde im Bericht des Ministeriums für Justiz festgehalten: »Einige der Genossen, die während der Okkupationszeit in deutschen Konzentrationslagern gesessen hatten, sagten, dass es solch schlechte Bedingungen selbst in den deutschen Lagern nicht gegeben hat.«[133]

Auf einer Sitzung mit Angehörigen des Ministeriums für Justiz und Führungskräften des Nationalunternehmens im Mai 1950 wurde die Verantwortlichkeit für die Verwaltung der Gefangenen ausführlich erörtert. Im Ergebnis der Gespräche verpflichtete sich das Ministerium am 28. Juli 1950, die Gefangenen zu liefern, das Unternehmen war für Verpflegung und Unterkunft zuständig. Für die Unterbringung wurden sechs Kronen pro Person und Tag in Rechnung gestellt, einschließlich Heizung und Licht, die Verpflegung sollte nach denselben Sätzen berechnet werden wie das Kantinenessen für die zivilen Beschäftigten.

Stellte sich noch die Frage der Löhne für die Gefangenen. Von der ursprünglichen Idee, die tschechoslowakischen Zivilbeschäftigten und die Häftlinge nach gleichen Sätzen zu bezahlen, rückte man bald ab. Das Problem wurde auf gerissene Art gelöst. Die Gefangenen erhielten dieselben Löhne wie die normalen Beschäftigten, doch das Geld wurde an die Lagerleitung und nicht an die Gefangenen gezahlt. Die zog von vornherein 30 Kronen pro Tag für Unterbringung und Verpflegung ab, der Restbetrag ging in drei Teilen an die Familie des Gefangenen, auf ein Sperrkonto und an den Gefangenen selbst, und zwar in Form von Coupons, die nur in der Lagerkantine eingelöst werden konnten. Die Zahlungsmoral war allerdings nicht besonders ausgeprägt. Im Jahr 1949 wurden beispielsweise überhaupt keine Gefangenenlöhne ausgezahlt.[134] Die Lager entwickelten sich so zu einem einträglichen Geschäft für das zuständige Justizministerium.

Im Jahr 1949 verdiente das Ministerium an dem Einsatz von Gefangenen fast 35 Millionen Kronen. Allein die Gefängnisverwaltung Ostrov überwies dem Staatshaushalt 1954 mehr als 51 Millionen Kronen und 1955 immerhin über 43 Millionen Kronen.[135]

Das Lagerregime, das die Grundbedürfnisse der Gefangenen sichern sollte, geriet bald in die Kritik des neu gegründeten Ministeriums für Staatssicherheit (MNB), das 1951 die Zuständigkeit für die Gefangenenlager vom Justizministerium übernahm. Erster Minister war von Mai 1950 bis Januar 1952 Ladislav Kopřiva. Das Personal für den Apparat der Staatssicherheit rekrutierte Kopřiva in erster Linie unter den jungen Parteimitgliedern der KPČ. Sie gingen ihren Aufgaben höchst eifrig nach. Das kam auch in der Forderung zum Ausdruck, die Sicherheitsmaßnahmen in den Gefangenenlagern müssten deutlich verschärft und das Regime mit härterer Hand geführt werden. Daraufhin wurden einige Offiziere der Gefängnisverwaltung Ostrov derart strengen Überprüfungen unterzogen, dass zwei von ihnen Selbstmord begingen. Im Jahr 1951 inszenierte die Staatssicherheit Spionage- und Sabotageprozesse, in denen sowohl SVS-Offiziere als auch Führungskräfte des Nationalunternehmens Jáchymov auf der Anklagebank saßen.

Im Zuge dieses Vorgehens musste sich die Gefängnisverwaltung Ostrov den Vorwurf gefallen lassen, den Aufbau eines zuverlässigen Netzwerks von Informanten in den einzelnen Lagern versäumt zu haben. Im April 1950 – zu dieser Zeit wuchs der Lagerkomplex rasch – verfügte die Verwaltung nur über 28

Informanten, die nicht einmal regelmäßig berichteten. Das Ministerium für Staatssicherheit schickte kurzerhand eigene Leute nach Ostrov. Sie trugen Uniformen von SVS-Offizieren und erhielten eine neue Identität. In den jeweiligen Lagern überwachten sie fortan das Sicherheitspersonal, rekrutierten Informanten und sammelten Informationen über die Gefangenen.

Das Ministerium für Justiz blieb auch weiterhin dafür zuständig, dem Lagersystem fortlaufend neue Häftlinge zuzuführen. Anfang Juli 1951 ging man davon aus, weitere 5 740 Gefangene in die Lager des Bergbaugebiets schicken zu müssen, um die geforderte Zahl von insgesamt 13 000 erreichen zu können. Die neuen Kontingente schlossen den Ersatz für entlassene oder kranke, geflohene oder ums Leben gekommene Häftlinge ein.[136]

Weil die Kapazitäten der bisherigen Lager bald nicht mehr ausreichten, kam eine Reihe neuer hinzu. »Vykmanov II« – auch unter dem Kürzel »L« bekannt – gehörte zu den ersten Neubauten. Daneben entstanden im Frühjahr 1951 das Lager »Svatopluk« und im Sommer desselben Jahres das Lager »Nummer XII« bei Horní Slavkov. Ende des Jahres befanden sich in beiden Lagern insgesamt mehr als 1 500 Häftlinge. Nach der Flucht von zwölf Häftlingen am 15. Oktober 1951 wurde das Regime in den Lagern von Horní Slavkov noch einmal verschärft, sodass diesen Lagern ein denkbar schlechter Ruf vorauseilte. Bis Ende des Jahres 1951 war das Netzwerk von Arbeitslagern im Wesentlichen komplett. Nur das Lager »Bytíz« im Distrikt Příbram, das sich zu einem der größten Lager entwickeln sollte, kam 1953 noch hinzu.

Zwischen dem Frühjahr 1951, als das Ministerium für Staatssicherheit die Kontrolle und Sicherung der Jáchymover Uranminen übernahm, und dem Frühjahr 1953, als Stalin starb, lebten die politischen Gefangenen in den Lagern unter den härtesten Bedingungen. Die meisten Mitarbeiter der Staatssicherheit waren eifrige Kommunisten, die an die Theorie von Präsident Gottwald glaubten, dass der Klassenfeind, die Bourgeoisie, im Februar 1948 eine Niederlage erlitten hatte, aber längst noch nicht endgültig geschlagen sei. Nach Aussagen ehemaliger Häftlinge des Lagers »Prokop« sollen sich ihre Haftbedingungen in dieser Zeit spürbar verschlechtert haben. Gleichzeitig nahm die Diskriminierung von politischen Häftlingen zu.[137]

»Staatsfeinde«

In die Führung der Lager des Nationalunternehmens Jáchymov flossen sowohl die Erfahrungen aus den deutschen Konzentrationslagern als auch der sowjetischen Gulags ein. Unter der Selbstverwaltung der Lager durch die Gefangenen hatten vor allem die »Staatsfeinde«, d. h. die politischen Gefangenen, zu leiden. Alle herausgehobenen Funktionen, zum Beispiel die des Lagerältesten oder des Küchenchefs, wurden ausschließlich von Häftlingen, die wegen Kollaboration in der Besatzungszeit verurteilt waren, oder von ganz gewöhnlichen Kriminellen wahrgenommen. Beide Gruppen hegten kaum Sympathien für die politischen Gefangenen und spielten ihre Sonderstellung aus. Die Lagerältesten ließen Appelle durchführen, verteilten die Arbeit in den Lagern und konnten die Häftlinge mit zusätzlichen Arbeitseinsätzen – bekannt als so genannte Brigaden – schikanieren. Auch die Schichtleiter rekrutierten sich gewöhnlich aus Kollaborateuren und Kriminellen. Bei geringer Produktivität, der Weigerung, bestimmte Aufgaben zu erfüllen, oder bei Unterschreiten der Arbeitsnorm, aus welchen Gründen auch immer, wurden die Rationen reduziert oder die Gefangenen mit Einzelhaft in Isolationszellen bestraft.

Die Sicherheitspolizei (StB) verfügte über ein eigenes Netz von Informanten. Diese sollten die Gründe für die niedrige Produktivität herausfinden und nach Anzeichen für Widerstand suchen, vor allem Fluchtpläne von Gefangenen aufdecken. Ihre Berichte sind von anderem Gewicht für die Bewertung der Lage der Gefangenen als die Berichte des technischen Personals, in denen sich viele politische Standardformulierungen finden, trotz der Forderung nach ökonomischer Effizienz. Einer der Gefangenen erinnerte sich daran, dass, wenn alle Häftlinge, die in der Mine »Barbara« unter Tage arbeiteten, ihre Normen erfüllt hätten, gar nicht genug Lastkraftwagen zur Verfügung gestanden hätten, um das Erz abzutransportieren. Zu dieser Einschätzung kam der Häftling während einer langen Einzelhaft in einem isolierten Bunker.[138]

Ein Mitarbeiter des Ministeriums für Staatssicherheit nahm befriedigt zur Kenntnis, dass der Lagerkommandant den Klassenkampf zwischen den Gefangenen erfolgreich angeheizt hatte – er dachte dabei an die Spannungen zwischen den politischen und den übrigen Gefangenen.[139] Das wirksamste Mittel für die »Umerziehung« der »Staatsfeinde« war nach seiner Auffassung die kollektive Bestrafung. Vor diesem Hintergrund gerieten sie unter doppelten Druck: Sie waren einerseits gehalten, so viel Uranerz wie möglich für die Sowjets zu fördern, andererseits sollten sie gehorsame Bürger des kommunistischen Staates werden.

Die Kontakte zwischen »freien« und »unfreien« Arbeitern beobachtete die Lagerleitung äußerst aufmerksam. Jegliche Gefälligkeit für die politischen Gefangenen wurde bestraft. In den finsteren Memoiren ehemaliger Häftlinge finden sich dennoch Beispiele für die eine oder andere entgegenkommende Geste von Wachen oder anderen Lagerangestellten, die eine unbeschränkte Macht über die Häftlinge besaßen, sowie von zivilen Bergleuten. Sie gaben ihnen Nahrungsmittel, schmuggelten Briefe für sie, und in einigen wenigen Fällen besuchten sie sie sogar in ihrer Freizeit. In einer der Minen von Jáchymov schmückten die Bergleute Weihnachten 1951 einen Baum und gaben den Gefangenen kleine Geschenke.[140]

Vykmanov: der »Todesturm«

»Vykmanov II«, bekannt als Lager »L« oder »Elko«, war eines von den kleineren Jáchymover Lagern mit gerade einmal 200 Gefangenen. Dort erfolgten die Erzverarbeitung und Erzverladung, Arbeiten, die mit hohen Gesundheitsrisiken verbunden waren und dem Lager einen entsprechend schlechten Ruf einbrachten. Unter den Insassen gab es viele katholische Priester und Angehörige der tschechoslowakischen Truppen, die während des Krieges im Westen gekämpft hatten.

Das Lager war in der Jáchymover Strafkolonie einmalig, weil hier keinerlei Erzabbau stattfand. In der Mitte des Areals stand der »Todesturm«, der wie eine große Mühle aussah. Um ihn gruppierten sich mehrere Gebäude und Container für das Roherz und das aufbereitete Uranerz. Das Roherz wurde zunächst in den »Todesturm« gebracht, auf große Gitter geschüttet und von den Gefangenen mit Hämmern gebrochen. Dabei waren die Häftlinge einer besonderes hohen Konzentration radioaktiven Staubs ausgesetzt, was der Anlage ihren Namen einbrachte. Dann kam das Erz in die »Sortierhalle«, schließlich wurde es von mechanischen Brechern zu kleinen dunkelgrauen Körnern mit einem metallischen Schein weiterverarbeitet. In dieser Form verpackte man es in Metallkisten, die abtransportiert wurden.

Das in einem Sumpf gelegene Lager selbst bestand aus zwei Holzbaracken und einer steinernen Haftzelle, umgeben von einem Stacheldrahtzaun. In einer Art Außenbezirk befand sich der Wohnblock für die Wachen und ihre Familien. Einige der Frauen arbeiteten als Aufseherinnen in der Erzsortiererei.

Die Lagerleitung von »Vykmanov II« setzte sich ausschließlich aus Sowjets zusammen. Ihnen zur Seite standen nur einige wenige zivile Beschäftigte. Die Minen befanden sich zwar im Besitz der Tschechoslowakei, aber ihr »bisschen Erz« sollte der Sowjetunion gehören. Entsprechend »arrogant« verhielten sich die sowjetischen Verantwortlichen vor Ort. Einige von ihnen wurden von den Gefangenen mit abfälligen Spitznamen versehen. Den Leiter der Sortierhalle etwa nannten die Häftlinge den »Parfümierten«, weil man ihn riechen konnte, bevor man ihn sah. Der Arbeitsdirektor hatte den Titel »Hämoroid« weg, da er sich beim Gehen stets den Hintern kratzte. Die Frau eines Wachhabenden wurde das »Biest von Belsen« gerufen. Gegen sie war im Zusammenhang mit den Verbrechen eines Ukrainers, der im Distrikt von Karlovy Vary lebte, ermittelt worden. Er hatte vorgegeben, illegale Grenzübertritte für Menschen, die in den Westen fliehen wollten, zu organisieren, dann aber seine Klienten ausgeraubt und umgebracht. Während des Prozesses soll sein Verteidiger erklärt haben, dass die Opfer des Angeklagten in Wirklichkeit »Staatsfeinde«, also politische Häftlinge gewesen seien.

Der Alltag der Häftlinge war streng reglementiert. Die Gefangenen arbeiteten in drei Schichten. Hinzu kamen Sondereinsätze: für die Nachmittagsschicht am Vormittag, für die Früh- und die Nachtschicht am Nachmittag. In ihrer Freizeit mussten die Gefangenen die Räume der Wachen reinigen sowie täglich die

Flure und zwei Mal pro Woche die Wände ihrer eigenen Baracken scheuern. Der Hof wurde dreimal am Tag gefegt. Zu der unbeliebtesten Tätigkeit zählte die Reinigung der Wagen, in denen die Wachen die Uranzüge begleiteten. Am ärgerlichsten von allen Pflichten und besonders anstrengend waren die häufigen, oft stundenlangen Appelle. Jeden Tag fanden auf dem Hof fünf Musterungen statt: vor Beginn jeder Schicht und bei der Ankunft bzw. der Abfahrt der Uranzüge. Bei jedem Wetter mussten die Gefangenen draußen stehen, oftmals in ihrer nassen oder, im Winter, gefrorenen Arbeitsbekleidung.

Die Lebensbedingungen selbst waren dürftig. Das Waschhaus war in einer Holzbaracke mit glaslosen Fenstern untergebracht. In der Mitte stand ein Trog mit einigen Kaltwasserhähnen. Dort stank es vor allem im Sommer bestialisch, weil sich die Latrinen gleich nebenan befanden. Klopapier gab es nur für Gefangene mit einem ärztlichen Attest. Kohle zum Heizen wurde im Winter streng rationiert. Wenn ein Wachposten meinte, ein Raum sei überheizt, konnte er den Gefangenen befehlen, die Kohlen zurückzubringen und den Ofen nach draußen zu stellen.

Das Essen im Lager »L« war alles in allem passabel, mit Kartoffeln als Hauptnahrungsmittel. Da sich eine große Gruppe katholischer Priester im Lager befand, wurde Fleisch in der Regel freitags ausgegeben. Für Unterhaltung sorgten zwei Grafiker, die eine Wandzeitung gestalteten. Einer von ihnen war František Voborský, bekannt für seine Cartoonfigur Pepina Rejholcová. Vor und während des Krieges hatte er ein eindrucksvolles politisches Poster entworfen. Es zeigte die Prager Burg vor einer dunklen Silhouette, darüber eine rote Kralle mit Hammer und Sichel. Die Bildunterschrift lautete: »Wenn sie dich ergreift, wirst du sterben.«

Familienbesuche wurden nur in unregelmäßigen Abständen gestattet. Die Gefangenen erhielten bei dieser Gelegenheit saubere Kleidung. Während der Begegnung, die oft nur eine Viertelstunde dauerte, wurde zwischen die beiden Parteien ein Netz aus Draht gehängt.

Die Sicherheitszone

Freudlosigkeit und ein tyrannisches Regime waren für alle Arbeitslager gleichermaßen charakteristisch. Eingerahmt von einem doppelten Stacheldrahtzaun, gruppierten sich um den Appellplatz Behelfsbauten, Holzbaracken, Isolationszellen, Küchen- und Waschhäuser, manchmal auch eine Empfangshalle. Von den Suchscheinwerfern der Wachtürme glitten in regelmäßigen Abständen gleißende Lichtkegel um das Lager, große Holzlampen erleuchteten den trostlosen Schauplatz.

Von den Lagern aus wurden die Gefangenen unter hohen Sicherheitsvorkehrungen zu den Minen gebracht. Zumeist kettete man die Gefangenen an ein Stahlkabel, das mit einem Schloss gesichert war. Das menschliche Paket marschierte dann unter den Augen von bewaffneten Wachposten zum nahe gelegenen Schacht.

Der Zugang zur Uranregion wurde ab Februar 1948 eingeschränkt. Um Jáchymov betreten zu können, benötigten die Einwohner, Besucher und Pendler einen speziellen Eintrag im Ausweis. Die Beschäftigten des Nationalunternehmens erhielten Spezialausweise. Während der Zutritt zur verbotenen Zone vom Militär beaufsichtigt wurde, waren innerhalb der Zone Spezialeinheiten des Innenministeriums stationiert. Weitere Sicherheitsmaßnahmen erließ das Innenministerium mit dem Gesetz zum Schutz der Staatsgrenze vom 11. Juli 1951. Dieses verfügte auch die Einrichtung weiterer Sperrgebiete um Karlovy Vary, Plzeň, České Budějovice, Jihlava, Brno sowie der Region um Bratislava. Außerdem traten ab dem 15. Dezember 1951 strengere Regelungen für die Jáchymover Region in Kraft. Davon betroffen waren insgesamt 21 Dörfer. Ähnliche Regelungen wurden auch für die Gegend um Horní Slavkov und später um Příbram eingeführt. Alle öffentlichen Straßen, die in die verbotenen Zonen führten, wurden durch Schlagbäume unterbrochen, kleinere Straßen oft ganz gesperrt.

Im Zuge der Verschärfung der Sicherheitsmaßnahmen wurden Hunderte Familien aus der Uranregion ausgesiedelt. Dies betraf 451 Familien aus der verbotenen Zone rund um Jáchymov und 445 Familien aus der Grenzregion von Karlovy Vary. Sie sollten ihre Heimatorte bis spätestens Ende April 1952 verlassen. Außerdem mussten 837 »unerwünschte Personen«, von den örtlichen Behörden als politisch unzuverlässig eingeschätzt, aus der Region von Karlovy Vary umsiedeln.[141] Das Innenministerium ordnete des Weiteren an, dass sich diese Personen in keinem anderen Grenzdistrikt niederlassen durften. In einem Bericht über die gesamte Aktion wurde ebenfalls festgehalten, dass die »Listen in Übereinstimmung mit den Instruktionen der Sicherheitsorgane auch Personen enthalten, für deren Aussiedlung keine konkreten Gründe vorliegen, und Personen, für deren Aussiedlung keine völlige Rechtfertigung gegeben werden kann.«[142] Allein der Stadtrat von Karlovy Vary, also die örtliche Staatsmacht, zahlte für die Umsiedlungsaktion sieben Millionen Kronen.

Angesichts der getroffenen Sicherheitsvorkehrungen hatten die Häftlinge in den Jahren zwischen 1949 und 1951 kaum eine Chance, aus den Lagern zu fliehen. Völlig aussichtslos war eine Flucht jedoch nicht. Im Jahr 1949 sollen 143 Gefangene, 1950 98 und 1951 sogar 156 den »Sprung« in die Freiheit geschafft haben.[143] Die Zahl der Fluchtversuche wird für die Jahre zwischen 1949 und 1955 mit 572 angegeben. Nicht bekannt ist allerdings, wie vielen es gelang, unentdeckt zu entkommen. Die Angaben schwanken zwischen 54 und 150.[144] Flüchtlinge, die aufgegriffen wurden, haben die Sicherheitskräfte entweder auf der Stelle totgeprügelt oder geschlagen und dann zum Tode verurteilt. Im günstigsten Fall konnten sie mit weiteren Jahren Haft rechnen.

Dem Umstand, dass eine Flucht nur gelingen konnte, wenn sie lange und sorgfältig vorbereitet war, begegnete die Lagerleitung auf ihre Weise, indem sie die Gefangenen regelmäßig an andere Standorte verlegte. Die Angehörigen, die man als wichtigste Fluchthelfer im Verdacht hatte, wurden darüber zumeist nicht informiert.[145]

Wer dennoch mit dem Gedanken an eine Flucht spielte, musste auch zusehen, wo er anschließend möglichst sicher untertauchen konnte, wollte er nicht bald wieder aufgegriffen werden. Dabei lag es nahe, sich gen Westen zu orientieren. Doch die Grenze nach Bayern, die am nächsten lag, war der am schärfsten bewachte Abschnitt der gesamten Staatsgrenze. Auch der Weg über die SBZ bzw. DDR nach Österreich oder Westberlin war kaum leichter. Alles in allem keine vielversprechenden Aussichten.

Ein spektakulärer Fluchtversuch ereignete sich in der Nacht vom 14. auf den 15. Oktober 1951 im Gefangenenlager »Nummer XII« bei Horní Slavkov. Ein langer Stacheldrahttunnel verband das Lager mit den Minen. Zehn Gefangene versuchten in dem Moment auszureißen, als sie den Tunnel verließen. Erfolg war ihnen jedoch nicht beschieden. Nur fünf überlebten und wurden gefangen genommen, die anderen fünf von Wachen erschossen. Die Toten brachte man ins Lager, wo man ihre Körper ins Gras legte. Daraufhin mussten alle 1500 Lagerinsassen an den ausgestreckten Körpern vorbeigehen. Wer es wagte, seine Mütze abzunehmen, wurde von den Wachen verprügelt.

Die Arbeitsbedingungen in den Minen forderten ihrerseits Todesopfer unter den Gefangenen. In den Jahren von 1949 bis 1955 sollen nach offiziellen Berichten 227 Häftlinge ums Leben gekommen sein, darunter wahrscheinlich 92 »Staatsfeinde«. Allein in Horní Slavkov habe es 35 Todesfälle gegeben. Unabhängige Belege für diese Angaben gibt es bislang nicht. Sicher scheint nur, dass die offiziellen Ziffern zu niedrig sind.[146] Für die Gruppe der freien Arbeiter liegen keine Zahlen vor. Selbst Schätzungen sind schwierig. Zu bedenken ist nämlich, dass Gefangene, die auf eine reiche Erzader gestoßen waren, von diesem Punkt abgezogen und an einen anderen geschickt wurden. Anschließend setzten zivile Bergleute, vor allem solche, die das Vertrauen der Partei genossen, die Arbeit an der Erzader fort. Damit waren sie der höchsten Strahlenintensität ausgesetzt. Wie viele von ihnen an gesundheitlichen Spätfolgen litten und zum Teil heute noch leiden, vermag niemand zu sagen.

Der Alltag im Arbeitslager »Vojna«

Auch nach dem Machtwechsel in Moskau im März 1953 und den Veränderungen des internationalen Klimas erhielt der tschechoslowakische Staat sein Lagersystem für weitere fünf Jahre aufrecht. Es wurde schrittweise von Jáchymov in die Bergbauregion von Příbram transferiert. Dort entstand 1953 mit »Bytíz« das letzte Lager des tschechoslowakischen Gulagsystems. Das größte Lager im Distrikt Příbram war das Lager »Vojna«, das man bereits 1950 eingerichtet hatte. Ehemalige Häftlinge haben die Zustände dort detailliert beschrieben.[147]

In »Vojna« verfügten der Kommandeur und die Wachen, ähnlich wie in Jáchymov, außerhalb des eigentlichen Lagers über ein Wachhaus. Erster Kommandeur in »Vojna« war Vojíř, den die Häftlinge auf den Spitzname Pingl getauft hatten. Er wurde nach der so genannten »Nudelaffäre« vom 4. Juli 1955, dem amerikanischen Unabhängigkeitstag, an dem die Gefangenen in einen Streik getreten waren, von Kosulič abgelöst, bekannt als »Wüstenwind«. Das Lager wurde an jenem Juli-Tag von der Armee umstellt, die Geheimpolizei hatte freie Hand beim Aufspüren der Rädelsführer. Kosuličs Stellvertreter wurde das »chinesische Hühnchen« genannt, ein Kutscher aus der Ostslowakei, dessen früherer Arbeitgeber, ein Bauer, sich ebenfalls unter den Gefangenen befand.

Direkt neben dem Wachhaus befand sich ein Stahltor – der Eingang zum Lager. Es öffnete sich zu einer abfallenden Straße, die zur Küche führte. Hinter dem Küchentrakt gab es einen kleinen Garten, in dem der Gefängniskoch, Tonda Hasil, Gemüse anbaute und fünf Bienenstöcke unterhielt. An der anderen Seite des Gartens befanden sich die Waschhäuser. Dort konnten sich die Häftlinge einmal in der Woche duschen.

Die Gefangenen wohnten in langen und niedrigen Holzbaracken. Die einzelnen Räume waren über einen großen Korridor zu erreichen. Gleich am Eingang links gab es einen kleinen Waschraum mit einem Zinntrog in der Mitte und Kaltwasserhähnen darüber. Gegenüber lag der Abort nach französischer Art, mit drei Plätzen ohne Türen. Wie das Duschen war auch das Rasieren nur am Wochenende gestattet und wurde auf der Rückseite der Rationenkarte vermerkt. Das Haareschneiden organisierte die Lagerleitung nach Gutdünken in willkürlichen Abständen.

Eine Privatsphäre hatten die Gefangenen nicht. Jede Baracke bestand aus zehn Räumen mit jeweils 18 Betten sowie zwei kleineren Räumen an beiden Seiten der Eingangstür für den Stubenältesten und einige andere prominente Personen. In den Mannschaftszimmern standen eiserne Doppelstockbetten mit Strohmatratzen und Keilkissen. An jedem Bett war ein Namensschild angebracht. Jeder Gefangene erhielt drei Decken, die morgens glatt zusammengelegt werden mussten. Laken wurden auf Nachfrage nur im Sommer ausgegeben. Man fürchtete, dass sie im Winter zur Tarnung bei Fluchtversuchen genutzt werden könnten.

Außerdem waren die Räume mit einem schweren Holztisch und Bänken für jeweils sechs Personen ausgestattet. Daneben gab es einen kleinen Eisenofen samt Kohleneimer und einer Schaufel. Oft brachten die Gefangenen Brennholz von den Gruben mit, da Kohlen günstigstenfalls einmal am Tag ausgegeben wurden. Wenn das immer noch nicht ausreichte, klaute man zusammen, was man finden konnte. Im Winter steckte man einfach alles, was irgendwie brennbar war, in die Öfen.

Für persönliche Dinge gab es lediglich kleine Fächer. Hier konnten die Gefangenen ihre »Wertsachen« – Brotrationen, ein Zinnbesteck, Seife, Zahnbürste und Zahncreme – deponieren. Das alles war im Laden des Lagers auf Coupons zu erhalten, die von der Lagerleitung ausgegeben wurden. Ein Handtuch hing jeweils am Bettgestell hinter dem Keilkissen. Hausschuhe mussten unter dem Bett abgestellt, Hosen und Jacken über das Bett gehängt, Leinenhemden und Unterhosen hingegen Tag und Nacht, im Sommer wie im Winter, getragen werden.

Zur Kennzeichnung der Gefangenen wurden die Jacken mit drei vertikalen Streifen aus heller Ölfarbe bemalt. Die Gefängniskleidung durfte höchstens ein Mal pro Woche gewechselt werden, je nach Laune der Lagerleitung. Die politischen Häftlinge waren noch schlechter dran. Sie mussten ihre Sachen so lange tragen, bis sie völlig verschlissen waren. Löcher an Ellenbogen oder Knien berechtigten sie nicht zum Empfang eines neuen Kleidungsstückes. Lediglich die Untertagearbeiter erhielten eine spezielle Arbeitskluft, die so genannte Faraky.

Ein wenig ausgelassen ging es wenigstens am Wochenende zu. Die Gefangenen liebten es, sonntags nach dem Mittagessen Lieder zu singen. Radiomusik wurde über den Lagerfunk gespielt. Einige verbrachten ihre Freizeit mit Schachspielen. Die Figuren dafür hatten sie aus Brotresten geformt. Andere spielten gern Fußball. Neben der individuellen Freizeitgestaltung gab es auch ein bescheidenes kulturelles Leben. In der so genannten Kulturbaracke wurden Spielfilme gezeigt und Konzerte des Lagerorchesters aufgeführt. Die Streifen waren durchweg tendenziös und langweilig und daher wenig beliebt. Den Fernseher, der in einem kleinen Raum stand und etwas mehr Abwechslung zu dem offiziellen Filmprogramm bot, durften jedoch nur einige wenige Gefangene nutzen. Die Mitglieder des Lagerorchesters arbeiteten alle in der gleichen Schicht und waren von bestimmten Arbeiten befreit, sodass sie in ihrer Freizeit üben konnten. Auch Lesestoff stand zur Verfügung. Die Gefangenen hatten die Möglichkeit, sofern sie es wünschten, die Parteizeitung Rudé Právo zu bestellen. Zur weiteren politischen Bildung veranstaltete die Lagerleitung entsprechende Kurse.

Die Monotonie des Lagerlebens wurde nur durch Besucher unterbrochen. Gefangene, die Angehörige erwarteten, erhielten im Tausch gegen ihre Rationenkarte bessere Kleidung, anschließend mussten sie wieder in ihre alten Klamotten steigen. Die Besuche erfolgten unregelmäßig, ein bis drei Mal im Jahr.

In der Regel durften zwei Erwachsene und ein Kind den Gefangenen gleichzeitig sehen. War die Familie größer, mussten sich die Angehörigen abwechseln. Gesprochen werden durfte nur über Familiäres. Bei einem Verstoß gegen diese Regel wurde der Gefangene einmal verwarnt, im Wiederholungsfall der Besuch abrupt beendet und der Kommandant informiert.

Ebenfalls streng verboten war es, den Gefangenen kleine Geschenke zu überreichen. Ein Gefangener durfte nicht einmal drei Erdbeeren annehmen, die ihm seine Frau zum Kosten mitgebracht hatte. Später schrieb er dazu: »Ich werde niemals so tief sinken und diejenigen um Gnade bitten, die ein kriminelles Verlangen nach dem Eigentum anderer Leute haben und die dafür perverse Gesetze geschaffen haben, sodass ich ›legal‹ beraubt und eingesperrt werden konnte. Ich verachte diesen Pöbel vom Grunde meines Herzens. Ihre Weltanschauung und ihre Praktiken werden mir immer fremd bleiben.«[148]

Etwas großzügiger wurde hingegen das Briefeschreiben gehandhabt. Doch angesichts der strengen Zensur machten davon nur wenige Gebrauch. Wenn dem Zensor der Tenor nicht gefiel, landete der Brief unweigerlich im Papierkorb.

Und: Im Grunde genommen gab es kaum etwas zu berichten. Briefe an die Gefangenen wurden ihnen grundsätzlich geöffnet übergeben und mussten nach dem Lesen vernichtet werden.

Die Häftlinge in »Vojna« wurden nicht nur für die Arbeit in den Minen herangezogen. Mit ihrer Hilfe entstand auch ein Teil der Neustadt von Příbram, darunter das Kulturhaus und das Klärwerk. Diese Einsätze erfolgten unter strengsten Sicherheitsvorkehrungen. So war das Baugelände für das Klärwerk genauso eingezäunt und bewacht wie das Gefangenenlager selbst. Wenn die Häftlinge nach 16.00 Uhr von der Arbeit zurückkehrten, mussten sie ihre Taschen leeren und ihre Schuhe ausziehen.

Schichtbeginn für die Bauarbeiter war vergleichsweise spät um 6.00 Uhr morgens. Nach einer Wartezeit von 20 Minuten vor dem Wachhaus fuhren die Busse vor, die sie in die Stadt brachten, begleitet von einem Aufseher und zwei bewaffneten Posten. Die ersten acht Sitze hinter dem Busfahrer hatten aus Sicherheitsgründen frei zu bleiben. Während der Fahrt mussten die Gefangenen ihre Köpfe senken und die Arme in den Nacken legen, sodass sie nicht aus dem Fenster schauen konnten. Diese Praxis war eingeführt worden, nachdem zwei Gefangene versucht hatten, aus dem fahrenden Bus zu fliehen.

Für die im Uranbergbau eingesetzten Arbeiter begann der Tag mit dem Weckruf über den Lagerfunk, gefolgt vom Wecken jeder Stube. Die Zeit für Anziehen, Bettenmachen, Waschen und Frühstück war eng bemessen, sodass es regelmäßig zu einem Ansturm auf die Waschräume kam. Wenn die Frühschicht ausgerückt war, fanden die Appelle der Nachmittags- und Nachtschicht statt, gelegentlich gefolgt von einer Inspektion der Quartiere durch das Wachpersonal. Erst danach konnten die Häftlinge schlafen gehen. Oftmals fanden sie in ihren Räumen nach dem »Filzen« ein totales Chaos vor. Matratzen, Decken und Kissen lagen über den Flur verstreut, nicht selten mit Kohle und Asche verdreckt. Es kostete die Gefangenen jedes Mal viel Zeit, wieder Ordnung zu schaffen.

Der Appell vor Schichtbeginn war beinahe eine zeremonielle Angelegenheit. Alle Schichtteilnehmer hatten in Fünferreihen anzutreten. Die Wache am Tor verlas die Namen der Gefangenen und rief ihre Häftlingsnummern auf. Der Betreffende musste vortreten, das Tor passieren und sich wieder in eine ähnliche Formation einreihen. Nachdem der letzte Gefangene die Seite gewechselt hatte, ertönte der Abmarschbefehl. Die Bergleute machten sich dann durch einen Sicherheitskorridor aus Stacheldraht auf den Weg zu den Schächten.

In den Uranminen arbeiteten die Gefangenen von 8.00 Uhr bis 15.45 Uhr, mit einer Pause von 15 Minuten. Sie kehrten um 16.00 Uhr zum Lager zurück, wo es Essen gab. Um 17.00 Uhr mussten sie zu einem weiteren halbstündigen Appell antreten. Anschließend hatten die Gefangenen frei.

An den Wochentagen wurde die Freizeit der Gefangenen oft durch »freiwillige« Arbeiten beschnitten, dazu gehörten Küchenarbeiten oder das Reinigen des Lagers und der Baracken. Im Winter musste Schnee gefegt und zwischen dem inneren und dem äußeren Lagerzaun ein Pfad in das Weiß getreten werden – unter strengster Aufsicht bewaffneter Posten.

Mittagessen und Abendbrot gab es in mehreren Durchgängen in einer Art Kantine an langen Tischen und Bänken. Alles in allem war es nicht schlecht. Nach einer Suppe wurden tschechische Klöße mit Soße, Nudeln oder Kartoffeln mit einem Stück Fleisch ausgegeben. Auch vegetarische Gerichte wie Klöße mit Eiern oder mit Hülsenfrüchten waren im Angebot.

Die Abstände zwischen den Mahlzeiten variierten: Die Frühschicht aß zwischen 15.00 und 16.00 Uhr zu Mittag, gegen 18.00 Uhr wurde bereits das Abendessen »serviert«. Die Nachmittagsschicht erhielt um 11.30 Uhr Mittag und erst gegen 23.00 Uhr Abendessen. An Sonntagen wurde den Gefangenen bereits zur Mittagszeit auch das Abendbrot gereicht, zumeist ein kleines Stück Käse und ein Stück Salami. Wer besonders hungrig war, verschlang auf der Stelle beide Mahlzeiten.

Die Essensausgabe erfolgte gegen Vorlage von Coupons, die man bei der Lagerleitung erhielt. Sie fungierten als eine Art Währung. Ihre Zahl bzw. ihr Wert hing von den jeweiligen Leistungen ab. Parallel dazu gab es verschiedene Rationenkarten. Diese wurden zusammen mit den Identitätskarten und einer Liste mit den Arbeitsresultaten des zurückliegenden Monats überprüft, bevor das Küchenpersonal die Mahlzeiten verteilte. Häftlinge, die ihre monatliche Arbeitsnorm nicht erfüllten, mussten mit einer Kürzung der täglichen Rationen rechnen. Außerdem durften sie nicht nach Hause schreiben und keinen Besuch empfangen. Sie verloren auch die Berechtigung, im Lagerladen Seife, Zahnpasta, Tabak, Zigarettenpapier, Socken und Toilettenpapier zu »kaufen«.

Es gab drei Arten von Rationenkarten. Die Beste war die Nummer III (»Trojka«), die an diejenigen ausgegeben wurde, die ihre Norm erfüllten. Sie berechtigte unter anderem zum Empfang von 150 Gramm Fleisch und 10 Gramm fettem Schinken pro Tag. Die Karte Nummer II erhielten die Angehörigen der Bautrupps und die Untertagearbeiter, deren Produktivität bei 50 Prozent und weniger lag. Ihnen standen unter anderem 50 Gramm Fleisch und rund ein Drittel einer Gemüseration zu. Das reichte gerade zum Überleben. Die Gefangenen, die über einen Zeitraum von mehr als drei Monaten schlechte Arbeit leisteten, mussten damit rechnen, in die »Federgewichtsgruppe« eingeteilt zu werden. In diesem Fall durfte man sich nicht mehr frei im Lager bewegen, das Essen wurde aufs Zimmer gebracht, in dem man wie in einer Zelle eingesperrt war.

Die Sicherheitsmaßnahmen in »Vojna« folgten dem Modell, das bereits Ende der vierziger Jahre in den Lagern von Jáchymov eingeführt worden war. Umgrenzt wurde das Lager von einem etwa zwei Meter hohen, doppelten Stacheldrahtzaun, dazwischen hatte man einen Sandstreifen angelegt, der stets glattgestrichen und nachts ausgeleuchtet war. Entlang dieser Sicherheitszone patrouillierten bewaffnete Posten. Dann gab es alle 50 Meter je einen rund fünf Meter hohen Wachturm, ausgestattet mit starken Suchscheinwerfern, von dem aus ebenfalls bewaffnete Posten das Geschehen im Lager im Auge behielten. Für den Fall, dass der Strom ausfiel, lagen Leuchtraketen bereit. Sie wurden dann solange abgeschossen, bis der dieselgetriebene Reservegenerator lief. Die Wachen im Lager selbst waren nicht bewaffnet.

Gefangene, die sich dem Sicherheitsstreifen näherten, wurden per Zuruf verwarnt. Wer gar versuchte, den inneren Stacheldrahtzaun zu überwinden, durfte erschossen werden. Berichten ehemaliger Gefangener zufolge soll es in »Vojna« zwischen 1955 und 1960 lediglich einen Fluchtversuch gegeben haben, der fehlschlug.[149] Ein Gefangener kam dabei ums Leben, ein anderer wurde im Lager vor versammelter Runde derart schwer verprügelt, dass man ihn kaum wiedererkannte.

Während es zu grausamen Bestrafungen nach 1956 nur noch selten kam, gehörten Schikanen nach wie vor zum Alltag. Eine der Wachen, genannt »Ginger«, liebte es, die Gefangenen wüst zu beschimpfen. An einem unfreundlichen Wintertag, mit Temperaturen unter null Grad und Schneefall, fühlte sich ein junger Mann aus Ostrov, der als guter und disziplinierter Arbeiter galt, derart provoziert, dass er auf die Wache hart einschlug. Daraufhin musste er sich bis zur Taille ausziehen und an einen Zaun gekettet viereinhalb Stunden ausharren. Anschließend wurde er fortgeschafft, wohin, wusste keiner. Als er nach vier Nächten wieder im Lager auftauchte, wollte er nicht über seine Erlebnisse sprechen. Später erst berichtete er, dass er in Einzelhaft von vier Mann krankenhausreif geschlagen worden war.

Die langersehnte Befreiung kam für einen Teil der Häftlinge überraschend im Frühjahr 1960. Am 9. Mai, dem 15. Jahrestag des Kriegsendes in Europa, erließ Präsident Antonín Novotný eine Amnestie. Kurz darauf wurde das Lagersystem weitgehend aufgelöst. Nachdem der neue sowjetische Staatschef Nikita Chruschtschow 1956 auf dem XX. Parteitag der KPdSU das Terrorregime Stalins offen gelegt und scharf kritisiert hatte, wurden nach und nach im gesamten Ostblock die Zwangsarbeitslager aufgelöst.

Diesem Akt gingen im Falle des Lagers »Vojna« weit reichende administrative Maßnahmen voraus. Die 500 bis 600 Gefangenen, deren Freilassung bevorstand, wurden in zwei abgelegenere Baracken des Lagers verlegt. Dort unterrichtete man sie darüber, was sie erwartete. Anschließend wurden sie in mehrere Gruppen aufgeteilt, die Häftlinge gaben ihre Lagerkleidung ab und erhielten neue Wäsche. Der Preis für jedes ausgegebene Stück wurde peinlich genau notiert. Bei einem Bediensteten der Eisenbahn konnten die Gefangenen Fahrkarten kaufen. Auch diese Summe kam auf eine Rechnung. Schließlich erhielten die Gefangenen etwas Bargeld. Am Ende der Prozedur wurde der Gesamtbetrag mit den akkumulierten Löhnen verrechnet. Kaum einer machte sich die Mühe, das Ergebnis zu überprüfen. Die vor ihrer Freilassung stehenden Gefangenen waren mit ihren Gedanken bereits ganz woanders – bei ihren Familien und ihrem Zuhause, die sie nun bald wiedersehen sollten.

Die amnestierten Gefangenen waren bis zum Zeitpunkt ihrer Entlassung in einem gesonderten Teil des Lagers untergebracht, trugen jetzt zivile Bekleidung und konnten sich frei bewegen. Appelle fanden allerdings auch weiterhin statt. Am Tag ihrer »Abreise« wurden sie per Bus zum Bahnhof nach Příbram gebracht und fuhren von dort in kleinen Gruppen in verschiedene Richtungen.

Wieder auf freiem Fuß, sah sich manch ein ehemaliger Häftling mit seiner Vergangenheit weiter konfrontiert. Ein Amnestierter, der nach Kladno zurückgekehrt war, berichtete, dass ein ehemaliger Aufseher im selben Hochhaus wohnte. Dieser arbeitete jetzt in einem kleinen Laden, wo er Pfandflaschen entgegennahm. Selbst der frühere Lagerkommandant Vojíř lief ihm gelegentlich über den Weg – er wohnte gleich auf der anderen Straßenseite.

Ein »Staat im Staate« – Die Wismut AG in Ostdeutschland

Das größte Reparationsunternehmen des 20. Jahrhunderts

Nach Kriegsende herrschten auch im Erzgebirge, wie in ganz Deutschland, Not, Elend und Hoffnungslosigkeit. Flüchtlingsströme zogen durchs Land, die Wirtschaft lag am Boden und die sowjetische Besatzungsmacht begann mit umfangreichen Demontagen. Auch der kostspielige Bergbau auf seltene Metalle schien kaum noch eine Perspektive zu besitzen. Im Spätsommer 1945 mehrten sich jedoch die Zeichen dafür, dass die Besatzungsmacht mit einigen traditionsreichen Schachtanlagen bei Johanngeorgenstadt, Schneeberg, Annaberg und andernorts etwas Besonderes vorhatte. Hochrangige sowjetische Kommissionen befuhren die alten Schächte, befragten deutsche Gelehrte, hauptsächlich an der Bergakademie in Freiberg, und durchstöberten die Archive. Ihre Aktivitäten galten nicht den wenig ergiebigen Nichteisenressourcen, sondern einem einzigen Rohstoff – Uranerz.

Im Auftrag der Erzerkundungsexpedition des NKWD hatte die kleine Restbelegschaft der Sachsenerz-Bergwerks AG, insgesamt knapp 100 Kumpel, im Herbst 1945 die Instandsetzung einzelner Schächte aufgenommen und hoffte auf eine Fortsetzung des staatlich geförderten Bergbaus. Die Sachsenerz-Bergwerks AG begann mit der Wiedereinstellung erfahrener Bergleute, vornehmlich aus Schneeberg und Umgebung. Sie bildeten den Kern der späteren Wismut-Belegschaft. Kaum jemand konnte damals ahnen, welch gewaltige Ausmaße die Uranerzgewinnung einmal annehmen würde.

Am 13. Februar 1946 meldete der militärische Leiter des sowjetischen Atomprojektes, Zawenjagin, in einem Schreiben an Innenminister Berija, dass der Rohstoff »A 9«, das war das Codewort für Uranerz, in der Umgebung von Johanngeorgenstadt und Schneeberg sowie weiteren Orten in Sachsen gefunden worden war.[1] Zawenjagin vermied es, auf den vermuteten Umfang der Vorkommen einzugehen. Noch waren die Arbeiten der Erkundungsgruppen nicht abgeschlossen, und die Ergebnisse der ersten Expertisen waren wenig ermutigend. Dennoch erschien ihm die Gewinnung von Uranerzen in Sachsen, und seien es nur wenige Tonnen, angesichts der dramatischen sowjetischen »Uranlücke« lohnend. Der Ministerrat der UdSSR erließ daraufhin am 4. April 1946 die Verordnung Nr. 740–294 zum Abbau von Uranerz in Sachsen unter Leitung des NKWD. Die sächsische »Such- und Erkundungsexpedition« wurde rückwirkend zum 1. April in die »Sächsische Abbau- und Erkundungsexpedition« umbenannt und der ersten Hauptverwaltung des NKWD zugeordnet.[2] Die vom sowjetischen Geologen N. M. Chaustow geleitete Expedition sollte die geologische Erkundung der Lagerstätte von Johanngeorgenstadt fortsetzen und die Untersuchung weiterer Vorkommen bei Schneeberg, Freiberg, Annaberg, Oberwiesenthal und Zinnwald aufnehmen. Der Plan für das vierte Quartal 1946 sah den Abbau von mindestens zehn Tonnen Uranerz aus den Gruben von Johanngeorgenstadt vor. Interessant an diesem Beschluss ist, dass als Produktionsobjekt mit einer geringen Probeförderung nur Johanngeorgenstadt genannt wurde, d. h. die Perspektiven der Aktivitäten waren zum Zeitpunkt des Beschlusses noch vollkommen unklar.

Eine weitere Ministerratsverordnung mit der Nummer 9372 vom 29. Juli 1946 führte zur Umbenennung der »Sächsischen Abbau- und Erkundungsexpedition« in »Sächsische Bergbauverwaltung«.[3] Diese mehrfachen Namensänderungen spiegelten die Fortschritte bei der Uranerkundung und -gewinnung wider. Die Bildung der Sächsischen Bergbauverwaltung signalisierte eindeutig, dass ab Sommer 1946 der reguläre Uranbergbau beginnen sollte.

Um die Tätigkeit der Sächsischen Bergbauverwaltung des NKWD geheim zu halten, gab man die Uranerzgewinnung als Förderung von Wismut und Kobalt aus. Der Tarnung sollte auch die Vergabe der Feldpostnummer 27 304 an die Sächsische Bergbauverwaltung dienen. Neben deutschen Firmen wurden Pionier- und Baubrigaden der sowjetischen Armee eingesetzt. Bis zum Jahresende 1946 kamen ca. 130 Spezialisten aus der Sowjetunion, die zuvor beim Metrobau oder im Transportministerium gearbeitet hatten, zum NKWD-Unternehmen in Sachsen. Ende 1946 wurde NKWD-Generalmajor Michail M. Malzew von Lawrenti Berija mit der Leitung der Sächsischen Bergbauverwaltung beauftragt. Malzew hatte bereits eine steile Karriere im NKWD aufzuweisen.

Bereits im Januar 1946 wurden die Betriebsteile »Vereinigt Feld im Fastenberg« der Sachsenerz-Bergwerks AG bei Johanngeorgenstadt beschlagnahmt und von sowjetischen Militäreinheiten besetzt.[4] Die Schächte waren zwar während des Krieges vernachlässigt worden, ließen sich aber leicht reaktivieren. Schon in den zwanziger Jahren waren sie mit elektrischer Beleuchtung, Druckluftleitungen und Eisenbahngleisen ausgestattet worden.[5] Ausgangsorte für die Erkundung in der Lagerstätte Johanngeorgenstadt waren also die alten Schacht- und Grubenanlagen. Dazu gehörten der »Frisch-Glück-Schacht«, der »Schaar-Schacht«, der »Hoffnung-Schacht« sowie die Stollen »St. Georg«, »Eleonora« und »Adolphus«.

Die Besatzungsmacht brauchte Gewissheit, ob in den Schächten des Silberbergbaus tatsächlich auch Uranerz zu finden war. Daher wurden sechs Bergleute aus dem Schneeberger Revier nach Johanngeorgenstadt geschickt. In unmittelbarer Nähe zur tschechischen Grenze, im »Frisch-Glück-Schacht«, brachen sie im Frühjahr 1946 die erste Pechblende aus dem Gestein.[6] Per Rucksack wurde das Erz aus dem Stollen getragen. Der verantwortliche Bergmann, Martin Vogel, musste einem sowjetischen Geologen täglich über den Fortgang der Arbeiten berichten. Nach dem erfolgreichen Start wurden im Schnellverfahren neue Bergleute angelernt und auch sowjetische Pionierabteilungen in den »Frisch-Glück-Schacht« beordert.

Aus all diesen und weiteren Aktivitäten entwickelte sich der erste große Standort der späteren Wismut AG – Objekt Nummer 1 in Johanngeorgenstadt. (Die Bezeichnung »Objekt« wurde für alle relativ selbstständigen Struktureinheiten verwandt. Sie unterstanden direkt der Generaldirektion. In der Umgangssprache waren verschiedene Begriffe wie Betrieb, Fabrik oder Werk gebräuchlich. Zu einem Objekt gehörten in der Regel mehrere Betriebe.) Die Grubenbaue wurden überwiegend im Bereich der Altstadt angefahren. Lediglich der »Günther-Schacht« befand sich in respektabler Entfernung zum Stadtzentrum. Für die ohnehin stark vom Altbergbau belastete Stadt war das Wiederaufleben des Bergbaus höchst ambivalent. Kein anderer Ort im Erzgebirge verzeichnete in den ersten Nachkriegsjahren ein derart rasantes Bevölkerungswachstum wie Johanngeorgenstadt. Die Einwohnerzahl stieg von weniger als 7 000 im Jahr 1939 auf fast 33 000 im Jahr 1950, wobei in der letzten Zahl die Bewohner von Massenquartieren noch nicht einmal erfasst sind. Der Uranbergbau schuf Tausende neue Arbeitsplätze und brachte Geld ins Revier. Andererseits führte er zur schwerwiegenden Schädigungen der Landschaft und von Johanngeorgenstadt selbst. Mitte der fünfziger Jahre musste die Altstadt wegen der befürchteten Bergschäden teilweise abgerissen werden.

In nur drei Jahren wurden in Johanngeorgenstadt 26 Schächte in Betrieb genommen, und bereits 1949 hatte das Objekt Nummer 1 seine größte Ausdehnung erreicht.[7] Die Bezeichnung »Objekt Nummer 1« war in doppelter Hinsicht treffend. Es handelte sich tatsächlich um den ersten Förderbetrieb der späteren Wismut AG. Zudem war es anfangs auch das bedeutendste Objekt mit der höchsten Belegschaftszahl.

Die Bergbaubetriebe Breitenbrunn und Zschorlau gingen im Herbst 1946 ebenfalls in sowjetische Hände über.[8] Während das Revier Breitenbrunn dem Objekt 1 der späteren Wismut AG zugeordnet wurde, fiel die Wolframitgrube Zschorlau an die sowjetische Aktiengesellschaft (SAG) für Metallurgie.[9]

Zum zweiten und dritten großen Objekt sollte sich das Erzfeld in der Nähe von Schneeberg/Schlema/Alberoda entwickeln. Bis zum Sommer 1946 war davon allerdings noch wenig zu spüren. Die Einstellung des Kurbetriebes in Oberschlema Anfang August 1946 markierte den entscheidenden Wendepunkt. Kurz darauf rückten sowjetische Einheiten in das Kurhaus ein und begannen in der unmittelbaren Umgebung mit Probebohrungen. Im berühmten »Markus-Semmler-Stollen«, direkt unter dem Kurhotel, stießen die Bergleute auf einen Erzgang. Das Erz wurde sodann mit »mittelalterlichem Gezähe« abgebaut, die Vortriebsleistungen pro Schicht lagen dementsprechend niedrig bei 25 bis 30 Zentimetern. Dazu Martin Vogel: »Nach etwa zwei Monaten haben wir Pressluft bekommen über den Rohrschacht, wo das Wasser hochgepumpt wurde für die Kurgäste. Genau unterm Lesesaal des Kurhotels wurde ein Kompressor reingesetzt. Von da an ging es dann schneller vorwärts, aber mit dem Kurbetrieb im berühmten Radiumbad war es vorbei.«[10]

Die sowjetische Leitung des Objektes 2 quartierte sich in einem Seitenflügel des Kurhotels ein. Sie ließ auch den »Galluss-Stollen« wieder befahren und selbst die Halden des Silberbergbaus auf Uranreste prüfen. Bereits nach knapp zehn Metern stießen die Bergleute auf einen ergiebigen Erzgang. Nach und nach wurden auch die in der Umgebung von Oberschlema stillgelegten alten Schächte wieder angefahren.[11]

Während zu Beginn der Uranerzförderung im Objekt 2 lediglich drei Kilometer offene Grubenbaue vorhanden waren, betrug die Gesamtlänge der bis Januar 1948 wieder in Betrieb genommenen bzw. neu angelegten Grubenbaue bereits 30 Kilometer. Insgesamt wurden im Objekt 2 in Ober- und Niederschlema bis Anfang der fünfziger Jahre 17 Schächte angelegt. Der weitaus größte Teil der Uranvorräte des Objektes 2 befand sich im so genannten Zentralrevier unter der Ortslage Ober- und Niederschlema (erst 1958 wurden die Orte unter dem Namen Schlema zusammengeschlossen.)

Was dies für die Einwohner bedeutete, lassen nur noch alte Fotos erahnen. Hölzerne Fördertürme und primitive Wirtschaftsgebäude kennzeichneten nun die inneren Ortsbereiche. Die Besatzungsmacht hielt sich nicht lange mit Eigentumsfragen auf. Für den Uranbergbau benötigte Gebäude, Gastwirtschaften, Hotels und Freiflächen wurden kurzerhand enteignet bzw. zwangsgeräumt.

Der Bergbau fand im wahrsten Sinne des Wortes im Vorgarten statt. Neben zahlreichen Förderanlagen wurden große Abraumhalden zu einem neuen Wahrzeichen der Stadt. Sie überragten schon bald alle Häuser und Gebäude. Der gesamte Ort und die nähere Umgebung wurden in ein einziges, riesiges Schachtgelände verwandelt. Von dem ursprünglichen Landschaftsbild blieb kaum etwas übrig.[12] Besonders gravierend wirkte sich der oberflächennahe Abbau des Erzes aus. Wiederholt kam es in der Gemeinde Schlema zu schweren Bergschäden, Einstürzen sowie Gas- und Wasserrohrbrüchen. Traurige Folge des raubbauartig betriebenen Bergbaus war der großflächige Abbruch ganzer Ortsteile und des Kurviertels.

Im Gegensatz zu dem wieder neu aufgenommen Bergbau in Oberschlema gab es in Schneeberg bei Kriegsende intakte Gruben. Zu ihnen zählten »Weißer Hirsch«, »Neujahrsschacht«, »Schrot-Schacht« und »Beust-Schacht«. Vor 1945 galten 34 Gänge im Schneeberger Revier als uranführend.[13] Deutschen Geologen schätzten die erschließbaren Uranvorräte im Schneeberger Revier allerdings nur auf wenige Tonnen. Mit solchen vagen Bewertungen gab sich die Sächsische Bergbauverwaltung des NKWD nicht zufrieden. Sie erteilte im Mai 1946 an mehrere kleine Privatbetriebe aus Schneeberg und Neustädtel den Auftrag, vor allem in den Schächten »Weißer Hirsch«, »Ritterschacht« und »Beust« nach Uranerz zu suchen.[14] Im September 1946 wurden die Gruben der »Gewerkschaft Schneeberger Bergbau« schließlich von sowjetischen Militäreinheiten besetzt und zunächst dem Objekt 2 unterstellt.

Als sich eine eigenständige Förderung in Schneeberg abzeichnete, wurden die Schneeberger Gruben ab April 1947 als eigenständiges Objekt 3 geführt. In kurzer Zeit wurden 13 alte Schächte wieder zugänglich gemacht und elf Schächte neu angelegt.[15] Im Gegensatz zur großen Lagerstätte von Niederschlema/Alberoda blieb die Uranerzausbringung im Schneeberger Revier sehr bescheiden. Ungeachtet der geringen Ausbeute veränderte sich mit Beginn des Uranbergbaus auch das Leben in Schneeberg grundlegend. Es kam auch hier zu Einquartierungen, Beschlagnahmungen und Bergschäden.

Das vierte große Objekt entstand im März 1947 in der Umgebung von Annaberg.[16] Bis Kriegsende waren hier lediglich noch die im Besitz des sächsischen Staates befindlichen Grubenbaue »Sankt Anna vereinigt Feld« betrieben worden. Diese sowie mehrere stillgelegte Gruben dienten als Ausgangspunkte für die Errichtung neuer Bergwerke. Auch in Annaberg entstand in den folgenden Jahren eine Vielzahl von Schachtanlagen unmittelbar im Stadtgebiet. Im Jahr 1949 gehörten zum Objekt 4 bereits 19 Schächte und Stollen.

Die Minen des Marienberger Reviers wurden ebenfalls im Frühjahr 1947 beschlagnahmt und die Schächte des Altbergbaus, die zum Teil eingestürzt waren und unter Wasser standen, wieder aufgeschlossen. Das Marienberger Unternehmen ließ man im Sommer 1947 als »Vitriol-Werke AG« ins Handelsregister eingetragen.[17] Später war es als Objekt 5 Teil der Wismut AG. Auch im Marienberger Revier ließen sowjetische Offiziere ca. 450 Halden des Altbergbaus radiologisch bemustern, um Anhaltspunkte für die Erkundung unter Tage zu erhalten.[18] Außerdem wurden aus den Halden Uranerze minderer Qualität gewonnen. Insgesamt blieb die Ausbeute des Objektes 5 jedoch gering.

Die von der Besatzungsmacht übernommenen Betriebe stufte die sächsische Landesregierung als C-Betriebe ein, d. h. über ihre künftige Nutzung behielten sich die Besatzungsbehörden das alleinige Entscheidungsrecht vor. Die deutschen Behörden bezeichneten diese Gruben 1946/47 als »sowjetische Erzbergbau-Betriebe«. Noch bevor es also überhaupt zur Klärung der Eigentumsverhältnisse gekommen war, hatte die Besatzungsmacht alle ihr wichtig erscheinenden Schächte des Altbergbaus beschlagnahmt und mit dem Anlegen neuer Schächte begonnen.

Die Gründung der Wismut AG im Mai 1947

Bereits im Herbst 1945 waren auf Betreiben der neuen sächsischen Landesverwaltung sämtliche Bodenschätze in Landeseigentum überführt worden. Ein gutes Jahr später bereitete sie die Verstaatlichung aller Bergwerksunternehmen vor. Dieser Schritt sollte durch einen Volksentscheid legitimiert werden, bei dem sich am 30. Juni 1946 mehr als drei Viertel der Stimmberechtigten für die entschädigungslose Enteignung von »Nazi- und Kriegsverbrechern« aussprachen. Am 8. Mai 1947 erließ die Regierung des Landes Sachsen schließlich ein Gesetz, mit dem alle Bergbauunternehmen enteignet und in Landeseigentum überführt wurden.[19] Die inzwischen von der Besatzungsmacht beschlagnahmten Gruben und Betriebe standen allerdings nicht zur Disposition. Der sächsischen Landesregierung war signalisiert worden, dass die Sowjetunion diese im Interesse ihrer Reparationsforderungen nutzen wollte.

Am 10. Mai 1947, also nur zwei Tage nach der Bekanntgabe des Gesetzes der sächsischen Landesregierung, erließ der Ministerrat der UdSSR die Verordnung Nummer 1467–393 zur Bildung einer »Zweigstelle der Staatlichen sowjetischen Aktiengesellschaft der Buntmetallindustrie« »Wismut« in Sachsen.[20] Die Verordnung trug die Unterschrift von Stalin.

Ihren Hauptsitz hatte die Gesellschaft in Moskau, eine Zweigniederlassung in Aue, die Ende 1948 nach Siegmar-Schönau bei Chemnitz verlegt wurde. (Eine Eintragung ins Handelsregister Chemnitz erfolgte dann erst 1952.) Als Zweck der Gesellschaft wurde die »Gewinnung von Buntmetall« angegeben (§1). Damit sollte offenbar der Eindruck erweckt werden, die Gesellschaft bemühe sich um den Abbau von Buntmetall oder Nichteisenerzen. Weder in der Satzung der Aktiengesellschaft noch in anderen zeitgenössischen Dokumenten war von »Uran« die Rede.

Aus den Gründungsunterlagen der Wismut AG geht hervor, dass ihre Bildung formal nach deutschem Aktienrecht erfolgte. Sowohl die Höhe des Gesellschaftskapitals als auch die Gremien der Aktiengesellschaft, also Vorstand, Aufsichtsrat und Generalversammlung, entsprachen den damals in Deutschland gültigen gesetzlichen Bestimmungen (§2 und 3). Zumindest in diesen Punkten unterschied sich die Wismut AG nicht wesentlich von den anderen ab Sommer 1946 in der SBZ gebildeten sowjetischen Aktiengesellschaften.[21] Zehn Tage nach Gründung der »Wismut« in Moskau erließ der Oberste Chef der SMAD den Befehl Nr. 128 zur Überführung von sechs Bergwerken und eines Aufbereitungswerkes in sowjetisches Eigentum.[22] Diese Verfügung wurde durch den Befehl Nr. 131 des Chefs der Verwaltung der Sowjetischen Militäradministration in Sachsen vom 30. Mai 1947 sinngemäß nochmals wiederholt.[23]

Warum die Besatzungsbehörden die Enteignung der sächsischen Bergwerksunternehmen gewissermaßen doppelt vollzogen, ist nicht ganz klar. Legt man den ersten SMAD-Befehl zugrunde, dann kann der 26. Mai 1947 als Gründungsdatum der Wismut AG gelten. Hält man sich hingegen, wie in der Wirtschaft üblich, an das Datum der Handelsregistereintragung, dann war es der 2. Juni 1947. Die Bergverwaltungen Johanngeorgenstadt, Schneeberg, Oberschlema, Annaberg, Lauter und Marienberg sowie das Anreicherungswerk in Pechtelsgrün wurden in sowjetisches Eigentum überführt. Im Namen der sächsischen Landesregierung übergaben die Freiberger Bergingenieure Dr. Oskar Oelsner und Karl Hahner die genannten Bergwerke samt Vermögen und Bergrechten im Wert von 9,362 Millionen Reichsmark, an eine sowjetische Kommission unter Leitung von Generalmajor Michail M. Malzew.[24]

Nach Überführung der Grubenfelder in sowjetisches Eigentum wurden sie zu einem einzigen Grubenfeld zusammengeschlossen und beim Amtsgericht in Aue registriert. Auf einer Karte des Landes Sachsen hatte eine sowjetische Kommission das Interessengebiet der Wismut AG abgesteckt. Es umfasste ca. 1,6 Millionen Einwohner (Stand Ende 1948).[25] Damit entstand innerhalb der SBZ eine Sonderzone.

Das gesamte Kapital der Zweigniederlassung der Wismut in Deutschland lag in den Händen zweier Aktionäre – der Hauptverwaltung für sowjetisches

Vermögen im Ausland beim Ministerrat der UdSSR sowie der Staatlichen Aktiengesellschaft der Buntmetallindustrie »Med« (Kupfer). Die Wismut AG war demnach ein rein sowjetisches Staatsunternehmen. Auf der ersten Sitzung der Verwaltung der Staatlichen Aktiengesellschaft der Buntmetallindustrie Wismut am 5. Juni 1947 wurde der NKWD-Generalmajor Michail M. Malzew zum Generaldirektor ernannt.[26]

Reparationsgut Uranerz

Bekanntlich konnten sich die Siegermächte auf den Konferenzen von Jalta im Februar und Potsdam im Juli/August 1945 weder auf eine gemeinsame Reparationspolitik noch auf eine Gesamtsumme für die deutschen Reparationsleistungen einigen. Immerhin erzielten sie in Potsdam einen Kompromiss, der eine weitgehend zonale Reparationsregelung vorsah. Damit lasteten die Reparationsforderungen der Sowjetunion und Polens ganz überwiegend auf der SBZ. Die ursprünglich an ganz Deutschland gerichtete sowjetische Forderung nach Leistungen in Höhe von zehn Milliarden Dollar wurde de facto allein der SBZ auferlegt. Die Reparationsschulden sollten innerhalb von 20 Jahren beglichen werden.

Nach der Potsdamer Konferenz setzte die Sowjetunion ihr umfangreiches Demontageprogramm in der SBZ zunächst fort. Ab Mitte 1946 deutete sich dann ein Wandel in ihrer Reparationspolitik an. In den Vordergrund rückten nunmehr Entnahmen aus der laufenden Produktion, wobei den Betrieben der SAGs eine Schlüsselrolle zukommen sollte. Sämtliche ostdeutsche Lieferungen, A-Conto-Zahlungen, mussten aus dem Zonenhaushalt bzw. den Haushalten der Länder finanziert werden. Im Gegenzug erhielt die SBZ/DDR Gutschriften auf das Reparationskonto.

Die sowjetische Besatzungsmacht konnte ihre Anstrengungen zum Aufbau einer Uranindustrie gleich aus mehreren Quellen speisen: erbeuteten Banknotenbeständen, frisch gedrucktem Besatzungsgeld sowie Abführungen aus dem Zonenhaushalt und den Landeshaushalten. Die Finanzströme unterlagen dabei strenger Geheimhaltung, um keine Rückschlüsse auf den Umfang der Aktivitäten der Wismut AG zu ermöglichen. Selbst dem Finanzminister von Sachsen, Gerhard Rohner, waren die Einzelheiten der Finanzierung der Wismut AG nicht bekannt.[27] Dennoch kann man davon ausgehen, dass der Uranerzbergbau fast ausschließlich aus deutschen Steuergeldern finanziert wurde.

Die Wismut AG entwickelte sich in kurzer Zeit zum größten Reparationsbetrieb der SBZ. Gemessen am Gesamtaufwand für den Uranbergbau in den Jahren 1946 bis 1953 und dem immensen Einsatz menschlicher Arbeit, war die Wismut AG sogar der größte Reparationsbetrieb des 20. Jahrhunderts. Es war daher nur folgerichtig, dass die SED-Führung bei der SMAD auf eine Anerkennung der Uranlieferungen als Reparationsleistung drängte. Der früheste Hinweis auf ein Verfahren zur Verrechnung der Lieferungen findet sich in den so genannten Pieck-Protokollen. In Stichworten hat Wilhelm Pieck, der erste Staatspräsident der DDR, seine Unterredungen mit Repräsentanten der Besatzungsmacht dokumentiert. Eine Gesprächsnotiz betraf ein Treffen zwischen ihm, Ministerpräsident Otto Grotewohl und dem Stellvertretenden Vorsitzenden der SED, Walter Ulbricht, sowie dem Politischen Berater der Sowjetischen Kontrollkommission in Deutschland (SKKD), Wladimir Semjonow, Geheimdienstgeneral Merkulow, und dem Leiter der Verwaltung des sowjetischen Vermögens in Deutschland, Kabulow, am 26. November 1949 in Berlin.[28] Im Hinblick auf den Zeitpunkt des Gesprächs darf vermutet werden, dass die sowjetische Seite nunmehr, d. h. nach dem ersten erfolgreichen sowjetischen Atomtest im August und der Staatsgründung der DDR im Oktober 1949, zu Absprachen, aber noch nicht zu Verträgen über die Perspektiven des Uranbergbaus bereit war. Im Ergebnis der Unterredung wurde ein geheimes Protokoll unterzeichnet, das die weitere Tätigkeit der Wismut AG regelte. Mit diesem Protokoll sicherte sich die Sowjetunion den Zugriff auf die gesamte Uranerzförderung des gerade gebildeten neuen Staatswesens DDR. In den Ausfuhrstatistiken sollte das Uranerz allerdings nicht erscheinen. Außerdem vereinbarten beide Seiten die bevorzugte Versorgung der Wismut AG mit Arbeitskräften und Lebensmitteln. Im Gegenzug wollte man die Uranerzlieferungen auf dem Reparationskonto in US-Dollar verrechnen, wobei 1949 und 1950 von einer Kursrelation von 1 $ = 11 DDR-Mark ausgegangen wurde. Für die deutsche Seite stellten die Festlegungen einen Fortschritt dar. Wenigstens war jetzt klar, dass die Uranerzlieferungen zur Tilgung der Reparationsschulden beitragen sollten.

In der Sowjetunion befassten sich zwischen 1948 und 1950 mehrere Kommissionen des Außenministeriums und der Obersten Planungsbehörde Gosplan mit der Bilanzierung der Reparationen.[29] Aus den internen, nie veröffentlichten Analysen geht folgende Bewertung der Uranerzlieferungen hervor: 1946/47 sollten dafür 7,6 Millionen Dollar, 1948 37,8 Millionen Dollar und 1949 77,8 Millionen Dollar, insgesamt also lediglich 123,2 Millionen Dollar gutgeschrieben werden. Im Vergleich dazu wurden die bis Ende 1949 erfolgten übrigen Reparationslieferungen mit 1 190 Millionen Dollar, also fast dem Zehnfachen, bewertet. Nach dieser Rechnung, so wäre der Anteil des Uranerzes an den Reparationsgutschriften bis 1949 recht bescheiden ausgefallen.

Die fiktiven Gutschriften auf dem Reparationskonto erlauben allerdings kaum Rückschlüsse auf den Stellenwert des jeweiligen Reparationsgutes für die Sowjetunion und schon gar nicht auf die tatsächlichen volkswirtschaftlichen Aufwendungen der SBZ.

Gut ein halbes Jahr der Gründung der DDR erklärte die Sowjetunion ihren Verzicht auf einen Teil ihrer Reparationsforderungen, um die Wirtschaft der DDR zu entlasten. Nunmehr legte die SKKD, Nachfolgeorganisation der SMAD, Reparationspläne in Höhe von jährlich 211,4 Millionen Dollar fest. Damit wurde im Gegensatz zu den vorangegangenen Jahren eine Höchstgrenze bestimmt. In dieser Summe waren sowohl Lieferungen von Industriegütern als auch ein Gegenwert für die Uranerzlieferungen der Wismut AG enthalten. Letztere gewannen auch bei der finanziellen Abrechnung einen neuen Stellenwert. Auf sie sollte nun fast die Hälfte der anerkannten Reparationsleistungen entfallen.

Im Jahr 1950 erwirtschaftete die DDR-Wirtschaft eine Nettoproduktion von 30,66 Milliarden Mark. Davon mussten fast fünf Milliarden Mark für den so genannten Sonderverbrauch zur Verfügung gestellt werden. Darunter wurden alle Haushaltsposten zusammengefasst, die mit Leistungen für die Besatzungsmacht in Verbindung standen. Eine offene Ausweisung dieser Ausgaben in den Haushaltsplänen erfolgte nicht.

Der »Sonderverbrauch« im Jahr 1950 (in Millionen Mark)[30]

Sonderverbrauch insgesamt	4 936
Besatzungskosten	1 993
Reparationen (Preise von 1944)	1 030
Wismut AG	1 081
SAG-Investitionen	285
Sonstiges	547

Allein der Uranbergbau verschlang 1950 ca. 3,5 Prozent des Nationaleinkommens der DDR. In diesem Jahr lieferte die Wismut AG 1 224 Tonnen Uranerz in die Sowjetunion. Als Gutschrift auf dem Reparationskonto erhielt die DDR dafür einen (fiktiven) Gegenwert von 36 Millionen Dollar. Pro Kilogramm Uran wäre somit ein Preis von knapp 30 Dollar erzielt worden.

Stimmen die Angaben in den »Pieck-Protokollen«, dann hat die SKKD gegenüber der SED-Führung für die deutschen Uranerzlieferungen weitaus niedrigere Preise angesetzt, als intern von Gosplan in Moskau errechnet. Während Gosplan bereits für 1949 von einer Gutschrift in Höhe von ca. 78 Millionen Dollar ausging, nannte die SKKD für die höheren Uranlieferungen des Jahres 1950 lediglich einen Preis von 36 Millionen Dollar. Dies zeigt vor allem eins: Bei den Gutschriften für die Uranerzlieferungen handelte es sich um rein »politische Preise«, die in keiner Relation zum tatsächlichen Aufwand standen.

Einen Weltmarkt für Uran gab es in jenen Jahren noch nicht. Insofern bieten Vergleiche nur einen indirekten Aufschluss über die internationalen Kosten des Uranbergbaus im ersten Jahrzehnt des Kalten Krieges. Bis zur Entdeckung einer neuen großen Mine bei Mi Vida in Colorado Anfang der fünfziger Jahre zahlte die amerikanische Regierung 92 Dollar pro Kilogramm einheimisches Uran. Danach wurde der Aufkaufpreis drastisch auf 16 Dollar pro Kilogramm gesenkt.[31]

Im gesamten Reparationszeitraum von 1945 bis 1953 wurden der SBZ/DDR für die Lieferung von rund 9 500 Tonnen Uran wahrscheinlich nur zwischen 350 bis maximal 500 Millionen Dollar gutgeschrieben. Dies ergibt einen fiktiven durchschnittlichen Preis von rund 37 bis 45 Dollar je Kilogramm Uran. Den bis Ende 1953 erfolgten Gutschriften auf dem Reparationskonto stand ein direkter Aufwand von mehr als 7,3 Milliarden Mark gegenüber. Um einen »Reparationsdollar« zu erwirtschaften, musste die DDR also im Durchschnitt ca. 20 Mark für die Uranerzgewinnung aufwenden. Unter Einbeziehung der indirekten Kosten verschiebt sich die Aufwand-Ergebnis-Relation noch weiter zuungunsten der DDR.

Gemäß einer sowjetischen Rechnung hatte die DDR bis 1953 noch nicht einmal die Hälfte ihrer Reparationsschulden beglichen. Trotzdem verzichtete die Sowjetunion ab 1954 auf weitere Reparationen. Für diesen Verzicht gab es zwingende Gründe.

Der Vertrag vom 22. August 1953

Die Politik der SED war 1952/53 in eine schwere Krise geraten, die in der Volkserhebung vom Juni 1953 kulminierte. Nur der Einsatz sowjetischer Truppen konnte den Sturz des Ulbricht-Regimes verhindern. Es schien der sowjetischen Führung dringend geboten, das schwer angeschlagene Regime ökonomisch zu entlasten und damit auch politisch zu stabilisieren.

Am 22. August 1953 verkündete die Regierung der UdSSR per 1. Januar 1954 das Ende der Reparationsleistungen.[32] Im Zuge des Reparationsverzichts gab die Sowjetunion auch 33 noch in sowjetischer Hand befindliche Großbetriebe an die DDR zurück. Im »Protokoll über den Erlass der deutschen Reparationszahlungen« vom 22. August 1953 wurde ein Betrieb allerdings nicht erwähnt – die Wismut AG. Später teilte man lediglich mit, dass auf Grundlage eines sowjetisch-deutschen Abkommens 1954 die gemischte Sowjetisch-Deutsche Aktiengesellschaft (SDAG) Wismut gebildet worden sei. Auch dieses Mal wurde das Wort »Uran« nicht genannt. Statt dessen war noch immer von »Wismuterz« die Rede (§1).

Die Tätigkeit der Gesellschaft sollte auf »gleichberechtigter Grundlage« erfolgen. Demnach erreichte die deutsche Seite ein Mitwirkungsrecht, die Unterstellung des gewöhnlichen Geschäftsbetriebes unter deutsches Recht und insoweit die Rücknahme des Besatzungsrechts.[33]

Die SDAG Wismut war gewissermaßen eine Neugründung, die im Gegensatz zur Wismut AG nicht auf dem deutschen Aktienrecht basierte. So sah das Gründungsstatut weder einen Aufsichtsrat noch eine Hauptversammlung vor. Die sowjetische Seite übergab der SDAG Wismut sämtliche Betriebe inklusive Anlagekapital zu einem Bilanzwert von 2 Milliarden Mark (§3). Dieser Betrag bildete das Aktienkapital der Gesellschaft. Zur Deckung ihres Anteils verpflichtete sich die DDR, im Laufe von fünf Jahren 1 Milliarde Mark an die UdSSR zu zahlen (§4). Diese Regelung war für die DDR nachteilig, handelte es sich doch beim Kapital der Gesellschaft um enteignetes Vermögen von Privatpersonen bzw. Firmen sowie ab 1947 geschaffene Vermögenswerte, die ganz überwiegend aus deutschen Steuergeldern entnommen worden waren.

Bei Gründung der SDAG kamen lediglich zwei Namensaktien zur Ausgabe, die jeweils die Hälfte des Aktienkapitals repräsentierten. Als Inhaber der Aktien fungierten je zwei hohe sowjetische und deutsche Wirtschaftsfunktionäre. Der Vorstand der SDAG setzte sich aus vier Mitgliedern zusammen. Für die ersten fünf Jahre übernahm Fritz Selbmann den Vorsitz der Gesellschaft. Entgegen dem üblichen Begriffsgebrauch war der Vorstand nicht Exekutivorgan, sondern Aufsichtsorgan. Die Verantwortung für die laufende Geschäftsführung der SDAG lag beim Generaldirektor, Walentin N. Bogatow, der 1952 Malzew als Direktor der Wismut abgelöst hatte. Vereinbarungsgemäß sollte nach fünf Jahren ein deutscher Generaldirektor folgen, was jedoch nicht geschah. Bis 1986 wurde die SDAG von einem sowjetischen Funktionär geleitet.

Mit dem Protokoll vom August 1953 räumte die DDR der SDAG Wismut das Monopol auf die Erkundung und Gewinnung von Uranerz auf dem Territorium der DDR ein. Die Kosten für die Umsetzung der »Bergfreiheit«, u. a. Zahlungen für enteignete Grundstücke und Häuser sowie andere Schadenersatzzahlungen, musste die DDR allein tragen. Fixiert wurden für die SDAG Wismut auch zahlreiche Sonderrechte. In einem zusätzlichen Briefwechsel zum Abkommen vom 22. August 1953 vereinbarten beide Seiten, dass die SDAG mit Ausnahme der Lohnsteuer von sämtlichen Steuern befreit blieb, ihre Wirtschaftstätigkeit weder in den Volkswirtschaftsplänen noch in den statistischen Jahrbüchern der DDR ausgewiesen werden sollte und bei der Ausfuhr des Urans in die UdSSR sowie der Einfuhr von Ausrüstungen und Material in die DDR keine Zollkontrollen erfolgen durften.[34] Auch diese Zusatzvereinbarung verdeutlichte die begrenzte Souveränität der DDR. In § 10 wurde dennoch eine gleichrangige Bedeutung des Uranbergbaus der SDAG Wismut für die Sowjetunion und die DDR hervorgehoben. Tatsächlich stellte der Uranbergbau für die DDR einen zusätzlichen Verteidigungsbeitrag dar.

Im Hinblick auf die Kosten des Uranbergbaus brachte der Vertrag vom August 1953 für die DDR insofern wesentliche Erleichterungen, als sie von der Sowjetunion und der DDR ab 1954 gemeinsam getragen werden sollten. Beim Aushandeln der Preise für die Uranlieferungen kam es allerdings in der zweiten Hälfte der fünfziger und ab Ende der siebziger Jahre zu erheblichen Spannungen zwischen den Vertragspartnern. Erst auf höchster Ebene fiel die Entscheidung. Wiederholt schalteten sich in den sechziger Jahren Walter Ulbricht und in den achtziger Jahren Erich Honecker in die Preisverhandlungen ein. Die SED-Führung kannte den strategischen Wert der SDAG Wismut und versuchte, die Sowjetunion zur Übernahme eines Teils der tendenziell steigenden Kosten des Uranbergbaus zu bewegen bzw. auf anderen Gebieten eine Kompensation zu erhalten.

Kommandeure, Klassenkämpfer und Politaffären

Der Biografie des ersten sowjetischen Generaldirektors der Wismut AG, Michail M. Malzew, spiegelt eine ganze Epoche wider, geprägt von der Oktoberrevolution, dem Bürgerkrieg, der gewaltsamen Industrialisierung der Sowjetunion, Stalins despotischer Herrschaft, dem von Hitler entfachten Zweiten Weltkrieg und dem atomaren Wettrüsten. Mit all diesen weltgeschichtlichen Ereignissen ist Malzews Werdegang und Wirken in der Sowjetunion sowie später in Deutschland untrennbar verknüpft. Es lohnt daher, seinen Lebensweg wenigstens in groben Zügen zu skizzieren.

Michail M. Malzew wurde 1904 auf der Eisenbahnstation Nikitowka im Distrikt Artemoska geboren.[35] Dort besucht er auch bis 1918 die Eisenbahnerschule. Revolution und Bürgerkrieg warfen alle Zukunftspläne des jungen Malzew über den Haufen. Noch nicht erwachsen, trat er mit knapp 15 Jahren der Roten Armee bei und kämpfte in ihren Reihen fast fünf Jahre bis zum Ende des Bürgerkrieges 1922. Er brachte es in dieser Zeit bis zum Zugführer (Kommandeur einer kleinen Einheit).

Von einer Eisenbahnstation kommend, lag es nahe, sich im zivilen Leben der Technik zu verschreiben. In Tscherkassy, südöstlich von Kiew, nahm Malzew eine Tätigkeit als Elektroschlosser auf. Mit 21 Jahren trat er der KPdSU bei. Ganz neue Karrierechancen eröffneten sich für ihn nach einem einjährigen Besuch der Parteischule in Kiew. Im Auftrag der Partei wurde Malzew zunächst Funktionär in der Jugendorganisation »Komsomol«, anschließend Parteisekretär in einer Zuckerraffinerie in Tscherkassy. Dort blieb er bis 1930. Dann endlich konnte er studieren. Zu dieser Zeit glichen einige Regionen der Sowjetunion einer einzigen großen Baustelle. Das Land befand sich in einem rasanten und gewaltsamen Umbruch. Für die von Stalin forcierte Industrialisierung wurden Fachkräfte, vor allem Ingenieure, dringend gebraucht. So schrieb sich Malzew am Energetischen Institut in Dnjepropetrowsk (Ukraine) ein. Dort studierte er von 1930 bis 1935. Bereits in dieser Zeit wurden einige der wichtigsten Industrialisierungsvorhaben, darunter auch der Bau zahlreicher großer Wasserkraftwerke, in Regie des Innenministeriums (NKWD) realisiert. Das NKWD mobilisierte Fachleute, Material und Arbeitskräfte und verfügte schließlich über einen eigenen, auf dem Einsatz von Millionen Zwangsarbeitern beruhenden Wirtschaftsapparat.

Unmittelbar nach Abschluss seines Studiums 1935 trat er in den Dienst des NKWD. Es gab allerdings kaum einen schlechteren Zeitpunkt für den Eintritt in die Geheimpolizei. Nur ein Jahr später begann der »Große Terror«, der die gesamte sowjetische Gesellschaft und selbst das NKWD schwer erschütterte. Lähmende Angst und ein allgegenwärtiges Denunziantentum breiteten sich im gesamten Land aus.

Die blutigsten Jahre der Massenrepressionen in der Sowjetunion mit ca. 1,6 Millionen Verhafteten in den Jahren 1936 bis 1938, von denen mehr als 680 000 hingerichtet wurden, gingen vom Zentrum der Macht mit Stalin an der

Spitze aus. In besonderem Maße richtete sich der Terror gegen die gebildete Elite, ganz gleich, ob sie der Partei angehörte oder nicht.[36] Allein in der ersten Hälfte des Jahres 1936 wurden mehr als 14 000 Führungskräfte aus der Industrie angeblich wegen Sabotage verhaftet. Wichtigstes Ziel der Repressionen war es, eine Stalin blind ergebene und diensteifrige Bürokratie zu schaffen und alle »in sozialer Hinsicht gefährlichen Elemente« (ehemalige Kulaken und zaristische Beamte) zu eliminieren.

Malzew hatte Glück. Er gehörte weder zur Kategorie der »Ehemaligen«, noch zu den bereits etablierten Führungskräften, noch zu den zahllosen völlig willkürlichen Opfern und überstand die Jahre des »Großen Terrors« unbeschadet. Unterdessen wuchs das System der Zwangsarbeitslager enorm. Zwischen 1935 und 1941 verdoppelte sich die Zahl der Gulag-Häftlinge von knapp einer Million auf fast zwei Millionen.[37] Es entstanden immer neue Großbaustellen von wahrhaft pharaonischen Ausmaßen. Malzew arbeitete in dieser Zeit zunächst in verschiedenen Bauverwaltungen des NKWD. Im April 1941 wurde Malzew erstmals mit der Leitung eines NKWD-Arbeitslagers im Gebiet von Kaluga beauftragt. Er war damit eines von vielen Rädchen, die das mörderische Gulag-System stützten.

Im März 1943 übernahm er die Leitung eines der größten Arbeitslager des NKWD im Kohlebecken von Workuta.[38] Er zählte jetzt zu den mächtigsten Männern im NKWD. Zugleich stieg er zum Deputierten des Obersten Sowjets der UdSSR auf. Angemerkt sei noch, dass seine Frau Staatsanwältin in Workuta war. Damit besaß das Paar Malzew eine nahezu unbeschränkte Macht über die Bewohner des Polarkreisgebietes, sowohl innerhalb der Lager als auch außerhalb.[39]

Offenbar galten seine ingenieurtechnischen Kenntnisse und seine Erfahrungen als Kommandant großer Arbeitslager nach Kriegsende als ausreichende Qualifikationskriterien für seinen Einsatz als Kommandeur der Feldposteinheit Nr. 27 304 in Sachsen. Zudem war er bereits mehrfach mit höchsten Orden ausgezeichnet und 1945 in den Rang eines Generalmajors erhoben worden. Solche im Geiste des Stalinismus erzogenen Männer brauchte Berija für das wichtigste Projekt der Nachkriegszeit – den Bau der sowjetischen Atombombe. Sehr wahrscheinlich hat Berija selbst den ihm treu ergebenen Malzew für die komplizierte Aufgabe in Deutschland ausgewählt. Anfang Januar 1947 kam Malzew nach Chemnitz und übernahm die Befehlsgewalt über die Feldposteinheit Nr. 27 304. Mit der offiziellen Gründung der Wismut AG wurde er erster Generaldirektor, der er bis zum Mai 1951 blieb.[40] Malzew unterstand direkt Generaloberst Iwan Serow, dem Statthalter Berijas in der SBZ.[41] Die SMAD besaß gegenüber Malzew und seiner Feldposteinheit keine Befehlsgewalt.

Detaillierten Vorgaben aus Moskau unterlag Malzew nicht. Was zählte, war der Erfolg, und der wurde einzig am Quantum des für das sowjetische Atomprojekt gewonnenen Urans gemessen.

Oberstes Leitungsgremium bei der Wismut AG war ab Sommer 1947 die Generaldirektion. Ihre exakte Bezeichnung lautete »Hauptverwaltung der

Zweigniederlassung der staatlichen AG der Buntmetallindustrie in Deutschland«. Sie hatte ihren Sitz bis 1949 in Aue und danach in Siegmar-Schönau bei Chemnitz. Das Gremium wurde wiederholt umgebildet und ein Großteil der »Kader« in rascher Folge ausgetauscht. In der Generaldirektion waren alle Leitungsfunktionen mit sowjetischen Offizieren besetzt.

Zu den Abteilungen der Generaldirektion, die am häufigsten in der Öffentlichkeit in Erscheinung traten, gehörten die Personalabteilung unter Oberstleutnant Baranjuk und die Informationsabteilung unter Oberstleutnant Einbinder. Die Abteilung »S«, auch Sonderoperativgruppe des NKWD bzw. MGB genannt, war der nachrichtendienstliche Arm des Sonderkomitees für Atomfragen. Diese Abteilung wurde ebenfalls einem Vertrauten Berijas unterstellt. Aufgabe dieser Einheit war die »Enttarnung und Bearbeitung von Personen, die unter Spionage-, Terror- und Diversionsverdacht stehen, sowie die Abwehr feindlicher Aktivitäten, die auf die Störung des Produktionsprogramms der Objekte gerichtet sind.«[42]

Für die Überwachung der sowjetischen Militärangehörigen bei der Wismut AG wurde eine Abteilung für Spionageabwehr eingerichtet. Sie unterstand dem Minister für Staatssicherheit, Viktor Abakumow. Er war ein Intimfeind Serows und versuchte, stärkeren Einfluss auf das Atomprojekt zu gewinnen. Die kaum verhüllte Feindschaft zwischen diesen beiden mächtigen Männern führte auch bei der Wismut AG zu heftigen Spannungen zwischen der Abteilung »S« und der Spionageabwehr-Abteilung.

In den ersten Monaten seiner Tätigkeit in Sachsen schien Malzew dort anzuknüpfen, wo er in Workuta aufgehört hatte. Er wollte seinen Auftrag um jeden Preis erfüllen. Entsprechend rigoros gingen seine Offiziere vor. Allerdings war Malzew klug genug und stellte sich auf die für ihn neue Situation in der SBZ rasch ein. Während er in Workuta, fernab der zivilisierten Welt, weitgehend ungestört und unbeobachtet herrschen konnte, war es im dicht besiedelten Erzgebirge nicht ohne weiteres möglich, ähnliche Verhältnisse zu schaffen. Trotzdem griffen seine Offiziere anfangs auf »bewährte Praktiken« wie Essensentzug für Bergleute, die ihre Normen nicht erfüllten, und Militärtribunale gegen angebliche Saboteure zurück.

Während in der Generaldirektion bis 1954 ausschließlich sowjetische Offiziere und Zivilisten tätig waren, wurden die Schachtverwaltungen bereits ab 1950 auch mit deutschen Fachleuten besetzt. Die ersten Deutschen, die ab 1955 Funktionen in der Generaldirektion ausübten, waren Fritz Kroll als Erster Stellvertreter des Generaldirektors, Josef Wenig als Direktor für Arbeit und Herr Schröder als Chef der Personalabteilung.

Die Wismut AG versuchte, ihren deutschen Führungskräften möglichst gute Lebensbedingungen zu offerieren. Dazu gehörten preisgünstige Wohnungen, Einfamilienhäuser, die so genannten Intelligenzhäuser, und ab Mitte 1950 auch gesonderte Verkaufsstellen. Für die Führungsschicht gab es die »Intelligenzkarte«, d.h. eine zusätzliche Lebensmittelversorgung. In den Genuss einer solchen Karte kamen Angestellte mit Hoch- oder Fachschulausbildung, staatlich ausgezeichnete Mitarbeiter und das ingenieur-technische Personal. In wenigen Fällen, dies betraf vor allem Mediziner, wurden darüber hinaus noch Einzelverträge abgeschlossen.

Ein Name ist aus den ersten Jahren der Wismut AG nicht wegzudenken – Johannes Schmidt aus Schneeberg. In den wenigen in der DDR erschienenen Publikationen zum Uranerzbergbau wird er, wenn überhaupt, so nur am Rande erwähnt. Dabei war Johannes Schmidt, nach Meinung von Nikolai Grischin, einem sowjetischen Offizier aus der Verwaltung der Wismut AG, der Anfang der fünfziger Jahre zu den Amerikanern überlief, auf deutscher Seite anfangs der wichtigste Fachmann.[43]

Tatsächlich waren die personellen Probleme zu Beginn des Uranbergbaus immens. Der sowjetische Geheimdienst suchte daher Mitte 1946 unter den wenigen Bergleuten der Sachsenerz-Bergwerks GmbH nach Führungskräften. Von den Einheimischen immer wieder genannt wurde Obersteiger Johannes Schmidt. Doch wo war er zu finden? Die sowjetische Spionageabwehr hatte ihn unter dem Verdacht, ein aktiver Nazi gewesen zu sein, verhaftet und in ein Sonderlager gebracht.[44] Generalmajor Malzew verwandte sich bei Serow persönlich für die umgehende Freilassung Schmidts und anderer Fachleute. In der Tat wurde Schmidt kurz darauf entlassen und als Obersteiger mit der Leitung der Bergarbeiten in den Objekten 2, 3 und später auch im Objekt 9 (Niederschlema) beauftragt. Er erhielt ein hohes Gehalt, ein Auto und Offiziersrationen als Verpflegung und durfte wieder ins Obersteigerhaus der ehemaligen Sachsenerz-Bergwerks AG einziehen. Im Falle von Sabotage drohte ihm die Todesstrafe. Schenkt man Grischin Glauben, so arbeitete Schmidt überaus zuverlässig und entwickelte sich zur »Seele des Unternehmens«.

Schmidt stammte aus einer Bergmannsfamilie. In den zwanziger Jahre absolvierte er die Bergschule in Zwickau und arbeitete als Fördermann, Häuer und Schießmeister auf verschiedenen Schächten im Harz und in Thüringen. Die Weltwirtschaftskrise von 1929 bis 1933 traf auch den Bergbau hart, und so wechselte er notgedrungen mehrfach den Arbeitsplatz. Nach schwierigen Jahren wurde er Ende 1933 beim Schneeberger Bergbau als Grubensteiger eingestellt und arbeitete sich dank hervorragender Fachkenntnisse bis zum Obersteiger hoch. 1937 trat er der NSDAP bei und übernahm 1944 die Betriebsleitung im Schneeberger Revier. Nach dem Krieg wurde ihm vorgeworfen, dass er im Bergbau eingesetzte russische Kriegsgefangene und »Ostarbeiter« misshandelt habe. Tatsächlich waren bei der Sachsenerz-Bergwerks AG während des Krieges ungefähr 150 Franzosen, Slowaken, »Ostarbeiter« und sowjetische Kriegsgefangene eingesetzt. Bei Disziplinverstößen wurden sie mit zusätzlichen Arbeiten, der Kürzung ihrer Rationen und Schlägen bestraft. Ob sich Schmidt tatsächlich als Schinder hervorgetan hat, muss dahingestellt bleiben. Als Obersteiger trug er zweifellos eine Mitverantwortung für die Zustände im Schneeberger Revier und für die schlechte Behandlung der Zwangsarbeiter.

Nur dank seiner hervorragenden Fachkenntnisse konnte er den Fängen des NKWD entrinnen. Erst der Aufbau der Wismut AG gab ihm überhaupt die

Chance, ein »zweites Leben« zu beginnen. Diese hat Schmidt mit aller Kraft genutzt. Von der Politik hielt er sich jedoch fern. Nachdem die Aufbauphase der Wismut AG abgeschlossen war und die Bedeutung des SED-Parteibuches für die Besetzung von Leitungsposten immer wichtiger wurde, rückte Schmidt ins zweite Glied. So wie ihm erging es auch anderen »bürgerlichen« Spezialisten. Sie blieben für die Wismut AG wichtig, gelangten nun aber nur noch selten in Spitzenpositionen.

Die SED bei der Wismut AG

Die Etablierung der SED in den Schächten und Betrieben des Uranbergbaus begann im Sommer 1947. Zu dieser Zeit hatten sich in der SBZ bereits wichtige innenpolitische Veränderungen vollzogen. Gut ein Jahr zuvor, im April 1946, war der Zusammenschluss von KPD und SPD erfolgt. Noch galt in der SED das Prinzip der Parität und der Charakter der neuen Partei war nicht klar zu erkennen. Allerdings waren bereits die Weichen gestellt, um die zentralistischen Elemente und den hauptamtlichen Parteiapparat auszubauen.[45] Die schleichende Stalinisierung der SED wurde auf dem II. Parteitag im September 1947 dann auch nach außen hin offensichtlich. Unmittelbar nach dem Parteitag proklamierte Otto Grotewohl die Sowjetunion als Vorbild für die weitere Entwicklung der SBZ.[46] Angesichts der zunehmenden Spannungen zwischen den Westalliierten und der Sowjetunion war der kurze Traum von einem »deutschen Weg zum Sozialismus« ausgeträumt.

Zunächst nahm die SED massenhaft neue Mitglieder auf. Die Partei zählte Ende 1947 bereits 1,8 Millionen Mitglieder, wobei der größte Teil von ihnen vor 1945 weder der KPD noch der SPD angehört hatte. Die von Lenin entwickelten Normen einer straff organisierten Partei, die mit »eisernem Willen« bedingungslos die Beschlüsse ihrer Führung umsetzte, galten bald auch für die SED. Kennzeichen dieser Entwicklung waren zentralistische Strukturen, eingeschränkte Möglichkeiten der Einflussnahme der Mitglieder auf Grundsatzentscheidungen und die Abstrafung bzw. der Ausschluss von »Querulanten«. Nach ihrem Selbstverständnis war die SED die »Avantgarde der Arbeiterklasse«.

Bis zum Sommer 1947 war von dieser »Avantgarde« im Bergbaugebiet allerdings nicht viel zu spüren. Der Landesvorstand der SED von Sachsen hatte sich zuvor zwar mehrfach mit den Entwicklungen in den Bergbaukreisen befasst, konnte jedoch Ende 1946 noch nicht absehen, ob sich dort dauerhafte betriebliche Strukturen herausbildeten. Zudem war das Bergbaugebiet Anfang 1947 zur militärischen Sperrzone erklärt worden, was eine Einflussnahme erschwerte. In den Bergbaukreisen war die SED örtlich organisiert. Allerdings hatten die Kreisvorstände, schon aufgrund des Arbeitsalltages der Kumpel, geprägt durch lange Wegezeiten, hohe körperliche Belastungen und einen täglichen Kampf um ausreichendes Essen, nur sehr begrenzte Möglichkeiten, ihre Mitglieder überhaupt zu erreichen und in politische Aktivitäten einzubeziehen.

Dies änderte sich erst mit der Bildung von SED-Betriebsgruppen ab Sommer 1947. Im Herbst wurden dann mit Kurt Böhme, Robert Kessler, Herbert Pomp und Ernst Wabra vier Sonderbevollmächtigte des Landesvorstandes für die Wismut AG eingesetzt. Sie bildeten die »Betriebsparteiorganisation Erzbergbau«, die Ende 1947 in »Kreisparteiorganisation Aue II« umbenannt wurde. Da die Gründung der Betriebsparteiorganisation der SED bei der Wismut AG erst nach der Vereinigung von KPD und SPD stattfand, entfiel, so die offizielle Begründung, die Notwendigkeit einer paritätischen Besetzung der Parteileitung mit Kommunisten und Sozialdemokraten. Alle vier Sekretäre der ersten, im Herbst 1947 gebildeten Parteileitung kamen aus der KPD. Auch dies war kein Zufall. Die Besatzungsmacht wollte bei der Wismut AG nur mit ihr ergebenen Funktionären zusammenarbeiten.

Während an der Spitze der Parteiorganisation Kommunisten standen, die aus dem Widerstand gegen das NS-Regime kamen, fiel die Zusammensetzung der Parteibasis und auch der mittleren Funktionärsebene äußerst heterogen aus. Es gab offenbar nur ein sehr kleines altkommunistisches Milieu, dem ein stärker in der Region verankertes sozialdemokratisches Milieu gegenüberstand. Die schnelle Aufnahme neuer Mitglieder führte auch in Sachsen zu einer prekären Situation. So beklagte sich der sächsische Wirtschaftsminister, Fritz Selbmann, bei der SED-Leitung der Wismut AG, dass bis zu 90 Prozent der SED-Funktionäre der »ersten Stunde« ehemalige NSDAP-Mitglieder gewesen seien.[47] Zwar wurde diese wohl aus der Luft gegriffene Zahl vom Kreisvorstand Aue II bestritten, doch zweifellos hatte Selbmann einen wunden Punkt getroffen.

Im Dezember 1948 beschwerte sich die Ortsgruppe Silberstein beim Politoffizier Oberstleutnant Einbinder, dass ehemalige Nazis leitende Positionen in der Magazinverwaltung und selbst in der SED einnähmen. »Die von der Wismut AG betriebene Personalpolitik in den zwei Lagern der Objekte 2 und 3 in unserem Ort wird von dem gesamten Personalkörper abgelehnt. Besonders befremdet und enttäuscht sind wir über das Verhalten einzelner Offiziere der sowjetischen Besatzungsmacht bei der Wismut AG, die das faschistische Personal schützen, trotz unserer Argumente.«[48] Laut einer Zählung vom September 1947 gab es bei der Wismut AG ca. 2 400 Parteimitglieder, allerdings beteiligte sich nur eine Minderheit am politischen Leben.[49] Für November 1949 wird die Mitgliederzahl bereits mit knapp 21 000 angegeben. Dies entsprach einem Anteil von ca. 13 Prozent der Belegschaft. Mit diesen Werten lag die Wismut AG allerdings noch immer deutlich unter dem Landesdurchschnitt.[50]

Von vornherein ließ die Besatzungsmacht in den Objekten der Wismut AG nur die SED zu. Den bürgerlichen Parteien – CDU und LDPD – wurde die Bildung von Betriebsgruppen verwehrt. Darüber hinaus sicherten sich die Politoffiziere des NKWD bzw. MWD die politische Kontrolle. Sie gaben in allen wichtigen Fragen, welche die Beziehungen zwischen der sowjetischen Generaldirektion und der deutschen Belegschaft betrafen, den Ton an. Sie nahmen nicht nur an allen wichtigen Beratungen der SED-Leitung teil. Auch alle personellen Umbesetzungen mussten mit ihnen vorabgestimmt werden.

Nach der Ausschaltung von Sozialdemokraten in den SED-Betriebsgruppen und in der Industriegewerkschaft Bergbau bzw. Wismut bildete sich ein Stamm von Parteifunktionären heraus, der sich durch eine besondere Linientreue auszeichnete. Alle den zentralistischen Organisationsprinzipien der SED innewohnenden Tendenzen zum schonungslosen Umgang mit Kritikern und Gehorsam gegenüber den Entscheidungen der Zentrale waren bei den Parteifunktionären der Wismut AG in besonderem Maße ausgeprägt. Die Sekretäre der im Herbst 1947 gebildeten Kreisleitung kamen alle aus der KPD und hatten im Widerstand gegen das NS-Regime gekämpft. Dies verschaffte ihnen ein hohes Maß an moralischer Legitimation. Die Parteileitung verstand sich als Avantgarde der Avantgarde, arbeitete sie doch »an vorderster Front« in dem für die Sowjetunion wichtigsten Betrieb der DDR.

Als erster Vorsitzender der Betriebsparteiorganisation der SED bei der Wismut AG, ab Dezember 1947 Kreisparteiorganisation Aue II, wurde mit Kurt Böhme ein junger Funktionär eingesetzt. Kurt Böhme, geboren 1913 in Deuben (Kreis Dresden) und aufgewachsen in einer Arbeiterfamilie, trat 1928 dem kommunistischen Jugendverband und 1930 der KPD bei. Nach der Machtergreifung der Nazis arbeitete er in der Illegalität und wurde 1936 zu vier Jahren und 7 Monaten Zuchthaus verurteilt. Nach Kriegsende agierte er zunächst als politischer Sekretär der KPD in Freital und stieg Anfang 1947 als Instrukteur der Kaderabteilung in die Bezirksleitung der KPD von Sachsen auf.[51] Es steht außer Frage, dass sowjetische Politoffiziere bei seiner Wahl für diese Schlüsselposition ein entscheidendes Wort mitgesprochen haben. Dies galt erst recht für seine neue Funktion an der Spitze der Betriebsparteiorganisation (BPO) der SED bei der Wismut AG. Böhme, der 1929 im Alter von 17 Jahren auf Einladung der Kommunistischen Jugendinternationale erstmals die Sowjetunion besucht hatte, galt der sowjetischen Direktion als vertrauenswürdig.

Die Sonderstellung der Wismut AG, ihre De-facto-Gleichstellung mit einem Militärbetrieb unter Herrschaft des sowjetischen Geheimdienstes, führte bei der Parteileitung der SED sehr bald zur Ausbildung eines Elitebewusstseins. Als Protegé der sowjetischen Direktion fühlte sich Böhme praktisch unangreifbar. Die ohnehin nur lockeren Verbindungen zum Kreisvorstand der SED Aue I wurden auf ein Mindestmaß reduziert. Die SED-Leitung der Wismut AG betrieb unverhohlen eine Politik der Abschottung gegenüber der eigenen Organisation. Ihre Sonderstellung stieß bei den Vorständen in Aue I, Annaberg, Auerbach und Marienberg auf wenig Gegenliebe. Böhme musste sich vom Landesvorstand den Vorwurf gefallen lassen, er gebärde sich wie der Vorsitzende einer »Partei in der Partei«, gar einer »Bruderpartei«.[52] Tatsächlich stand Böhme der sowjetischen Generaldirektion näher als seinen übergeordneten Parteiinstanzen.

Die Geheimniskrämerei der Genossen bei der Wismut AG und ihre bevorzugte Versorgung mit knappen Gütern aller Art ging den anderen Parteigliederungen gehörig gegen den Strich. Wohl nicht ganz zu Unrecht wurden der SED-Parteileitung der Wismut AG bonapartistische Verhaltensweisen sowie ein »hohler Pathos« unterstellt.[53] Genutzt hat diese Kritik nur wenig. Das SED-Sekretariat der Wismut AG um Kurt Böhme konnte auf die Generaldirektion bauen und ließ die zahlreichen Beschwerden an sich abprallen.

Ende 1949 sah sich der Parteivorstand der SED veranlasst, den Selbstständigkeitsbestrebungen der Parteileitung der Wismut AG nachzugeben. Sie wurde Anfang 1950 aus den Landesverbänden der SED Sachsens und Thüringens ausgegliedert und dem Parteivorstand der SED direkt unterstellt. Künftig hatte sie den Status einer Bezirksleitung und erhielt ihre Aufträge direkt vom Parteivorstand bzw. ab 1950 vom Politbüro. In ähnlicher Weise wurde danach auch bei den Massenorganisationen verfahren.

Die offizielle Weichenstellung zur Stalinisierung der SED erfolgte im Sommer 1948. Gegen ehemalige SPD-Mitglieder wurde geradezu inquisitorisch vorgegangen. Besonders hart griffen die SED-Vorstände die »Schumacherleute« an. Wer des »Sozialdemokratismus« verdächtigt wurde, musste mit seiner Verhaftung durch die Besatzungsmacht rechnen. Um sich dem zu entziehen, flüchtete unter anderem der Bürgermeister von Johanngeorgenstadt, Alfred Franz, Mitte 1949 in den Westen. Der Stellvertretende Kreisvorsitzende der SED und ehemalige Sozialdemokrat Konrad Vesely wurde Anfang 1950 abgesetzt und aus der SED ausgeschlossen.

Besonders fanatisch ging die SED-Leitung bei der Wismut AG gegen vermutete Feinde in den eigenen Reihen vor. Während der meisten Leitungssitzungen wurden durchschnittlich 10 bis 20 Parteiverfahren behandelt. Die vom Zentralkomitee (ZK) der SED 1948 und 1950 initiierten Säuberungswellen wurden bei der Wismut AG rigoros umgesetzt. Betroffen waren nicht nur ehemalige Sozialdemokraten, sondern auch Kommunisten, die sich der Stalinisierung widersetzten.[54] Neben den permanenten Parteisäuberungen widmete sich die BPO der SED vor allem der propagandistischen Tätigkeit und der unbedingten Erfüllung der Produktionspläne.

Trotz seiner Linientreue und der Rückendeckung durch die sowjetische Direktion geriet Böhme unter Druck. Im März 1951 wurde er von seinem Posten abberufen. Er verließ den Uranbergbau, ging zur Parteischule nach Moskau und begann anschließend eine Offizierslaufbahn bei der Kasernierten Volkspolizei (KVP).[55] Bei seinem vergleichsweise moderaten Abgang dürften seine sowjetischen »Freunde« ein gewichtiges Wort mitgesprochen haben. Danach brachte er es bis zum Stellvertretenden Leiter der Politischen Verwaltung im Ministerium für Nationale Verteidigung und zum Militärattaché in der UdSSR. Später war er Stellvertreter des Vorsitzenden für Innere Angelegenheiten des Rates des Bezirkes Karl-Marx-Stadt (Chemnitz) und von 1950 bis 1954 auch Kandidat des ZK der SED. Ein weiterer Aufstieg gelang ihm jedoch nicht.

Nach dem Abgang von Kurt Böhme und einer kurzen Interimszeit von Horst Dohlus, einem gelernten Frisör, der von 1951 bis 1953 als zweiter Sekretär der SED-Gebietsleitung wirkte, schaltete sich Walter Ulbricht persönlich in die

Auswahl eines neuen »Ersten« für die Wismut AG ein. Das ZK der SED sprach sich im Herbst 1951 etwas überraschend für den gelernten Kupferschmied Günther Röder aus. Im Gegensatz zu seinen Vorgängern kam der 1923 in Zeitz geborene Röder nicht aus dem kommunistischen Widerstand, sondern war erst kurz nach seiner Entlassung aus amerikanischer Kriegsgefangenschaft der KPD beigetreten. Seine politische Laufbahn begann der gelernte Kupferschmied als Jugendfunktionär in seiner Heimatstadt Zeitz. In den Jahren 1949/50 studierte er an der Parteihochschule und wurde anschließend Leiter des Sektors Maschinenbau im ZK der SED in Berlin. Dort muss er Ulbricht aufgefallen sein, der ihn ziemlich unvermittelt an die Spitze der Gebietsleitung der Wismut stellte.

Es dauerte nicht lange und Röder besetzte den Parteiapparat mit seinen Vertrauten. Dabei gelangte auch ein ehemaliger Angehöriger der Waffen-SS ins Leitungsgremium. Beschwerden von anderen SED-Funktionären der Wismut AG schmetterte Röder ab. Unter den Bergleuten war er, der sich vor allem für eine Erhöhung der Arbeitsleistungen einsetzte, alles andere als beliebt.[56] Offensichtlich überspannte Röder aber den Bogen derart, dass die Opposition gegen seine Kumpanei nicht verstummte und sich nach mehreren vergeblichen Versuchen endlich Anfang 1954 bei Ulbricht Gehör verschaffen konnte. Die Korruptionsvorwürfe waren so massiv, dass Ulbricht seinen Ziehsohn fallen ließ. Gegen Röder und fünf weitere Mitglieder der Gebietsparteileitung wurden Parteiverfahren eingeleitet. Sie endeten im Falle von Röder mit seiner Absetzung wegen »parteischädigenden und parteizersetzenden Verhaltens« und einer »strengen Rüge«. Danach wurde er zum »Bewährungseinsatz« als Arbeiter auf eine Maschinen-Traktoren-Station (MTS) geschickt. Später gelang ihm der Aufstieg zum Werkdirektor des VEB Förderanlagenbau Köthen und zum Sekretär der BPO im VEB Waggonbau Ammendorf.[57] Auf Röder folgte mit Alois Bräutigam erstmals ein gelernter Maurer und Bergmann an die Spitze der SED-Gebietsleitung Wismut.

Richard Leppi – der letzte »richtige« Gewerkschaftsfunktionär

Im Juni 1950 wurde der Uranbergbau aus dem Organisationsbereich der Industriegewerkschaft Bergbau (IGB) herausgelöst und die IG Wismut gegründet, und zwar auf Betreiben der Gewerkschaftsfunktionäre und der sowjetischen Politoffiziere der Wismut AG, allen Widerständen der IGB zum Trotz.[58] Die IG Wismut unterstand nunmehr direkt dem Bundesvorstand des Freien Deutschen Gewerkschaftsbundes (FDGB). Zum ersten Vorsitzenden des Zentralvorstandes der IG Wismut wurde Richard Leppi gewählt. Er hatte damit den Zenit seiner Karriere in der Gewerkschaft erreicht. Als Sohn eines oberschlesischen Bergarbeiters 1904 geboren, setzte er die Familientradition fort und verdingte sich ab 1924 als Bergmann. Er trat der KPD bei und wurde 1931 Sekretär für Agitation und Propaganda der Bezirksleitung Oberschlesien. Nach der

Die Entdecker der Kernspaltung Otto Hahn und Lise Meitner im Gespräch mit dem Physiker Werner Heisenberg (1962).

Der Kern des Versuchsreaktors von Werner Heisenberg mit gitterförmig angeordneten Uranwürfeln in Haigerloch (Württemberg) im Frühjahr 1945.

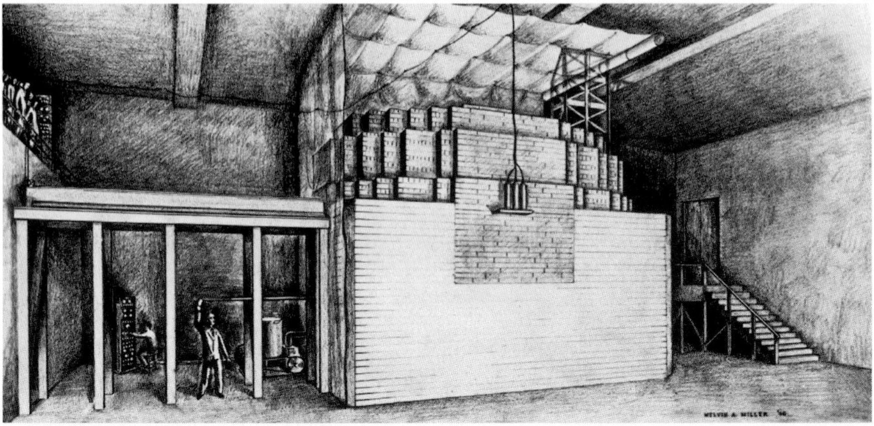

Zeichnung des ersten amerikanischen Kernreaktors von Enrico Fermi in Chicago 1942. (Von diesem Reaktor durften keine Fotos gemacht werden.)

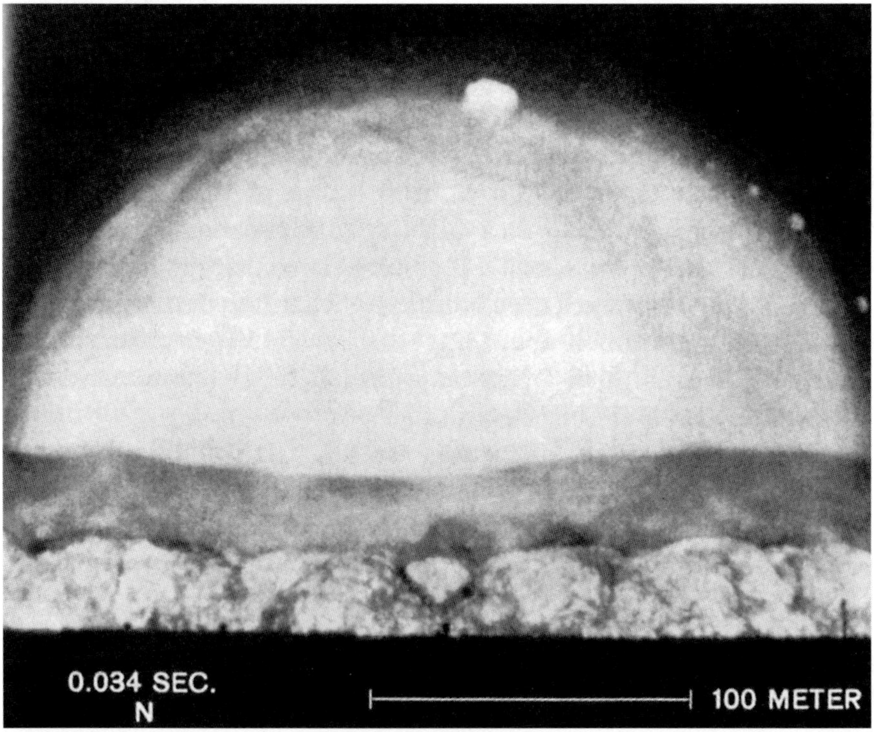

Der erste amerikanische Atombombentest am 16. Juli 1945 auf dem Versuchsgelände von Los Alamos in New Mexico.

Der erste sowjetische Atombombentest am 29. August 1949 in der kasachischen Steppe.

Wladimir Wernadski, der Entdecker der ersten sowjetischen Uranerzlagerstätten.

Igor Kurtschatow, der Leiter des sowjetischen Atomforschungsprojektes.

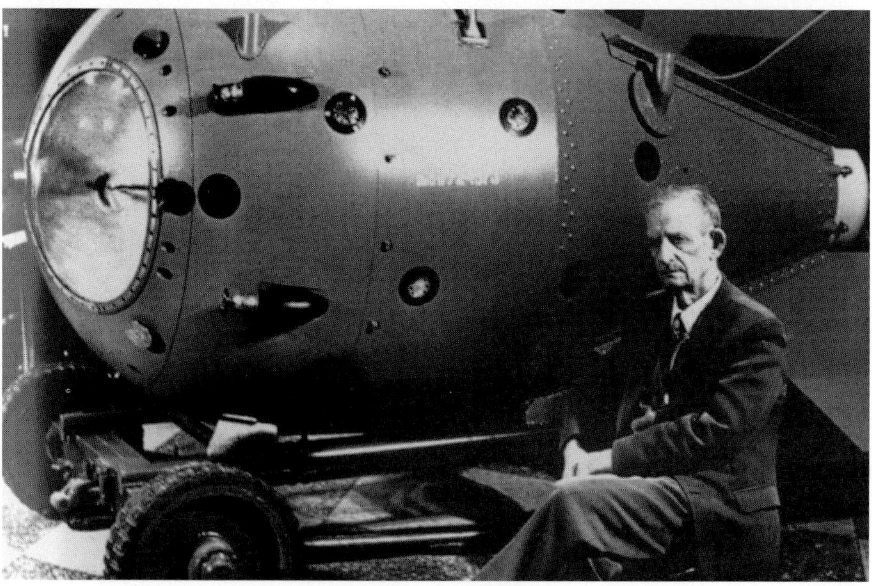

Juli Chariton 1992 vor dem Modell der ersten sowjetischen Atombombe.

Die wichtigsten Uranerzlagerstätten im deutsch-tschechischen Grenzgebiet.

Das Radiumlaboratorium im böhmischen Jáchymov in den 1920er Jahren.

Bergleute im »Werner-Schacht« von Jáchymov beim Füllen der Erzkübel (1945).

Zerkleinerung des Pechblende-Gesteins in Jáchymov über Tage (1945).

Werbung für »Sulforadon« – ein schwach radioaktives Haarwasser, das in den zwanziger und dreißiger Jahren des vorigen Jahrhunderts in Jáchymov hergestellt wurde.

Förderturm des Uranschachtes »Svornost« in Jáchymov (1940).

Die Uranaufbereitungsfabrik im böhmischen Příbram (1969).

ČSR-Außenminister Jan Masaryk bot – zum Ärger der Sowjets – 1946 vor der UNO an, daß die Jáchymover Uranminen von internationalen Experten inspiziert werden können.

ČSR-Präsident Edvard Beneš (Mitte) und Ministerpräsident Zdeněk Fierlinger (ganz rechts) handelten den geheimen tschechoslowakisch-sowjetischen Uranvertrag aus (1946).

Ein sowjetischer Soldat untersucht im Erzgebirge eine alte Abraumhalde auf Uranerzspuren (1946).

Der erste Generaldirektor (1947–1951) der Wismut AG, Geheimdienstgeneral Michail M. Malzew.

Überfüllte Schichtzüge prägten das Bild der Anfangsjahre in der Wismut AG (ca. 1948).

Zufahrt zu einem Schacht (Nr. 132) der Wismut AG mit den typischen Losungen jener Jahre (ca. 1949).

Frauenarbeit über Tage (ca. 1949).

Bergmann unter Tage (ca. 1955).

Bergleute mit sowjetischen Soldaten vor einer Gastwirtschaft in Annaberg (ca. 1950).

Industrieminister Fritz Selbmann, von 1954 bis 1958 Aufsichtsratsvorsitzender der SDAG Wismut, im Gespräch mit einem sowjetischen Offizier.

5

Ehrenurkunde

Die Hauptverwaltung der AG. Wismut und der Zentralvorstand der Industriegewerkschaft Wismut zeichnen

den Kollegen Johannes Goth

für 5-jährige, erfolgreiche Arbeit im Kampf um den Frieden bei der Wismut AG. aus.

Karl-Marx-Stadt, 4. Juli 1954

Industriegewerkschaft „Wismut" 3. FDGB Zentralvorstand

Hauptverwaltung AG. Wismut

Industriegewerkschaft Wismut Zentralvorstand

III/20/3 Kv 6919/53 Knäbchendruck, Zöblitz/Erzgeb. Entwurf Dewag-Werbung

Ehrenurkunde der Wismut AG für fünfjährige Betriebszugehörigkeit.

Der sowjetische Außenminister Wjatscheslaw Molotow in einem Schacht der SDAG Wismut in Johanngeorgenstadt (1954)

Die Abraumhalden des Uranbergbaus, hier im Revier Schlema/Alberoda in der zweiten Hälfte der fünfziger Jahre, überragten die Kleinstädte im Erzgebirge oft um ein Vielfaches.

Zu den Umweltnachfolgeschäden gehören die radioaktiv belasteten Schlammdeponien, wie diese des Aufbereitungsbetriebes Seelingstädt (1990).

Demonstration von Wismut-Kumpeln im September 1990 in Ronneburg gegen bevorstehende Massenentlassungen.

Der 1997 neueröffnete Kurkomplex von Schlema in einem ehemaligen Wismut-Areal.

Machtergreifung Hitlers musste Leppi mehrere Jahre in Konzentrationslagern und Zuchthäusern leiden. Ab 1941 wurde er zur Arbeit in den Freiberger Erzgruben zwangsverpflichtet. Nach Kriegsende gehörte Leppi bei der Wismut AG zu den Parteiaktivisten der ersten Stunde. Seit Sommer 1947 war er maßgeblich am Aufbau des Kreisverbandes der SED Aue II beteiligt. Im April 1948 übernahm Leppi die Leitung des Reviervorstandes der IGB und löste damit den in dieser Funktion offenbar überforderten Richard Gründel ab.

Hinsichtlich der politischen Ausrichtung nahm die IGB im Uranbergbau die spätere Entwicklung des FDGB vorweg. Gab es im FDGB noch bis 1950 wenigstens ansatzweise pluralistische Strukturen und eine gewisse Eigenständigkeit gegenüber der SED, so beherrschte sie die Revierorganisation der IGB offensichtlich von Beginn an. Die Vorsitzenden wurden von der SED-Parteileitung auf ihre Posten delegiert und gegebenenfalls auch wieder abberufen. Dieses Prinzip hatte sich bei der Wismut AG bereits 1948 eingebürgert, also zu einer Zeit, in der sich die Gewerkschaft noch als unabhängige Organisation verstand.

Auch Leppi sollte bald an die Grenzen der gewerkschaftlichen Einflussmöglichkeiten stoßen. Seine eigenständige Gewerkschaftspolitik wurde von der SED-Parteileitung der Wismut AG und anderen übergeordneten Instanzen gar nicht gern gesehen. In Opposition zur sowjetischen Generaldirektion oder der Parteilinie stand Richard Leppi zwar nicht. Allerdings war er kaum gewillt, jeden Schwenk in der Politik der sowjetischen Generaldirektion vorbehaltlos zu unterstützen. Dies betraf insbesondere die Einführung von Sonntagsschichten. Gerade erst ins Amt gewählt, lehnte Leppi deren Propagierung durch die Gewerkschaft ab. Er plädierte stattdessen für freiwillige Sonntagsschichten. Doch damit konnte sich die IGB, nicht zuletzt aufgrund des latenten Widerstandes der Bergleute, nicht durchsetzen. Im Frühjahr 1950 wurden die Sonntagsschichten schließlich administrativ eingeführt. Diese Politik unterstützte letztlich auch die neu gegründete IG Wismut, die damit ihre Rolle als Interessenvertreter der Kumpel verspielte.

Wiederholt versuchten Leppis Widersacher, den aus ihrer Sicht unbequemen Mann abzusetzen. Doch so ohne weiteres gelang das nicht. Nachdem der Landesvorstand der SED Mitte 1949 seine Abberufung beschlossen hatte, hob die Gebietsparteileitung der SED (Aue II) diesen Beschluss wieder auf. Deutlicher konnte man die Sonderstellung des Uranbergbaus kaum zum Ausdruck bringen. Ein gutes Jahr später fanden seine Gegner jedoch einen neuerlichen Anlass, um Leppi zu verdrängen. Er hatte auf der sächsischen Landesparteischule einer Frau reflexartig ins Gesicht geschlagen. Daraufhin wurde er im Dezember 1950 als Vorsitzender des Zentralvorstandes der IG Wismut abgelöst und ein Jahr später wegen »parteischädigenden Verhaltens« aus der SED ausgeschlossen. Für ihn und seine Frau, die Mitarbeiterin des Landesvorstandes der SED in Sachsen war, bedeutete der Parteiausschluss eine menschliche Tragödie. Von Liesbeth Leppi wurde die bedingungslose Anerkennung der Entscheidung der Zentralen Parteikontrollkommission gefordert. Obwohl sie sich dieser Forderung unterwarf und sich von ihrem Mann und ihren Kindern trennte, waren die Mitglieder des Landesvorstandes nicht zu besänftigen. Unter dem Motto »keine Zugeständnisse« wurde sie aus dem Landesvorstand ausgeschlossen und versetzt.[59]

Auch solch mutige Persönlichkeiten wie Richard Leppi vermochten den nahezu kompletten Verlust der Eigenständigkeit der Gewerkschaften in der SBZ/DDR letztlich nur herauszuzögern.

Fritz Selbmann – ein eigenwilliger Minister

Fritz Selbmann gehörte zu den eigenwilligsten Persönlichkeiten aus dem Kreis der führenden Parteikader. Der 1899 im hessischen Lauterbach geborene Sohn eines Kupferschmiedes erlernte den Beruf des Bergmanns. Anfang der zwanziger Jahre trat er der USPD und 1922 der KPD bei. Er wurde 1925 Gauführer des Rotfrontkämpferbundes im Ruhrgebiet und gehörte damit zu den einflussreichsten Funktionären in der Kohleregion. 1928 schickte ihn die Partei auf die Lenin-Schule nach Moskau. Nach seiner Rückkehr nach Deutschland saß Selbmann für die KPD zunächst im Rheinischen Provinziallandtag, bevor er 1930/31 die Leitung der KPD Bezirksleitung in Oberschlesien und 1932/33 von Sachsen übernahm. Schließlich war er von 1930 bis 1932 Mitglied des Preußischen Landtages. Kurz nach der Machtübernahme Hitlers wurde Selbmann im April 1933 verhaftet und zwei Jahre später zu sieben Jahren Zuchthaus »wegen Vorbereitung zum Hochverrat« verurteilt. Ab 1940 saß er bis April 1945 in mehreren Konzentrationslagern. In neunmonatiger Dunkelhaft verlor er einen Teil seines Augenlichts. Bei der Evakuierung des Lagers Dachau gelang ihm kurz vor Kriegsende die Flucht.

In Leipzig wirkte Selbmann maßgeblich am raschen Wiederaufbau der KPD mit. Er war kurzzeitig Präsident des Landesarbeitsamtes, bevor er Wirtschaftsminister von Sachsen wurde. In dem wirtschaftlich stärksten Land der SBZ setzte sich Selbmann vehement für die schnelle Einführung der Planwirtschaft und die Verstaatlichung von Industrie und Handwerk ein. Nach Gründung der DDR 1949 übernahm er das Ministerium für Industrie bzw. Schwerindustrie. In dieser Schlüsselstellung trug er die Verantwortung für die wichtigsten Großprojekte, darunter den Bau des Eisenhüttenkombinates Ost (EKO).

Als 1952 in Ungarn und der ČSR Schauprozesse gegen Spitzenfunktionäre geführt wurden, geriet auch die SED-Führung in den Sog der stalinistischen Säuberungen und begann ihrerseits nach »Verrätern« zu suchen. Das ehemalige Politbüromitglied Paul Merker wurde als »Subjekt der US-Finanz-Oligarchie« angeprangert und blieb bis 1956 in Haft. Im Mai 1953 wurde Franz Dahlem, einer der letzten großen politischen Konkurrenten Ulbrichts, aus dem Zentralkomitee ausgeschlossen.[60] Als Opfer für einen Schauprozess hatte Ulbricht wahrscheinlich auch Fritz Selbmann auserkoren. Dem Industrieminister sollten Fehler beim Aufbau des Eisenhüttenkombinates Ost und Verbindungen zu bürgerlichen Experten als Sabotage ausgelegt werden. Doch bevor es auch in der DDR zur Inszenierung von Schauprozessen kam, traten zwei Ereignisse ein, die das Herrschaftssystem der SED erschütterten – der Tod Stalins im März 1953 und die Volkserhebung vom 17. Juni 1953. Wahrscheinlich bewahrten nur diese Ereignisse Selbmann vor einem Prozess.

Als einziger hochrangiger SED-Funktionär versuchte Selbmann am 17. Juni in Berlin vor dem Haus der Ministerien mit den streikenden Arbeitern zu diskutieren. Doch er wurde kurzerhand beiseite geschoben. Die Arbeiter hatten zu oft unerfüllte Versprechungen gehört. Nach der Niederschlagung des Aufstands gelang dem angeschlagenen Regime ab Herbst 1953 mit sozialen Zugeständnissen und sowjetischen Hilfsleistungen eine Stabilisierung. Zur Verbesserung der wirtschaftlichen Lage der DDR trugen zweifellos auch der sowjetische Reparationsverzicht ab dem 1. Januar 1954 und die Umwandlung der Wismut AG in eine gemischte Sowjetisch-Deutsche Aktiengesellschaft bei. Fritz Selbmann, der bereits im Herbst 1953 für die DDR die Verhandlungen über die Liquidation der Wismut AG geführt hatte, wurde 1954 erster Vorstandsvorsitzender der neuen Gesellschaft. In den folgenden Jahren versuchte er, im Gegenzug für die Uranerzlieferungen der SDAG Wismut von der Sowjetunion möglichst hohe Rohstofflieferungen zu erhalten oder zumindest hohe Preise zu erzielen. Mehrfache Kontroversen mit den sowjetischen Unterhändlern folgten. Immerhin erreichte der energische Selbmann bei den Verhandlungen einen Teilerfolg, was zu einer gewissen Kostenentlastung der DDR führte.[61]

Anfang 1955 wurde das von Selbmann geleitete Ministerium für Schwerindustrie auf Betreiben von Walter Ulbricht aufgelöst und in drei selbstständige Ministerien unterteilt. Für den machtbewussten Selbmann war dies ein herber Rückschlag. Dennoch spielte er, nun als Minister für Berg- und Hüttenwesen, eine herausragende Rolle bei den Anfängen der Atomenergiewirtschaft in der DDR.[62] Er führte 1956 die Verhandlungen mit der Sowjetunion über den Bau des ersten Atomkraftwerkes in der DDR und leitete das Ende 1955 gegründete Amt für Kernforschung und Kerntechnik, das Ulbricht sogar in den Rang eines Atomministeriums erheben wollte. Selbmann riet davon ab, weil er zu offensichtliche Parallelen zum Bonner Atomministerium unter der Leitung von Franz Josef Strauß fürchtete.

Ende 1957 zeichnete sich ein Ende der politischen Laufbahn von Fritz Selbmann ab. Zumindest als Kulisse spielte die SDAG Wismut dabei eine Rolle. Die Politprominenz der SED war recht häufig und gern in Karl-Marx-Stadt zu Gast. Wie bei solchen Besuchen üblich, wurde auch kräftig gezecht und über aktuelle politische Entwicklungen geredet. Dies war vor allem in einer Zeit heftiger innerparteilicher Kämpfe und erneut verschärfter Repressionen nicht ungefährlich. Ungeachtet dessen gab es in der SED Forderungen nach Kurskorrekturen in der Wirtschaftspolitik und eine wachsende Unzufriedenheit mit dem selbstherrlichen Führungsstil von Walter Ulbricht. Zum Eklat kam es nach einem Bankett bei der SDAG Wismut in Karl-Marx-Stadt am 9. Dezember 1957.[63] Zu den Teilnehmern gehörten unter anderen Fritz Selbmann und der ZK-Sekretär für Wirtschaft, Gerhart Ziller. Letzterer kündigte eine Abrechnung mit Ulbricht an: »Entweder wir gehen vor die Hunde, ... oder wir gehen als Sieger hervor.«[64] Für ihre Kritik hatten sie sich jedoch einen denkbar schlechten Ort gesucht. Ulbricht besaß unter den Führungskräften der SDAG einige seiner treuesten Anhänger. Der Funktionär der Staatssicherheit Otto Last informierte seinen Chef, Erich Mielke, und dieser setzte umgehend Ulbricht von der »Verschwörung« in Kenntnis. Der in internen Machtkämpfen höchst erfahrene und gerissene Ulbricht rief daraufhin am 12. Dezember 1957 das Politbüro zu einer außerordentlichen Sitzung zusammen. Ein Kesseltreiben gegen Selbmann und Ziller setzte ein. Letzterer hielt dem psychischen Druck nicht mehr stand und nahm sich zwei Tage später das Leben.

Auch andere tatsächliche oder vermeintliche Widersacher drängte Ulbricht wenig später aus ihren Ämtern. Karl Schirdewan, neben Fritz Selbmann der letzte ehemalige KZ-Häftling in einer führenden Stellung, Fred Oelßner, der Parteitheoretiker, und Ernst Wollweber, Minister für Staatssicherheit, wurden unter dem Vorwurf der Fraktionstätigkeit aus dem Politbüro ausgeschlossen. Ihre weitere Bestrafung fiel vergleichsweise milde aus. Sie bekamen gut dotierte, aber politisch bedeutungslose neue Stellen. Der Säuberung in der Parteispitze folgte umgehend die »Bereinigung« des Parteiapparates. Auch die SDAG Wismut blieb nicht von diesen Ereignissen verschont. Während der Erste Sekretär der Parteileitung der Wismut, Alois Bräutigam, an die Spitze der Bezirksleitung Erfurt wechselte, wurde der Stellvertretende Generaldirektor Schröder mehrfach ins ZK der SED nach Berlin zitiert und musste sich rechtfertigen.[65] Seine Ablösung konnte er nicht verhindern. Auf einer Sitzung des Politbüros wurden ihm am 11. März 1958 Machtmissbrauch und Schikanierung seiner Mitarbeiter unterstellt.[66] Tatsächlich dürfte eher seine »Männerrunde« mit Selbmann und Ziller den Ausschlag für seine Versetzung gegeben haben.

Fritz Selbmann resignierte im Übrigen nicht. Er hielt auf dem V. Parteitag der SED im Juli 1958 eine selbstkritische Rede und konnte sich damit vor dem völligen Absturz retten. Noch bis 1964 nahm er in der Staatlichen Plankommission bzw. dem Volkswirtschaftsrat leitende Positionen wahr. Seinen einstigen Einfluss hatte er jedoch verloren. Mit 65 Jahren ging er in Rente und versuchte sich, mit einigem Erfolg, als Schriftsteller. In seinen Memoiren, sowohl in der offiziellen als auch in der ungedruckt im Parteiarchiv verwahrten Fassung, fand das wichtigste Unternehmen, das ihm in seiner Zeit als Minister unterstanden hatte – die Wismut AG bzw. SDAG – nur am Rande Erwähnung. Möglicherweise war ihm dieser Betrieb fremd geblieben oder die Geheimhaltungspraktiken wirkten so nachhaltig, dass er auf eine Schilderung seiner diesbezüglichen Erlebnisse verzichtete. Wie dem auch sei, die meisten Beschäftigten der Wismut AG hatten in den ersten Jahren der Existenz des Unternehmens ganz andere Sorgen.

Der Einsatz deutscher Arbeitskräfte als eine Form künftiger Reparationsleistungen war von der Anti-Hitler-Koalition bereits während des Krieges diskutiert worden.[67] Dabei wurde der ökonomische Effekt der Arbeitsreparationen als gering eingeschätzt, aber der politische dafür um so höher. Trotz einiger Bedenken stimmten auch die Amerikaner auf der Konferenz von Jalta im Februar 1945 der Forderung nach Arbeitsreparationen zu. Auf der Potsdamer Konferenz im Juli/August 1945 kam dieses Thema nicht mehr zur Sprache, was jedoch keinen Verzicht seitens der Sowjetunion bedeutete. Sie beharrte auf dem Einsatz deutscher »Arbeitsbataillone«. Eine entsprechende Proklamation verabschiedete der Alliierte Kontrollrat am 20. September 1945. Darin hieß es, Deutschland sei verpflichtet, »Arbeitskräfte, Personal und Spezialisten und andere Dienstleistungen zum Einsatz in Deutschland oder anderweitig bereitzustellen, wie es die alliierten Vertreter anordnen mögen«.[68]

Im Oktober 1945 wies die SMAD mit dem Befehl Nr. 43 die Versorgung der »Industriebetriebe mit Arbeitskraft« an. Wer nicht zur Arbeitsaufnahme bereit war, der sollte, getreu dem Motto Stalins »Wer nicht arbeitet, soll auch nicht essen«, von der Versorgung mit Lebensmitteln ausgeschlossen werden. Seit dieser Zeit wurden die Arbeitsämter in der SBZ schrittweise zu Lenkungszentralen des Arbeitseinsatzes ausgebaut.[69] Eine Ergänzung der Bestimmungen zum Arbeitskräfteeinsatz erfolgte mit dem SMAD-Befehl Nr. 153 vom 29. November 1945. Dieser erlaubte die Zwangsvermittlung von Arbeitslosen ohne Rücksicht auf den erlernten Beruf im Interesse der Besatzungsmacht.[70] Einspruchsmöglichkeiten hatten die Betroffenen nicht.

Die Praxis der Zwangsrekrutierungen wurde schließlich durch den Kontrollratsbefehl Nr. 3 vom 17. Januar 1946 zusätzlich legitimiert. Die meisten Zwangsvermittlungen zum Uranbergbau erfolgten seitdem auf Grundlage dieses Befehls. In den folgenden Monaten drängten vor allem die Briten im Kontrollrat auf die Einführung einer allgemeinen Arbeitspflicht für den Kohlenbergbau.[71] Sie und die französischen Besatzungsbehörden nutzten den Kontrollratsbefehl Nr. 3, um dem Steinkohlenbergbau, der Schlüsselindustrie des Wiederaufbaus schlechthin, Arbeitskräfte zuzuführen. Im Ruhrkohlenbergbau blieb die Methode der Dienstverpflichtungen 1946 jedoch weitgehend erfolglos: Im Monatsdurchschnitt kehrten drei von vier Zwangsverpflichtete wieder ab.[72] Nur über die Verbesserung der Lebensmittelversorgung konnte letztlich ein wirksamer Anreiz geschaffen werden. Im Herbst 1946 lenkten die britischen Besatzungsbehörden ein und bemühten sich um eine Besserstellung der Bergleute.

Die schlechten Erfahrungen mit den Zwangsvermittlungen in den Steinkohlenbergbau registrierten die Behörden in der SBZ aufmerksam und sollten später die Befürworter einer flexibleren Arbeitsmarktpolitik bestärken. Im Vergleich zu den Westzonen erreichten die Zwangsverpflichtungen in der SBZ größere Ausmaße. Vor allem Werke, die Reparationsgüter herstellten, darunter Werften, Maschinenbau- und Chemiebetriebe, versuchten auf diesem Weg ihre

Arbeitskräfteprobleme zu lösen. Ein Unternehmen sollte dabei jedoch alle anderen in den Schatten stellen: die Wismut AG.

Je weiter die Uransuche ausgedehnt wurde, desto mehr Arbeitskräfte wurden benötigt. Im April 1946 erhielt das Arbeitsamt Aue von den Besatzungsbehörden die Auflage, 800 Männer für die Minen in Johanngeorgenstadt zu stellen.[73] Obwohl die sowjetischen Kommandanturen Arbeiter aus umliegenden Betrieben abzogen, konnte die Vorgabe nicht erfüllt werden. Daraufhin wurde ganz Sachsen in die Dienstverpflichtungen für den Uranbergbau einbezogen.

Für die Arbeitsmarktpolitik in der SBZ/DDR waren die Ministerien für Arbeit und Sozialfürsorge der Länder sowie die Deutsche Zentralverwaltung für Arbeit und Sozialfürsorge (DZVAS) zuständig. Die DZVAS ging inhaltlich und personell im Juni 1947 in die Hauptverwaltung Arbeit und Sozialfürsorge der Deutschen Wirtschaftskommission (DWK) über. Den sensiblen Bereich der Arbeitskräftelenkung kontrollierte die SED schon sehr frühzeitig und umfassend. In den Arbeitsverwaltungen waren 1948 fast alle Führungspositionen bis zur Ebene der Abteilungsleiter mit SED-Mitgliedern besetzt.[74] Auf Initiative des Landesvorstandes der SED richtete die sächsische Landesregierung im August 1947 eine Außenstelle des Ministeriums für Arbeit und Sozialfürsorge in Aue ein, ab 1949 als »Sonderabteilung Erzbergbau« bezeichnet. Zum Leiter der Außenstelle im Range eines Oberregierungsrates wurde der Bergmann Max Weber[75] ernannt.

Wie viele Arbeitskräfte man für den Uranbergbau benötigte, war allerdings eine Frage, die die deutschen Behörden nicht ausreichend beantworten konnten. In Abhängigkeit vom Fortgang der Erkundungs- und Erschließungsarbeiten gab die Personalverwaltung der Wismut AG ihre grob kalkulierten Anforderungen zumeist kurzfristig der SMAD bzw. SKKD, der Sowjetischen Kontrollkommission in Deutschland, bekannt. Mehrfache Anfragen der sächsischen Landesregierung und der DWK über die voraussichtliche Dauer des Uranbergbaus blieben unbeantwortet.

Solange ihre Arbeitskräftepläne nicht erfüllt waren, veranlasste die Personalverwaltung der Wismut AG auch eigenständige, mit den deutschen Behörden nicht abgestimmte Rekrutierungsaktionen. Insbesondere die Flüchtlingslager wurden daraufhin von NKWD-Offizieren und deutschen Arbeitsvermittlern, die für jeden geworbenen Freiwilligen eine Prämie erhielten, »durchkämmt«. So holte ein sowjetischer Offizier 800 Vertriebene aus dem Auffanglager Hoyerswerda und schickte sie per Bahn nach Aue: »Die Menschen waren weder gemustert, noch waren sie Bergarbeiter von Beruf. Statt dessen bestand der Transport aus Amputierten, Kranken, alten Männern und Frauen.«[76] Solche Ad-hoc-Aktionen wurden im Herbst 1947 sowohl von Generalmajor Malzew als auch von der SMA/Sachsen untersagt.[77] Der Chef der Abteilung Umsiedler bei der SMA/Sachsen, Oberstleutnant Wolodin, erließ am 23. Oktober 1947 den Befehl Nr. 440, der sich gegen die Rekrutierungspraktiken der Wismut AG wandte. Eigenmächtige Eingriffe von NKWD-Offizieren in die Tätigkeit der deutschen Arbeitsämter sollten fortan unterbleiben.[78] Die Personalverwaltung der Wismut AG hielt sich jedoch nur kurzzeitig an diese Vorgabe. Ende Januar 1948 wurde der Befehl Nr. 440 auf ihr Drängen de facto wieder aufgehoben.

Von den spontanen Rekrutierungsaktionen abgesehen, nahm die von den Arbeitsämtern gesteuerte Lenkung von Arbeitskräften in den Uranbergbau seit Herbst 1946 Massencharakter an. Allein für das vierte Quartal 1946 sollte das Land Sachsen 4 400 Arbeitskräfte stellen. Trotz wiederholter Proteste der gerade neu ins Amt eingesetzten Präsidentin des Landesarbeitsamtes, Hildegart Heinze, rückte die SMA/Sachsen nicht von dieser Auflage ab. Die Landesregierung sah sich daraufhin genötigt, die Werbung für den Uranbergbau auf das gesamte Land auszudehnen. Selbst aus den Steinkohlenschächten von Oelsnitz und Zwickau wurden Bergleute abgezogen. Sie bildeten gemeinsam mit den wenigen erfahrenen und ortskundigen Bergleuten der Sachsenerz-Bergwerks AG sowie geflüchteten bzw. vertriebenen Bergleuten aus Oberschlesien den Kern der späteren Wismut-Belegschaft.

Das System der Arbeitskräfterekrutierung funktionierte, vereinfacht dargestellt, wie folgt: Entsprechend den Produktionsplänen gab die Personalverwaltung der Wismut AG ihren Bedarf der Abteilung Arbeitskräfte der SMAD bekannt. Diese wiederum erteilte den deutschen Behörden Befehle bzw. Auflagen zur Stellung der geforderten Kontingente. Zeichnete sich die Erschließung neuer Vorkommen ab, »bestellte« man umgehend einige tausend Arbeitskräfte. Die Personalverantwortlichen tendierten dabei zu einer »Hortung von Arbeitskräften«: Sie forderten zumeist mehr Personal an, als man tatsächlich benötigte. Dieses Vorgehen, einen möglichst hohen Kräftebedarf anzumelden, wurde durch den massenhaften Einsatz von Zwangsverpflichteten noch verstärkt. Deren Kontrakte liefen nur zwischen 6 und 24 Monaten, d. h. es musste permanent für Ersatz gesorgt werden. Hinzu kamen das Problem von Vertragsbrüchen und die Flucht von Arbeitern.

Oberstes Gebot für die deutschen Behörden war die Erfüllung der sowjetischen Auflagen. Die Arbeitsämter wurden daran gemessen, ob sie diesen entsprachen. Einen Eindruck von der angespannten Atmosphäre vermittelt u. a. der Schriftwechsel zwischen den Landesregierungen und den Arbeitsämtern. So heißt es in einem Schreiben des Ministers für Arbeit und Sozialwesen des Landes Brandenburg vom 4. September 1947 an das Arbeitsamt in Potsdam: »Die Freiwilligenwerbung ist zu bevorzugen, genügt jedoch die Zahl der angeworbenen Kräfte nicht, müssen diese arbeitseingewiesen werden. Die Arbeitsämter haben ab sofort täglich durch Fernspruch dem Landesarbeitsamt zu melden, wie viele Arbeitskräfte für den Erzbergbau gestellt werden.«[79] Derart unter Druck gesetzt, reagierten die Arbeitsämter mit scharfen internen Weisungen.

Die Arbeitsämter hielten sich bei den Dienstverpflichtungen also alles andere als zurück und achteten kaum auf die Bergbautauglichkeit der Betroffenen. Infolge dieser Praktiken wurden viele tausend Menschen in den Bergbau gepresst, die für eine bergmännische Arbeit denkbar ungeeignet waren. Die

Schachtleiter konnten mit solchen Zwangsverpflichteten nur wenig anfangen. Dabei war bereits in den zum Befehl Nr. 153 herausgegebenen Richtlinien der DZVAS geregelt worden, wann ein Arbeitsloser eine Vermittlung ablehnen konnte: u. a. bei Vorlage eines amtsärztlichen Attestes. Gerade dieser Passus sollte für den Uranbergbau besondere Bedeutung erlangen. Auf den Ärzten lastete ein doppelter Erwartungsdruck. Sie hatten die Aufgabe, die Neuankömmlinge einer Gesundheitsprüfung zu unterziehen. Dafür wurden drei Kategorien gebildet: »bergbautauglich«, »tauglich für eine Arbeit über Tage« und »nicht für den Bergbau geeignet«. Angesichts der allgemeinen Not in den ersten Nachkriegsjahren konnte es nicht verwundern, dass die Zahl der in die dritte Kategorie eingestuften Arbeiter recht hoch ausfiel. Verschiedene Quellen sprechen von bis zu 25 Prozent Ausgemusterten.[80] Während die Zwangsvermittelten auf die Ärzte einstürmten, um eine Freistellung vom Bergbau zu erreichen, erwarteten die Besatzungsbehörden die schnellstmögliche Erfüllung ihrer Auflagen. Zeigten sich die Ärzte unnachgiebig, »warf man ihnen die Fenster ein« oder drohte gar mit Totschlag, stellten sie hingegen zu viele Männer von der Untertagearbeit frei, liefen sie Gefahr, von den Besatzungsbehörden verhaftet zu werden. Dies widerfuhr u. a. dem Amtsarzt der Bergverwaltung Annaberg im Juni 1947.[81]

Verschiedentlich klagten Beschäftigte gegen ihre Zwangseinweisung. Sie beriefen sich dabei buchstabengetreu auf den Kontrollratsbefehl Nr. 3. Die gesetzlichen Bestimmungen bezogen sich nämlich nur auf Arbeitslose. Die DZVAS erklärte daraufhin, dass der Befehl Nr. 3 in dringenden Fällen auch zur Vermittlung von Erwerbstätigen berechtige. Den wahren Grund für die veränderte Rechtsauslegung nannte der Präsident des Thüringischen Oberverwaltungsgerichtes in einem Schreiben an seinen Ministerpräsidenten: »Die Arbeitsverwaltung ist durch eine zahlenmäßige Auflage der Besatzungsmacht in die Zwangslage versetzt, Arbeitskräfte für den Bergbau zu stellen, die sie unter Zugrundelegung des geltenden Rechts offenbar nicht in voller Zahl beschaffen kann. Ein direkter Befehl der Besatzungsmacht, nötigenfalls auch Erwerbstätige zwangsweise einzusetzen, ist allerdings … nicht ergangen. Aber die Arbeitsverwaltung sieht keinen anderen Ausweg als die Ausdehnung des Zwangs auf geeignete Erwerbstätige.«[82]

Der Bedarf an Arbeitskräften für den Uranbergbau wuchs unterdessen sprunghaft an. Am 1. August 1947 erließ die SMAD einen Geheimbefehl zur Stellung von 20 000 Personen für den Erzbergbau.[83] Nach Bekanntgabe des Befehls rief das sächsische Ministerium für Arbeit und Sozialfürsorge einen Krisenstab zusammen. Die Unterbringung und Versorgung der neuen Bergleute in den Landkreisen Aue, Annaberg und Marienberg musste so gut es ging vorbereitet werden. Die Quartierfrage stellte die lokalen Behörden vor nahezu unlösbare Probleme. Die sächsische Landesregierung verhängte am 5. August 1947 mit Rücksicht auf den Erzbergbau eine Zuzugssperre für Umsiedler für die Kreise Aue, Marienberg und Annaberg: »In diese Kreise können für den Erzbergbau Aue vorläufig nur Einzelpersonen zugewiesen werden. Inwieweit später Familien nachgezogen werden können, hängt von der Frage ab, für welche Dauer das gesamte Unternehmen des Erzbergbaus Aue vorgesehen ist.«[84]

Eine besondere Rolle spielte dabei das Arbeitsamt in Aue: Es war die letzte Station für alle Rekrutierten. Hier wurden sie registriert und zu den Objekten geschickt.[85] Die Stadt Aue galt daher in der SBZ als ein »Tor der Tränen«. Die Transporte mit den neuen Arbeitern trafen in der Regel auf dem Bahnhof Aue ein. Danach wurden die Neuankömmlinge zum Gasthof »Auerhammer« geleitet. Dieser diente als Durchgangslager. Die sanitären und hygienischen Verhältnisse waren völlig unzureichend.[86] In den folgenden Tagen erfolgte die Anmeldung beim Hauptarbeitsamt in Aue. Anschließend wurden die Neuen auf die verschiedenen Wismut-Objekte verteilt. Dort meldeten sie sich im Personalbüro, im Lohnbüro und bei der Krankenkasse. Dann folgte eine ärztliche Untersuchung. Nach diesem Prozedere erhielten die neuen Mitarbeiter eine Bescheinigung zur Abmeldung beim Heimaternährungsamt. Erst nach erfolgter Abmeldung gab es die begehrten Lebensmittelmarken der Wismut AG. Sofern die neuen Wismut-Beschäftigten nicht in Privatquartieren untergebracht werden konnten, fanden sie Aufnahme im Durchgangslager in Eibenstock.

Nach dem weitgehenden Scheitern einer Kampagne zur Werbung von Freiwilligen bezogen die Besatzungsbehörden die SED-Funktionäre in ihre Bemühungen ein. Bereits im Oktober 1946 hatte erstmals eine Besprechung zwischen der SMA/Sachsen und der Landesleitung der SED über die Gewinnung von Arbeitern für den Uranbergbau stattgefunden.[87] Einige Monate später wurden auch die Einheitsgewerkschaft FDGB und die Jugendorganisation FDJ in die Freiwilligenwerbung eingeschaltet.

Massenflucht und Vertragsbrüche

Die Zwangsverpflichtungen für den Uranbergbau lösten 1947/48 eine Fluchtwelle aus. Zehntausende, die von den Arbeitsämtern einen Einweisungsbescheid für den Uranbergbau erhalten hatten, gingen in die Westzonen. Die Ursachen für die hohe Fluktuation waren vor allem in den schweren Arbeitsbedingungen und der anhaltenden »Russenangst« zu suchen. Verbreitet war die Furcht, dass eine Arbeit bei der Wismut AG nur eine Zwischenstation auf dem Weg »nach Sibirien« sei.[88] Hinzu kam, dass sich die sozialen Umstände, insbesondere die Wohnverhältnisse, 1947/48 in den Bergbaukreisen verschlechterten. Die deutschen Arbeitsbehörden versuchten dem schlechten Ruf der Wismut AG entgegenzuwirken und zogen den Wahrheitsgehalt westlicher Pressemeldungen über die »Uranhölle von Aue« in Zweifel.[89] Trotz dieser Dementis und der Herausstellung der guten Versorgung des Uranbergbaus mit Lebensmitteln blieb die Zahl der Flüchtlinge hoch. Da es mit Mitteln der Propaganda allein nicht gelang, die Abwanderungswelle einzudämmen, verschärften die Behörden und die Wismut AG ihre Kontrollen. Regelmäßige Ausweiskontrollen in Städten und Bahnhöfen sollten abschreckend auf Fluchtwillige wirken.

Neu Geworbene wurden nur in Sammeltransporten und in Begleitung nach Aue geschickt. Das Problem der Flucht war offenbar so gravierend, dass der Präsident der DWK-Hauptverwaltung für Arbeit und Sozialfürsorge, Gustav Brack, im Oktober 1948 die Landesregierungen von Brandenburg und Mecklenburg anwies, Sammeltransporte mit Arbeitskräften für die Wismut AG um Berlin herumzuleiten.[90] Wiederholt war die Viersektorenstadt als Fluchtpunkt genutzt worden, zum Teil unter Mithilfe von Fluchthelfern, darunter ehemaligen Wismut-Bergleuten. Die DWK meldete diese Vorfälle der SMAD, woraufhin ab 1949 für alle Sammeltransporte ein neuer Streckenplan unter Umgehung von Westberlin in Kraft trat.[91] Trotzdem musste allein die Landesregierung von Mecklenburg im Januar 1949 erneut die Flucht von ca. 2 000 Zwangsvermittelten eingestehen.

Der genaue Umfang der Massenflucht lässt sich nicht mehr feststellen. Nach verschiedenen (wahrscheinlich etwas überhöhten) Schätzungen sollen von ca. 3 000 im Verlauf des Jahres 1947 nach Annaberg eingewiesenen Arbeitskräften ca. 2 700, also etwa 90 Prozent, geflüchtet sein.[92] Nach Angaben der Landesministerien für Arbeit und Sozialfürsorge wurden von den Besatzungsbehörden bis Ende 1947 insgesamt 52 500 Arbeitskräfte für den Uranbergbau angefordert, der überwiegende Teil davon aus Sachsen.[93] Doch wie viele Arbeitskräfte kamen tatsächlich bei der Wismut AG an? Die Unterlagen der Personalverwaltung der Wismut AG weisen per 31. Dezember 1947 nur knapp 19 000 Beschäftigte aus. Demnach floh von den Zwangsvermittelten 1946/47 mindestens jeder Zweite, wurde als untauglich eingestuft, entpflichtet bzw. schied nach kurzem Einsatz krankheitsbedingt aus.

Fluktuation unter den zur Wismut AG vermittelten Arbeitskräften 1947 (Zahlen gerundet)[94]

	Arbeitskräfte	Anteil in Prozent
Soll der Vermittlungen	52 500	
Ist der Vermittlungen	43 600	100
Untauglich	6 500	15
Krank	3 500	8
Geflohen	14 600	33
Ist	19 000	44

Angesichts der nicht erfüllten Planziffern für die Arbeitsproduktivität sah sich die Generaldirektion in ihrem Jahresbericht für 1949 zu einer Rechtfertigung genötigt. Ins Feld geführt wurde vor allem die Unerfahrenheit der Belegschaft. So waren allein 1949 109 000 neue Arbeitskräfte eingestellt worden. Innerhalb eines Jahres hatten mehr als 48 000 Arbeitskräfte – darunter 17 000 Kumpel per

Aufhebungsvertrag, 6 300 Kranke und 25 000 Arbeiter, deren Verträge regulär endeten, also mehr als ein Drittel der Belegschaft – die Wismut AG verlassen![95] Aufschlussreich waren die im Bericht genannten Gründe für die Fluktuation. Die hohe Zahl von ca. 17 000 Aufhebungsverträgen deutete darauf hin, dass ein Teil der Belegschaft den Anforderungen des Bergbaus nicht gewachsen war oder aus Unzufriedenheit über die sozialen, materiellen und politischen Verhältnisse das Weite suchte.

Allein in den ersten drei Jahren des Uranbergbaus flohen ungefähr 50 000 Personen vor einer Einweisung zur Wismut AG oder brachen den Arbeitsvertrag. Annähernd 15 000 mussten aus Krankheitsgründen aus dem Uranbergbau entlassen werden. Der Aufbau des Uranbergbaus in der SBZ erfolgte demnach zu enorm hohen sozialen Kosten. Die Massenflucht von Zwangsverpflichteten in die Westzonen schadete dem ohnehin schwer beschädigten Ansehen der Besatzungsmacht und diskreditierte auch die SED. Der sowjetische Uranbergbau in der SBZ wurde in den Westzonen in Hunderten Artikeln und Rundfunkberichten gebrandmarkt. Gerade weil die meisten Medienberichte über die Praktiken der Wismut AG maßlose Übertreibungen enthielten, waren ihre Wirkungen in der SBZ spürbar und verstärkten sowohl das Misstrauten der Bevölkerung gegen den Uranbergbau als auch die Fluchtbereitschaft. Die Abwanderung aus dem Erzgebirge wurde bereits 1947 zum Politikum, wie u. a. ein Schreiben des einflussreichen Leiters der Propagandaabteilung der SMAD, Oberst Tulpanow, an Politbüromitglied Suslow belegt.[96] Darin beklagte Tulpanow, dass sich selbst linksgerichtete Arbeiter und SED-Mitglieder der Einweisung in den Uranbergbau durch Flucht in den Westen entzogen. Schließlich konnte die Besatzungsmacht nicht ignorieren, dass die Zwangsverpflichtungen für den Kohlenbergbau an der Ruhr, nach ihrem weitgehenden Scheitern, bereits 1947 eingestellt wurden. Anders als in der Sowjetunion und in Bulgarien, musste der NKWD demnach beim Aufbau der Uranindustrie in der SBZ der in vielerlei Hinsicht noch unklaren Lage in Deutschland Rechnung tragen und ein höheres Maß an Flexibilität entwickeln.

Pläne zum Masseneinsatz von Internierten und ihr Scheitern

Es gehörte zum Wesen des sowjetischen Gulag-Systems, dass Gefangene massenhaft zu schwerer körperlicher Arbeit, oft an Schwerpunkten des jeweiligen Fünfjahrplanes, wie z. B. dem Bau von Kanälen und Wasserkraftwerken und der Erschließung von Kohlelagerstätten, eingesetzt wurden. Auch der Aufbau der sowjetischen Atomindustrie erfolgte zu einem großen Teil auf der Basis von Zwangsarbeit. Insofern erschien es durchaus naheliegend, auch zum Aufbau der Uranindustrie in der SBZ internierte Deutsche, Kriegsgefangene sowie Häftlinge, heranzuziehen. Bereits im Herbst 1946 wollte das sowjetische Innenministerium in der Nähe der sächsischen Erzbergwerke ein oder mehrere Speziallager mit ca. 3 000 Internierten einrichten.[97]

Die sowjetische Internierungspolitik zielte sowohl auf die Ausschaltung der ehemaligen Träger des NS-Regimes als auch auf die Unterbindung jedes Widerstandes gegen die gesellschaftliche Transformation in der SBZ. Noch wichtiger als die postulierte Entnazifizierung war für die sowjetische Führung die Deportation von Arbeitskräften aus den Sonderlagern in die Sowjetunion. Dort sollten sie zur »Reparationsarbeit« eingesetzt werden. Doch gerade im Hinblick auf die Funktion der Sonderlager als beliebig disponibles Arbeitskräftereservoir erfüllten sich die Erwartungen der sowjetischen Führung nicht. Obwohl mindestens 150 000 Deutsche in der SBZ diese Lager durchliefen, war infolge der mangelhaften Ernährung und der äußerst miserablen hygienischen Zustände nach wenigen Monaten Internierung nur noch eine Minderheit arbeitsfähig.[98]

In der zweiten Hälfte des Jahres 1948 wollte man Internierte aus sowjetischen Arbeitslagern abziehen und zur Wismut AG schicken. Wer sich für eine mindestens zweijährige Tätigkeit im Uranbergbau verpflichtete, konnten seine vorzeitige Rückkehr aus der sowjetischen Gefangenschaft erkaufen. Insgesamt sollten ca. 24 500 Internierte und ca. 2 500 Kriegsgefangene aus sowjetischen Lagern der Wismut AG übergeben werden. Diese Idee stammte vom sowjetischen Innenminister Sergej N. Kruglow. Sein Plan ließ sich jedoch nur im Hinblick auf die Kriegsgefangenen in den böhmischen Uranminen realisieren. Sie wurden 1949 in Jáchymov von sowjetischen Offizieren für die Wismut AG geworben, mit einem Arbeitsvertrag bedacht und anschließend aus der Kriegsgefangenschaft entlassen.

Zum geplanten Masseneinsatz von Internierten kam es hingegen nicht. Über die Hintergründe kann nur spekuliert werden. Bis zum Frühjahr 1950 wurden aus den sowjetischen Speziallagern in der SBZ von ca. 158 000 Internierten nur knapp 30 000 zu Arbeitseinsätzen in die UdSSR deportiert. Mehr als 43 000 starben in den Lagern, hauptsächlich an Entkräftung, mehr als 46 000 wurden schließlich entlassen.[99]

Kruglows Plan hätte praktisch bedeutet, fast alle Deportierten zur Wismut AG zu schicken. Außerdem kam es Mitte 1948 zu einer wesentlichen Veränderung in der sowjetischen Internierungspolitik. Das sowjetische Politbüro beschloss am 30. Juni 1948 eine große Entlassungsaktion und damit verbunden die Auflösung der meisten Speziallager. Dieser Beschluss stand offensichtlich im Zusammenhang mit einer neuen Phase in der Entnazifizierungspolitik, die angesichts des Kalten Krieges rasch zum Abschluss gebracht werden sollte. Die Wismut AG musste also nach anderen Möglichkeiten suchen, um Arbeitskräfte zu finden.

Die Werbung von »Heimkehrern«

Die Gewinnung von Arbeitskräften aus den Reihen der Vertriebenen und Heimkehrer spielte sowohl im Kalkül der Behörden als auch der Personalverwaltung der Wismut AG von Anfang an eine wichtige Rolle. Angesichts des gravierenden Mangels an ausgebildeten Bergleuten setzten die Behörden große Hoffnungen auf Arbeitskräfte aus den oberschlesischen Bergbaugebieten. Deren Flucht bzw. Vertreibung fand jedoch unter derart chaotischen Umständen statt, dass die Behörden bis Herbst 1946 praktisch nicht in der Lage waren, eine gezielte Arbeitskräftewerbung unter den Flüchtlingen durchzuführen. Trotzdem kamen Vertriebene und Heimkehrer auf unterschiedlichen Wegen zum Uranbergbau. Größere Gruppen wurden mit den so genannten »Bergarbeitertransporten« ganz gezielt aus Schlesien und Böhmen in die sächsischen Bergbaukreise gelenkt. Diese Transporte begannen im Herbst 1946.[100]

Vertreter der Deutschen Zentralverwaltung für Arbeit und Sozialfürsorge reisten in die Heimkehrer- und Flüchtlingslager und versuchten dort, Arbeitskräfte für die Wismut AG zu gewinnen. In den Baracken und an anderen Stellen hängten sie Werbeplakate aus. Eines dieser Plakate trug die Überschrift »Deutschland erwartet Euch!« Besonders hervorgehoben wurden die Verdienstchancen: »Der Erzbergbau arbeitet unter den besten Verpflegungs- und Entlohnungsbedingungen mit zusätzlichen Verpflegungssätzen, Textilbelieferungen, Deputaten an Rauchwaren und Spirituosen.«[101] Die Werbung zielte vornehmlich auf »heimatlose Heimkehrer«, die ihre Familien verloren hatten.

Die Heimkehrer aus sowjetischer Kriegsgefangenschaft waren größtenteils in einem körperlich beklagenswerten Zustand. Die sowjetischen Behörden entließen in erster Linie Kranke, die für einen Arbeitseinsatz in der Sowjetunion nur noch bedingt in Frage kamen. Vom Heimkehrerlager Fürstenwalde hieß es, dass von den dortigen Flüchtlingen und Heimkehrern nur ca. zehn Prozent arbeitsfähig und noch weniger bergbautauglich waren.[102] Dennoch versuchten die Werber, ihre Auflagen zu erfüllen, und sandten selbst Heimkehrer in schlechtem körperlichem Zustand ohne gründliche ärztliche Untersuchung zur Wismut AG: »Am 4. 12. 1947 wurden 50 heimatlose Heimkehrer – im Lager Pirna/Sonnenstein für bergbautauglich befunden – im Ambulatorium von Oberschlema auf ihre Einsatzfähigkeit im Erzbergbau untersucht, wobei 36 als untauglich befunden wurden. Es handelte sich durchweg um schwere Hungerödeme, Herzmuskelschwächen usw. Diese Männer behaupten, nur oberflächlich besichtigt worden zu sein …«[103] Doch wer wollte schon freiwillig nach vielen Monaten bzw. Jahren in Gefangenschaft beim »Russen« arbeiten? Nicht wenige kehrten bei der erstbesten Gelegenheit den Uranminen den Rücken und flüchteten.

Insgesamt fielen die Ergebnisse der ersten Werbekampagnen für den Uranbergbau unter den Heimkehrern enttäuschend aus. Zwischen Juli 1946 und Juli 1947 registrierte das Durchgangslager Frankfurt/O. ca. 218 000 Heimkehrer, unter ihnen ca. 39 000 »Heimatlose«. Von ihnen konnten bis Mitte 1947 lediglich 58 (sic!) für eine Arbeit bei der Wismut AG gewonnen werden.[104]

Das sächsische Ministerium für Arbeit und Sozialfürsorge gab im Februar 1948 eine Analyse zur Einweisung von Arbeitskräften in den Uranbergbau in Auftrag. Demnach wurden zwischen Oktober 1946 und Dezember 1947 insgesamt 43 590 Fach- und Hilfskräfte aus der gesamten SBZ zur Wismut AG vermittelt.[105] Unter ihnen sollen sich, nach verschiedenen Zählungen, zwischen 1 900 und 2 236 »heimatlose Heimkehrer« befunden haben. Dies entsprach einer Quote von rund fünf Prozent. Mit etwa zehn Prozent lag der Anteil von Vertriebenen an der Wismut-Belegschaft ebenfalls relativ niedrig.

Die Unterbringung in Massenquartieren und die sehr schlechten sanitären Verhältnisse verglichen die Heimkehrer mit den Zuständen in den Kriegsgefangenenlagern.[106] Aufgrund dieser Analogien lag der Prozentsatz der »Abkehrer« gerade bei den ehemaligen Kriegsgefangenen besonders hoch.

Die Odyssee vieler Heimkehrer endete mit ihrer Anstellung bei der Wismut AG nicht. Völlig entkräftete und kranke Menschen wurden bald wieder entpflichtet. Sie waren daraufhin gezwungen, sich eine andere Bleibe zu suchen. Kommunen, die an die Bergbaugebiete angrenzten, wollten jedoch »derart menschliche Wracks«, so der Kreisrat von Glauchau wörtlich in einem Schreiben an die Landesregierung, nicht aufnehmen.[107] Die Landesregierung Sachsen verwahrte sich gegen solche Versuche, die Heimkehrer »als unerwünschte Eindringlinge von Gemeinde zu Gemeinde zu schicken«.[108]

Die besten Aufstiegschancen bei der Wismut AG besaßen gelernte Bergleute. Vornehmlich aus den oberschlesischen Steinkohlenrevieren trafen 1948/49 Transporte in den sächsischen Bergbaukreisen ein. Ein Großteil der Obersteiger bei der Wismut AG kam aus Schlesien.

Zu diesen gehörte Max A. Er war Mitte 1948 mit seiner Familie aus Oberschlesien ausgesiedelt worden. Seine ersten Erfahrungen bei der Wismut AG beschreibt er wie folgt: »Unser Transport umfasste etwa 1 000 Menschen, darunter ca. 350 Bergleute, mit denen wir uns am 5. Juli am Bahnhof trafen. Dort erfolgte auch die Einweisung in die Schächte in Johanngeorgenstadt ... Ich wurde einem Hauer von 17 Jahren zugeteilt, der sich im Kommandoton gleich als Hitlerjunge herausstellte. Das Bohren war bei ihm nicht gelernt, das musste ich ihm beibringen.«[109] A. übernahm es, Ordnung in die Arbeitsabläufe zu bringen, und wurde schließlich zum Steiger befördert. Dies kam seiner Brigade zugute. Die Produktion stieg und es gab »Stalinpakete«. Später besuchte er für zehn Monate die Bergbaufachschule in Freiberg und stieg zum Hauer-Instrukteur auf. Neben seiner beruflichen Karriere engagierte sich A. auch in seiner neuen Gemeinde Rittersgrün, Kreis Schwarzenberg. Im Oktober 1950 wurde er in die Gemeindevertretung gewählt, der er bis 1974 angehörte. Die Arbeit unter Tage hinterließ auch bei Max A. ihre Spuren. Seit 1953 stand er ständig unter ärztlicher Kontrolle – er hatte Silikose.

Beobachter aus dem In- und Ausland registrierten mit Verwunderung, dass sich unter den Beschäftigten der Wismut AG viele Frauen befanden. Dazu eine amerikanische Presseerklärung vom August 1950: »Was im Urangebiet vor allem ins Auge fällt, ist die große Zahl von Frauen und Mädchen, die bei schweren Arbeiten eingesetzt werden. Der Volksmund nennt sie ›Erzengel‹ oder ›Bergfrauen‹. Ein großer Teil von ihnen verrichtet alle Arten von Männerarbeiten unter Tage, außer der des Hauers.«[110]

In kaum einem Bericht über Frauen bei der Wismut AG fehlen Hinweise auf den, nach Meinung der überwiegend männlichen Berichterstatter, unmoralischen Lebenswandel in der Bergbauregion. Vielfach wurde der Vorwurf kolportiert, dass ein Teil der freiwillig zum Uranbergbau gekommenen Frauen es nur darauf anlegten, den Männern das Geld aus der Tasche zu ziehen, und nicht an ehrliche Arbeit dachten. Selbst in einem Bericht der Hauptverwaltung Arbeit und Sozialfürsorge der DWK vom September 1948 hieß es: »Unter den Frauen, die sich freiwillig nach Aue vermitteln lassen, ist ein großer Teil moralisch und sittlich verkommen.«[111] Auch das rasante Ansteigen von Geschlechtskrankheiten unter den Bergleuten wurde den zugezogenen Frauen angelastet: »Die Ärzte in Aue äußern sich dahin, dass ca. 60 Prozent der in Aue ankommenden Frauen geschlechtskrank sind. Bei der Ankunft der Arbeitskräfte in Aue ist jedoch eine gründliche Untersuchung nicht möglich, weil die Zeit dafür nicht ausreicht … Als Sofortmaßnahme wird das Landesarbeitsamt Sachsen ein Fernschreiben an die Landesarbeitsämter der Zone richten mit dem Inhalt, dass ab 25. 9. 1948 keine Arbeitskraft nach Aue vermittelt werden darf, die nicht ein Zeugnis über die vorgenommene Untersuchung auf Geschlechtskrankheiten vorlegen kann.«[112]

Ein Bergbauunternehmen, in dem einige Tausend Frauen beschäftigt wurden, hatte es in Mitteleuropa bis dahin noch nicht gegeben. Für die sowjetischen Besatzungsbehörden hingegen war der Untertageeinsatz von Frauen nichts Neues. Im Zuge der Industrialisierung in der Sowjetunion hatten Frauen erstmals auch in vielen »klassischen« Männerberufen Beschäftigung gefunden. Der Bergbau stellte dabei keine Ausnahme dar.

Bereits die Berufsbezeichnung »Bergmann« brachte es auf den Punkt: Die schwere Arbeit unter Tage war seit den Anfängen des Bergbaus ein klassischer Männerberuf. Frauen konnten in Bergbauunternehmen bestenfalls über Tage eine Anstellung in unteren Positionen, zumeist als Angestellte und Bürokräfte, finden. Diese bis Kriegsende unüberwindlichen Berufsbarrieren im Bergbau schienen mit dem Ausbau des Uranbergbaus in Frage zu stehen. Bei der Wismut AG arbeiteten erstmals Frauen auch unter Tage, zumeist als Radiometristinnen, Anschlägerinnen, Lokfahrerinnen und Haspelfahrerinnen. Die meisten Frauen waren allerdings über Tage tätig, und zwar auf den Halden, in der Erzwäsche, in den Lampenstuben und Garderoben. In leitende Positionen gelangten Frauen bei der Wismut AG kaum.

Gegen den Einsatz von Frauen bei der Wismut AG gab es eine Vielzahl von Protesten, u. a. von Ortsgruppen der SED und von der sächsischen Landesregierung. Die Einwände richteten sich vor allem gegen die mit schweren körperlichen Belastungen verbundenen Tätigkeiten wie das Schleppen von Erzkisten. Die Behörden sorgten sich besonders um die Unterbringung der neu zum Uranbergbau vermittelten Frauen. Dies war angesichts der im Durchgangslager Auerhammer herrschenden Verhältnisse nur zu verständlich: »Auch dieses Lager ist überfüllt und die Mädels mussten erst warten, bis die einzelnen Bettbenutzer ausgeschlafen hatten, damit sie dann die gleichen Betten benutzen konnten.«[113]

Vor diesem Hintergrund schlug die Landesregierung Sachsen den Bau von Wohnheimen für alleinstehende Frauen und Jugendliche vor. Diese Pläne waren jedoch nicht kurzfristig umzusetzen. Auch ein zeitweiliger Verzicht auf die weitere Anwerbung weiblicher Arbeitskräfte bis zur Herstellung »ausreichender hygienischer, sanitärer und allgemein menschlicher Voraussetzungen«[114], wie von der Landesregierung Sachsen im Herbst 1948 vorgeschlagen, ließ sich gegenüber den Besatzungsbehörden nicht durchsetzen.

Im Vergleich zu den männlichen Beschäftigten lag der Anteil der freiwillig zum Bergbau gekommenen Frauen von Anfang an höher. Gerade für Alleinstehende bot der Bergbau die Chance, an günstige Lebensmittelkarten zu gelangen. Trotz aller Zweifel auf Seiten der deutschen Behörden wurde die Einstellung von Frauen bei der Wismut AG fortgesetzt. Für das vierte Quartal 1948 gab die Hauptverwaltung Arbeit und Sozialfürsorge der DWK sogar einen Frauenanteil für die Arbeitskräftegestellung für den Uranbergbau von 30 Prozent vor. Einhalten konnte man diese Vorgabe aber nicht.

Eine weitgehend zuverlässige Statistik liegt für das Objekt 2 (Ober- und Niederschlema) vor. Demnach waren dort im Dezember 1949 1 327 Frauen tätig. Bei einer Gesamtstärke der Belegschaft von 22 407 entsprach dies einem Anteil von 7,6 Prozent.[115] Möglicherweise lag die Zahl der Frauen in anderen Objekten noch etwas höher, insgesamt dürfte die Zehn-Prozent-Marke aber kaum überschritten worden sein.

Zum Vergleich: Im Steinkohlenbergbau lag der Anteil von Frauen an der Gesamtbelegschaft 1950 bei vier Prozent, im Salzbergbau waren es ebenfalls vier Prozent und im Braunkohlenbergbau immerhin zehn Prozent.[116] Für den vergleichsweise hohen Frauenanteil bei der Wismut AG und im Braunkohlenbergbau gab es mehrere Gründe: Infolge des Krieges war in der SBZ ein hoher Frauenüberschuss zu konstatieren. Zudem befanden sich Millionen Männer noch in Kriegsgefangenschaft. Das demografische Ungleichgewicht führte dazu, dass vordem ganz überwiegend von Männern besetzte Arbeitsplätze nunmehr auch von Frauen eingenommen wurden. Mit dem Wegfall der NS-Gesetzgebung fielen auch die arbeitsrechtlichen Schranken, die einer Beschäftigung von Frauen im Bergbau entgegengestanden hatten. Die Arbeitsämter vermochten die hohen Auflagen für den Uranbergbau nur unter Einbeziehung arbeitssuchender Frauen zu erfüllen.

Der Befehl Nr. 239 vom Oktober 1947 untersagte schließlich die Untertage-Beschäftigung von Frauen. Bis dieser Befehl in allen Schächten umgesetzt werden konnte, verging jedoch noch mindestens ein Jahr. Vermutlich mussten die letzten als Hauer oder Förderleute eingesetzten Frauen Anfang 1949 ihre Arbeitsplätze unter Tage aufgeben. Sie schieden entweder ganz aus oder wurden an Arbeitsplätze über Tage versetzt.

Die sowjetische Geheimpolizei und ihre Helfer im Bergbaugebiet

Die Direktion der sächsischen Bergbauverwaltung des NKWD sträubte sich anfangs aus sicherheitspolitischen Überlegungen gegen den Einsatz ehemaliger Funktionsträger des NS-Regimes in den Uranminen. Man befürchtete Sabotageakte und das Entstehen einer nazistischen Untergrundbewegung. Entsprechend streng fielen die ersten Richtlinien für die Personalpolitik aus. Auszuschließen von einer Werbung für den Uranbergbau waren Personen, die früher in SS, SD, SA oder Gestapo gedient hatten, sowie »Personen, gegen die Materialien vorlagen, welche sie der Teilnahme an Verbrechen gegen die UdSSR entlarvten«[117]. Streng eingehalten wurden diese Richtlinien aber nur wenige Monate.

Als die massenhaften Zwangsverpflichtungen für den Uranbergbau begannen, führten die genannten Regelungen zu grotesken Situationen. Erklärte Politik der sächsischen Arbeitsämter war es, vor allem ehemalige NSDAP-Mitglieder in den Bergbau zu schicken. Gegen ihre Einstellung verwahrten sich jedoch die sowjetischen Schachtleiter.[118] So lehnten die Grubenverwaltungen von Johanngeorgenstadt und Schneeberg die Beschäftigung ehemaliger NSDAP-Mitglieder ab.[119] Die Arbeitsämter gerieten daraufhin in die Kritik, zumal ein Pflichteinsatz im Uranbergbau allgemein als Strafe empfunden wurde. So erklärte ein Flüchtling aufgrund seiner Erlebnisse im Bergbau seinen Austritt aus der SED und beklagte sich bitter beim Landesarbeitsamt: »Richtig wäre es, wenn diese Nazischweine in den Gruben eingesetzt würden, damit sie es auch spüren, was sie verschuldet haben.«[120]

Mit der Ausdehnung des Uranbergbaus ging bereits ab dem Frühjahr 1947 eine Lockerung der Einstellungskriterien einher. Die Schachtleiter konnten es sich einfach nicht mehr leisten, wählerisch zu sein. Was zählte, war die Erfüllung der Produktionspläne, und dafür wurden Tausende Arbeitskräfte benötigt. Im Gegensatz zu den anderen SAG-Betrieben hatte die Wismut AG keine Vorgeschichte. Arbeitskräfte wurden aus allen Landesteilen und Schichten rekrutiert. Insofern bot sich in den Bergbaukreisen eher die Chance, der Entnazifizierung auszuweichen. Wie hoch der Prozentsatz ehemaliger NSDAP-Mitglieder und SS-Angehöriger in der Belegschaft der Wismut AG war, konnte für die Gesamtheit nicht mehr festgestellt werden, zumal es über deren politische Zusammensetzung nur spärliche Angaben gibt. Eine Momentaufnahme vom November 1947 erlaubt immerhin einige Rückschlüsse.

Politische Zusammensetzung der Belegschaften in den Schächten »Ritterschacht« und »Tannenbergsthal« im November 1947[121]

Beschäftigte	Ritterschacht	Tannenbergsthal	Zusammen	Anteil in Prozent
Insgesamt	665	185	850	100
Darunter: SED	65	45	110	13
LDPD	3	0	3	0,4
CDU	2	1	3	0,4
Ehemals NSDAP	60	45	105	12

Etwas mehr als die Hälfte der Belegschaft beider Schächte war in der Gewerkschaft organisiert. Immerhin 13 Prozent gehörten bereits der SED an, darunter sicher auch einige ehemalige Nazis. Rund 12 Prozent gaben ihre Mitgliedschaft in der NSDAP zu. So sollen insbesondere im Objekt 1 (Johanngeorgenstadt) in den ersten Jahren ganz überwiegend ehemalige NSDAP-Mitglieder beschäftigt worden sein.[122] Dass die politischen Fragebögen vollständig ausgefüllt wurden, darf bezweifelt werden.

Trotz der Vorbehalte gegenüber den Statistiken, die aus politischen Fragebögen gewonnen wurden, lässt sich feststellen, dass es unter der Belegschaft frühzeitig zu einer Polarisierung gekommen sein muss. Auf den ersten Blick standen sich zwei starke Fraktionen gegenüber: die SED-Mitglieder und die ehemaligen NSDAP-Mitglieder. In der Realität lagen die Dinge weitaus komplizierter. Die NSDAP gab es nicht mehr, und der größte Teil ihrer einstigen Mitglieder wollte angesichts des katastrophalen Endes des Dritten Reiches von der unseligen Vergangenheit nichts mehr wissen. Unverbesserliche Nazis gab es sicher auch unter den Neubergleuten, doch repräsentierten sie offenbar nur eine kleine Minderheit. Die meisten anderen ehemaligen Parteigenossen versuchten, so gut es ging zu überleben und sich mit den neuen Verhältnissen zu arrangieren.

Mitglieder der bürgerlichen Parteien, CDU und LDPD, konnten bei der Wismut AG von Anfang an kaum eine Rolle spielen. Doch auch die SED war in den Anfangsjahren der Wismut AG noch vergleichsweise schwach und verfügte über eine höchst heterogene Mitgliedschaft. In den Parteileitungen dominierten Widerstandskämpfer, Kommunisten und Sozialdemokraten. Anders sah es an der Parteibasis aus.

Proteste gegen die Beschäftigung ehemaliger NSDAP-Mitglieder gab es nahezu täglich. Ähnliches wird aus allen Besatzungszonen berichtet. Gerade der Handel bot in den Zeiten der Not, Knappheit und Rationierung außergewöhnliche Einflussmöglichkeiten.[123] Nach der vergleichsweise späten Bildung und Konsolidierung der SED-Betriebsgruppen versuchten diese wiederholt, gegen ehemalige Nazis vorzugehen. Besonderen Unmut erregten frühere NSDAP-

Mitglieder, die es geschafft hatten, in der Verwaltung der Wismut AG, in der Leitung von Bergarbeiterlagern oder im Handel unterzukommen. So wurde das Bergarbeiterlager im Kreis Zwickau (Lager »Silberstraße«) von einem ehemaligen Nazi geführt. Der Lagerleiter, ein gewisser Kuschminder, genoss das Vertrauen der sowjetischen Verwaltung. Die SED-Ortsgruppe des Lagers bat schließlich im Dezember 1948 den Personalchef der Wismut AG, Oberstleutnant Einbinder, um die Absetzung von Kuschminder.[124] Nach ihrer Auffassung sollte selbst Putzfrauen mit NS-Vergangenheit gekündigt werden. In einer Resolution der Ortsgruppe hieß es: »Die von der Wismut AG betriebene Personalpolitik in den zwei Lagern der Objekte 2 (Ober- und Niederschlema) und 3 (Schneeberg) in unserem Ort wird von dem gesamten Funktionärskörper abgelehnt … Besonders befremdet und enttäuscht sind wir über das Verhalten einzelner Offiziere der sowjetischen Besatzungsmacht bei der Wismut AG, die das faschistische Personal schützt, trotz unserer Argumente.«[125] Wie Einbinder auf das Ansinnen der SED-Ortsgruppe reagierte, ist nicht überliefert.

Der Bürgermeister von Annaberg ging Ende 1948 davon aus, dass zumeist ehemalige Nazis zur Arbeit unter Tage verpflichtet wurden.[126] Sofern sie dort gut arbeiteten, gab es wenig Anlass für Auseinandersetzungen. Diese begannen in der Regel erst, wenn es um handfeste materielle Interessen ging, wie die Verteilung von Sach- und Geldprämien oder andere Vergünstigungen.

Soziale Spannungen, Korruptionsaffären und Missstimmung in den Bergbaukreisen führten die örtlichen Behörden noch viele Jahre nach Kriegsende auf das Wirken ehemaliger Nazis zurück. Beispielsweise heißt es in einem Kontrollbericht der Hauptverwaltung der Deutschen Volkspolizei über das Volkspolizei-Kreisamt (VPKA) Aue vom Dezember 1951: »In den Bergbaugebieten hält sich eine verhältnismäßig hohe Zahl von ehemaligen aktiven Nazis und Offizieren der faschistischen Wehrmacht auf … Neben ihrer allgemeinen gegnerischen Tätigkeit besteht durch ihr Vorhandensein die Hauptgefahr darin, dass sie teilweise noch bestehende Schwierigkeiten zu Provokationen auszunutzen versuchen.«[127] Im Einzelnen lässt sich nicht mehr klären, inwieweit diese Argumentationsmuster auf Tatsachen beruhten. Bis zu einem gewissen Grade wollten die Behörden mit den Hinweisen auf das Agieren ehemaliger Nazis wohl auch eigenes Versagen kaschieren.

Den Behörden galten die ehemaligen Nazis jedenfalls als Sicherheitsrisiko. Allein der Sektionsdienst des Volkspolizei-Kreisamtes Aue überwachte Ende 1951 27 »reaktionäre und gegnerische Elemente«.[128] Bei den Betreffenden handelte es sich hauptsächlich um ehemalige Mitglieder der NSDAP und SS sowie ehemalige Gefangene aus den sowjetischen Speziallagern, die als Bergleute und im Wismut-Handel – die Wismut verfügte über eine eigene Handelsorganisation – Anstellung gefunden hatten oder als Selbstständige tätig waren. Ihnen wurde u. a. vorgeworfen, Kameradentreffen zu organisieren. Die meisten bezeichnete die Polizei als »fanatische Gegner der DDR«. Ähnliche Überwachungspraktiken gab es in allen Bergbaukreisen. So bearbeitete der Sektionsdienst des VPKA Marienberg Ende 1951 363 Personen, darunter 199, die als

»Gegner der demokratischen Ordnung« eingestuft wurden.[129] Abgesehen von der Fragwürdigkeit solcher Listen ist aufschlussreich, dass die Polizei 1951 offenbar nur noch einen kleinen Personenkreis unter der Rubrik »fanatische Gegner« des neuen bzw. Anhänger des alten Regimes führte.

Die sowjetischen Geheimdienste im Bergbaugebiet

Anfang 1947 stand für die sowjetische Direktion der Ausbau des Uranbergbaus in der SBZ fest. Die Sicherheitsvorkehrungen für das gesamte Bergbaugebiet wurden daraufhin verschärft. Die Bewachung der Schächte und sonstigen Objekte sowie die Abschirmung der Bergbaukreise übernahmen Sondereinheiten des sowjetischen Innenministeriums (NKWD bzw. MWD), in einer Stärke von 5000 bis 15000 Mann.[130] Sie unterstanden dem MWD-Chef der Wismut, Hauptmann Raikin. Neben den MWD-Einheiten wurden auch gut ausgerüstete Militäreinheiten in den Bergbaukreisen stationiert. Die gesamte Bergbauregion war militärisches Sperrgebiet. Sämtliche Zufahrtswege wurden von Militärposten kontrolliert (Kontrollpassierpunkte), für die Ein- und Ausreise galten besondere Bestimmungen. Auch die einzelnen Schächte riegelte man mit Bretterzäunen ab. Der Zugang war nur durch ein bewachtes Tor möglich.

Da die Wismut AG zum sowjetischen Atomkomplex gehörte und dem Geheimdienst unterstand, nimmt es nicht Wunder, dass das Unternehmen gleich von mehreren, teilweise miteinander konkurrierenden Abteilungen des NKWD überwacht wurde. Bei der Generaldirektion war die Abteilung »S« (Sicherheit und Bewachung) angesiedelt, die sich ausschließlich aus Angehörigen der Staatssicherheit zusammensetzte. Diese Abteilung leitete bis Anfang der fünfziger Jahre Oberstleutnant Suchanow. Sie kontrollierte die Einhaltung des Sicherheits- und Bewachungsregimes. Zweitens gab es in den Bergbaukreisen territoriale Dienststellen des NKWD/MWD mit insgesamt 14 Objekten auf Kreis- bzw. Stadtebene. Von besonderer Bedeutung war drittens eine Sonderoperativgruppe des NKWD/MWD unter Leitung von Major Malygin. Sie arbeitete in allen Schächten und Betrieben der Wismut AG und unterstand der persönlichen Aufsicht von Generaloberst Iwan A. Serow. Wichtigste Aufgabe der Sonderoperativgruppe war die Beobachtung von Personen, die unter Spionage- und Diversionsverdacht standen.

Nach Aufnahme des Uranbergbaus in Sachsen fürchtete der NKWD das Entstehen einer nazistischen Untergrundbewegung nach Vorbild der sowjetischen Partisanen. Tatsächlich schien die Bergbauregion für Untergrundaktivitäten besonders geeignet zu sein. Um dem entgegenzuwirken, baute der NKWD bereits in den ersten Monaten der Existenz der Wismut AG ein dichtes Informantennetz auf. Bereits bis Juni 1947 sollen 189 Deutsche angeworben worden sein.[131] Ihrem Auftrag, das Entstehen einer Untergrundbewegung zu verhindern, kam die Geheimpolizei mit einer massiven Überwachung der Belegschaft nach. Allein bis zum Herbst 1947 wurden mehr als 2000 Fälle von »faschistischen und antisowjetischen Elementen« bearbeitet und mehrere »Untergrundorganisationen« zerschlagen. In einem Schreiben an Berija berichtete Generaloberst B. S. Kobulow, der Stellvertreter des Chefs der SMAD für die Angelegenheiten der Sowjetischen Aktiengesellschaften in Deutschland, am 7. August 1947 über die Liquidierung von »drei faschistischen Gruppen«. Eine Gruppe (»Texas«), bestehend aus elf Personen, soll die Erschießung von russischen Offizieren geplant haben. Einer anderen Gruppe wurden Pläne zur Ermordung des sowjetischen Schachtleiters in Oberschlema unterstellt. Der dritten Gruppe (»Edelweiß«), geführt vom ehemaligen Hauptbuchhalter der 2. Erzverwaltung, warf man Vorbereitungen für die Sprengung von Schachtanlagen vor. Auf der Grundlage von zumeist sehr dürftigen Hinweisen verhaftete man bis Ende 1947 47 Bergleute. Ihnen legte man »antisowjetische Untergrundtätigkeit« zur Last. Elf Personen wurden dem Militärtribunal übergeben und zu Freiheitsstrafen zwischen 8 und 25 Jahren verurteilt, weitere 36 Bergleute in Speziallager des NKWD/MWD verbracht.

Die Gefahr einer deutschen Untergrundtätigkeit, getragen von fanatischen Nazis, stellte sich jedoch als sehr gering heraus. Die sowjetische Geheimpolizei setzte daher bald andere Prioritäten. Jetzt fiel ihr zunehmend die Aufgabe zu, für eine Disziplinierung der Belegschaft zu sorgen. Einer Analyse des NKWD vom November 1947 über den Zustand der Belegschaft bei der Wismut AG ist zu entnehmen, dass von ca. 18 000 Beschäftigten mehr als 3 000 als »Schädlingselemente« charakterisiert wurden. Die Statistiken des NKWD zeigen des Weiteren, dass die Einheiten des Innenministeriums bereits nach wenigen Monaten die größte Energie auf die Disziplinierung der Belegschaft verwandten. Zwischen Herbst 1946 und November 1947 wurden 1 592 Personen festgenommen, darunter befanden sich 1 571 (!), denen man Arbeitsversäumnisse vorwarf. Lediglich fünf Bergleute verhaftete man wegen »antisowjetischer Agitation«.

Die deutsche Bergpolizei – Hilfstruppe der Besatzungsmacht

Die Sicherung der im Aufbau befindlichen Bergbauobjekte konnte die Besatzungsmacht aus eigenen Kräften gewährleisten. Komplizierter war es, die Belegschaft zusammenzuhalten und die rapide steigende Kriminalität in den Bergbaukreisen einzudämmen. Ein Großteil der Zwangsverpflichteten war geneigt, so rasch als möglich wieder »abzukehren«. Einige versuchten auch, dem Besatzungsregime Widerstand zu leisten und den Aufbau der Uranminen durch Einzelaktionen zu behindern oder Informationen in die Westzonen, zumeist an das Ostbüro der SPD, aber auch an die Geheimdienste der Amerikaner und Briten zu liefern.

Um die außerordentlich hohen Fluchtzahlen einzuschränken und der Spionage entgegenzuwirken, waren die Besatzungsbehörden frühzeitig auf den Aufbau deutscher Hilfsorgane angewiesen. Schon die Sprachbarriere ließ einen solchen Schritt geboten erscheinen. Am 15. Februar 1947 erhielt der ehemalige Adjutant von Generalfeldmarschall Rommel, Gotthard Schudy, von MWD-Oberstleutnant Suchanow den Auftrag zum Aufbau einer Bergpolizei.[132] Schudy war zu diesem Zeitpunkt 27 Jahre alt und galt als sehr fähiger Organisator. Er bekam den Rang eines Kommissars und war für die drei großen Bergbaugebiete Johanngeorgenstadt, Annaberg und Schneeberg verantwortlich.

Rein formal war die Bergpolizei ein ausführendes Organ der örtlichen Bergbaubehörden. Insofern wurde mit ihrer Gründung an Traditionen angeknüpft.[133] Der wahre Auftraggeber für die Bergpolizei war jedoch das MWD. Die Bezahlung der Bergpolizei erfolgte durch die Wismut AG. Die Bergpolizisten erhielten ein Gehalt, das deutlich über dem der übrigen Polizeibeamten lag. Sie übten ihren Dienst bis Ende 1949 in Zivil aus. Bereits vor der allgemeinen Uniformierung der Bergpolizei sollen allerdings einzelne Einheiten, die zur Objektsicherung eingesetzt waren, Uniformen und Waffen getragen haben.

Noch im Februar 1947 wurde in Aue eine Zentralverwaltung der Bergpolizei eingerichtet. Danach erhielt jedes Wismut-Objekt ein Bergpolizei-Revier. Im Jahr 1949 erfolgte die Verlegung der Zentrale nach Siegmar-Schönau bei Chemnitz. Die Aufgaben der Bergpolizei waren anfangs wie folgt definiert: »Kampf gegen Arbeitsbummelanten«, Bearbeitung sämtlicher Kriminaldelikte in den Bergbaukreisen sowie Sicherung von Ruhe und Ordnung. Der »Kampf gegen Arbeitsbummelanten« wurde bewusst an die erster Stelle gesetzt. Die Wismut-Direktion reagierte damit auf die außerordentlich hohen Fluchtzahlen. Offenbar erschien es ihr geboten, überwiegend Deutsche mit der Überwachung der Belegschaft zu betrauen. Vertragsbrüchige Bergleute sollten von der Bergpolizei an der Flucht gehindert und zu ihren Arbeitsstätten zurückgebracht werden. Mit dieser Aufgabe betraute man einen speziellen Ermittlungsdienst. Täglich erhielt dieser Dienst von den einzelnen Schächten eine Aufstellung über unentschuldigt fehlende Kumpel.

Mit drakonischen Mitteln, von Lohnabzug bis hin zur Verhaftung durch die Bergpolizei, versuchte die Direktion die Belegschaft zu disziplinieren. Das Agieren der Polizeieinheiten sollte abschreckend wirken und die Einhaltung der Arbeitsverträge erzwingen. Angesichts der rasant wachsenden Zahl der Beschäftigten, der allgemeinen Transportprobleme und unübersichtlichen örtlichen Verhältnisse gab es dennoch zahlreiche Möglichkeiten, sich dem Zugriff der Bergpolizei zu entziehen.

Mit der Zeit wurde das Überwachungsnetz der Bergpolizei engmaschiger. Blieb ein Bergmann der Arbeit wiederholt ohne triftigen Grund fern, setzte man ihn auf eine Fahndungskarteikarte. Konnte ihm eine strafbare Handlung nachgewiesen werden, gab man telefonisch einen Fahndungsauftrag an das Kreispolizeiamt in Siegmar-Schönau durch. Sofern der Gesuchte aufgegriffen werden konnte, wurde er in die VP-Haftanstalt in Chemnitz eingeliefert. Stellte sich bei den Vernehmungen heraus, dass der Betreffende zwischenzeitlich die Westzonen oder Westberlin besucht hatte, geriet er in die Untersuchungsmaschinerie des MWD oder des K5, einer Vorläuferorganisation des Staatssicherheitsdienstes.

Zu den Aufgaben der Bergpolizei gehörten neben der Bewachung von Wismut-Objekten auch der Streifendienst an der Grenze der Bergbaugebiete und die Kontrolle von Bahnhöfen. Gemeinsam mit MWD-Einheiten hatte sie dafür Sorge zu tragen, dass »bergfremde Personen« nur mit gültigen Papieren, d. h. mit besonderer Genehmigung der sowjetischen Kommandanturen von Chemnitz und Zwickau in die Bergbaukreise einreisten.

In die Überwachung der Arbeiter und Angestellten der Wismut AG wurde die Bergpolizei ebenfalls eingeschaltet. Angesichts ihrer Vollmachten und ihrer engen Zusammenarbeit mit dem MWD genoss die Bergpolizei bei den Arbeitern der Wismut AG und den Bewohnern der Bergbaukreise wenig Sympathien. Wiederholt soll es auch zu Misshandlungen von verhafteten Bergleuten durch Bergpolizisten gekommen sein.[134]

Im September 1949 wurde die Bergpolizei als »Betriebsschutz A« der Landespolizeibehörde geführt und nach Auflösung der Länder der Hauptdirektion der Volkspolizei unterstellt.[135] Der Betriebsschutz erhielt einheitliche Uniformen und Bewaffnung. Ein Jahr später erfolgte eine neuerliche Reorganisation. Es kam zur Auflösung der 35 Betriebsschutzreviere und zur Bildung von 12 größeren neuen Revieren. Hintergrund für diese Maßnahme war der Mangel an Polizisten.

Ende 1950 setzte sich der bis dahin sehr erfolgreiche Leiter der Bergpolizei, Schudy, in den Westen ab. Sein Nachfolger wurde Oberkommissar Lössel.[136] Nach Gründung der SDAG Wismut ging die Bergpolizei in das »Gebietskommando Wismut« über. Dieses war direkt dem Innenministerium unterstellt, d. h. es besaß den Rang einer Bezirksbehörde. Ab Mitte der fünfziger Jahre übernahm das »Gebietskommando Wismut« auch die Überwachung der Schachtanlagen und später sogar die Begleitung der Urantransporte.

Erst Ende 1957 übergab die Besatzungsmacht die Verantwortung für die Bewachung aller Wismut-Objekte vollständig an die Bezirksdirektion der Volkspolizei.[137] Zu dieser Zeit zählte der Betriebsschutz der SDAG Wismut mehr als 2 300 Mann. Damit verfügte der »16. Bezirk« über mehr als doppelt so viele Bewachungskräfte wie der gesamte Bezirk Dresden und dreimal so viele wie alle Ost-Berliner Betriebe zusammen. Insgesamt belief sich die Stärke des Betriebsschutzes in der DDR Ende 1958 auf knapp 13 000 Mann, d. h. fast jeder fünfte Betriebsschutzmann war bei der SDAG Wismut angestellt.[138]

Sonderausweise

Im November 1948 wurden in der SBZ neue Personalausweise eingeführt. Dieser Verwaltungsakt zielte auf eine Vereinfachung des Meldewesens. Hauptsächlich wollte man allerdings die Vielzahl der bis dahin gültigen Ausweise einschränken. Davon abgesehen, kann die Einführung des neuen Personalausweises wohl auch als symbolischer Akt für die erweiterten Spielräume der DWK gegenüber den Besatzungsbehörden angesehen werden. Die Wismut AG sah jedoch keine Veranlassung, dieser De-facto-Vorwegnahme eines hoheitsrechtlichen Aktes durch die DWK besondere Bedeutung beizumessen.

Bereits seit Beginn des Uranbergbaus hatte die Wismut AG eigene Regelungen zum Umgang mit den Ausweispapieren ihrer Beschäftigten erlassen. Demnach hatte jeder seinen Personalausweis, sofern überhaupt noch vorhanden, bei seiner Einstellung der zuständigen Schachtleitung auszuhändigen. Im Gegenzug erhielt er einen »Schachtausweis«, der nur innerhalb des Sperrgebiets gültig war. Nach dem regulären Ausscheiden bekam der Bergmann seinen deutschen Ausweis zurück.

Diese Praxis lehnte sich an die der sowjetischen Rüstungsindustrie und Staatsorgane an. Sie diente vor allem der Zugangskontrolle zu sicherheitsrelevanten Betrieben und Einrichtungen. Nicht selten verweigerten die zuständigen Stellen die Herausgabe der Personalpapiere, um Bergleute, die nach Ablauf ihrer regulären Dienstzeit ausscheiden wollten, zur Fortsetzung ihrer Tätigkeit bei der Wismut AG anzuhalten. Wer sich davon nicht ködern ließ, und dies waren offenbar Tausende Zwangsverpflichtete, musste ohne gültige Papiere in die Heimatorte zurückkehren. Sie liefen damit Gefahr, sich nicht polizeilich anmelden zu können und somit auch keine Lebensmittelkarten zu erhalten. Häufig wurde die Verweigerung der Herausgabe der Ausweispapiere auch als indirekte Bestrafung von »Arbeitsbummelanten« genutzt.

Die DWK war bestrebt, ihrer Ausweisverordnung in der gesamten SBZ, also auch in den Bergbaukreisen, Gültigkeit zu verschaffen, musste jedoch bald erkennen, dass die Wismut AG an ihren Sonderregelungen festhielt. Das Ministerium für Arbeit und Gesundheitswesen war ob der geschilderten Zustände empört und beschwerte sich über das Verhalten der Wismut-Direktion Mitte November 1949 in einem Rundschreiben an alle Landesregierungen: »Diese unhaltbaren Zustände veranlassen uns, vom Ministerium des Innern dringend Abhilfe zu fordern. … Die Wismut AG glaubt, aus wichtigen Gründen von dieser Maßnahme nicht abgehen zu können.«[139]

Immerhin versicherte die Wismut AG, künftig Ausweise von Personen, die nicht mehr im Bergbau tätig waren, an die Polizeibehörde in Chemnitz zu überstellen. Ansonsten bestand Generalmajor Malzew darauf, dass auch der neue deutsche Personalausweis bei neu Eingestellten umgehend gegen einen Schachtausweis eingetauscht wurde. Der Chef der sächsischen Polizei erklärte sich (wohl oder übel) mit dieser Verfahrensweise einverstanden und schloss mit der Wismut AG einen entsprechenden Vertrag. Gegenüber der Hauptabteilung Arbeit und Sozialfürsorge der sächsischen Landesregierung stritt der Polizeichef zunächst den Abschluss einer besonderen Vereinbarung ab.[140] Anfang 1950 ließ sich die Existenz der Sondervereinbarung allerdings nicht länger geheim halten.

Was hatte es mit der besagten, selbst gegenüber Regierungsbehörden fast ein Jahr lang geleugneten Vereinbarung auf sich? Bereits im Mai 1949 war zwischen der SMA/Sachsen und dem Chef der VP Sachsen eine Vereinbarung über die Einziehung des Personalausweises von Wismut-Beschäftigten geschlossen worden.[141] Das sächsische Innenministerium wollte diese Regelung offenbar nicht an die Öffentlichkeit dringen lassen. In einzelnen Objekten der Wismut AG war es bereits zu Protesten gegen die Einziehung des deutschen Personalausweises gekommen. So sprachen die Kumpel des Objektes 176 in einer Resolution offen aus, um was es sich handelte: »eine verfassungswidrige Praxis«.[142]

Am 11. Februar 1950 kam es schließlich zu einer Aussprache zwischen Vertretern des Innenministeriums und dem Chef der Personalverwaltung der Wismut AG, Oberstleutnant Einbinder. Letzterer wies das Ansinnen der Deutschen zurück und zeigte sich verärgert über die Resolution der Bergleute aus dem Objekt 176.[143] Die Ausweispapiere vertragsbrüchiger Arbeiter sollten nach seiner Auffassung weiter bei der Wismut AG verbleiben. Jeder Bergmann sollte sich, so Einbinder, »seine Papiere persönlich abholen«.

An der Sonderbehandlung der Wismut AG änderte sich auch nach der Ausgabe von Personalausweisen der DDR ab März 1952 nichts. Die Umtauschaktion war hauptsächlich durch das massenhafte Verbringen von Ausweisen nach Westdeutschland nötig geworden. Daher zog man alle alten Personaldokumente aus dem Verkehr. In der betreffenden Verordnung vom 15. März 1952 wurden die Papiere für Angehörige der KVP, VP und der Wismut AG ausdrücklich den Personalausweisen der DDR gleichgestellt.[144] Letztlich blieb es bei der von der Wismut AG bereits 1947 eingeführten Praxis. Dies unterstrich einmal mehr die Sonderstellung des Unternehmens und dessen Zuordnung zum Militärbereich.

Vom Zwangssystem zur Freiwilligenwerbung

Noch vor der offiziellen Gründung der Wismut AG setzten sich die Betriebsräte für eine Verbesserung der Arbeitsbedingungen und der sozialen Verhältnisse der Bergleute ein. Bei der sowjetischen Direktion durften sie ihre Vorschläge und Forderungen zunächst allerdings nicht vortragen. Sie wandten sich daher an die Präsidentin des Landesarbeitsamtes und schilderten ihr die schwierige Lage in den Schächten um Johanngeorgenstadt.[145] Der Hilferuf der Betriebsräte veranlasste den Landesvorstand des FDGB Sachsen am 15. April 1947 dazu, einen Brief an die »Russischen Gewerkschaften« zu verfassen. Wahrscheinlich wurden die »Russischen Gewerkschaften« lediglich aus taktischen Gründen als Adressat gewählt. Nur die Direktion der Wismut AG hatte nämlich die Macht, die sozialen Umstände des Arbeitseinsatzes im Uranbergbau zu verändern, und so musste der Landesvorstand hoffen, dass der Brief auf Umwegen den tatsächlichen Adressaten, Generalmajor Malzew, erreichen würde.

In seinem Schreiben machte der Landesvorstand des FDGB Sachsen zunächst darauf aufmerksam, dass sich die Parteien der SBZ und der FDGB um die Gewinnung von Freiwilligen für den Einsatz im Erzbergbau bemühten. Anschließend verwies er auf die fehlende Kommunikation zwischen deutschen

Stellen und der Feldposteinheit Nr. 27304: »Leider ist dem FDGB bis heute eine Verbindung mit der dafür zuständigen sowjetischen Dienststelle trotz aller Bemühungen nicht gelungen. Die Bergarbeiter sind erbittert darüber, dass der FDGB und die SED, als Massenorganisationen der Werktätigen, ihren Einfluss nicht geltend machen können zur Beseitigung der Übelstände.«[146] Anschließend wurden die Ursachen der Missstimmung in aller Offenheit benannt: Nichtanerkennung des seit dem 1. September 1946 geltenden Bergarbeitertarifs durch die Grubenverwaltungen, Fehlen eines Mindestlohnes, negative Wirkungen der außertariflichen Lohnrichtlinien der Grubenverwaltungen in Johanngeorgenstadt und Schneeberg, fehlende Bohrhämmer, schlechte Bewetterung der Schächte, unregelmäßige Lohnzahlung, hartes Strafmaß für geringfügige Vorkommnisse, schlechte Versorgung mit Arbeitsbekleidung, fehlende Wasch- und Umkleideräume usw.

Zur Behebung der Probleme stellte der FDGB sechs Forderungen auf: »1. Anwendung des Bergarbeitertarifs, Gewährung des darin vorgesehenen Mindestschichtlohnes und des tariflichen Urlaubs [...]; 2. Gewährung von Familienheimfahrten für auswärtige Arbeiter [...]; 3. Strafen nur in Form von Geldstrafen und nur bei Verschulden des Bergarbeiters [...]; 4. Beschaffung von ausreichender Arbeitskleidung und Arbeitsschuhen [...]; 5. Unterstützung der betrieblichen Arbeitsschutzkommissionen durch die Grubenverwaltung, damit die Arbeitsbedingungen in der Grube verbessert werden können und Unfälle vermieden werden; 6. Volles Mitwirkungsrecht der Betriebsräte entsprechend dem Betriebsrätegesetz [...].« Unter Berufung auf den sowjetischen Außenminister Molotow verlangte der FDGB-Landesvorstand nicht mehr und nicht weniger, als die deutsche Gesetzgebung auch im Uranbergbau anzuwenden. Bezüglich der SAG-Betriebe wurde folgende Bemerkung Molotows zitiert: »Obgleich sie nunmehr der Sowjetunion gehören, arbeiten sie auf der Grundlage der deutschen Gesetzgebung.«[147] Das Schreiben an die »Russischen Gewerkschaften« zeugte vom Bemühen des sächsischen FDGB-Landesvorstandes, sich als Interessenvertretung der Uranbergleute zu profilieren.

Der Vorsitzende der sowjetischen Gewerkschaften, W. W. Kusnezow, reagierte umgehend auf das ungewöhnliche Schreiben und setzte Außenminister Molotow von den Verhältnissen in den sächsischen Bergbaukreisen in Kenntnis. Dieser wiederum versah das Schreiben Kusnezows mit einem kurzen Vermerk für Zawenjagin, Merkulow und Sokolowski: »Bitte sich damit vertraut zu machen und die notwendigen Maßnahmen mit Genossen Berija abzustimmen.«[148] Die Reaktion Berijas muss sehr rasch erfolgt sein, denn bereits Ende Juni konstatierte Molotow: »Maßnahmen ergriffen: Genosse Berija erstattete Genossen Molotow Bericht.« Um welche Maßnahmen es sich dabei handelte, erwähnte er nicht, doch die im Folgenden noch zu erläuternden Reaktionen Malzews zeugten von seinem Einlenken.[149]

Am 23. oder 26. April 1947 kam es, wahrscheinlich nach Vermittlung durch Grotewohl, zu einem ersten Gespräch zwischen Generalmajor Malzew und Vertretern des Zentralvorstands der IG Bergbau.[150] Die Gewerkschafter wiederholten dabei ihre bereits im Brief an die »Russischen Gewerkschaften« vorgetragenen Forderungen und überreichen dem General mehrere Exemplare des von der SMAD genehmigten Manteltarifvertrages für die Bergarbeiter in der SBZ. Im Ergebnis des Gesprächs sicherte Malzew eine Reihe von Verbesserungen zu: Ab Mai 1947 sollte an die gesamte Belegschaft ein warmes Mittagessen ausgegeben werden. Außerdem stellte er der IG Bergbau fünf Erholungsheime zur Verfügung. Zudem konnte die Gewerkschaft ihre Position durch die Einstellung neuer Sekretäre und Arbeitsschutzinspektoren stärken.[151]

Mitte Mai besuchte der Stellvertretende Vorsitzende des Landesvorstandes der IG Bergbau, Fritz Schreiber, die Reviere Marienberg und Annaberg. Gemeinsam mit anderen Gewerkschaftern wurde er am 30. Mai 1947 von Malzew empfangen. Bei dieser Gelegenheit sicherte Malzew die Einführung des Manteltarifvertrages auch für den Uranbergbau zu. Anfang Juni kam es zu weiteren Gesprächen zwischen Malzew und Vertretern der IG Bergbau. Malzew soll die Gespräche mit der Bemerkung eröffnet haben, dass es nach seinem Verständnis nicht der richtige Weg gewesen sei, dass »die Gewerkschaften beim Auftauchen von Schwierigkeiten nicht erst zu ihm gekommen sind, sondern sich sofort an die sowjetischen Gewerkschaften gewandt hätten«. Er schloss mit der Bemerkung: »Alles Vergangene soll vergessen sein, wir als Leitung der Bergbaubetriebe werden jetzt mit den Gewerkschaften eng zusammenarbeiten.«[152]

Die Zugeständnisse an die Gewerkschaftsvertreter verband Malzew geschickt mit der Forderung nach einer Werbekampagne für den FDGB und die SED in allen 32 Schachtanlagen. Er wollte offenbar Gewerkschaft und Partei für die Ziele der Wismut-Direktion instrumentalisieren. Im Hinblick auf die Urlaubsfrage verwies Malzew auf den am 3. Juni erlassenen Befehl Nr. 115, wonach nunmehr für den Erzbergbau jene Urlaubssätze gewährt würden, die seit Mitte 1946 für den übrigen Bergbau galten. Dies war ein weiteres bemerkenswertes Zugeständnis, handelte es sich doch bei den Wismut-Beschäftigten zu dieser Zeit noch ganz überwiegend um Zwangsvermittelte. Auch in der Normenfrage erreichten die Gewerkschafter Fortschritte. Bis dahin gab es im Bereich der »Malzew-Wirtschaft« keine einheitlichen Regelungen. Dies hatte zu extremen Lohnunterschieden geführt. Während einzelne Bergarbeiter bis zu 1 200 Mark im Monat verdienten, kamen andere nur auf 120 Mark. Jetzt wurde ein Mindestlohn garantiert, und eine Gedingekommission legte mit den Schachtleitern gemeinsam die Normen fest. Offen blieb die Frage nach der Stellung der Betriebsräte. In diesem Punkt zeigte sich Malzew nicht kompromissbereit.

Spätestens seit dem Frühjahr 1947 wusste auch die SED-Führung in Berlin ziemlich genau über die Probleme im sächsischen Uranerzbergbau Bescheid. Für sozialpolitische Konflikte aller Art war beim Parteivorstand das »Büro Lehmann« geschaffen worden. In dieser Zeit war Helmut Lehmann der profilierteste Sozialpolitiker der SED. Der aus der SPD kommende Lehmann befasste sich unter anderem mit der Eingliederung der Umsiedler, dem Aufbau des Gesundheitswesens, der Volkssolidarität, der Organisation der Opfer des Faschismus, der Kriegsgefangenenfrage, der Arbeit des Suchdienstes des Deutschen

Roten Kreuzes sowie der Gründung von Konsumgenossenschaften.[153] Bei Lehmann gingen jetzt immer mehr besorgte Berichte aus dem sächsischen Erzbergbaugebiet ein. Diese wollte er vor dem Parteivorstand der SED zur Sprache bringen. Zur Vorbereitung auf die Sitzung des Zentralsekretariats der SED ließ er sich von der Deutschen Zentralverwaltung für Gesundheitswesen (DZVG) und der Zentralstelle für Hygiene in Chemnitz umfangreiche Materialien zusammenstellen.[154]

Auch der Vorsitzende der SED, Wilhelm Pieck, war inzwischen von der Landesleitung der SED Sachsens über Willkürmaßnahmen der Besatzungsmacht bei der Rekrutierung von Arbeitskräften für den Uranbergbau unterrichtet worden.[155] In der Folgezeit waren es hauptsächlich Lehmann und Pieck, die sich im Parteivorstand der Problematik des Uranbergbaus annahmen. Später blieb es vor allem Otto Grotewohl als Ministerpräsidenten, Walter Ulbricht als eigentlichem SED-Chef und Fritz Selbmann als Industrieminister vorbehalten, die entscheidenden Gespräche über den Uranbergbau mit der SMAD bzw. ihrem Nachfolger, der Sowjetischen Kontrollkommission in Deutschland (SKKD), zu führen.

Auch die sächsische Landesleitung der SED schickte eine Vielzahl von Berichten, zumeist von Max Weber verfasst, an den Parteivorstand nach Berlin. Dort zeigte sich Helmut Lehmann anscheinend von den Berichten der sächsischen Ärzteschaft stärker beunruhigt als von den moderater gehaltenen Analysen der Präsidentin des sächsischen Landesarbeitsamtes, Hildegart Heinze. Schließlich setzte Lehmann die Probleme des Uranbergbaus auch auf die Tagesordnung einer Sitzung des Zentralsekretariats der SED. In einer kurzen Vorlage bündelte er am 12. August 1947 die bis dahin eingegangenen Schreiben: »Nach den vorliegenden ärztlichen Berichten sind die Arbeitsbedingungen der dort Beschäftigten äußerst ungünstig. Es werden vielfach körperlich und gesundheitlich ungeeignete Personen in diese Arbeit eingewiesen. Ihre Verpflegung ist angesichts der schweren Arbeit völlig unzulänglich. Die Versprechungen über Sonderzuteilungen werden nicht eingehalten. Der Arbeitsschutz ist mehr als mangelhaft, was sich um so schlimmer auswirkt, als der größte Teil der Beschäftigten berufsfremd ist. Die mit der ärztlichen Überwachung betrauten Ärzte werden angehalten, entgegen ihrer Überzeugung die von ihnen Untersuchten für arbeitsfähig zu erklären, obwohl sie es nicht sind.«[156] Lehmann ging es sowohl um eine Veränderung der Verhältnisse in den Bergbaukreisen als auch um die Abwendung von politischen Schäden für die SED.

Seine Vorlage wurde am 15. August 1947 im Zentralsekretariat immerhin kurz behandelt.[157] Der Tagesordnungspunkt wurde mit dem Hinweis vertagt, dass eine zentrale Kommission, bestehend aus Paul Merker, Franz Dahlem, Helmut Lehmann, Erich Gniffke und zwei Vertretern des Bundesvorstandes des FDGB, sich erst noch gründlicher mit den Verhältnissen in den Erzbergbaukreisen befassen sollte. Die Leitung der Parteikommission übernahm Paul Merker. Bis zum Frühjahr 1948 scheint das Gremium allerdings nicht sonderlich aktiv gewesen zu sein. So wurde Merker in einer Sitzung des Parteivorstandes, dem

Nachfolgeorgan des Zentralsekretariats, am 1. März 1948 erneut beauftragt, eine Besichtigungsreise ins Erzbergbaugebiet zu unternehmen.[158] Bis dahin war diese Reise nicht erfolgt. Der Kommission des Zentralsekretariats wurde die Einreise in die Bergbaukreise verweigert,[159] d.h. selbst das wichtigste Gremium der SED war gegenüber der Wismut-Direktion machtlos.

Obwohl die Merker-Kommission noch keine Ergebnisse vorlegen konnte, wurden die Probleme des Uranbergbaus gleich zwei Mal, im Oktober und November 1947, im Parteivorstand der SED besprochen. Wahrscheinlich auf Anraten von Helmut Lehmann war der Wismut-Beauftragte der sächsischen Landesregierung, Max Weber, am 16. Oktober 1947 geladen worden, um zu den Verhältnissen in den Erzbergbaukreisen Stellung zu nehmen. Er informierte über die sozialen Nöte der Bergleute, insbesondere die Schwierigkeiten bei ihrer Unterbringung, versuchte aber auch, Verständnis für die schwierige Lage der SED in den Bergbaukreisen zu wecken: »Eine Anzahl der Leute haben die Arbeit im Erzgebiet gar nicht aufgenommen, sondern sind nach dem Westen abgereist. Das war deshalb möglich, weil Tausende von Arbeitern in kurzer Zeit in dieses Gebiet gebracht wurden, sodass es den neuen Bergämtern und Verwaltungsstellen gar nicht möglich war, die Leute zu registrieren. So konnte mancher, der schon mit einer gewissen Animosität ankam, rechtzeitig das Weite suchen. Heute sind die Verhältnisse allerdings ganz andere, nachdem der gesamte Bergbau und Abbau der Erze gut organisiert wurde und die Grubenverwaltung der Besatzungsbehörde so gestaltet ist, dass nunmehr geordnete Verhältnisse eingetreten sind. Das, was die nach dem Westen gegangenen Arbeiter dort berichten, ist natürlich stark übertrieben.«[160] Anschließend strich Weber die finanziellen Vergünstigungen für die Bergleute heraus. Die Gefahren des Uranbergbaus spielte er, wahrscheinlich aus Unkenntnis, herunter.

Der Parteivorstand der SED zeigte sich nach dem Bericht von Weber beruhigt und blieb gegenüber der SMAD passiv. Nicht Ulbricht oder Grotewohl gelang es, den entscheidenden Anstoß zur Veränderung des Betriebsregimes im Uranbergbau zu geben, sondern einer kleinen Gruppe couragierter sächsischer Gewerkschafter. Dabei kamen ihnen glückliche Umstände zu Hilfe. Wäre ihr Schreiben an die »Russischen Gewerkschaften« nicht bei Molotow und Berija gelandet, hätte sich kaum so rasch etwas verändert.

Unter starkem Erfolgsdruck stehend, griff Malzew das Angebot der deutschen Gewerkschafter auf. Er sicherte, ganz im Gegensatz zu der bisher von ihm in der Sowjetunion ausgeübten Praxis, die Einhaltung sozialer Mindeststandards, die sich an den traditionellen Regelungen aus dem deutschen Steinkohlenbergbau orientierten, zu und erwartete im Gegenzug eine Steigerung der Produktivität. Den Tendenzen zum Aufbau eines Gulag-Systems im sächsischen Uranerzbergbau wurde damit die Spitze genommen. Die Wismut AG entwickelte sich nicht zu einem »Workuta auf deutschem Boden«. Wie wichtig die Weichenstellungen vom Sommer 1947 für das Betriebsregime bei der Wismut AG waren, sollte sich erst nach einer längeren Übergangsphase herausstellen.

Nachdem die Politik der Zwangsvermittlungen insgesamt, und für den Uranbergbau insbesondere, in die Kritik geraten war, zeichnete sich mit dem SMAD-Befehl Nr. 234 eine Kurskorrektur ab. An die Stelle der indifferenten Rationierung sollte im Interesse der Überwindung der Wirtschaftslähmung eine Politik verstärkter Leistungsanreize treten.[161] Für den Bergbau besonders wichtig war, dass sowohl der FDGB als auch die DWK in Durchführung des Befehls Nr. 234 auf eine Einschränkung der Zwangsvermittlungen drängten. Am 2. Juni 1948 erließ die DWK eine neue Verordnung zur »Sicherung und [zum] Schutz der Rechte bei Einweisung von Arbeitskräften«. Zwangseinweisungen waren jetzt nur noch in begründeten Ausnahmefällen zulässig und bedurften der Zustimmung durch den FDGB. Diese Neuakzentuierung in der Wirtschaftspolitik stieß bei der Generaldirektion der Wismut AG auf wenig Gegenliebe. Auch die SED-Leitung und die IG Bergbau lehnten die neue Verordnung rundweg ab. Bei der Begrenzung des Arbeitseinsatzes auf sechs Monate fürchteten sie ein weiteres Ansteigen der ohnehin hohen Fluktuationsrate und damit eine Destabilisierung des Uranbergbaus.

Nicht wenige Schachtleiter versuchten das Problem auf ihre Art zu lösen und ließen gute Arbeiter nach Auslaufen ihrer Kontrakte nicht gehen. Sie drohten mit Strafanzeigen, verzögerten die Rückgabe der Personalpapiere oder wollten im Fall eines regulären Ausscheidens keine Prämien zahlen.[162] Doch nicht nur die Schachtleiter und ihre Helfer verstießen permanent gegen die neue Verordnung. Auch viele Arbeitsämter und Behörden umgingen die Bestimmungen. Die ungesetzlichen Methoden zur Erfüllung der hohen Arbeitskräfteauflagen waren dabei vielfältig: Man bezog in Arbeit befindliche Personen in die Arbeitskräftelenkung ein, übte politischen Druck auf Staatsangestellte aus, damit sie eine Beschäftigung bei der Wismut AG aufnahmen, und volkseigene Betriebe und kommunale Behörden erhielten Auflagen, wie viele Beschäftigte sie jeweils zum Uranbergbau zu entsenden hatten. Die Personalchefs entließen nicht selten politisch missliebige Personen, die anschließend zum Uranbergbau vermittelt wurden.[163] An die Stelle direkten trat damit zeitweilig ein System indirekten Zwangs.

Andererseits gab es ab 1948 auch eine wachsende Zahl von Freiwilligen. Während die Arbeitsämter bereits für 1948 eine Freiwilligenquote von mehr als 60 Prozent, für 1949 gar von 90 Prozent und ab 1950 von 100 Prozent[164] auswiesen, dürfte ihr tatsächlicher Anteil etwas niedriger gelegen haben. Ende 1949 mussten aber selbst Berichterstatter des Ostbüros der SPD feststellen, dass die freiwillige Zuwanderung zum Uranbergbau immer stärkere Formen annahm.[165] Einzelne Betriebe, wie die Reichsbahndirektion in Aue, sahen sich daher gezwungen, monatliche Bleibeprämien zu zahlen, denn von dem zunehmend attraktiver gestalteten Lohn- und Prämiensystem der Wismut AG ging eine regelrechte Sogwirkung aus.

Seit Mitte 1948 führte man in allen Ländern der SBZ große Werbekampagnen für den Uranbergbau durch. Zu diesem Zweck wurden bei den Arbeitsämtern so genannte Überzeugungskommissionen gebildet, bestehend aus je einem Vertreter der SED, des FDGB und anderer Massenorganisationen. Während die SED die Werbung für den Uranbergbau nach Kräften unterstützte, hielten sich CDU und LDPD weitgehend zurück.

Nach Gründung der DDR im Oktober 1949 übergab die SKKD ihre Arbeitskräfteforderungen für die Wismut AG direkt der SED-Führung und dem Ministerium für Arbeit. Die jährlichen Arbeitskräftepläne für die Wismut AG wurden dann als Politbürobeschluss verabschiedet. Die Hoffnungen der deutschen Seite, dass sich künftig an den Auflagen für den Uranbergbau etwas ändern würde, erfüllten sich allerdings nicht. Nachdem die Werbung im Frühjahr 1950 stockend angelaufen war, beschwerte sich der Chef der SKKD, Marschall Tschuikow, umgehend bei Wilhelm Pieck.[166] Das Politbüro der SED beschloss daraufhin, die Werbung für den Uranbergbau als Schwerpunktaufgabe zu behandeln, und setzte daher im April 1950 die so genannte Aue-Kommission ein. Sie mobilisierte zur Erfüllung der SKKD-Auflagen den Parteiapparat auf allen Ebenen. Zugleich sollte sich die Kommission um eine Herabsetzung der sowjetischen Forderungen bemühen.[167]

In dieser Zeit konnte man in jeder Regional- und Betriebszeitung Aufrufe und Artikel unter dem Slogan »Der Erzbergbau ruft!« lesen. In ihnen wurden u. a. die Arbeitsbedingungen und Verdienstchancen bei der Wismut AG mehr oder weniger geschickt angepriesen. Allen Zensurmaßnahmen zum Trotz waren zumindest einigen Betriebs- und Wochenzeitungen auch erstaunlich offene Informationen über den Uranerzbergbau zu entnehmen. So hieß es in einem Artikel des »Film-Funken«, der Werkszeitschrift des VEB Agfa Filmfabrik Wolfen, vom 18. September 1951 über die Wismut AG: »Außerdem wird hier das sehr wertvolle Uranerz (!) gewonnen. Dieses Erz wird von unserer Wirtschaft dringend benötigt, zudem dient es als Austauschmittel und wird zu einem Teil als Reparationslieferung ausgeführt. Die Betriebe der Wismuth AG werden zum größten Teil durch deutsche Volkspolizei bewacht, um sie gegen Saboteure und Volksfeinde zu schützen. Noch vor wenigen Jahren waren zum Teil im Erzbergbau Menschen tätig, die sich aus Abenteuerlust gemeldet hatten, oder aber auch glaubten, daselbst ein zügelloses Leben führen zu können. Jedem wird klar sein, dass mit solchen Arbeitskräften keine positive Leistung erzielt werden kann.«

Seit sich eine längere Perspektive für den Uranbergbau in der SBZ abzeichnete und das Zwangssystem an seine Grenzen gestoßen war, gewann die Stabilisierung der Belegschaft einen neuen Stellenwert für die sowjetische Direktion und die SED. Das Ziel der Bildung einer Stammbelegschaft wurde dabei mit unterschiedlichen Intentionen verfolgt. Die sowjetische Direktion war hauptsächlich an der Ausweitung der Produktion interessiert. Das ließ sich nur mit einer qualifizierten und motivierten Belegschaft realisieren. Für die SED und den FDGB kamen weitere Motive hinzu. Die jährlichen Kampagnen zur Rekrutierung von Arbeitskräften für den Uranbergbau waren außerordentlich aufwändig und nicht dazu angetan, das Ansehen bei der Bevölkerung zu verbessern. Doch die Investitionen in die Ausbildung und Qualifizierung der Bergleute sollten sich langfristig auszahlen. Nicht zu unterschätzen sind auch die Bestrebungen von SED und FDGB, einen größeren organisatorischen und politischen Einfluss unter der Belegschaft zu gewinnen. Die außerordentlich hohe Fluktuation erschwerte allerdings die Mitgliedergewinnung.

Der FDGB war 1945 ursprünglich als parteipolitisch neutrale Organisation zur Vertretung der Interessen der Arbeiter und Angestellten gegründet worden.[168] Schon bald geriet er jedoch unter den Einfluss der KPD/SED und machte sich immer deutlicher auch deren wirtschaftspolitische Forderungen zu Eigen. Die Befürworter einer Einheitsgewerkschaft, die in den Betrieben als »Transmissionsriemen« für die Politik der SED wirken sollte, setzten sich im FDGB bis Ende 1947 weitgehend durch. Der schrittweise Funktionswandel von einer Organisation zur Vertretung der Interessen der Arbeiterschaft zur SED-gelenkten Einheitsorganisation erfolgte im Uranerzbergbau wesentlich schneller als in der übrigen Wirtschaft. Dies bedeutete aber nicht, dass die Gewerkschaft vollends auf Seiten der Direktion stand. In Einzelfragen gab es unterschiedliche Interessenlagen.

Anfang Januar 1950 übergab der Bundesvorstand des FDGB der Generaldirektion der Wismut AG »Empfehlungen zur Überwindung der Fluktuation bei der Wismut AG«.[169] Der FDGB schlug einen Katalog von Maßnahmen vor, an dessen Spitze der Bau von neuen Wohnungen stand. Dazu sollte nicht allein die Wismut AG beitragen, sondern auch der Staat. An zweiter Stelle rangierte die Verbesserung des Berufsverkehrs. Die Vorschläge umfassten u.a. die schnellere Fertigstellung der bereits im Ausbau befindlichen Eisenbahnstrecke Johanngeorgenstadt – Schwarzenberg – Aue, der Bau einer neuen Eisenbahnlinie zwischen Johanngeorgenstadt und Eibenstock sowie die Aufstockung des Wismut-Fuhrparks. Angemahnt wurde auch die pünktliche Zahlung der Löhne und ein allgemeines Ausschankverbot für Alkohol an den Zahltagen.

Zum wiederholten Male trug der FDGB auch seine Forderung nach einem Tarifvertrag für die Wismut AG vor. Zwar hatte Malzew im Herbst 1947 den Befehl Nr. 115 erlassen, der sich in den wesentlichen Punkten auf einen Tarifvertragsentwurf der IG Bergbau stützte, doch war seitdem kein Tarifvertrag abgeschlossen worden. Dies gab den Schacht- und Objektleitern erhebliche Ermessensspielräume bei der Festsetzung von Löhnen und Sozialstandards. Sie hielten sich zudem oftmals nicht an die Anordnungen der Wismut-Hauptverwaltung.

Mitte Januar 1950 wandte sich der FDGB mit der Bitte um Unterstützung seiner Forderungen an das Ministerium für Planung.[170] Minister Heinrich Rau sollte vor allem zusätzliche Mittel für den Wohnungsbau und den Ausbau der Infrastruktur in den Bergbaukreisen zur Verfügung stellen. Verwiesen wurde in diesem Zusammenhang auf die enorme Zunahme des Eisenbahnverkehrs in den Bergbaukreisen und die damit verbundene Überlastung der örtlichen Bahnanlagen: »Die Zahl der von einzelnen Stationen zu befördernden Personen ist allgemein auf das 10-, zum Teil auf das 20- bis 30-fache gestiegen [von Mai 1947 bis Juli 1949].«[171]

Trotz aller Vorstöße von Seiten der IG Bergbau und des FDGB lehnte die Generaldirektion den Abschluss eines Tarifvertrages auch 1950 ab. Stattdessen sollte für 1950 ein neuer Arbeitsvertrag vereinbart werden. Die sowjetische Direktion wollte überhaupt keine bindenden Verträge mit der Gewerkschaft abschließen. Ihr reichten das etablierte System der Leistungsanreize und die so genannten Kampfpläne vollkommen aus. Mit letzteren glaubte sie ein ausreichendes Instrument zur Steigerung der Produktivität gefunden zu haben. Sie verfolgte vor allem ein Ziel: Die jährlich höher geschraubten Produktionspläne zu erfüllen. Dies sollte durch Verbesserungen der Arbeitsorganisation, die weitere Mechanisierung der Arbeitsabläufe und freiwillige Normerhöhungen erreicht werden. Im Gegenzug bot die Direktion weitere materielle und kulturelle Verbesserungen an. Einklagbar waren ihre Versprechungen aber nicht. Eine Minderheit der Bergleute entzog sich dem massiven Druck durch SED und Gewerkschaft und lehnte die »freiwilligen Normerhöhungen« ab.

Im Interesse der Herausbildung einer Stammbelegschaft drängte das Referat Erzbergbau beim Bundesvorstand des FDGB auf eine Aufhebung der rechtlichen Sonderstellung der Wismut AG.[172] Tatsächlich hatte der Leiter der Abteilung Arbeitskräfte der SKKD, Morenow, mehrfach erklärt, dass auch für die Wismut AG die gesetzlichen Bestimmungen der DDR gelten sollten.

In der Realität sah dies allerdings anders aus. Die Arbeitsbedingungen bei der Wismut AG waren durch Anordnungen und Ausführungsbestimmungen der Generaldirektion geregelt. Allerdings wurden diese von den Leitungen der einzelnen, weitgehend selbstständig wirtschaftenden Objekte, recht unterschiedlich, bisweilen auch gegensätzlich ausgelegt. Ein Mitwirkungsrecht der Gewerkschaften war nirgends verankert. Hinzu kam die materielle Abhängigkeit der Gewerkschaftsfunktionäre von ihren jeweiligen Schachtleitern. All dies führte dazu, dass von einer Gleichstellung der Wismut AG mit anderen Betrieben in der DDR auch noch Anfang der fünfziger Jahre keine Rede sein konnte.

In dem Maße, wie die Nachfrage nach Arbeit bei der Wismut AG über das Angebot hinauswuchs, begann die Direktion der Wismut AG, unterstützt von der SED-Leitung und der Gewerkschaft, das Arbeitsregime zu straffen und zu einer strengeren Personalauswahl überzugehen. Dieser Prozess vollzog sich 1949/50. Das hing mit mehreren Faktoren zusammen: Dem ursprünglich nur auf wenige Jahre konzipierten Uranbergbau eröffnete sich durch die Erschließung neuer großer Lagerstätten eine langfristige Perspektive. Provisorien reichten dafür nicht mehr aus. Das »Horten« von Arbeitskräften hatte inzwischen zu einer deutlichen Überbesetzung einzelner Objekte geführt. Nach internen Untersuchungen ging man von bis zu 30 Prozent nicht ausgelasteten Arbeitern aus.[173] Die Mechanisierung der bergmännischen Arbeiten war vorangekommen, sodass ein Teil der Handarbeit entfiel. Die Relation von Zwangsverpflichteten und Freiwilligen hatte sich zugunsten der Letztgenannten verschoben. Dies eröffnete auch der SED und der Gewerkschaft neue Chancen für die Stärkung ihres Einflusses unter den Bergleuten. Seit Juni 1948 durften Zwangseinweisungen ohnehin nur noch für höchstens sechs Monate stattfinden. Mit fast zwei Jahren Verzögerung erkannte die Wismut AG diese Praxis an und ließ Bergleute, deren Verträge ausgelaufen waren, gehen.

Einerseits sollten leistungswillige Arbeiter mit attraktiven Verdienstchancen und Vergünstigungen, aber auch mit rüden Praktiken zur Verlängerung ihrer Verträge bewogen werden, andererseits wurden leistungsschwächere Bergleute jetzt schon bei geringen Verstößen gegen die Arbeitsordnung oder bei Minderleistungen entlassen. Ab Mai 1949 galt ein Malzew-Befehl, nach dem »Bummelanten« sofort gekündigt werden konnten. Wer unbedingt ausscheiden wollte, versäumte einfach mehrere Arbeitsschichten und wurde daraufhin entlassen. Auf einen Abgekehrten kamen 1949 ungefähr zwei Neueinstellungen.[174] Auch im Jahr 1950 überstieg die Zahl der Neulinge noch deutlich die der Ausgeschiedenen. Mehr als 64 000 Vermittelten standen im ersten Halbjahr 1950 knapp 28 000 Entlassene gegenüber.[175]

Zu einem zeitweiligen Einstellungsstopp und einer ersten großen Entlassungswelle kam es im Herbst 1950. Im Zuge der Stilllegung mehrerer unrentabler Objekte wurde ca. 20 000 Arbeitskräften gekündigt. Eine zweite Entlassungswelle folgte ab dem Frühjahr 1951. Insgesamt verließen bis Ende Juni 1951 mehr als 50 000 Bergleute die Wismut AG. Fast zwei Drittel aller Kündigungen gingen nunmehr vom Arbeitgeber aus.[176] Zur neuen Personalpolitik gehörte auch ein Einstellungsverbot für Personen, die aus westlicher Kriegsgefangenschaft bzw. den Westzonen kamen.

Für den Aufbau einer Stammbelegschaft reichte es aber nicht aus, arbeitsunwillige oder politisch missliebige Personen zu entlassen. Man brauchte gut motivierte und sesshafte Bergleute, die ihre Zukunft bei der Wismut AG sahen. Den Leistungsträgern sollten möglichst attraktive Verdienst- und Aufstiegschancen sowie gute Lebensumstände geboten werden. Dies gelang in zunehmendem Maße durch den Bau von Bergarbeiterwohnungen, umfangreiche Qualifizierungsangebote, Treueprämien und einem Paket von betrieblichen Sozialleistungen.

Größere Probleme bei der Gewinnung von Freiwilligen gab es Anfang der fünfziger Jahre nicht mehr. Der Minister für Arbeit von Sachsen meldete für das zweite Quartal 1951 sogar eine deutliche Übererfüllung der Vermittlungsvorgaben zur Wismut AG. Ab dem Frühjahr 1952 wurden bei der Wismut AG erstmals deutlich mehr Arbeitskräfte entlassen als neu eingestellt.[177] Die Zeit des extensiven Beschäftigtenwachstums erreichte damit ihren Endpunkt.

Die Beschäftigtenentwicklung 1946–1953 im Überblick

Eine exakte Erfassung der Beschäftigtenentwicklung für die Jahre 1946–1953 ist außerordentlich kompliziert. Das Unternehmen wuchs in raschem Tempo, die einzelnen Objekte und Schächte wirtschafteten weitgehend autonom und die Fluktuation war hoch. In den Statistiken der Arbeitsämter tauchten nur die Arbeitskräfte auf, die zum Uranbergbau vermittelt wurden. Die Zahl der Vermittelten war aber keinesfalls identisch mit der Zahl der tatsächlich bei der Wismut AG Beschäftigten. Ein Teil von ihnen war nicht bergbautauglich oder wurde aus anderen Gründen nicht von der Wismut AG eingestellt. Die Behörden bezeichneten diesen Personenkreis als »Fehlvermittelte«. Besonders gravierend war die Differenz zwischen Vermittelten und tatsächlich Beschäftigten in den ersten drei Jahren, da Zehntausende Dienstverpflichtete flüchteten, sei es noch vor Beginn der Tätigkeit bei der Wismut AG oder unmittelbar danach. Andere kehrten mit Billigung der Arbeitsämter wieder in ihre Heimatorte zurück, da die Wismut AG deren Unterbringung nicht gewährleisten konnte.[178] Außerdem musste das Unternehmen auch für einen Ersatz von Bergleuten sorgen, die aus Krankheitsgründen ausschieden. Auch deshalb bezahlte die Wismut AG private Arbeitsvermittler, deren Aktivitäten die Arbeitsämter nicht kontrollierten.

Wesentlich erschwert wird die Erstellung einer Beschäftigtenstatistik durch die kurze Laufzeit der meisten Arbeitskontrakte. Ein aufschlussreiches Bild vermitteln die Rekrutierungsbefehle der SMAD bzw. SKKD.[179] Demnach forderten die Besatzungsbehörden allein bis Anfang 1952 mehr als 447 000 Arbeitskräfte für den Uranbergbau an, tatsächlich vermittelt wurden wahrscheinlich deutlich mehr als 400 000. Diese hohe Zahl erklärt sich sowohl aus der rasanten Ausweitung des Uranbergbaus als auch durch die hohe Fluktuation. Für ausgeschiedene Bergleute musste permanent Ersatz gefunden werden. Ungefähr 60 Prozent der vermittelten Arbeitskräfte kamen 1948 aus Sachsen.[180] In späteren Jahren nahm der sächsische Anteil noch zu. Hinter diesen Zahlen verbirgt sich eine in den Nachkriegsjahren einmalige Binnenmigration. Von Herbst 1946 bis Ende März 1951 mobilisierte allein Sachsen über 216 000 Arbeitskräfte.[181] Anfang der fünfziger Jahre erreichte die Beschäftigtenzahl bei der Wismut mit 200 000 ihren höchsten Stand.

Beschäftigte bei der Wismut AG 1946–1951 (jeweils per 31.12.)[182]

Jahr	Beschäftigte	davon sowjetisches Personal
1946	2 257	
1947	18 775	–
1948	63 383	–
1949	139 587	–
1950	195 906	6 897
1951	153 112	10 925
1953	100 998	8 752

Für das Jahr 1953 liegen detailliertere Angaben vor.[183] Demnach gehörten im Dezember 1953 von ca. 101 000 Beschäftigten 93 307 zum Produktionsapparat, darunter 2 692 sowjetische Zivilangestellte und 6 060 Militärangehörige. Zum Betreuungspersonal wurden 7 691 Mitarbeiter gerechnet.

Trotz mancher offener Fragen in Bezug auf die Beschäftigtenentwicklung zwischen 1946 und 1953 bleibt festzuhalten: Die Wismut AG wuchs in dieser Zeit in einem unglaublichen Tempo und erreichte den Höhepunkt ihrer personellen Expansion Ende 1950. Selbst wenn man für 1950 die Beschäftigten des ostdeutschen Braun- und Steinkohlenbergbaus sowie des Kalibergbaus zusammenrechnet, erreichten diese drei großen Branchen zusammen nicht die Personalstärke der Wismut AG. Nur im gesamtdeutschen Maßstab gab es mit dem Steinkohlenbergbau des Ruhrgebietes ein noch größeres Bergbaurevier.

Um in kürzester Zeit den Uranbergbau ausbauen zu können, mussten Arbeitskräfte und materielle Ressourcen aus der gesamten SBZ ins Erzgebirge gepumpt werden. Dies wurde anfangs über ein offenes Zwangssystem, später über eher verdeckte Zwangsmechanismen und seit Anfang der fünfziger Jahre durch umfangreiche Leistungsanreize erreicht. Die Besatzungsmacht disponierte dabei die Beschäftigten nach Gutdünken, hielt sich auch nach der Gründung der DDR nicht an geltendes Recht und scheute beim Übergang zu einer neuen Personalpolitik auch vor kurzfristigen Massenentlassungen nicht zurück. Für die Mehrheit der zum Uranbergbau Dienstverpflichteten blieb diese Zeit eine kurze, aber doch einschneidende Episode, die je nach den individuellen Umständen mehr oder weniger negativ beurteilt wurde. Andere blieben freiwillig und bildeten nach einer längeren Übergangszeit eine gut motivierte und gut bezahlte Stammbelegschaft.

Auf dem Weg zum Musterbetrieb

Die Wismut AG war kein normaler Betrieb. Dieses größte Reparationsunternehmen des 20. Jahrhunderts wurde in unglaublich kurzer Zeit fast aus dem Nichts heraus aufgebaut. In den ersten Jahren des Uranbergbaus musste unter Bedingungen gearbeitet werden, die denen der frühen Neuzeit glichen. Da dennoch so rasch als möglich eine maximale Ausbeute erzielt werden sollte, gab es aus Sicht der Besatzungsmacht nur einen Weg – die fehlende Technik durch einen Mehreinsatz menschlicher Arbeit zu ersetzen. Erst in einem zweiten Schritt sollte die Steigerung der Produktivität folgen.

Die Bergleute mussten sich de facto einer militärischen Disziplin fügen. Dafür gab es Gründe. Die Wismut AG agierte in einem besiegten Land, gehörte zum Komplex der sowjetischen Atomindustrie und wurde daher von Militäreinheiten bewacht. Noch bis Mitte der fünfziger Jahre leitete die sowjetische Direktion das Unternehmen mit Befehlen.

Im Bergbau gab es seit Jahrhunderten festgefügte Hierarchien, die in gewisser Weise an militärische Strukturen erinnerten. Im Wesentlichen gehörten dazu: Fördermann, Hauer, Steiger und Obersteiger. Ein Neuling begann seine Tätigkeit unter Tage, unabhängig vom erlernten Beruf, zumeist als Fördermann. Er hatte schwere körperliche Arbeiten auszuführen. Ein Hauer bestimmte das Arbeitstempo und konnte kleinere Aufträge an die Förderleute vergeben. Er erhielt höhere Lebensmittelzuteilungen, vor allem für den Abbau von Uranerz. Diese Möglichkeit hatte ein Fördermann kaum. Daher waren die meisten daran interessiert, zum Hauer aufzusteigen. Die Beförderung konnte der Steiger in den ersten Jahren allein aufgrund seines fachlichen Urteils veranlassen.[184] Später war dafür eine Qualifizierung unumgänglich.

Die Schulung der Belegschaft erfolgte anfangs am Arbeitsplatz durch ausgewählte Steiger, die aus dem Kohlenbergbau kamen, und erfahrene Hauer. Wer seine Norm erfüllen wollte, hatte wenig Zeit, sich um die zahlreichen neu eingestellten Kumpel zu kümmern. Andererseits hing auch von ihrer Leistung der Verdienst der gesamten Brigade ab. Dies führte zu einem Qualifizierungsdruck. Im Jahr 1948 wurde in der ehemaligen Freiberger Jägerkaserne ein Bergtechnikum für die Wismut AG eingerichtet. Es diente vor allem zur Ausbildung des mittleren Leitungspersonals (Steiger, Markscheider, Geologen, Normierer usw.). Allein zwischen 1948 und 1952 absolvierten dort ca. 9 400 Beschäftigte Weiterbildungskurse.[185] Neben der Aussicht auf überdurchschnittliche Verdienste und Prämien waren es vor allem die Aufstiegschancen, die so manchen Bergmann und Angestellten auf Dauer bei der Wismut AG bleiben ließen.

Der Arbeitstag der Bergleute begann oft mit langen Wegen zum Schacht, und zwar zu Fuß oder per Rad. Der Aufbau eines betrieblichen Transportsystems hielt mit dem rasanten Wachstum der Belegschaft nicht Schritt. Auf den Bahnstrecken herrschten bis Anfang der fünfziger Jahre chaotische Zustände. Die Schichtzüge und Busse waren völlig überfüllt, es kam häufig zu schweren Unfällen.

Sowohl zu Schichtbeginn also auch nach Schichtende kontrollierten sowjetische Posten die Schachtausweise.[186] Am Eingang bzw. Ausgang der jeweiligen Minen wurden die Bergleute besonders streng untersucht. Hier mussten sie durch eine Schleuse gehen, an der ein Geiger-Müller-Zähler angebracht war. Ertönte ein Signal, konnten die Kontrollposten verlangen, dass sich der Betreffende nackt auszieht. Er sah sich gleich dem Verdacht ausgesetzt, Uranerz zu schmuggeln. Oft war jedoch nur die Arbeitsbekleidung radioaktiv kontaminiert, oder es hatten sich Erzkrümel in den Schuhsohlen verklemmt. Eine Zeit lang war selbst das Mitbringen von Taschen und Beuteln verboten. Nach dem Passieren der Schleuse holten die Bergleute Arbeitsgeräte und Material aus den Magazinen. Bepackt mit Karbidlampen, Bohrmaschinen, Schaufeln, Picken und anderem Gerät fuhren sie ein. Schon bald wurden Untertage-Magazine eingerichtet, in denen das Gezähe, also das Werkzeug, nicht nur aufbewahrt, sondern auch repariert wurde.

In den ersten Jahren gab es nur wenige Seilfahrten und so mussten die Bergleute an Leitern (bergmännisch »Fahrten«) herabsteigen. Unter Tage angekommen, erfolgte die Schichtübergabe. In der Regel begann die Schicht mit der Förderung des von der vorigen Schicht gesprengten Haufwerkes – eine knochenharte Handarbeit. Nachdem das taube Gestein abgeräumt und der Ausbau erfolgt war, konnten neue Sprenglöcher gebohrt werden. Diese wurden vom Sprengmeister mit Sprengstoff gefüllt und jener dann gezündet. Ging alles gut, war die Schicht nach dem Sprengen beendet. Die Arbeiten litten anfangs unter den verschiedensten Materialproblemen. Mal war kein Strom oder keine Pressluft vorhanden, mal fehlte es an Bohrstangen.

Viele Steiger kamen aus den schlesischen Kohlenrevieren und genossen eine hohe Autorität. Dennoch war es für sie unter den geschilderten Bedingungen schwer, für einen ordentlichen Arbeitsablauf zu sorgen. Sie wurden als erste vom sowjetischen Aufsichtspersonal, den »Schichtrussen«, für die Nichterfüllung der Normen verantwortlich gemacht. Den größten Teil ihrer Arbeitszeit mussten die Bergleute auf die Beräumung von taubem Gestein verwenden. Sofern sie auf eine Uranerzader stießen, galten für den Abbau besondere Bestimmungen. Das Uranerz durfte nicht gesprengt, sondern musste mit Picke und Haue abgebaut werden. Anschließend wurde das Erz in Kisten verpackt und bei Schichtende ins streng bewachte Erzmagazin gebracht. Wenn die Brigaden auf Uranerz stießen, war dies für sie ein Festtag, denn für jede Erzkiste gab es hohe Prämien. Auf der Jagd nach Prämien vernachlässigten einige Kumpel die Sicherheitsbestimmungen oder versuchten zu manipulieren. Ein ehemaliger Bergmann erzählt, wie man dabei vorging: »Wir hatten immer eine Kiste gutes Erz versteckt und haben die Kisten mit weniger gutem Erz präpariert. Dadurch konnte man mehr Erzprämien verdienen … Es war keine Seltenheit, dass die Erzprämie den Monatslohn wesentlich überstieg. Dieser finanzielle Anreiz führte natürlich auch dazu, dass von den Kumpels alle möglichen Tricks erfunden wurden, um zusätzliches Geld zu machen. So haben wir z. B. in stillgelegten oder gesperrten Strecken oft unter gefährlichen Umständen Erz abgebaut und dieses dann, bei Verschweigen des wahren Fundortes, auf die eigenen Strecken abgerechnet.«[187]

Ein spezielles Prämiensystem wurde für die Berufsgruppe der Erzhauer eingeführt. Sie arbeiteten häufig allein auf bereits abgebauten Blöcken, auf denen sie noch verbliebenes Erz gewannen. Da sie besonders lange am Erz arbeiteten, waren sie überdurchschnittlich hohen Strahlenbelastungen ausgesetzt. Dafür erhielten sie pro Monat bis zum 1 000 Mark zusätzliche Prämien.[188]

Eine Frage der Kalorien

Größere Bedeutung als der Lohn in Mark und Pfennig hatte in den ersten Nachkriegsjahren die Naturalversorgung. Lebensmittel waren knapp und wurden in allen Besatzungszonen gegen Rationenkarten ausgegeben. Sie stellten in jenen Jahren die wichtigste »Währung« dar. Nur mit den Marken konnte man Lebensmittel und Waren zu festgesetzten Preisen erwerben.

In der SBZ wurden in Anlehnung an die Zuteilungspolitik der Sowjetunion zunächst sechs Versorgungskategorien geführt. Die Kategorie I stand Schwerstarbeitern, die Kategorien V und VI, auch als »Friedhofskarten« bezeichnet, Kindern und Rentnern zu. Von den Rationen allein konnte kaum eine Familie überleben. Der Hunger trieb die Menschen in Scharen zu Hamsterfahrten aufs Land, ungezählte »Schwarzhändler« zog es in die Städte. Durchaus typisch war der Fall eines Bergarbeiters, der in der Woche 60 Reichsmark verdiente. Gleichzeitig besaß er ein Huhn, das in der Woche fünf Eier legte. Eines davon aß der Bergmann gewöhnlich selbst, die vier übrigen tauschte er gegen 20 Zigaretten ein. Diese stellten auf dem schwarzen Markt bei einem Tagespreis von 8 Reichsmark einen Gegenwert von 160 Reichsmark dar. Das Huhn verdiente also mit seiner Leistung fast dreimal so viel wie sein Besitzer.[189] Solche Paradoxien waren eine Folge der zerrütteten Währung.

Zur Grundverpflegung für einen Untertagearbeiter gehörten im Juni 1947: 13,5 Kilogramm Brot, 1,2 Kilogramm Fleisch, 1,5 Kilogramm Nährmittel, 15 Kilogramm Kartoffeln, 9,6 Kilogramm Gemüse, 2,4 Kilogramm Käse, 6 Liter Milch, 750 Gramm Zucker, 600 Gramm Fett, 900 Gramm Marmelade, 2000 Gramm Seife und 125 Gramm Kaffee.[190] Durch leistungsabhängige Coupons, die so genannten Übernormkarten, und Risikozuschläge konnten die genannten Mengen fast verdoppelt werden. Zusätzlich zu ihrer Schwerstarbeiterkarte erhielten die Wismut-Bergleute eine zweite Lebensmittelkarte für ihre Familienangehörigen. »Erst kommt das Fressen, dann die Moral«, dieser viel zitierte Ausspruch von Bertolt Brecht brachte es auf den Punkt.

Die nach anfänglichen Schwierigkeiten seit Mitte 1947 weit über dem Durchschnitt liegende Versorgung führte ab 1948 zu einem Zustrom von Freiwilligen zur Wismut AG, unter ihnen auch Arbeitssuchende aus den Westzonen. Grob gerechnet, lagen die täglichen Rationen der Wismut-Bergleute 1949 doppelt so hoch wie die eines Schwerarbeiters in der Industrie. Die Uranbergleute standen damit an der Spitze der Kalorienhierarchie in der SBZ.

Das System der Leistungsanreize wurde schrittweise noch verfeinert. Neben den Lebensmittelprämien gab es Gutscheine für alle möglichen Bedarfsartikel wie Schuhe, Stoffe und Bekleidung.

Tägliche Nahrungsmittelrationen von Arbeitern in der SBZ im Jahr 1949 (in Gramm)[191]

Berufsgruppe	Brot	Nährmittel	Fleisch	Fett	Zucker
Arbeiter	475	68	40	18	35
Schwerarbeiter	575	75	50	33	45
Bergarbeiter	750	88	70	45	45
Uranbergmann	850	137	157	58	35

In den Erinnerungsberichten der meisten Bergleute tauchen zwei Begriffe immer wieder auf – »Kumpeltod« und »Stalinpaket«. Beide stehen synonym für eine überdurchschnittlich gute Versorgung. Pro Monat bekam ein Untertagearbeiter zwei Liter steuerfreien Trinkbranntwein. In Abhängigkeit von seiner Leistung konnte ein Bergmann sogar bis zu fünf Liter Schnaps pro Monat erhalten. Dieser unter dem Namen »Kumpeltod« bekannte Schnaps war bei den Bergleuten besonders beliebt. Wer ihn nicht selbst trank, nutzte ihn als begehrtes Tauschobjekt.

Bis heute geraten viele ehemalige Bergleute ins Schwärmen, wenn sie über die »Stalinpakete« erzählen. Ein solches Paket bekam man bei einer Normerfüllung von mehr als 150 Prozent. Es enthielt unter anderem Mehl, Fleisch, Wurst, Fett, Käse und Obst bzw. Konserven. Ein Bergmann erinnert sich: »Das waren Leistungspakete. Und zwar gab's das jeden Monat. Wer gute Arbeit geleistet hatte, hat'n Stalinpaket gekriegt. Ein halbes Stalinpaket, das waren sechs Industriegläser mit eingemachtem Obst, entweder Apfelmus oder Kirschen. Und ein ganzes Paket, da gab es schon zwölf Gläser. Und Scheine, mit denen wir beim Fleischer was kaufen konnten. Das war eben das Günstige bei der Wismut.«[192]

Die »Stalinpakete« hatten auch eine Symbolwirkung. Sie waren das Gegenstück zu den amerikanischen »Carepaketen« in den Westzonen. Der Wiederaufbau im Ruhrgebiet stand nach anfänglichen Sozialisierungsdiskussionen unter dem Motto »Speck statt Sozialismus«. Dort gelang es nach großen Anlaufproblemen, die Lebensmittelversorgung und später auch den Wohnungsbau für die Bergleute als wichtigste Leistungsanreize zu etablieren. Ab Herbst 1947 begann die britische Militärregierung mit der Ausgabe von »Carepaketen«, die aus amerikanischen Militärdepots und aus Spenden amerikanischer Hilfsorganisationen stammten und pro Paket mindestens 40 000 Kalorien enthielten. Ihre Ausgabe war an strikte Leistungsziele und die Untertagearbeit gebunden.[193] Nach der Währungs- und Wirtschaftsreform vom Sommer 1948 verbesserten sich die Lebensverhältnisse für die Bergleute an der Ruhr kontinuierlich. Die Sozialisierung des Ruhrkohlenbergbaus wurde immer unwahrscheinlicher.

In der SBZ hingegen war der gesamte Bergbau verstaatlicht bzw. im Fall der Wismut AG in sowjetisches Staatseigentum überführt worden. Die knappen Ressourcen der SBZ wurden auf die Reparationsindustrien, vor allem den Uranbergbau, konzentriert. Hier handelte die Besatzungsmacht nach dem Motto »Speck und Sozialismus«. Die Hierarchie der Kalorien verfehlte auch in diesem Fall ihre Wirkung nicht. Hatten sich bei der »Abstimmung mit den Füßen« 1947/48 noch Zehntausende gegen die Wismut AG und für eine Flucht in die Westzonen entschieden, so gab es in den fünfziger Jahren mehr Bewerber als die Wismut AG gebrauchen konnte.

Arbeitszeit

Das Arbeitsregime, also die Festlegung der Arbeitszeiten, Normen, Löhne, Verpflegung usw., orientierte sich zum einen an älteren Regelungen aus dem Steinkohlenbergbau, zum anderen brachten die sowjetischen Offiziere ihre eigenen Erfahrungen in das künftige Regelwerk bei der Wismut AG ein. Wie im gesamten Bergbau galt auch bei der Wismut AG der Achtstundentag. Gearbeitet wurde von Montag bis Samstag, der Sonntag war frei. In der Regel gab es drei Schichten. Die Frühschicht begann um 6.00 Uhr, die Tagesschicht um 14.00 Uhr und die Nachtschicht um 22.00 Uhr. Wesentlich erschwert wurde der Arbeitsalltag in den ersten Jahren durch die langen Anfahrtswege und die unzureichenden Transportverhältnisse.[194]

Diese Arbeitszeitregelungen entsprachen wie erwähnt denen im Steinkohlenbergbau. Allerdings führte die Wismut AG schon bald Sonn- und Feiertagsschichten ein.[195] Die Kumpel bezeichneten diese auch als »Subbotnik«. Darunter hatte der Gründer der Sowjetunion, Wladimir I. Lenin, einen freiwilligen und unentgeltlichen sonntäglichen Arbeitseinsatz verstanden. Obwohl die von den sowjetischen Schachtleitern eingeführte Sonntagsarbeit gut bezahlt wurde, war der »Subbotnik« bei den Bergleuten alles andere als beliebt. Die Gewerkschaftsleitung lief gegen diese Regelung anfangs Sturm. Unter dem Druck der Generaldirektion und der SED-Gebietsparteileitung lenkte die Gewerkschaft im August 1948 schließlich ein und begann nun ihrerseits, die »freiwillige« Sonntagsarbeit zu propagieren. Nicht wenige Kumpel beschimpften die Gewerkschaftsfunktionäre daraufhin als »Russenknechte«. Auf freiwilligem Wege gelang die Einführung der Sonntagsarbeit allerdings nur in einzelnen Objekten. Die Direktion ordnete sie 1950 daher administrativ an. Die Kumpel reagierten mit so genannten Fehlschichten: Die Zahl der Krankmeldungen stieg an den Wochenenden deutlich an. Erst nach der Volkserhebung vom 17. Juni 1953 kam es in der Frage der Sonntagsarbeit zu einem Kompromiss – die Generaldirektion gewährte seitdem einen fünfzigprozentigen Lohnzuschlag. Einige Monate später wurde die Sonntagsarbeit wieder abgeschafft.

Regelwerk

Im Oktober 1945 hatte der Alliierte Kontrollrat einen allgemeinen Lohnstopp verhängt, mit dem Ziel, die Inflation einzudämmen. Die Kehrseite dieser Maßnahme war, dass angesichts niedriger Löhne, vor allem im Kohlenbergbau, nicht genügend Arbeitskräfte gewonnen werden konnten. Daher korrigierte der Alliierte Kontrollrat mit der Direktive Nr. 41 vom 17. Oktober 1946 seine Politik und stimmte einer Erhöhung der Löhne um 20 Prozent zu. Auch im Kohlenbergbau der SBZ wurde daraufhin ein neuer Tarifvertrag eingeführt, der unter anderem eine Anhebung der Löhne um 25 Prozent und die Zahlung von Zuschlägen für Akkordarbeit vorsah.[196] Die Direktion der Wismut AG übernahm den neuen Bergarbeitertarif zum Leidwesen der (noch bis Herbst 1947 bestehenden) Betriebsräte nicht. Im Uranbergbau galt stattdessen von Anfang an ein leistungsbezogenes Lohnsystem. Der vertraglich vereinbarte Mindestlohn wurde allerdings nur bei hundertprozentiger Normerfüllung gezahlt. Einzelne Schachtleiter ließen die Bergleute sogar erst aus dem Schacht ausfahren, wenn sie ihr Tagessoll erfüllt hatten. Angesichts des Mangels an Arbeitsgeräten und Material war das oft gar nicht zu schaffen. Die Betriebsräte liefen daher gegen den Normdruck Sturm und verlangten den Abschluss eines Tarifvertrages. Dies lehnte die sowjetische Direktion jedoch strikt ab. Ausschlaggebend dürfte der Umstand gewesen sein, dass die Tarifverträge des Kohlenbergbaus nur geringe Differenzen zwischen den niedrigsten und den höchsten Lohngruppen aufwiesen. Die Direktion der Wismut AG war hingegen an einer Spreizung der Löhne interessiert.[197]

Da es bei der Wismut AG keinen Tarifvertrag gab, erfolgte die Festsetzung der Löhne und Sozialleistungen per Befehl bzw. Anordnung. Mit dem Befehl Nr. 115 vom 3. Juni 1947 wurde die Ausgabe zusätzlicher Lebensmittel bei Erfüllung der Norm angekündigt und die Ausgabe von Prämienpaketen bei einer Normübererfüllung von 150 Prozent in Aussicht gestellt. Es folgten die Befehle Nr. 163 vom 7. Juli 1947 (Trennungsgeld), Nr. 239 vom 20. Oktober 1947 (Leistungslohn) und Nr. 250 vom 1. November 1947 (Spezialistenzulage als Ergänzung zum Befehl Nr. 239). Per Befehl Nr. 250 wurde der so genannte Wismut-Zuschlag eingeführt. Demgemäß erhielt jeder Untertagearbeiter ab November 1947 einen Zuschlag von 40 Prozent und jeder Übertagearbeiter einen Zuschlag von 10 bis 30 Prozent. Außerdem gab es noch Zulagen für Akkordarbeiter in Höhe von 15 Prozent.[198] Die meisten dieser Befehle wurden auf Anregung der IG Bergbau und der SED-Leitung erlassen.

Bis Mitte 1949 entstand so ein vielschichtiges Regelwerk, wobei es abweichende Detailregelungen in den einzelnen Objekten gab. Zu den allgemein gültigen Standards gehörten neben den bereits genannten die Musterarbeitsverträge von 1947, eine Arbeitsordnung vom Februar 1948, der Befehl Nr. 62 vom 11. März 1948 zur Regelung des Schwangerschaftsurlaubs, der Befehl Nr. 99 vom April 1948 zur Regelung des Tarif- und Kurzurlaubs, eine Verordnung über den Tarifurlaub vom April 1948, eine Verordnung über die Erhöhung der Verpflegungssätze für Spezialisten vom Mai 1948, die Verordnung über Vergünstigungen bei längerer Tätigkeit (Treueprämien) vom 5. August 1948 sowie der Befehl Nr. 257 (Feiertagsregelungen).[199] Die Treueprämie war ein erster und sehr wichtiger Schritt auf dem Wege zur Bildung einer Stammbelegschaft. Eine Prämie in Höhe von fünf Prozent des Bruttojahreslohnes gab es nach sechs Monaten Betriebszugehörigkeit. Wer zwei Jahre dabeiblieb, erhielt bereits ein Plus von 20 Prozent des Bruttojahreslohnes. Ab dem 1. August 1949 wurde sogar eine weitere Zusatzverpflegung für die Beschäftigten der Wismut AG eingeführt und eine Zusatzkarte für Familienangehörige gewährt.[200] Diese Leistungen waren an die Erfüllung der Normen und die Einhaltung der Arbeitszeit gebunden.

Die leistungsorientierte Versorgungspolitik der Wismut AG funktionierte zunehmend besser. Dies zeigte sich vor allem am Zustrom Freiwilliger zum Uranbergbau, steigenden Produktionsleistungen und der Herausbildung einer betriebsverbundenen Stammbelegschaft. Dennoch: Zehntausende Zwangsverpflichtete oder Freiwillige waren auch mit attraktiven Verdienstchancen nicht zur Verlängerung ihrer Verträge zu bewegen. Sie kehrten der Wismut AG den Rücken. Andere blieben, qualifizierten sich und richteten sich in den Verhältnissen ein.

Um weitere Leistungsanreize zu bieten, wurden 1947 ein progressiver Leistungslohn und Erzprämien eingeführt. In Einzelfällen konnten Löhne von bis zu 4 000 Mark erzielt werden. Damit gehörte ein kleiner Teil der Bergleute zu den Spitzenverdienern in der SBZ. Im Land machten schon bald Gerüchte von märchenhaften Verdiensten der Uranbergleute die Runde. Dies weckte sowohl Bewunderung als auch Neid. Selbst Vergleiche zum Goldrausch in Kalifornien und Alaska wurden bemüht. Davon zeugten u. a. die Redewendungen vom »Klondike« im Erzgebirge, will sagen, dort war rasch Geld zu verdienen, oder vom »Texasexpress«, womit die völlig überbesetzten Schichtzüge gemeint waren. Sicher, mancher Kumpel verdiente gemessen am übrigen Land sehr gut. »Uranmillionäre«, wie in den USA, konnte es jedoch in der SBZ/DDR nicht geben. Während der Uranbergbau in den USA, vor allem in Colorado, Utah und New Mexico, seit Ende der vierziger Jahre von privaten Unternehmen, darunter vielen kleinen Familienunternehmen, betrieben wurde, von denen einige wenige tatsächlich Millionengewinne mit Uranerz erwirtschafteten, gab es in der SBZ/DDR nur einen Staatsbetrieb. Der zahlte zwar überdurchschnittlich hohe Löhne und Prämien, bis zum »Uranmillionär« konnte es jedoch kein Bergmann bringen.

Aktivistenbewegung

Der berühmte polnische Filmregisseur Andrzej Wajda hat mit seinen Filmen »Der Mann aus Marmor« und »Der Mann aus Eisen« dem Enthusiasmus der Aufbaujahre in Polen und den folgenden bitteren Enttäuschungen bis hin zur blutigen Niederschlagung der Arbeiterproteste im Jahr 1956 ein Denkmal gesetzt. Im Mittelpunkt steht ein Bauarbeiter, der von Partei- und Gewerkschaftsfunktionären geschickt zu einem neuen Volkshelden, zum »Aktivisten«, aufgebaut wird und der anfangs ehrlichen Herzens seine Arbeitsnorm weit überbietet. Auch in dem in der DDR viel gelesenen Roman »Der Wundertäter« von Erwin Strittmatter geht es um einen Bergmann, der eine Rekordschicht fährt, dafür allerdings von seinen Kollegen verachtet wird. Solche Aktivisten gab es Ende der vierziger Jahre im gesamten Ostblock. Als Vorbilder dienten in der Regel sowjetische Arbeiter, vor allem der Bergmann Stachanow.

Der berühmteste Aktivist der SBZ war der Bergmann Adolf Hennecke aus dem Steinkohlenwerk Oelsnitz. Er erreichte nach gründlicher Vorbereitung am

13. Oktober 1948 387 Prozent der Tagesnorm und sollte damit den Anstoß zur Aktivistenbewegung in der gesamten SBZ geben. Henneckes Leistung war in aller Munde, aber nur eine kleine Minderheit seiner Kollegen hatte Verständnis für den »Normbrecher«.

Die SED-Parteileitung bei der Wismut reagierte zunächst unwirsch auf den Medienrummel um Hennecke.[201] Bereits Monate vor seiner Aufsehen erregenden Schicht hatte es im Uranerzbergbau die ersten Aktivisten, mit teilweise weit höheren Leistungen, gegeben. Zu den ersten gehörten Wilhelm Luck, Horst Radecker und Josef (Sepp) Wenig. Zwei Dinge ließen es der Leitung der Wismut AG jedoch geboten erscheinen, den Namen Wenig nicht landesweit zu propagieren. Zum einen wollte man keine »Wenig(er)«-Bewegung ins Leben rufen. Zum anderen scheuten sich SED und FDGB, den Uranerzbergbau als Vorbild für die gesamte Wirtschaft der SBZ hinzustellen, da man nicht detailliert über den sowjetischen Betrieb berichten durfte. Außerdem gehörten zu den ersten Bestarbeitern bei der Wismut AG nicht gerade wenige ehemalige Nazis. (Dies wird, wenn auch sehr vorsichtig, im Film »Die Sonnensucher« von Konrad Wolf angedeutet, lässt sich aber auch durch Unterlagen der Gewerkschaft belegen.) So blieb es Adolf Hennecke vorbehalten, in die Geschichte der SBZ/DDR als Begründer der Aktivistenbewegung einzugehen.

Wichtiger noch als herausragende Einzelleistungen war die kollektive Normübererfüllung. Zu diesem Zweck wurden, ebenfalls nach sowjetischem Muster, Ende 1947 die ersten »Stoßbrigaden« gebildet. Mit der zunehmenden Mechanisierung der bergmännischen Arbeiten hing die Tagesleistung immer weniger von Einzelaktivitäten, sondern mehr vom reibungslosen Zusammenwirken kleiner Gruppen ab. Diese wurden in Brigaden zusammengefasst, an die Stelle des Einzelgedinges trat das Gruppengedinge. Den besten Stoßbrigaden winkten hohe Prämien und moralische Anerkennung. Bestarbeiterkonferenzen sollten dem Erfahrungsaustausch und der Popularisierung der Aktivisten dienen. Mit den Brigaden entstand, nicht nur im Bergbau, dort aber besonders ausgeprägt, ein neuer sozialer Kontext. Sie wirkten disziplinierend auf den Einzelnen, da das Einkommen nunmehr von der kollektiven Leistung abhing. Sie schufen aber auch ein gewisses Gegengewicht gegen die Vorgesetzten und förderten das Solidarverhalten unter den Bergleuten. Oft erstreckte sich der Zusammenhalt in den Brigaden nicht allein auf den Arbeitsalltag, sondern auch auf die Freizeit.

Dank einer guten Arbeitsorganisation und eines optimalen Technikeinsatzes erreichte eine Jugendbrigade im Frühjahr 1950 einen Streckenvortrieb von 164 Metern im Monat. Andere Brigaden nahmen die Herausforderung an: Monat für Monat gab es neue Rekorde zu verzeichnen. Im Jahr 1954 lag die Spitzenleistung bereits bei 400 Metern.

Die Kehrseite der Aktivistenbewegung wurde auch bei der Wismut AG bald offenbar. Die Direktion nutzte die hohe Normübererfüllung durch einzelne Bergleute und Brigaden, um allgemeine Normanhebungen zu legitimieren. So wurde 1949 eine durchschnittliche Normerhöhung von 10 Prozent verfügt.

Uranbergbaustädte

Das neue »große Berggeschrei« nach dem Zweiten Weltkrieg veränderte Landschaften, Städte und Dörfer nachhaltig. In allen Bergbaukreisen wuchsen die Einwohnerzahlen bis 1950 stark, teilweise dramatisch an. Das größte Wachstum verzeichneten zwischen 1946 und 1950 die Städte, in deren unmittelbarer Umgebung die ersten großen Objekte der Wismut AG entstanden. Dies waren die alten Silberbergbaustädte Johanngeorgenstadt (Objekt 1), Oberschlema (Objekt 2), Schneeberg (Objekt 3) und Annaberg (Objekt 4).

Die kleine Gemeinde Oberschlema zählte nach Kriegsende gerade einmal 2 600 Einwohner. Ende 1948 waren im nahe gelegenen Bergbau bereits ca. 15 000 Bergleute tätig. Fast 3 000 von ihnen wohnten direkt in Oberschlema. Hinzu kamen noch mehrere hundert Flüchtlinge. Die Städte Aue und Zwickau gehörten bereits vor 1945 zu den hoch industrialisierten Gemeinden in Sachsen. In Aue waren zahlreiche Unternehmen des Maschinenbaus, der Textilindustrie, der Papierherstellung und der Blechwarenindustrie, um nur die wichtigsten Branchen zu nennen, präsent.[202] In Zwickau dominierten die Textilindustrie, der Steinkohlenbergbau sowie die Fahrzeugindustrie (Horch und Audi). Beide Industriestädte erhielten durch den Uranbergbau einen zusätzlichen Impuls. Dies betraf Aue und insbesondere die angrenzenden Gemeinden Nieder- und Oberschlema (Objekt 2), während sich Zwickau als Zentrum der Zulieferindustrie für die Wismut AG und zeitweilige Wohnstadt für Uranbergleute etablierte.

Die dichteste Wirtschaftsstruktur wies Aue mit ca. 90 Prozent abhängigen Beschäftigten in Bergbau und Industrie auf. Fast zwei Drittel aller Beschäftigten des Arbeitsamtsbezirkes Aue, dazu gehörten neben dem Kreis Aue auch die Städte Schwarzenberg, Schneeberg, Johanngeorgenstadt sowie die Gemeinden Breitenbrunn, Niederschlema und Oberschlema, waren im Bergbau tätig.

Die Einwohnerzahl des Landkreises Aue stieg amtlichen Angaben zufolge innerhalb von drei Jahren um fast 80 000. Dabei ist zu beachten, dass in der amtlichen Statistik nur Personen mit Hauptwohnsitz erfasst wurden. Aufgrund der kurzen Laufzeit der meisten Verträge bei der Wismut AG und der Wohnraumknappheit in den Bergbaukreisen konnten oder wollten viele »Bergleute auf Zeit« ihren Hauptwohnsitz nicht in den Bergbaukreisen nehmen. Das tatsächliche Wachstum der Einwohnerzahlen in den Bergbaukreisen lässt sich daher nur ermessen, wenn auch die Personen berücksichtigt werden, die mit einem Zweitwohnsitz gemeldet waren. Während die Landkreise Annaberg, Freiberg und Marienberg mit ein bis drei Prozent nur einen geringen Anteil von Zweitwohnsitzen verzeichneten, wurden im Kreis Aue Ende 1951 von den rund 295 000 Einwohner über 76 000 mit einem Zweitwohnsitz registriert.[203]

Einen höheren Anteil von Zweitwohnsitzen wiesen in Sachsen nur noch der Stadt- und der Landkreis Zwickau auf. Dort lebten gemäß der Volkszählung vom August 1950 ca. 391 000 Personen. Beim Volkspolizei-Kreisamt (VPKA) Zwickau waren im November 1951 bereits mehr als 493 000 Personen gemeldet – dies ist eine Differenz von mehr als 100 000 Einwohnern![204] Ein Teil der Personen mit Zweitwohnsitz im Stadt- bzw. Landkreis Zwickau war bei der Wismut AG angestellt. Hinzu kommen Personen, die sich der Meldepflicht entzogen. Mehrere hundert wohnten »illegal« in den Wismut-Heimen. Im Herbst 1951 erfasste die Polizei die Personalien von mehr als 300 Personen ohne gültige Anmeldung.[205] Die Dunkelziffer der »Illegalen« lag nach Einschätzung der Behörden weit höher. Es ist also davon auszugehen, dass die tatsächlichen Einwohnerzahlen in den zwei wichtigsten Bergbaukreisen Aue und Zwickau bis 1951 noch deutlich über den in der amtlichen Statistik gemeldeten Zahlen lagen.

Aussiedlungen, Massenquartiere und erste Wohnungsbauprogramme

Auf die Wohnungsnot in den Bergbaukreisen reagierten einige Kreisräte, aber auch die IG Bergbau und der Leiter des Sonderstabes Erzbergbau, Max Weber, seit Sommer 1947 mit Zuzugssperren und Zwangsaussiedlungen. Bereits eingetroffene Flüchtlingsfamilien durften nur in den Bergbaukreisen bleiben, sofern Angehörige bei der Wismut AG arbeiteten. So schlug der Kreisrat von Annaberg vor, »jene Kategorie von Umsiedlern, die rein arbeitsmäßig nicht an den Landkreis gebunden sind, und das würden in der Hauptsache ehemalige Landwirte und landwirtschaftliche Arbeiter sein, in agrarische Gebiete … umzusiedeln.«[206] Einen Präzedenzfall schuf man Ende 1947 in Marienberg. Dort wurde eine nicht genannte Zahl von Personen »ohne Beschäftigung« aus dem Landkreis ausgesiedelt.[207] Die Betroffenen erhielten vom Kreisrat einen Brief, in dem es u. a. hieß: »In den nächsten Tagen geht ihnen näher Bescheid zu, wann der Umzug nach Olbernhau, wo es ihnen bestimmt auch gefällt, da diese Stadt vom Bergbau nicht betroffen ist, vor sich geht.«[208] Der Kreisrat zog sogar in Erwägung, die gesamte Bevölkerung von Marienberg zu evakuieren, um Platz für dienstverpflichtete Bergleute zu schaffen. Zu einer Umsetzung dieses Planes kam es aber nicht.

Damit waren die Umsiedlungspläne in den Bergbaugemeinden nicht vom Tisch. Erst ein Veto des sächsischen Ministerpräsidenten Max Seydewitz vermochte im Herbst 1948 eine bereits behördlich angewiesene Umsiedlungsaktion zu stoppen. Er empfahl, eine Umsiedlung auf freiwilliger Basis vorzubereiten.[209] Die Planung dieser Aktion oblag dem Ministerium für Arbeit und Sozialfürsorge. Daraufhin begann Ende 1948 die Erfassung von ca. 200 Familien, die freiwillig die Bergbaukreise verlassen wollten. Die Hauptabteilung für Umsiedler meldete jedoch Bedenken an. Die Aussiedlung sollte zumindest so lange zurückgestellt werden, »bis die gesicherte Unterbringung der letzten Transporte mit Umsiedlern aus den Ostgebieten abgeschlossen ist«[210].

Unterschiedlichen Schätzungen zufolge verließen bis Ende 1949 ca. 1 000 Personen mehr oder weniger freiwillig die Bergbaukreise, viel weniger als die Behörden erhofft hatten. Letztlich scheiterten alle weiter reichenden Pläne für gelenkte Aussiedlungsaktionen am geringen Interesse der Betroffenen und am nahezu geschlossenen Widerstand der anderen Landkreise.[211]

Wenn sich schon eine Massenaussiedlung von Flüchtlingsfamilien nicht durchsetzen ließ, so sollten zumindest Industriebetriebe und Bauernwirtschaften, die dem Bergbau im Wege standen, weichen und andernorts ihre Tätigkeit fortsetzen. Auch die Idee der »gezielten Aussiedlung« wurde weiter verfolgt: »Die Aussiedlungen waren bisher freiwillig, doch musste etwas nachgeholfen werden. Diese Leute verstecken sich hinter den bürgerlichen Parteien. Die bürgerlichen Parteien lehnen die Aussiedlung ab.«[212]

Das rasante Wachstum des Uranbergbaus überforderte die örtlichen Behörden permanent. Die Besatzungsbehörden und die Wismut AG verlangten ungeachtet dessen die Unterbringung der neuen »Bergleute auf Zeit« in der Nähe der Schächte. Die ersten neuen Bergleute fanden noch überwiegend in Privatquartieren eine Bleibe. Die Wohnungsämter besaßen dafür außerordentliche Vollmachten und nahmen Zwangseinquartierungen und Wohnungsräumungen vor. Sie stützten sich dabei auf das Alliierte Kontrollratsgesetz Nr. 18, demgemäß Wohnungsräumungen im Interesse der Unterbringung dringend benötigter Arbeitskräfte zulässig waren. Allein in Johanngeorgenstadt wurden mehrere hundert Wohnungen zwangsweise geräumt.

Da die Perspektiven des Uranbergbaus anfangs noch unklar schienen und die materiellen Möglichkeiten des Landes Sachsen eng begrenzt waren, gab es zunächst auch keine Überlegungen für einen staatlich geförderten Wohnungsbau in den Bergbaukreisen. Die Wismut AG und die örtlichen Behörden behalfen sich mit Provisorien: Gasthäuser, Schulen und andere größere Gebäude wurden von der Wismut AG gepachtet oder beschlagnahmt. Außerdem errichtete man Dutzende provisorische Massenunterkünfte. Ende 1949 wohnten die Bergleute der Wismut AG auf mehr als 120 Städte und Gemeinden verteilt. Zu diesem Zeitpunkt wurden 137 Massenunterkünfte gezählt. Einige dieser Quartiere in den Bergbaustädten waren während des Krieges vom Reichsarbeitsdienst errichtet und genutzt worden. Es gab auch solche, die zuvor mit Kriegsgefangenen und Zwangsarbeitern belegt waren. Die meisten Massenunterkünfte, genormte Großbaracken mit ca. 40 Zimmern für jeweils vier Personen, wurden allerdings neu errichtet.

Wie viele Kumpel in den Massenunterkünften untergebracht wurden und wie lange sie dort verweilten, lässt sich kaum exakt feststellen, da die Fluktuation außerordentlich groß war. Für die Behörden stellten sie aus verschiedenen Gründen eine besondere Problemzone dar. Nicht zuletzt infolge der Ausweisregelung für die Bergarbeiter ließen sich diese Unterkünfte von der Polizei nur schwer kontrollieren.

In den Städten mit den größten Massenunterkünften gab es, kaum verwunderlich, auch die größten sozialen Spannungen. Eine Vielzahl von »Hilferufen« führte bis 1951 allerdings nur zu unzureichenden Reaktionen seitens der Landes- bzw. der DDR-Regierung. Dabei ließen verschiedene »Lageeinschätzungen« der Städte und Gemeinden sowie des Ministeriums des Innern, die an Ministerpräsident Otto Grotewohl weitergeleitet wurden, nichts an Deutlichkeit zu wünschen übrig. So hieß es in einer »Einschätzung der politischen, sozialen und kulturellen Situation in Zwickau« vom Februar 1950: »Alle im Stadt- und Landkreis Zwickau zutage tretenden politischen und kulturellen Zersetzungserscheinungen stehen im engsten Zusammenhang mit der Existenz und Arbeitsweise der Wismut AG.«[213] Das Ministerium des Innern schlug unter anderem vor, keine Behelfsbauten mehr zuzulassen und stattdessen dem Bau von Wohnhäusern und Sozialeinrichtungen für Bergleute höchste Priorität zuzubilligen.

Ein erstes bescheidendes Wohnungsbauprogramm hatte die Wismut AG bereits Ende 1947 aufgelegt. In dessen Rahmen sollten in Johanngeorgenstadt, Schneeberg und Niederschlema 1 000 Wohnungen entstehen. Für ihre Vergabe war die IG Bergbau zuständig. Ihr Motto lautete: »Den besten Arbeitern die besten Wohnungen.« Ab 1948 baute man darüber hinaus einstöckige Bergmannshäuser (Wiener Häuser) und Einfamilienhäuser aus Holz (Berliner Häuser).[214] Diese ersten Maßnahmen waren nicht mehr als der berühmte Tropfen auf den heißen Stein. Etwas mehr als 1 000 Werkswohnungen stand 1950 eine Zahl von mehr als 200 000 Beschäftigten gegenüber.

Trotz wiederholter Versuche, den Wohnungsbau für die Wismut AG in größerem Umfang in den Volkswirtschaftsplänen zu verankern, tat sich bis Ende 1951 wenig. Erst nachdem sich die sozialen Proteste der Bergleute im Sommer 1951 während der Unruhen von Saalfeld entladen hatten, reagierte die SED-Führung, von der SKKD gedrängt, mit einer Mischung aus sozialen Maßnahmen und einer Verschärfung der Repressionen. Ende 1951 wurde schließlich ein größeres Wohnungsbauprogramm für die Bergbaukreise bewilligt. Entstehen sollten 5 000 Wohnungen und zahlreiche Sozialbauten.[215] Massenunterkünfte waren zwar auch weiterhin vonnöten, doch mit dem Rückgang der Beschäftigtenzahlen einerseits und dem Anlaufen erster größerer Wohnungsbauprogramme andererseits zeichnete sich eine rückläufige Belegung dieser Provisorien ab.

Am 1. Oktober 1952 schlossen die Wismut AG und das Ministerium für Aufbau einen Vertrag über den Bau von Wohnungs- und Kulturhäusern. Demgemäß gab die Wismut AG den Bau von 552 Wohnhäusern in Ronneburg, 355 in Schneeberg, 158 in Johanngeorgenstadt und 183 in Dresden in Auftrag. Außerdem sollten zehn neue Gemeinschaftsunterkünfte, mehrere Kindergärten, Kantinen, Bäder, Läden und Wäschereien aus dem Boden gestampft werden. Das Bauvolumen wurde mit ca. 34,5 Millionen Mark veranschlagt.[216] Nach dem 17. Juni 1953 stockte man die Mittel für dieses Sonderbauprogramm »Erzbergbau« weiter auf. Ende 1953 richtete dann auch die Wismut AG Arbeiterwohnungsbaugenossenschaften (AWGs) ein. Nach drei Jahren gehörten den insgesamt 24 Genossenschaften 2 350 Bergleute an.

Sonderjustiz

Der Tiefstand der wirtschaftlichen Entwicklung im Frühjahr/Sommer 1947 korrespondierte in der gesamten SBZ mit einem Anstieg der Kriminalität jeder Art. Ein Großteil der Straftaten, wie Lebensmittel-, Kohlen- und Holzdiebstähle, wurde in dieser Zeit aus der Not heraus begangen. Eine Abnahme der Kriminalität konnte die SMA/Sachsen erstmals ab Ende 1948 konstatieren, allerdings mit Ausnahme der Landkreise Aue und Schneeberg. Dort hatte die Tätigkeit der Wismut AG zu vielfältigen unerwünschten Nebenwirkungen geführt. In großer Zahl kamen »Zugvögel und Gauner« in die Bergbaukreise. Die Rechtsabteilung der SMA/Sachsen hielt dazu fest: »Daher auch die dort gestiegenen Fälle von Unterschlagungen, Aneignungen von Kleidungsstücken, Diebstählen usw. Hohe Löhne haben bei einem bestimmten Teil der Werktätigen zum Alkoholmissbrauch beigetragen, was eine Vielzahl von Alltagsverbrechen verursachte.«[217] Die massenhafte Zuwanderung von Zwangsverpflichteten und Freiwilligen führte dabei nicht a priori zu steigender Kriminalität. Verantwortlich dafür waren in erster Linie die Bedingungen der Zuwanderung.

Auch in den folgenden Jahren blieb aus Sicht der Rechtsabteilung der SMA/Sachsen die Lage in den Bergbaukreisen kritisch. Während für Sachsen im Allgemeinen ein Rückgang der Kriminalität verzeichnet werden konnte, hoben sich die Bergbaukreise davon negativ ab. Gegenüber dem zweiten Halbjahr 1948 nahm die Zahl der aktenkundigen Diebstähle 1949 im Gebiet um Zwickau um 34 Prozent und um Chemnitz sogar um 88 Prozent zu.[218] Besonders besorgt zeigte sich die Rechtsabteilung der SMA/Sachsen über die ansteigende Zahl der Widerstandsleistungen gegen die Staatsgewalt. Ihre Empfehlungen an die deutsche Justiz waren eindeutig: U. a. sollten die »aufklärende Massenarbeit« verbessert, Widerstand gegen die Staatsgewalt energischer geahndet und Schauprozesse durchgeführt werden. Die aus Sicht der Besatzungsmacht schwersten Fälle verhandelte sie selbst. Dabei wurden unter dem Begriff »Kriminalität« auch oppositionelle politische Haltungen und Handlungen eingestuft. Selbst arbeitsrechtliche Streitigkeiten konnten kriminalisiert werden. Die Spannweite möglicher Repressionen war breit gefächert. Sie reichte von Lohnabschlägen über Einweisung in ein Arbeitslager bis zu langjährigen Haftstrafen für oppositionelles Verhalten und Todesstrafen für angebliche Spionage in schweren Fällen.

Angesichts der oft willkürlichen Herrschaft der Schachtleitungen versuchten viele Zwangsvermittelte, von der Wismut AG zu fliehen. Dies konnte bereits als kriminelles Delikt und Verstoß gegen das Besatzungsregime ausgelegt werden. Die Rechtsgrundlage für die strafrechtliche Verfolgung von vertragsbrüchigen Arbeitern stellte der Kontrollratsbefehl Nr. 3, Ziffern 19 und 20, dar. Dazu hatte die Deutsche Verwaltung des Innern am 11. Juni 1948 detaillierte Richtlinien zur Fahndung nach flüchtigen Bergarbeitern erlassen.[219]

Sofern die Bergpolizei feststellte, dass ein flüchtiger Bergarbeiter Eigentum der Wismut AG unterschlagen hatte, erfolgte eine Meldung an das Kriminalamt Zwickau. Von dort ging die Information an das Landeskriminalamt des Landes, in dem der flüchtige Bergarbeiter seinen letzten Wohnsitz hatte. Die zuständigen Polizeidienststellen leiteten sodann Ermittlungen über den Verbleib des Betreffenden ein. Konnte der flüchtige Bergmann nicht innerhalb von drei Tagen gefunden werden, kam es zur Auslösung einer Dauerfahndung und Einschreibung ins Zonenfahndungsbuch.

Wie viele der flüchtigen Bergleute die zuständigen Stellen wieder aufgriffen, ist nicht zu ermitteln. In die Fahndungsbücher wurden immerhin einige tausend Namen aufgenommen. Die deutschen Gerichte scheinen, wenn überhaupt, so nur widerwillig gegen »vertragsbrüchige« Wismut-Arbeiter vorgegangen zu sein, da es vielfach die Wismut AG selbst war, die ihre Verpflichtungen gegenüber den Arbeitern nicht eingehalten hatte. Bekannt sind einige Urteile. So hat das Amtsgericht Salzwedel Anfang 1948 sieben Wismut-Arbeiter verurteilt, obwohl die Betreffenden ihre auf sechs Monate begrenzte Zwangsverpflichtung bereits abgeleistet hatten.[220] Unter der Drohung, in ein sowjetisches Gefängnis zu wandern, waren sie von ihrem Schachtleiter zur Verlängerung ihrer Kontrakte gezwungen worden. Die Bergleute nutzten daraufhin die erstbeste Gelegenheit zur Flucht und kehrten in ihre Heimatkreise zurück. Sie waren sich ihrerseits keines Rechtsbruches bewusst. Dennoch wurden sie vom Amtsgericht Salzwedel wegen Verstoßes gegen das Kontrollratsgesetz Nr. 3 verurteilt. Das stieß selbst in der DWK auf Kritik.

Trotz weiterer sehr harter Urteile war die Generaldirektion der Wismut AG mit dem, ihrer Meinung nach, zu nachsichtigen Vorgehen der deutschen Behörden und Gerichte gegen vertragsbrüchige Arbeiter unzufrieden.[221] Sie drängte deshalb auf zusätzliche gesetzliche Regelungen, was 1949 zu einem Vertrag zwischen der sächsischen Landesregierung und der Wismut AG führte. Die DWK versuchte vergeblich, diesen Tendenzen der Ausbildung einer eigenen Gerichtsbarkeit in den Bergbaukreisen entgegenzuwirken.

In einer Reihe von Fällen wurden vertragsbrüchige Arbeiter nicht an die deutsche Justiz übergeben, sondern von der Wismut AG intern bestraft. In schlimmen Fällen bedeutete dies ein Verfahren vor einem sowjetischen Militärtribunal.

Das Sowjetische Militärtribunal (SMT)

Die Wismut AG verfügte als ein zur sowjetischen Atomindustrie gehörender Betrieb von Beginn an über einen großen eigenen Sicherheitsapparat und eine eigene Strafjustiz. Seit 1947 existierte in Siegmar-Schönau ein Sowjetisches Militärtribunal (SMT) für die Wismut AG. Militärtribunale gab es von 1945 bis 1955 in der gesamten SBZ/DDR. Ihre Bildung beruhte auf Artikel 8 der sowjetischen Militärgerichtsordnung von 1926. Dieser erlaubte die Rechtsprechung von Militärgerichten »in Gebieten, in denen infolge außergewöhnlicher Umstände keine ordentlichen Gerichte funktionieren.«[222] Die Tribunale bestanden in der Regel aus einem Militärrichter als Vorsitzendem und zwei Militärschöffen als Beisitzer.

Die sowjetischen Sicherheitsorgane konnten sich auf alliierte Vereinbarungen berufen, die die Strafverfolgung von NS-Verbrechern und die Sicherung des Besatzungsregimes gewährleisten sollten. Allerdings blieb es in der SBZ nicht bei diesen Zielsetzungen. Neben der Verfolgung von »Nazi- und Kriegsverbrechern« sowie der Ahndung von Verstößen gegen das Besatzungsregime wurden vor den Sowjetischen Militärtribunalen auch kriminelle Vergehen und »konterrevolutionäre Verbrechen« verhandelt. In den ersten Monaten ihrer Tätigkeit verurteilten die SMT hauptsächlich Personen, die während der NS-Diktatur Verbrechen begangen hatten oder aktive Funktionsträger gewesen waren. Ab Herbst 1947 verschob sich der Schwerpunkt der Arbeit der SMT eindeutig in Richtung politischer Hintergründe. Mit drakonischer Bestrafung musste jeder rechnen, der sich dem eingeschlagenen Kurs der gesellschaftlichen Transformation in der SBZ widersetzte.

Die Vernehmung der Festgenommenen erfolgte in den Untersuchungsgefängnissen des NKWD. Die Verhöre fanden hauptsächlich nachts statt. Die Gefangenen wurden dabei verschiedensten körperlichen und seelischen Torturen ausgesetzt. Das Vernehmungsprotokoll in russischer Sprache unterschrieben die meisten gedemütigten und geschwächten Gefangenen, ohne den Inhalt des Dokuments zu kennen. Die Grundlage für die »Rechtsprechung« der SMT bildete zumeist der Paragraph 58 des Strafgesetzbuches der UdSSR, der sich auf »konterrevolutionäre Verbrechen« bezog.[223] Die Tribunale arbeiteten im Schnellverfahren und verhängten in nichtöffentlicher Sitzung in vielen Fällen überhöhte Urteile. Häufig beruhte die Anklage ausschließlich auf dem (erpressten) Geständnis der Inhaftierten. Entlastungszeugen waren nicht zugelassen, selbst die Anwesenheit eines Verteidigers wurde nur in seltenen Fällen gestattet. Unter diesen Umständen hatten die Beschuldigten kaum Chancen, einer Verurteilung zu entgehen. Die Zahl der von den SMT verurteilten Deutschen wird auf 40 000 bis 50 000 geschätzt.[224] Ab 1948 wies man alle zu Strafen über 15 Jahren Verurteilten in das Speziallager Bautzen ein. Nicht genau zu ermitteln ist die Zahl der SMT-Verurteilten, die aus der SBZ in die Sowjetunion deportiert wurden und in ein Lager bei Workuta kamen.

Die hier nur knapp skizzierte Vorgehensweise der Sowjetischen Militärtribunale war auch für die Uranbergbauregion typisch. Allerdings scheinen die dortigen SMT härter vorgegangen zu sein als in der übrigen SBZ. Bisher kann von ca. 1 500 SMT-Urteilen gegen Wismut-Bergleute bzw. Wismut-Mitarbeiter ausgegangen werden. Dabei handelte es sich kaum um NS-Vergehen, sondern ganz überwiegend um Fälle von Alltagskriminalität und »konterrevolutionäre Verbrechen«.

Soweit es sich bisher beurteilen lässt, wurden vor allem die aus Sicht der Besatzungsmacht schweren Fälle (bei aller Fragwürdigkeit dieser Einstufungen), insbesondere Erzdiebstahl, vor das SMT der Wismut AG gebracht. In mehr als der Hälfte der Fälle beruhte die Anklage auf dem Vorwurf des Diebstahls. Dies war ungewöhnlich und wich von der üblichen Praxis der SMT in der SBZ ab. Eine Erklärung dafür bietet die hohe Zahl von Vertragsbrüchigen. Wenn zum Beispiel ein Zwangsvermittelter in Arbeitsbekleidung flüchtete, galt er als Dieb, da er die Bekleidung von der Wismut AG erhalten hatte. Die sowjetische Direktion versuchte, die in den ersten Jahren außerordentlich hohe Zahl von Vertragsbrüchen durch harte Strafen einzudämmen. Offensichtlich sollte davon eine abschreckende Wirkung auf fluchtwillige Bergleute ausgehen.

An zweiter Stelle bei den Verurteilungen durch das SMT standen »politische Straftaten«, hauptsächlich Spionage, Sabotage, »Zersetzung« und Streikversuche. Nicht selten beruhten die Urteile auf absurden Vorwürfen und erpressten Selbstbezichtigungen. So erklärte der Häuer Gerhard Fieker dem Gericht, dass er Aussagen über seine Verbindungen zu ausländischen Geheimdiensten selbst erfunden habe.[225] Tatsächlich hatte er den mangelhaften Arbeitsschutz kritisiert und darüber dem amerikanischen Nachrichtensender RIAS in Westberlin Auskunft gegeben. Das SMT ließ sich davon nicht beeindrucken und verurteilte ihn und den Geologen Axel Weidenberg im Frühjahr 1951 wegen Spionage sowie Nachrichtensammelns über die Bewegungen der sowjetischen Streitkräfte in Deutschland zum Tode. Die Urteile wurden am 1. November 1951 vollstreckt. Ein dritter Angeklagter, Hans Gerd Kirsche, wurde zu 25-jähriger Haft in der Sowjetunion verurteilt. Er kam am 1. August 1953 in Workuta bei einem Gefangenenaufstand ums Leben.[226] Es ist zu vermuten, dass auch noch gegen andere Wismut-Bergleute Todesurteile ausgesprochen und vollstreckt worden sind. Ebenfalls nicht genau bekannt ist die Zahl der zu langjährigen Haftstrafen verurteilten Bergleute.[227]

Der Fall des Bergmannes Ludwig Hecker belegt, dass sich die Aktivitäten der Geheimpolizei und des SMT nicht zuletzt auf die Unterdrückung jeder Art von Arbeiteropposition richteten. Aus seinem Lebensbericht soll eine längere Passage zitiert werden, die keines weiteren Kommentars bedarf: »Am Monatsende haben die die Gesteinskategorie einfach heruntergesetzt, also rückwirkend. Wir hatten Nachtschicht und waren im Kompressorhaus, ehe wir eingefahren sind und haben dort das Ding erfahren. Da hieß es: ›Na, Menschenskind, was hat es denn überhaupt noch für einen Sinn, wenn die hinterher die Verträge kündigen, wo der Monat schon ’rum ist. Da hat es doch überhaupt keinen Sinn mehr, dass man überhaupt noch etwas macht!‹ Da kam die Meinung auf ›Nun, wisst Ihr was, da müssen wir mal streiken. Da nützt nun alles nichts, da müssen wir mal die Zähne zeigen.‹ Da hab ich gesagt: ›Machen wir die Sache perfekt? Fahren wir heute Nacht nicht ein?‹«

Die Bergleute legten die Arbeit nieder und beschwerten sich über die schlechte Arbeitsorganisation und die hohen Unfallrisiken. Man sicherte ihnen eine Prüfung ihrer Beschwerden zu. Anschließend holten sie die durch die Arbeitsniederlegung bedingte Fehlschicht nach. Doch damit war für die Schachtleitung die Angelegenheit noch nicht erledigt, wie Ludwig Hecker erfahren musste: »Eines schönen Tages, es war in der Nachtschicht, kommt der Weißbach, Heinz, von der Bergpolizei wieder, weckte mich zu Hause und sagt zu mir: ›Du, ich soll dich nach Bärenstein bringen, zur Vernehmung [...].‹ Dann ging das Übliche los. Einzelhaft, Vernehmungen nur nachts. ›Wer hat dich aufgefordert, zu streiken?‹ Ich sagte: ›Niemand.‹ Er sagte: ›Du Arschloch, Gecker, du Arschloch! Wo in Deutschland wurde gestreikt? Hast du dir noch geschissen in die Hose. Woher weißt du, wie gemacht wird eine Streik?‹ [...] Dann sagte er zu mir: ›So. Ich gehe jetzt in Urlaub. Wir sehen uns nicht wieder. Wenn ich wiederkomme, bist du nicht mehr da. Du gehst jetzt zur Verurteilung.‹ Ich sagte: ›Herr Major, nun sagen Sie mir doch bitte mal, was kriege ich denn überhaupt? Nach deutscher Rechtsprechung dürfte ich überhaupt nicht hier sein!‹ Da sagte er zu mir: ›Was glaubst du? Bestraft wirst du.‹ Da sagte ich: ›Drei Monate, vier Monate?‹ ›Ach Gecker‹, sagte er, ›Du bist ein Arschloch. Wir rechnen nicht nach Monaten, wir rechnen nicht nach Jahren, wir rechnen nach Jahrzehnten. Bei uns werden Menschenschicksale entschieden!‹ Am 30. oder 31. Mai 1950 war die Verurteilung auf dem Kassberg. Zur Verurteilung haben sie mich in einen kleinen Raum hineingeführt. Da saß an dem Tisch ein Offizier als Richter, rechts und links ein Beisitzer und auf der anderen Seite ein Dolmetscher. Hinter mir an der Wand stand einer mit der Kalaschnikow. Der eine Beisitzer hat ein Buch gelesen, der andere war eingenickt. Die Verurteilung war eine Sache von zehn Minuten. Ich hatte keinen Rechtsanwalt. Da wurde mir noch einmal klipp und klar gelegt, dass ich Sabotage begangen habe und das ich wegen Sabotage verurteilt werde nach Paragraph soundso, Artikel sowieso. Das hat der alles so runtergeleiert, da war keine Beratung und gar nichts. Das Urteil stand lange fest, das hatten die schon mitgebracht. Und dann sagte er auf einmal: ›Zehn Jahre Arbeitslager.‹ Ich zählte bei denen immer noch als Minderbestrafter, mit diesen zehn Jahren.«[228]

Opfer politischer Repressionen oder juristischer Willkür erhielten nicht nur hohe Freiheitsstrafen, sondern wurden oft auch sämtlicher Vermögenswerte beraubt. So wurden die Habseligkeiten von drei durch ein SMT verurteilten Bergleuten im August 1948 an Vertreter der Wismut AG zur persönlichen Verwendung übergeben.[229] Penibel hat man die beschlagnahmten Möbelstücke, darunter Sessel, Tische, Uhren und Sofas, aufgelistet.

Arbeitslager und Bewährungsarbeiter

Für den Kohlenbergbau war bis 1945 ein autoritärer Führungsstil typisch gewesen. Man sprach daher vom »Grubenmilitarismus«. Harte Bestrafungen, bis hin zu Schlägen für geringfügige Arbeitsvergehen, gehörten zum Alltag der Bergleute in allen deutschen Kohlenrevieren. Dieses Betriebsregime geriet nach Kriegsende in die Krise, da das Leitungspersonal der Gruben durch die Entnazifizierung an Autorität verlor.

Die Wismut AG hatte solche Probleme nicht. Alle Leitungspositionen waren mit sowjetischen Fachleuten besetzt, deren Autorität vom deutschen Personal kaum in Zweifel gezogen werden konnte. Weitaus schwieriger schien es hingegen, die zum größten Teil völlig unerfahrene und anfangs auch unwillige Belegschaft zu »disziplinieren«. Von Beginn an setzten die sowjetischen Schachtleiter daher auf eine Kombination aus Leistungsanreizen und Strafen. Zum Strafsystem gehörten der Entzug des zusätzlichen warmen Mittagessens bei Nichterfüllung der Norm, die Verweigerung von Urlaub, Lohn- und Prämienkürzungen sowie die zeitweilige Einweisung von Bergleuten in Arbeitslager. In Zeitzeugenberichten aus den Jahren 1946 bis 1949 ist auch von »Strafschächten« die Rede. Bisweilen wurde im Volksmund von »KZ-Schächten« oder »Todesminen« gesprochen.[230] Solche Begriffe entsprachen nicht der Realität. Es gab keine Schächte, in denen undisziplinierte Bergleute misshandelt oder gar gezielt tödlichen Risiken ausgesetzt wurden, wohl aber Schächte, in denen besonders schlechte Arbeitsbedingungen herrschten wie im Schacht »Siebenschlehen« am Filzteich bei Schneeberg. Dort wurde kurzzeitig besonders uranhaltige Pechblende gefördert. Kein Bergmann sollte mehr als zwölf Schichten in dieser Mine arbeiten, da die radioaktive Belastung von der Schachtleitung als außerordentlich hoch eingeschätzt wurde.[231]

Die Einweisung in ein Arbeitslager konnte bei groben Verstößen gegen die Arbeitsdisziplin oder aufgrund »krimineller Delikte« erfolgen.[232] In letzterem Fall entging der Delinquent meist einer höheren Gefängnisstrafe. Die Einrichtung von Arbeitslagern kann als Versuch angesehen werden, sowjetische Verhältnisse auf die SBZ zu übertragen. Dabei ist allerdings zu beachten, dass diese brutale Form der Disziplinierung der Belegschaft nur kurzzeitig betrieben wurde.

Die Arbeitslager gehörten in den Verantwortungsbereich der sächsischen Justiz.[233] Angesichts hoher Kriminalitätsraten, überfüllter Haftanstalten und großer personeller Probleme im Justizapparat drängten sowohl das Innen- als auch das Justizministerium ab 1948 auf einen neuen Umgang mit der so genannten Kleinkriminalität. »Es sollen so viel wie möglich Arbeitslager geschaffen werden. Nur die unverbesserlichen, wirklich kriminellen und asozialen Elemente und Schwerverbrecher sollen in Anstalten isoliert werden.«[234] Mit sozialpädagogischen Argumenten versuchte die sächsische Justiz die Einrichtung eines Arbeitslagers für straffällige Bergleute in Aue zu rechtfertigen, das mehrere Außenstellen unterhielt.[235] Im Herbst 1949 waren dort 270 Strafgefangene beschäftigt. Ihr Zahl sollte innerhalb kurzer Zeit auf 600 steigen. Wie lange dieses Arbeitslager existierte und wie viele Bergleute dort arbeiten mussten, konnte bisher nicht geklärt werden.

Der Uranbergbau schien geradezu prädestiniert für den Einsatz von Strafgefangenen aus deutschen Haftanstalten. Trotzdem kam es nicht dazu. Am 1. September 1947 hatten die Deutsche Justizverwaltung und die DZVAS eine gemeinsame Richtlinie über die »Arbeitsverwendung von zu Freiheitsstrafen verurteilten Personen« herausgegeben.[236] Einschränkungen für den Arbeitseinsatz von Häftlingen gab es nicht. Den Einsatzort für die »Bewährungsarbeiter« (»B-Arbeiter«) hatten die Arbeitsämter festzulegen. Ihre Bewachung oblag der Volkspolizei. Rein formal waren diese Arbeiter in allen tariflichen Fragen den freien Arbeitern gleichgestellt.

Die Personalverwaltung der Wismut AG lehnte den Einsatz von »B-Arbeitern« allerdings ab. Während in anderen Großbetrieben sowie beim Talsperrenbau in Sosa und bei der Reichsbahn Strafgefangene Verwendung fanden, blieb dies bei der Wismut AG die Ausnahme. Die einzelnen Bergbauobjekte, die Arbeitsämter und auch das sächsische Ministerium für Justiz hatten sich aus unterschiedlichen Gründen gegen den Einsatz von »B-Arbeitern« im Uranbergbau ausgesprochen. Nach Ansicht der deutschen Behörden erfüllte die Arbeit im Uranbergbau nicht die Kriterien für eine »Bewährungsarbeit«. Daher versuchten das Ministerium für Justiz und das Ministerium für Arbeit und Sozialfürsorge ab Mitte 1948, die Meldungen von Straftätern zum Uranbergbau zu unterbinden. Ihnen schien nach der Verbesserung der sozialen Standards im Uranbergbau eine Beschäftigung bei der Wismut AG eher ein Privileg denn eine Strafe zu sein. Der Hauptgrund für die Zurückhaltung der Arbeitsämter bei der Vermittlung von »Bewährungsarbeitern« zur Wismut AG dürfte wohl in der Furcht bestanden haben, die laufenden Werbekampagnen für den Uranbergbau würden diskreditiert.[237] Bedenken gegen den Einsatz von »Bewährungsarbeitern« gab es im Übrigen auch bei der sowjetischen Generaldirektion.

Diese internen Überlegungen waren allerdings bei einigen Gerichten nicht bekannt, und auch einzelne Objektleiter der Wismut AG hielten sich nicht an solche Vorgaben. Kurzzeitig entbrannte daraufhin ein Konflikt zwischen dem Ministerium für Arbeit und der Wismut AG. Das Ministerium verfügte Ende Juni 1950, dass keine »Bewährungsarbeiter« mehr bei der Wismut AG eingesetzt werden dürfen. Allerdings war es kaum in der Lage, diesen Beschluss gegenüber einzelnen Objektleitern der Wismut AG auch durchzusetzen. Diese hielten Straffällige einfach zurück. Außerdem erreichten das Ministerium der Justiz Klagen, dass bereits verurteilte Straftäter den Uranbergbau als Unterschlupf nutzten.[238] Sie versuchten ihrer Strafe zu entgehen, indem sie sich freiwillig zum Uranbergbau meldeten. Stellten sie dort Leistungsbereitschaft unter Beweis und standen in der Gunst ihrer sowjetischen Vorgesetzten, so konnten sie darauf bauen, dass die Objektleiter sie vor einem Zugriff der Strafverfolgungsbehörden bewahrten.

Erzdiebe

Große Probleme bereitete der Direktion der Wismut AG die Zunahme von Erzdiebstählen. Im März 1950 erließ Generaldirektor Malzew daher einen Geheimbefehl »über den unzureichenden Sicherheitsstandard in den Schächten und die Verschärfung der Maßnahmen zum Kampf gegen den Diebstahl von Erz, Sprengmitteln und Baumaterialien«.[239] Demgemäß wurden auf allen Schächten und an allen Zugängen rund um die Uhr besetzte Polizeiposten eingerichtet, die alle Arbeiter beim Ausgang zu kontrollieren hatten, alle Förderschächte mit Apparaturen ausgestattet, um unter der Kleidung verstecktes Erz aufspüren zu können, und die Benutzung geschlossener Tragebehälter auf dem

Schachtgelände verboten. Außerdem sollten bis Mitte August 1950 alle Deutschen entlassen werden, die sich freiwillig zur Wismut AG gemeldet hatten und ohne Zustimmung des Chefs der Truppen des Ministeriums für Staatssicherheit der UdSSR in Deutschland angestellt worden waren.

Längere Zeit war unter Juristen strittig, welche Maßstäbe man im Falle von Erzdiebstahl anlegen sollte. War dies ein Diebstahldelikt oder ein »Wirtschaftsverbrechen«? Die Bergbaustaatsanwaltschaft in Chemnitz drängte darauf, Erzdiebe als Spione oder Saboteure anzusehen. Entsprechend hoch fiel das Strafmaß aus.[240] Einzelne Urteile gingen selbst dem Präsidenten des Obersten Gerichts der DDR zu weit. Er kritisierte, »dass der notwendige Schutz des Wismut-Bergbaus in der DDR durch die Sicherheits- und Straforgane nicht immer im Rahmen der strengen Gesetzlichkeit geübt wird.«[241] Er warnte davor, Wirtschaftsverbrechen zu konstruieren, nur weil es sich um Uranerz handelte.

Die Verschärfung des Sicherheitsregimes und abschreckende Strafen gegen »Erzdiebe« verfehlten ihre Wirkungen nicht. Der »Erzhandel« kam schließlich Mitte der fünfziger Jahre weitgehend zum Erliegen.

Außer auf »Erzdiebe« machten NKWD und Bergpolizei Jagd auf tatsächliche und vermeintliche »Spione« und »Saboteure«. Zwischen 1947 und 1949 wurden monatlich sieben bis acht Personen überführt, die zugaben, für westliche Dienste tätig gewesen zu sein.[242] Wahrscheinlich verzeichnete die Bergpolizei unter dem Kommando von Schudy größere Erfolge bei der Spionageabwehr als der sowjetische Geheimdienst. Ein Informant des Ostbüros der SPD gab für das erste Halbjahr 1948 53 Festnahmen, für das zweite Halbjahr 1948 92 und für den Zeitraum von Januar bis August 1949 bereits 167 Festnahmen von »Saboteuren« und »Spionen« durch die Bergpolizei an.[243] Der Leiter der Bergpolizei, Schudy, gab nach seiner Flucht in den Westen zu Protokoll, dass Verhaftungen bereits bei geringsten Verdachtsmomenten erfolgten. Geständnisse wurden größtenteils erpresst, Unschuldige nicht selten zu langen Haftstrafen verurteilt.

Den tatsächlichen Verstößen gegen die Sicherheitsvorschriften der Wismut AG und bewussten Spionagehandlungen stand eine Vielzahl von »Sabotagefällen« gegenüber. Oft handelte es sich dabei um Störungen des Betriebsregimes, denen keine politischen Motive zugrunde lagen. Dennoch wurden durch menschliches Versagen verursachte Produktionsausfälle kriminalisiert. Die Verantwortlichen konnten damit die Nichterfüllung der Produktionspläne auf »Störaktionen des Klassenfeindes« abwälzen.

Wiederholt wurden deutsche Arbeiter und Ingenieure der »Sabotage« beschuldigt, obwohl die Verantwortung für Unfälle und damit verbundene Produktionsausfälle bei sowjetischen Ingenieuren, Steigern oder Schachtleitern lag. In mehreren Fällen bezahlten unschuldige Bergleute für die Versäumnisse ihrer Vorgesetzten mit ihrem Leben oder wurden als »Saboteure« zu hohen Haftstrafen verurteilt.

Eine Vielzahl von Verfahren führten die zuständigen Stellen gegen leitende Mitarbeiter, Steiger und Bergleute der Wismut AG, denen man »Wirtschaftssabotage« vorwarf. In Einzelfällen reichte selbst die Nichterfüllung von Produktionsplänen aus, um gegen Schachtleiter oder Steiger Haftstrafen zu verhängen. So wurden im Juli 1955 sieben Wismut-Mitarbeiter wegen »Wirtschaftsspionage« zu hohen Gefängnisstrafen, in einem Fall lebenslänglich, verurteilt.[244]

Die Ausbildung einer gesonderten deutschen Rechtsprechung

Angesichts der Allmacht der Besatzungsbehörden und der Sonderstellung der Wismut AG hatte es die sächsische Justiz schwer, sich in den Bergbaukreisen Geltung zu verschaffen. Aus Sicht der Besatzungsmacht brisante Fälle wurden, wie geschildert, vor dem SMT verhandelt. Kleinere Kriminaldelikte leiteten die sowjetischen Stellen immer öfter an die deutschen Behörden weiter. Diesen fehlten allerdings die personellen und materiellen Voraussetzungen. Mehrfach richtete das Amtsgericht von Chemnitz, Abteilung C, »Alarmrufe« an das sächsische Justizministerium.

Um der Kriminalität im Bergbaurevier Einhalt zu gebieten, setzte das Amtsgericht Chemnitz auf verhältnismäßig niedrige, aber sofort zu vollstreckende Haftstrafen. Das führte dazu, dass die Gefängnisse innerhalb weniger Monate überfüllt waren und die weitere Strafvollstreckung ins Stocken geriet. »Die daraus resultierenden Folgen sind nicht zu überblicken. Bereits jetzt wirkt es lächerlich, wenn die Polizei, teilweise sogar zu Fuß, umherzieht und doch nirgends die Verhafteten abgenommen bekommt [...]. Mit jedem Monat steigt die Zahl der zu vollstreckenden Strafen um Hunderte und der gesamte Polizei- und Justizapparat wird illusorisch, wenn die Strafen nicht mehr realisiert werden können.«[245]

Weil sich die harte Linie des Amtsgerichtes Chemnitz nicht durchsetzen ließ, gab das sächsische Justizministerium die Weisung heraus, auf geringfügige Straftaten gegebenenfalls mit einer Umwandlung der Freiheits- in eine Geldstrafe zu reagieren und dies mit der Wismut AG abzustimmen.[246] Außerdem empfahl das Ministerium, straffällige Bergleute nach Möglichkeit zu »Bewährungsarbeit« im Bergbau zu verpflichten.[247] Damit gaben die Justizbehörden ihre Verantwortung letztendlich an die Wismut AG ab. Dort sollten die Schacht- und Personalleiter entscheiden, wie die straffälligen Bergleute zu behandeln waren.

Mit all diesen Maßnahmen konnten bestenfalls die akuten Probleme im Strafvollzug gelöst werden. Auf längere Sicht taugten sie nicht. Daher regte Generalmajor Malzew am 1. Februar 1949 in einem Schreiben an den Chef der SMA/Sachsen die Bildung einer selbstständigen Justiz und Staatsanwaltschaft in den Bergbaukreisen an – »aufgrund der starken Konzentration der deutschen Bevölkerung an den Standorten des Erzbergbaus, infolge sehr zahlreicher Entwendung von Arbeitsbekleidung, Holzmaterial, Kohle und Kartoffeln sowie der Desertion von zur Arbeit im Bergbau Verpflichteten, deren Straftaten deutscher Gerichtsbarkeit unterliegen«[248]. Bereits die Wortwahl in dem Schreiben war bemerkenswert. Die massenhafte Flucht von Bergleuten wurde mit dem militärischen Begriff der »Desertion« beschrieben. Selbst wenn man nur eines kleinen Teils der Geflohenen habhaft werden konnte, so bedeutete dies die Einleitung von Hunderten Gerichtsverfahren. Öffentlich geführte Verhandlungen, so die Überlegung der Generaldirektion, schadeten dem Ansehen der Wismut AG und erlaubten unerwünschte Einblicke in die Organisation ihrer als streng geheim eingestuften Arbeit. Also benötigte man in den Bergbaukreisen eine eigene, von der Außenwelt abgeschirmte deutsche Justiz.

Die SMA/Sachsen griff den Vorschlag von Generalmajor Malzew umgehend auf und »empfahl« dem sächsischen Justizministerium die Einrichtung einer gesonderten Abteilung »Bergbau« beim Amtsgericht Chemnitz. Das Justizministerium erließ daraufhin am 26. Februar 1949 eine entsprechende Anordnung.[249] Der Abteilung »Bergbau« wurde die »Erledigung aller Strafsachen aus den Bezirken der Amtsgerichte Annaberg, Aue, Brand-Erbisdorf, Chemnitz, Marienberg, Schneeberg und Schwarzenberg« übertragen. Ab März 1950 kamen dann noch die Amtsgerichtsbezirke Augustusburg, Limbach, Stollberg und Zwickau hinzu. Streitfälle aus dem Bereich des Arbeitsrechtes wurden ebenfalls einer gesonderten Gerichtsbarkeit unterworfen. Zwar hatte die Direktion der Wismut AG wiederholt beteuert, dass auch im Bergbaugebiet deutsche Gesetze Gültigkeit besäßen, die Objektverwaltungen hielten sich jedoch kaum an solche Versprechungen. Bis zur Gründung der DDR fühlte sich die juristische Abteilung der Wismut AG nicht verpflichtet, vor deutschen Arbeitsgerichten zur Verhandlung einer Rechtsstreitigkeit zu erscheinen.[250] Kam es zu Rechtsstreitigkeiten zwischen einzelnen Objekten der Wismut AG und deutschen Behörden oder Betrieben, so scheute sich die Wismut AG nicht, die mit dem Verfahren befassten Richter unter Druck zu setzen.[251] Die Objektleiter der Wismut AG beriefen sich auf die Befehle der Generaldirektion und erkannten Entscheidungen deutscher Arbeitsgerichte nicht an. Das sächsische Justizministerium empfahl deshalb notgedrungen im Frühjahr 1949, alle Arbeitsstreitigkeiten mit der Wismut AG bis zum Zustandekommen einer Regelung ruhen zu lassen. Die seit der Gründung des Unternehmens praktizierte Willkür bei der Auslegung von Arbeitsverträgen wurde damit geradezu sanktioniert.

Unterdessen bemühte sich die DWK um eine Klärung bei der SMAD. Dabei griffen die Vertreter der DWK einen Vorschlag des sächsischen Ministeriums für Arbeit und Sozialfürsorge auf, demzufolge für arbeitsrechtliche Angelegenheiten der Wismut AG eine spezielle Kammer beim Amtsgericht Chemnitz eingerichtet werden sollte. Die Beisitzer für diese Kammer sollten ausschließlich von der Wismut AG benannt werden. Dieser Vorschlag wurde schließlich von der Abteilung Arbeitskräfte der SMAD unterstützt.[252] Die Direktion der Wismut AG sah sich jedoch erst nach Gründung der DDR genötigt, zu den Vorschlägen Stellung zu nehmen. So führte Generalmajor Malzew am 3. Dezember 1949 ein erstes Gespräch mit Vertretern des sächsischen Ministeriums für Arbeit und Sozialwesen.[253] Gegenstand der Unterredung waren die Eingliederung der Arbeitsinspektion der Wismut AG in die Arbeitsinspektion der Landesregierung und die Einrichtung besagter Kammer beim Arbeitsgericht Chemnitz zur Erledigung arbeitsrechtlicher Auseinandersetzungen mit der Wismut AG. Während der Verhandlungen lehnten die Vertreter der juristischen Abteilung der Wismut AG die Führung öffentlicher Gerichtsverhandlungen mit Hinweis auf die nötige Geheimhaltung kategorisch ab: »Vor allen Dingen bestünde die Gefahr, dass die Verhandlungsprotokolle in den Besitz oder zur Kenntnis von Personen kommen könnten, die sie zum Schaden der Sowjetunion ausnützen würden.«[254] Der Wismut-Jurist befürwortete vor allem aus diesem Grund die Bildung einer besonderen Kammer beim Amtsgericht Chemnitz. Daraufhin wurde am 14. Juli 1950 eine Vereinbarung zwischen dem sächsischen Ministerium für Arbeit und Sozialfürsorge und der Wismut AG geschlossen, die vorsah, ab dem 20. Juli 1950 alle arbeitsrechtlichen Streitigkeiten beim Amtsgericht Chemnitz zu verhandeln. Die Zuständigkeit sollte bei der neu einzurichtenden »Abteilung W«, ehemals 4. und 5. Kammer des Arbeitsgerichtes, liegen. Damit verfügte die Wismut AG letztendlich über eine eigene Arbeitsgerichtsbarkeit. Die »Abteilung W« arbeitete nämlich »vollkommen isoliert von den übrigen Abteilungen« des Amtsgerichtes. Die Berufung der Richter oblag dem Ministerium des Innern und der SKKD, die Ernennung der Beisitzer der Wismut AG und dem FDGB, wobei die Wismut AG zwei Drittel der Beisitzer stellte. Von den 34 im Jahr 1950 ernannten Beisitzern gehörten im Übrigen 33 der SED an. Alle Akten wurden zur »Geheimen Verschlusssache« erklärt, die juristische Abteilung der Wismut AG war berechtigt, sich beim Amtsgericht persönlich »von der Einhaltung aller vereinbarten Sicherheitsmaßnahmen zu überzeugen«.[255]

Nach Bildung der »Abteilung W« stieg die Zahl der arbeitsrechtlichen Klagen sprunghaft an. Zu den häufigsten Streitfragen gehörten die Feiertagsbezahlung, Urlaubsfragen, Fälle von Lohnpfändung, die Kündigung Schwerbeschädigter, die Nichteinhaltung von Kündigungsfristen sowie der Einbehalt von Personalpapieren. Die meisten Auseinandersetzungen endeten 1950 mit einem Vergleich. Nur in wenigen Fällen wurde ein Urteil gesprochen. So unbefriedigend die Einrichtung eines Gerichts, das sich in weitgehender Abhängigkeit von der Partei- und Gewerkschaftsleitung der Wismut AG befand, auch war, stellte dieser Zustand dennoch einen gewissen Fortschritt im Vergleich zu den vorangegangenen Jahren dar, in denen völlige Willkür herrschte. Erstmals hatten die Bergleute überhaupt eine Möglichkeit, gegen Entscheidungen ihrer Vorgesetzten zu klagen, freilich nur mit geringen Aussichten auf Erfolg.

Geradezu zwangsläufig rückte die Wismut AG Ende der vierziger Jahre in den Fokus der Ost-West-Konfrontation. Je mehr Menschen direkt oder indirekt in den Uranbergbau einbezogen waren, desto intensiver wurde über die Vorgänge bei der Wismut AG diskutiert. Vor allem in den ersten Jahren genoss das Unternehmen einen denkbar schlechten Ruf, was der Praxis der Zwangsverpflichtungen, den harten Arbeitsbedingungen und den sozialen Problemen im Erzgebirge geschuldet war. Die Direktion schien dies wenig zu kümmern. Generalmajor Malzew untersagte einfach jegliche Berichterstattung über den Uranbergbau. Anlässlich eines Gesprächs mit Vertretern der IG Bergbau Mitte 1947 forderte er ausdrücklich, »dass weder in Presse noch Versammlungen über Verhältnisse im Erzbergbau berichtet wird«[256]. Diese Order konnte jedoch nur wenige Monate durchgehalten werden. Die Wismut AG ließ sich nämlich nicht wie andere Betriebe des Atomkomplexes in den Weiten der Sowjetunion hermetisch abriegeln. Zum einen erforderte die Werbung von Freiwilligen ein Mindestmaß an Informationen, zum anderen mehrte sich ab Herbst 1947 in der Presse der Westzonen und Westberlins die Kritik am Uranbergbau in Sachsen. Die Besatzungsbehörden und die SED fühlten sich dadurch in die Defensive gedrängt und reagierten mit Propagandakampagnen. Meldungen über den »Erzbergbau« erschienen jetzt vornehmlich in der lokalen Presse und im offiziellen Blatt der Besatzungsmacht »Tägliche Rundschau«. Vereinzelt wurde auch im Rundfunk über den »Erzbergbau« berichtet.

Nicht nur die Presse in den Westzonen, sondern auch die in den USA druckte bereits kurz nach Beginn des Uranbergbaus im Erzgebirge die ersten Meldungen. Zu einer wahren Flut von Berichten kam es ab Sommer 1947, d. h. nach Beginn der ersten großen Welle von Zwangsverpflichtungen für die Wismut AG. Sie basierten ganz überwiegend auf Aussagen von Flüchtlingen, die in den sächsischen Uranminen gearbeitet hatten. Gut informiert waren vor allem sozialdemokratisch orientierte Zeitungen in Westberlin. Sie profitierten von der relativen Nähe zum Geschehen, den vergleichbar einfach zu passierenden Sektorengrenzen in der geteilten Stadt und nicht zuletzt von den beim Ostbüro der SPD eingehenden Informationen. Nach der doppelten deutschen Staatsgründung ebbte die Welle der Meldungen über die »Sklavenarbeit in der Zone« etwas ab. Mitte der fünfziger Jahre, also nach der Umwandlung der Wismut AG in die SDAG, verschwand das Thema schließlich weitgehend aus den Schlagzeilen.

Einen ersten Höhepunkt erreichte die »Presseschlacht« um den Uranbergbau im Herbst 1947. Vor dem Hintergrund des beginnenden Kalten Krieges nahm der Ton in den Medien beiderseits der Demarkationslinie immer schärfere Formen an. Ein Kulminationspunkt war erreicht, als der Vorsitzende der SPD, Kurt Schumacher, im September 1947 vor amerikanischen Gewerkschaftern von der »Sklavenarbeit im Uranbergbau« der SBZ sprach. Das Material für diese Rede hatte sich Schumacher vom Ostbüros seiner Partei zusammenstellen lassen.[257] Seine scharfe antistalinistische Polemik, insbesondere sein

Wort von den »Uransklaven«, traf den so in die Defensive gedrängten SED-Parteivorstand hart.

Am 12. November 1947 hatte Max Weber Gelegenheit, vor dem Parteivorstand zu sprechen. Anlass für diese Einladung war die besagte Rede Kurt Schumachers. Offenbar fürchtete der Parteivorstand der SED durch die SPD-Polemik gegen »Sklavenarbeit im Uranbergbau« einen nachhaltigen Gesichtsverlust im In- und Ausland. Hatte man nicht erst vor wenigen Monaten einen Parteibeauftragten für den sächsischen Erzbergbau eingesetzt? War es nicht im April/Mai gelungen, General Malzew im Hinblick auf die Gültigkeit des Bergarbeitertarifs zum Einlenken zu bewegen?

Vor diesem Hintergrund hing einiges davon ab, wie der Parteibeauftragte für den Erzbergbau, Max Weber, die aktuelle Entwicklung schildern würde. Weber war über die Veröffentlichungen in den Westzonen im Bilde. Er wies die Berichte vor dem Parteivorstand als »Teil der Hetze gegen unsere Zone«[258] zurück. Auf einen Zwischenruf von Pieck, wie es mit der von Schumacher so bezeichneten »Sklavenarbeit« stehe, antwortete Weber: »Wir dürfen wohl sagen, dass man bei keinem Erzbergarbeiter von Sklavenarbeit sprechen kann.« Auf eine weitere Frage von Pieck nach der Anzahl der Zwangsverpflichteten antwortete Weber: »Es sind keine kommandierten Arbeiter.« Er verwies auf ca. 4 000 Flüchtlinge, von denen angeblich 40 Prozent freiwillig eine Arbeit bei der Wismut aufgenommen hatten. Den Berichten der Arbeitsämter für 1947 war jedoch zu entnehmen, dass es mit Ausnahme eines kleinen Stamms erfahrener Bergleute in dieser Zeit keine Freiwilligen bei der Wismut AG gab.

Dass Weber aus einer Art Abwehrhaltung heraus argumentierte, kann nur vermutet werden. Jedenfalls vermochte er den Parteivorstand der SED zu beruhigen. Pieck schenkte den Berichten von Weber Glauben und gab am 13. November 1947 eine kurze Presseerklärung. In dieser bestritt er die Zwangseinweisungen in den Uranbergbau. Der sozialdemokratischen Presse war es ein Leichtes, diese Erklärung als unwahr bloßzustellen.

Während die westlichen Berichte über Zwangseinweisungen und die sozialen Zustände in den Bergbaukreisen größtenteils auf leicht überprüfbaren Angaben beruhten und weitgehend den Tatsachen entsprachen, griffen die Zeitungsmacher beim Thema Unfallgeschehen zumeist auf Gerüchte zurück. Damit verspielten sie zumindest einen Teil ihrer Glaubwürdigkeit. Für die Gegenpropaganda der SED war das ein gefundenes Fressen, konnten sie die Presse der Westzonen doch als »Lügenpresse« vorführen. Die »Neue Zeitung« aus Berlin berichtete am 1. November 1947 über einen Unfall bei der Wismut AG, bei dem am 22. Oktober 1947 angeblich 80 Bergleute den Tod gefunden hatten. Diese Meldung war allerdings frei erfunden.[259] Niemand wusste letztlich besser über die Unfallrisiken Bescheid als die Kumpel selbst. Je öfter sich die Unfallmeldungen in der Presse der Westzonen als »Enten« entpuppten, desto mehr schwand die Glaubwürdigkeit der betreffenden Zeitungen.

Alsbald hatte auch Max Weber Gelegenheit, seine Sicht der Dinge öffentlich kundzutun. Weil die Gerüchte über schwere Unfälle im sächsischen Uranbergbau nicht abrissen und von den Medien in den Westzonen ausführlich aufgegriffen wurden, übertrug man ihm die Gegenpropaganda in der ostzonalen Presse. In einem Interview Ende 1947 wies er Vermutungen über Bodeneinbrüche in Oberschlema ebenso zurück wie Meldungen über ein Bergwerksunglück: »Es ist eine Tatsache, dass im westsächsischen Erzbergbau sich seit 1945 kein Grubenunglück ereignet hat. Auch die Meldungen, dass in Oberschlema Bodeneinbrüche entstanden seien und viele Opfer gefordert hätten, sind völlig aus der Luft gegriffen.«[260] Im Bestreben, der »Schumacher-Propaganda« entgegenzutreten, verharmloste Weber die Probleme des Uranbergbaus. Was Schumacher sagte, das konnte, das durfte einfach nicht stimmen. Diese vom Kalten Krieg geprägte Auffassung sollte in den nächsten Jahrzehnten dominieren. Kritik am Uranbergbau bedeutete aus Sicht der SED-Führung Kritik an der Sowjetunion, und die war bekanntlich sakrosankt.

Charakteristisch für die Propagandaschlacht in Sachen Uranbergbau war das Ringen um die Dominanz bestimmter Begriffe. So hatte sich seit Beginn der massenhaften Zwangsrekrutierungen in der SBZ der Begriff »Aue« als Synonym für den Uranbergbau eingebürgert. Wer von »Aue« sprach, meinte zumeist Zwangseinweisungen, harte Arbeit, schlechte soziale Verhältnisse und Wohnungsnot. Da das Arbeitsamt Aue der zentrale Anlaufpunkt für alle Zwangsvermittelten war, galt der Ort bald als »Tor der Tränen«.

Die Propaganda der SED bemühte sich, der negativ belegten Metapher »Aue« einen anderen Begriff gegenüberzustellen. Ein Thüringer Arbeitsamt brachte dieses Ansinnen auf den Punkt: »Es steht die Frage, ob man dem Schreckensbegriff ›Aue‹ einen anderen Begriff auch in der Massenagitation entgegensetzen soll. Man sollte das Wort ›Aue‹ vermeiden und sollte stets nur vom Erzbergbau in Sachsen sprechen. Dem vom Klassengegner geprägten und bei der Bevölkerung Gruseln erregenden Aue-Begriff sollte der Begriff Erzbergbau-Sachsen entgegengesetzt werden mit einem vollkommen anderen Inhalt.«[261]

Nachdem sich die SED-Presse 1947 im Wesentlichen auf das Dementieren westlicher Meldungen beschränkt hatte, sollte sie ab 1948 die Kampagne zur Freiwilligenwerbung aktiv unterstützen. Dem dienten landesweit verbreitete Interviews mit Spitzenfunktionären, in denen vor allem die Verdienstchancen bei der Wismut AG hervorgehoben wurden. Der Vorsitzende der SED Sachsen, Otto Buchwitz, verwies besonders nachdrücklich auf monatliche Spitzenverdienste von 1 200 bis 1 300 Mark. Und der Präsident der DZVAS, Gustav Brack, wusste sogar von 1 630 Mark Spitzenlohn zu berichten.[262]

Im Zuge der offensiven Medienkampagne stellte die SED-Presse hauptsächlich folgende Punkte heraus: die überdurchschnittlichen Löhne im Erzbergbau, die zusätzliche Lebensmittelversorgung, das Prämiensystem, den Übergang von den Zwangsverpflichtungen zur Freiwilligenwerbung und das kulturelle Angebot. Nicht angesprochen wurde das Ausmaß des Uranbergbaus. Außerhalb jeder Kritik standen die Besatzungsmacht und das Sicherheitsregime bei der Wismut AG. Über die Verwendung des Urans und seine Verrechnung auf dem Reparationskonto wurde Stillschweigen bewahrt.

Nicht zu verleugnen war die schwierige soziale Lage in den Bergbaukreisen. Diesbezüglich beschränkte sich die Propaganda darauf, westliche Berichte als übertrieben darzustellen: »Das Material dazu liefern offenbar einige Arbeitsscheue, Arbeitsunlustige, die auf Abenteuer ausgehen und gewöhnlich auch Mein und Dein nicht unterscheiden.«[263]

Die Zeitungs- und Rundfunk-Affären 1948/49

Am 18. Januar 1948 erschien in der Gewerkschaftszeitung »Tribüne« ein Artikel über den Erzbergbau in Annaberg. Unter der Schlagzeile »172 Mark ausgezahlter Wochenlohn« wurden, basierend auf dem Erlebnisbericht eines Kumpels, die Arbeitsbedingungen und Sozialleistungen bei der Wismut AG als vorbildlich charakterisiert.

Im Bestreben, der westlichen Medienkampagne etwas entgegenzuhalten, hatte die »Tribüne« jedoch selbst aus Sicht der IG Bergbau den Bogen überspannt. Ihr Vorsitzender, Paul Lähne, kritisierte die Gewerkschaftszeitung für ihre Berichterstattung.[264] Lähne verlangte von der Redaktion, künftig für alle Veröffentlichungen über den Erzbergbau eine Genehmigung des Zentralvorstandes der IG Bergbau einzuholen. Der Chefredakteur der »Tribüne«, Fritz Apelt, wies dieses Ansinnen entrüstet zurück und beschwerte sich beim Parteivorstand der SED.[265] Auf Paul Merker konnte Apelt jedoch nicht bauen: »Du solltest nicht ohne weiteres das Verlangen des Vorstandes der IG Bergbau von der Hand weisen. Die Genossen handeln hier ohne Zweifel im Auftrage der Freunde, die für den Bergbau im Erzgebirge die Verantwortung tragen. Solche unbestätigten Notizen über den Bergbau können verschiedenartige nachteilige Wirkungen haben.«[266]

Damit waren die Machtverhältnisse klargestellt und die Grenzen für die Berichterstattung über den Uranbergbau gezogen. Künftig sollten Berichte über den Uranbergbau nur noch nach Vorzensur erscheinen. Diese Vorgabe war jedoch gegenüber den Medien in der SBZ nicht ohne weiteres einzulösen. Noch gab es genügend kritische Journalisten und Redakteure, die ihre Freiräume zu nutzen wussten. Dies sollte sich ein Jahr später, anlässlich der »Rundfunk-Affäre«, in aller Deutlichkeit zeigen.

Im Frühjahr 1949 sendete der Berliner Rundfunk eine Reportage über die Probleme der sächsischen Bergbaukreise. Unter anderem wurden die Praktiken der Arbeitsämter kritisiert, die noch immer mit Zwangsmethoden arbeiteten. Außerdem sprach der Korrespondent des Berliner Rundfunks die Verschleppung der Entnazifizierung bei der Wismut AG, die »falsche Personalpolitik« sowie die Vorverlegung des Sperrgebietes im Erzgebirge bis vor die Stadtgrenze von Chemnitz an.[267] Das alles war gut recherchiert.

Wenige Tage nach der Sendung sandte die Abteilung Massenagitation des Parteivorstandes der SED eine Information an Walter Ulbricht. Die Abteilung prangerte vor allem die »negative Berichterstattung« an.[268] Die Rundfunkmitarbeiter ließen die Vorwürfe nicht auf sich sitzen. Herbert Gessner antwortete dem Parteivorstand der SED mit einem langen Schreiben, in dem er detailliert die Praxis der Zwangsverpflichtungen schilderte und eidesstattliche Erklärungen von Bergleuten beifügte. Er schloss den Brief mit folgenden bemerkenswerten Feststellungen: »Ich werde im Berliner Rundfunk nicht die Unwahrheit über Aue verbreiten, dass es keine Zwangseinweisungen mehr gibt. [...] Im Übrigen scheint mir unser Versuch zu verbergen, dass in Aue Uran gefördert wird, reichlich naiv. Das weiß in der Zone jedes Schulkind.«[269] Gessners Brief, den Wilhelm Pieck gelesen haben muss, blieb nicht ohne Wirkung. Pieck verlangte nämlich, dass die »bedenklichen Anwerbungspraktiken« für den Uranbergbau im kleinen Sekretariat des Parteivorstandes behandelt werden.[270] Weitere direkte Nachwirkungen der »Rundfunk-Affäre« sind nicht überliefert.

Dennoch drängten die Wismut-Direktion und mit ihr die Parteileitung der SED in der Folgezeit auf eine größtmögliche Geheimhaltung in Bezug auf den Uranbergbau. Dies führte letztlich dazu, dass selbst trivialste Angaben, etwa über die Zahl der Krankenhausbetten in der Bergbauregion, wie Staatsgeheimnisse gehütet wurden. Zu einem neuerlichen Medieneklat kam es Anfang 1957. Die »Neue Berliner Illustrierte« hatte eine wohlwollende Reportage über den Arbeitsalltag von Wismut-Bergleuten veröffentlicht. Der Artikel enthielt auch Hinweise auf die Zahl der Beschäftigten und die geographische Lage einzelner Objekte der SDAG Wismut. Dies missbilligte die Generaldirektion scharf. Sogar das Politbüro der SED befasste sich mit dem Artikel. Gerade ins Machtzentrum aufgestiegen, erhielt Erich Honecker als nunmehr Verantwortlicher für die Sicherheitspolitik der SED Gelegenheit, sich mit diesem »Fall« zu profilieren. Er regte eine weitere Verschärfung der Geheimhaltungspraktiken bei der SDAG Wismut an.[271]

Die Aktivitäten des Ostbüros der SPD und westlicher Geheimdienste im Bergbaugebiet

Zu einer der wichtigsten Informationsquellen in Sachen Wismut für die westliche Seite avancierte das Ostbüro der SPD. Es wurde im Februar 1946 in Hannover als Betreuungsstelle für geflüchtete Sozialdemokraten sowie als Hilfsorgan für sozialdemokratische Gruppen in der SBZ gegründet.[272] Die Partei reagierte damit auf die Versuche der KPD, die SPD in der SBZ zu vereinnahmen. Neben erklärten Gegnern der Zwangsvereinigung setzten auch in die SED eingetretene Sozialdemokraten einige Hoffnungen in das Ostbüro und glaubten, mithilfe dieser Organisation bis zum Ende der deutschen Spaltung »überwintern« zu können.[273] Das Ostbüro baute einen Kurierdienst auf und belieferte die Genossen in der SBZ mit Propagandamaterialien und sozialdemokratischen Zeitungen.

Als die SED im Herbst 1947 eine Kampagne zur Bolschewisierung initiierte, gerieten viele ehemalige Sozialdemokraten unter Druck. Ihnen drohte im schlimmsten Fall die Verhaftung durch die Besatzungsbehörden. In den SED-internen Auseinandersetzungen avancierte der »Sozialdemokratismus« zum Feindbild schlechthin. In dieser Situation versuchte das Ostbüro, den von Repressalien bedrohten Sozialdemokraten Schützenhilfe zu geben, und organisierte, wenn nötig, ihre Flucht. Mit der Zeit entstand in der SBZ ein Netzwerk von sozialdemokratischen Untergrundgruppen, die sich als politische Kämpfer gegen das Unrechtsregime verstanden. Sie erhielten Propagandamaterial aus Hannover und sammelten Informationen, vorwiegend über die Zustände in Politik, Wirtschaft und Justiz in der SBZ. Die Grenzen zwischen widerständischem Verhalten und nachrichtendienstlicher Tätigkeit waren dabei fließend. Mit Wissen des Parteivorstandes der SPD gingen wichtige politische Erkenntnisse an britische und amerikanische Geheimdienste. Eine entsprechende Vereinbarung über den Austausch von Informationen und gelegentliche Hilfestellung wurde nach 1949 dann auch mit dem bundesdeutschen Verfassungsschutz und Bundesnachrichtendienst geschlossen.[274] Im Jahr 1948 sollen 2 000 V-Leute für das Ostbüro gearbeitet haben.[275] Das Risiko für die Sozialdemokraten in der SBZ war hoch. Der sowjetische Geheimdienst konnte eine ganze Reihe von Kurieren und Vertrauensleuten verhaften – allein bis 1949 ging deren Zahl in die Tausende. In den Prozessen vor Sowjetischen Militärtribunalen erhielten sie überaus hohe Freiheitsstrafen.

In den Bergbaukreisen der SBZ entwickelte das Ostbüro anfangs eine außerordentlich rege Tätigkeit. Seit dem Frühjahr 1947 ging in loser Folge eine Vielzahl von Informationen über den Auf- und Ausbau der Wismut AG ein.[276] Der Uranbergbau eignete sich bestens als Feld der Auseinandersetzung mit dem SED-Regime und der sowjetischen Besatzungspolitik. In keinem anderen Wirtschaftszweig kamen die Zustände den sowjetischen Gulag, zumindest dem äußeren Anschein nach, in den ersten Nachkriegsjahren näher als im Uranbergbau.

Nicht nur durch der SPD nahestehende Wismut-Angehörige verfügte das Ostbüro über genaue Kenntnisse über das, was bei diesem Unternehmen vor sich ging. Folgende Themen wurden besonders »dicht« überliefert: Struktur der Wismut AG, Lage der Schächte und Stollen, System der Zwangsverpflichtungen, Unfallgeschehen, soziale Konflikte, Streiks, Verfehlungen sowjetischer Offiziere, Probleme bei Verpflegung, Entlohnung und Unterbringung der Bergleute sowie Fälle von Willkür der Schachtleiter und SED-Funktionäre. Das Ostbüro erhielt auch detaillierte Berichte über Bergrats- und Landratssitzungen. Auf dieser Grundlage gab der Vorstand der SPD Ende 1949 die Denkschrift »Der Uranbergbau in der Sowjetzone« heraus.

Umfangreiche Erkenntnisse des Ostbüros flossen auch in eine erste große Studie des britischen Geheimdienstes über die sowjetischen Bergbauaktivitäten in Sachsen ein.[277] Diese wurde von den Briten an die Amerikaner weitergegeben.[278] Der Bericht enthielt detaillierte Informationen über die Anzahl der eingesetzten Arbeitskräfte, die Lage der Objekte und Schächte der Wismut AG sowie über die geförderten Erzmengen. Letztere Angaben waren allerdings weniger zuverlässig.

Die britischen und amerikanischen Geheimdienste interessierte vor allem der Umfang der Uranerzförderung und die Qualität des Erzes. Aufschluss darüber konnten aber nur Erzproben geben. Deren Beschaffung war ein sehr riskantes Unterfangen. Dennoch versuchten von den Diensten angeheuerte Bergleute immer wieder, Erz aus den Minen herauszuschmuggeln und an Mittelsmänner zu übergeben.

Beim Erzschmuggel wurde mit immer neuen Tricks gearbeitet. So hatte ein Bergmann ein Erzstück in einem mit Schlamm gefüllten Förderwagen nach draußen gebracht.[279] Nicht selten lockte das scheinbar rasch zu verdienende Geld. Für 1 Kilogramm Erz wurden in Westberlin 1 000 Mark geboten.[280]

Trotz strenger Kontrollen gelangten schließlich einige Erzproben in den Besitz des amerikanischen Militärs. Erstmals dokumentiert ist ein solcher Fall von Anfang 1949. (Es ist nicht auszuschließen, dass bereits zuvor Uranerz aus der Wismut AG in die Westzonen kam.) Der aus dem Wismut-Objekt Nr. 1, Schacht 22, stammende Erzbrocken hatte ein Gewicht von ca. 2,4 Kilogramm und verfügte über einen durchschnittlichen Uranoxydgehalt von 22 Prozent.[281] Eine weitere entwendete Erzprobe, dieses Mal aus dem Schacht 31, wurde vom amerikanischen Militärlabor im März 1949 analysiert. Dieses ca. 2,4 Kilogramm schwere Stück Pechblende besaß nur einen durchschnittlichen Uranoxydgehalt von ca. drei Prozent. Einen Monat später lag eine zweite Probe aus dem Schacht 22 vor. Das ca. 1,8 Kilogramm schwere Stück wies immerhin einen durchschnittlichen Uranoxydgehalt von elf Prozent auf.[282] Russische Quellen weisen für 1949 aus, dass insgesamt ca. 43 Kilogramm Uranerz aus den Objekten 1, 2 und 10 entwendet wurden.[283] Nach der Analyse aller eingegangenen Meldungen und der Auswertung der vorliegenden Erzproben konnte es auch für die Amerikaner keine Zweifel mehr geben – die Wismut AG war im Begriff, die sowjetische »Uranlücke« zu schließen.

Auch nachdem man dies wusste, ging der lautlose Kampf der Geheimdienste weiter. Der Informationsfluss aus der Wismut AG in Richtung Westen nahm in der zweiten Hälfte der fünfziger Jahre ab und kam nach dem Mauerbau im August 1961 fast zum Erliegen. Dies legen jedenfalls die Akten des Ostbüros der SPD nahe. Dem sowjetischen Geheimdienst und der Staatssicherheit gelang es, die »Wismut-Geheimnisse« zu hüten. Das war allerdings nur mit einem hohen Aufwand an Personal und rabiaten Methoden möglich.

Im Juni und Juli 1955 fanden im Kulturpalast in Chemnitz mehrere Schauprozesse gegen Spione des amerikanischen Geheimdienstes und der Organisation Gehlen, der Vorgängerorganisation des Bundesnachrichtendienstes, statt. Die Angeklagten wurden u. a. beschuldigt, Produktionsgeheimnisse der SDAG Wismut verraten zu haben. Parallel zu den Prozessen veranstaltete die SED-Parteileitung der SDAG Wismut in allen Schächten und Betrieben Belegschaftsversammlungen. Die Resonanz blieb begrenzt. So monierte ein Parteifunktionär, dass es trotz intensiver Vorbereitungen auf die Veranstaltungen keine Diskussionen gegeben habe.

Bergleute zwischen Aufbegehren und Anpassung

Die »wilden Jahre« der Wismut AG – die Gründungsphase Ende der vierziger, Anfang der fünfziger Jahre – sind inzwischen Legende. Der Ruf des schnellen Geldes lockte bald Menschen aus allen Teilen der SBZ ins Erzgebirge. Nicht selten wurde das schnell verdiente Geld auch schnell wieder ausgegeben. Zeitzeugen sprachen von einer wahren Goldgräberstimmung, von »Wildwest« oder einem »Klondike im Erzgebirge«. Die sozialen Umstände – harte Untertagearbeit, Massenquartiere, Männerrunden, Sonderprämien und billiger Schnaps (»Kumpeltod«) – förderten die Konfliktbereitschaft eines Teils der Belegschaft.

Nicht wenige Bergleute galten als trinkfest und rauflustig. »Wir sind die Wismut, uns kann keiner«, wurde zu ihrem Motto. Allein schon aufgrund ihrer großen Zahl und einem ausgeprägten Solidarverhalten fühlten sich die Bergleute als die »Herren im Revier«. Die eigentlichen Herren waren jedoch die Besatzungsoffiziere. Gegen diese stark bewaffnete Macht waren die Bergleute chancenlos. Gab es Anlass zum Verdruss, und das war Anfang der fünfziger Jahre oft genug der Fall, so richtete sich der Zorn der Kumpel zuerst gegen die »Russenknechte«, vornehmlich die Angehörigen der Kasernierten Volkspolizei. Von Schlägereien zwischen Bergleuten und Polizisten sprach man im gesamten Revier, und gewiss wurden manche Händel in späteren Erzählungen noch ausgeschmückt. Dennoch war es kein Zufall, dass die Gewalttaten zwischen 1949 und 1951 kulminierten.

Am 5. September 1949 kam es zu tätlichen Auseinandersetzungen zwischen Wismut-Kumpeln und der Bahnpolizei auf dem Bahnhof Zwickau. Auslöser der Tumulte war der Versuch der Sicherheitskräfte, das leichtsinnige Verhalten der Bergarbeiter auf den Schichtzügen zu unterbinden. Als die Polizei versuchte, Bergleute von den Trittbrettern und Dächern der Eisenbahnwagen zu vertreiben, eskalierte die Situation: »Die Bahnpolizei wurde mit Steinen beworfen, mit Karbidlampen, Erzhämmern und Fäusten geschlagen sowie mit Füßen getreten.«[284] Offenbar aus Notwehr gaben daraufhin einige Sicherheitskräfte Warnschüsse ab. Doch die Bergarbeiter vermochten sich erfolgreich zu wehren – die Polizisten ergriffen die Flucht. Einen verletzten Wachmann schleppten die Männer ins Hotel »Wagner«, vor dem sich in kürzester Zeit rund 2 000 Menschen versammelten. Nach Eintreffen der Bereitschaftspolizei zerstreute sich die Menschenmenge. Zwei Bergleute, die den verletzten Polizisten gefangen hielten, bestanden aber darauf, ihn an den sowjetischen Kommandanten zu übergeben, da der Polizist als Erster geschossen haben sollte.

Die Vorfälle auf dem Zwickauer Bahnhof analysierte die Polizei später eingehend. Als Gründe für das Verhalten der Bergleute wurden genannt: Verärgerung über ihre unwürdige Behandlung durch die örtlichen Verwaltungen, stundenlange Arbeitswege, Unzufriedenheit mit dem Gerede von Partei- und Gewerkschaftsfunktionären, das Fehlen eigener Interessenvertreter, Unregelmäßigkeiten in der Lebensmittelversorgung sowie ein übermäßiger Alkoholgenuss. Dem ist kaum etwas hinzuzufügen. Auch später kam es aus ähnlichen

Gründen zu Massenschlägereien auf Bahnhöfen, so am 11. August 1950 in Johanngeorgenstadt.

Die Wismut AG war 1950/51 zu einer harten Personalpolitik übergegangen und hatte kurzfristig Zehntausende Bergleute entlassen. Die Kündigungswelle hing mit der Stilllegung unrentabler Schächte und dem Auslaufen befristeter Verträge zusammen. Dabei kam es zu haarsträubenden sozialen Ungerechtigkeiten. Als Ende 1950 mehrere tausend Bergleute aus den Objekten Bärenstein, Schwarzenberg, Schlettau, Oberschlema und Marienberg entlassen wurden, fanden sie in ihren Papieren den Vermerk »Auf eigenen Wunsch entlassen«, obwohl dies in den meisten Fällen nicht zutraf. Dementsprechend groß war die Wut der Kumpel auf die Wismut-Verwaltung sowie die Funktionäre von SED und FDGB.

Vielen Entlassenen ging zudem die Treueprämie verloren. Doch auch denen, die ihre Arbeit behielten, wollte die Wismut AG an den Geldbeutel. Die Normen wurden erhöht, selbst sonntags sollte gearbeitet werden. Hinzu kamen die nach wie vor große Wohnungsnot und lange Arbeitswege. Entsprechend aufgeladen war die Stimmung der Belegschaft. Vor diesem Hintergrund häuften sich erneut die Auseinandersetzungen zwischen Bergleuten und Ordnungskräften. Am 21. März 1951 kam es in Schneeberg in einer HO-Gaststätte zu einer Schlägerei zwischen Bergleuten und Kräften der Volkspolizei. Die Bergleute zertrümmerten ein Stalin-Bild, schlugen vier Polizisten in die Flucht und befreiten anschließend einen Kumpel aus der nahe gelegenen Polizeiwache. Erst einem motorisierten Kommando der Polizei gelang es, den Aufruhr zu beenden. In dem Verhalten der Kumpel machte die Justiz politische Motive ausfindig. Es handelte sich nach Auffassung der Richter nicht um spontane Aktionen oder Rowdytum, sondern um politische Aktionen des »Gegners«. Entsprechend scharf fielen die Urteile aus. Der »Rädelsführer« erhielt elf Jahre Haft.[285]

Nur wenige Monate später erreichte das widerständische Verhalten von Bergleuten in Saalfeld eine neue Dimension.[286] Das in der Nähe gelegene Wismut-Objekt Dietrichshütte war erst kurz zuvor gegründet worden und lag an der Peripherie des Uranbergbaugebietes, rund 120 Kilometer von der Hauptverwaltung in Chemnitz entfernt. Einige hundert Bergleute aus dem Objekt Schlema hatte man nach Dietrichshütte versetzt, zum Teil wurden dort auch entlassene Kumpel wieder eingestellt. Die Einheimischen standen den Wismut-Bergleuten, von ihnen als »Eindringlinge« bezeichnet, überwiegend ablehnend gegenüber. Sie fürchteten vor allem die Beschlagnahmung von Wohnraum, und dies nicht zu Unrecht. Die Nervosität wuchs, als Wismut-Offiziere im Sommer 1951 bekannt gaben, dass weitere 2 000 Bergleute nach Saalfeld kommen sollten und Quartiere benötigten.[287] Vor allem die Stahlarbeiter der nahe gelegenen Maxhütte fühlten sich plötzlich in ihrer Vorrangstellung bedroht. Wiederholt entluden sich die Spannungen in Schlägereien zwischen Bergleuten, Arbeitern der Maxhütte und Einheimischen. Die schwachen Polizeikräfte griffen nur zögerlich ein. Selbst das Singen von Nazi-Liedern wurde toleriert.

Auf dem Marktplatz von Saalfeld kam es am Abend des 16. August 1951, einem Zahltag bei der Wismut AG, zu einer Prügelei zwischen zwei angetrunkenen Bergleuten. Schaulustige sahen den Streithähnen tatenlos zu. Als auch ein Passant von den Bergleuten bedroht wurde, nahmen die zu Hilfe gerufenen Polizisten einen Bergmann fest und brachten ihn auf die Wache. Auf die Festnahme reagierten nicht nur die umstehenden Bergleute, sondern auch einige Einwohner empört. Nachdem weitere Wismut-Arbeiter hinzugestoßen waren, zog die Menge vor die Polizeiwache und verlangte, den Kollegen sowie weitere in Haft vermutete Bergleute auf freien Fuß zu setzen. Inzwischen war die Menge auf ca. 3 000 Personen angewachsen. Die übergeordneten Polizeidienststellen untersagten eiligst den Schusswaffeneinsatz und ordneten die Freilassung eingesperrter Bergleute an. Daraufhin entließ man vier Bergleute. Die Versammelten waren jedoch nicht mehr zu beruhigen. Sie vermuteten weitere Bergleute in Haft. Selbst nachdem eine Delegation die Polizeistation inspizieren durfte, ebbte der Protest nicht ab. Inzwischen hatte man mit Wismut-Fahrzeugen Steine auf den Marktplatz gefahren, die umgehend gegen die Wache eingesetzt wurden. Schließlich stürmten die Bergleute das Gebäude und verwüsteten es. Dann zogen sie zum direkt hinter dem Rathaus gelegenen Gefängnis weiter, wo zwei Kumpel, die wegen anderer Delikte Strafen verbüßten, befreit wurden. Diese waren offenbar vorher von Polizisten misshandelt worden. Daraufhin demolierte die aufgebrachte Menge auch das Gefängnis. Sogar Rufe nach Rache wurden laut: »Hängt sie auf, schlagt sie tot!« In Panik und Todesangst flüchteten die Polizisten über das Dach des Gebäudes. Fünf von ihnen wurde verletzt, zwei davon schwer.

Kurz nach dem Sturm auf das Gefängnis trafen der Erste Sekretär der SED-Landesleitung von Thüringen, Erich Mückenberger, und der Innenminister von Thüringen, Willy Gebhardt, in Saalfeld ein. Vergeblich versuchten sie, die aufgebrachten Bergleute zu beruhigen. Auch sie mussten fürchten, verprügelt zu werden, und zogen sich wieder zurück. Berauscht von ihrem Sieg, verließen die Bergleute Saalfeld nach Mitternacht.

Auch am nächsten Tag hielten die Spannungen an. Gerüchte von neuen Verhaftungen gingen um. Wieder zogen Bergleute auf den Markplatz und kündigten die Befreiung verhafteter Kollegen an. Tatsächlich waren am Morgen des 17. August zwei Frauen festgesetzt worden, die am Abend zuvor die Bergleute frenetisch angefeuert hatten. Wiederum verzichtete der Staat auf den Einsatz bewaffneter Kräfte, obwohl inzwischen starke Polizeiformationen in Saalfeld zusammengezogen worden waren. Stattdessen setzte man auf Diskussionen mit den aufgebrachten Bergleuten. Rasch herbeigeholten SED-Agitatoren gelang es, einen Teil der Bergleute zur Teilnahme an einer Aussprache in einem städtischen Hotel zu bewegen. Einige von ihnen kehrten danach an ihre Arbeitsplätze zurück. Endgültig unter Kontrolle hatte die Staatsmacht die Situation erst in den frühen Morgenstunden des 18. August. Innerhalb der nächsten Wochen wurden einige Dutzend Personen vom Staatssicherheitsdienst verhaftet, zwölf von ihnen im Mai 1952 zu Haftstrafen zwischen 8 und 15 Jahren verurteilt.[288]

Hintergrund für die Arbeiteropposition waren die schlechte Versorgung, trotz anders lautender Versprechen, und die miserablen Wohnverhältnisse der meisten Kumpel. Es ging also vor allem um ökonomische Interessen der Bergleute und weniger um eine fundamentale politische Opposition. Daneben hatte der Protest aber auch eine moralische Komponente – die Misshandlung verhafteter Bergleute steigerte die Wut gegen die ohnehin schlecht angesehene Volkspolizei. Die Reaktion der Kumpel sollte allerdings nicht überbewertet werden. Ihre Aktionen beschränkten sich auf die Befreiung von verhafteten Bergleuten, politische Forderungen wurden nicht gestellt.[289] Zielgerichtet war also der Aufruhr keineswegs, fremdgesteuert schon gar nicht. Dennoch nahm der Saalfelder Aufruhr für die Wismut AG einiges von dem vorweg, was knapp zwei Jahre später, im Juni 1953, die große Volkserhebung in der DDR prägen sollte.

Auf die Saalfelder Vorfälle reagierte die Wismut AG noch im August 1951 mit der Einrichtung einer Beschwerdestelle. Das war aber nur der Anfang einer ganzen Reihe von Gegenmaßnahmen, die die Besatzungsmacht und die SED-Führung einleiteten.

Die Reaktionen von SKKD und SED auf den Aufruhr

Nach bewährter Methode begann man umgehend mit der Suche nach Schuldigen. Die örtlichen SED-Funktionäre waren mit der Benennung von Tätern rasch bei der Hand: »Der Hauptteil der Belegschaft setzte sich zusammen aus ehemaligen Nazis, Militaristen oder Elementen, die gegen die Gesetze unserer Ordnung verstoßen haben.«[290] Solche Deutungsmuster finden sich in vielen zeitgenössischen Berichten. Auch die SED-Landesleitung von Thüringen sah »ehemalige Militaristen und Faschisten« am Werk und kritisierte das Eindringen von »klassenfremden Elementen« in die Leitungen der Wismut AG.[291] Die SED bewertete das Protestverhalten der Bergleute also als gezielte und von außen gesteuerte politische Provokation. Auch später, vor allem nach dem 17. Juni 1953, versuchte man Arbeiterproteste mit dieser These zu erklären. Doch gegen wen sonst als die staatlichen Autoritäten hätten die Arbeiter protestieren sollen? Die Partei nahm für sich in Anspruch, alle Gebiete des gesellschaftlichen Lebens zu kontrollieren. Infolge ihres totalitären Anspruchs tendierte sie dazu, jede Art von Protest zu politisieren.

Ins Kreuzfeuer der Kritik gerieten vor allem die örtlichen Funktionäre: »Von einer Parteiorganisation der Wismut AG im Kreisgebiet Saalfeld kann noch gar nicht gesprochen werden«, war in einem der zahlreichen Untersuchungsberichte zu lesen.[292] Trotzdem vermochte sich die SED den sozialen Ursachen der Proteste, insbesondere den unregelmäßigen Lohnzahlungen, den schlechten Wohnverhältnissen, den willkürlichen Normfestsetzungen sowie Spannungen zwischen Bergleuten und Bevölkerung, nicht zu verschließen.

Welche Brisanz den Vorgängen in Saalfeld zugemessen wurde, verdeutlichte auch der Umstand, dass sich das Politbüro der SED im August und September 1951 gleich mehrfach mit den Ereignissen befasste. Unmittelbar nach den Sitzungen informierte Ministerpräsident Grotewohl den Chef der SKKD, Armeegeneral Tschuikow, über die eingeleiteten Sofortmaßnahmen. Offenbar drängte nun auch die Besatzungsmacht auf eine Stabilisierung der Verhältnisse in den Bergbaukreisen.

Ungeschminkte Lageberichte erreichten nicht nur das Politbüro der SED, sondern auch die SKKD: »In einer Reihe von Arbeitersiedlungen der Wismut AG, die in großer Entfernung von den Gruben liegen, gibt es noch keine Staatsorgane, keine Volkspolizei, kein Einwohnermeldeamt, zu wenig Verkaufsstellen, Kinos, Bibliotheken.«[293] Bemängelt wurde vor allem die Schwäche des Sicherheitsapparates. Sowohl die Dienststellen der Polizei als auch des Staatssicherheitsdienstes waren in den Bergbaukreisen unterbesetzt.

Die SKKD bestellte schließlich die SED-Spitze am 5. November 1951 zum Rapport.[294] Im Ergebnis der Krisensitzung wurde ein ganzer Katalog von Maßnahmen beschlossen. Dazu gehörten die Teilung des Kreises Aue, um in den neuen, kleineren Verwaltungseinheiten eine bessere polizeiliche Kontrolle aufzubauen, die Aufstockung von Polizei und Staatssicherheit in den Bergbaukreisen, eine Verstärkung der Propagandatätigkeit, die straffere Kontrolle aller gesellschaftlichen Einrichtungen und Organisationen, Umbesetzungen in der Partei- und Gewerkschaftsleitung der Wismut AG sowie soziale Vergünstigungen.

So peinlich der Aufruhr von Saalfeld für die Generaldirektion der Wismut AG auch war, er bot endlich die Chance, bei den höchsten sowjetischen und deutschen Stellen Gehör zu finden und längst ausstehende Sozialvorhaben einzuleiten. Der Plan für den Bau von Bergmannshäusern, Kommunal- und Kulturbauten im Jahr 1952 wurde daher besonders großzügig ausgelegt. In 16 Städten sollten 5 000 Wohnungen, 1 500 Einfamilienhäuser, 12 Schulen, 12 Klubhäuser, 12 Postgebäude, 14 Kantinen, 17 Läden, 11 Bade- und Waschanstalten, 12 Sportplätze, 9 Dienstleistungskombinate, 6 Pionierlager und 5 Schwimmbäder entstehen.[295] Diese »Wunschliste« trug die Wismut AG am 28. November 1951 SED-Chef Walter Ulbricht vor. Natürlich waren die genannten außerplanmäßigen Vorhaben in einer Mangelwirtschaft nicht in vollem Umfang zu realisieren. Vor allem fehlte es an Baustoffen und Bauarbeitern. Statt der von der Wismut AG geforderten 375 Millionen Mark genehmigte die Staatliche Plankommission nur 150 Millionen Mark und strich den Forderungskatalog zusammen.

Am 14. Dezember 1951 informierte Walter Ulbricht den Vorsitzenden der Staatlichen Plankommission, Heinrich Rau, über seine Absprache mit der Wismut AG.[296] Demnach sollten von den 150 Millionen Mark für den Wohnungs- und Kulturbau 120 Millionen Mark von der Wismut AG und 30 Millionen Mark aus dem Staatshaushalt der DDR aufgebracht werden. Rau zeigte sich über diese mit ihm zuvor nicht abgesprochene Vereinbarung verärgert, musste sich aber fügen.

Am 15./16. Februar 1952 nahm Walter Ulbricht an einer erweiterten Sekretariatssitzung der SED-Parteiorganisation bei der Wismut AG teil.[297] Hinzugezogen wurden Vertreter von Landesregierung, Innenministerium, Polizei, FDGB und FDJ. Auf der Tagesordnung standen u. a. die Neubesetzung des Parteisekretariats, die Neugliederung der Bergbaukreise, eine Aufstockung der Polizeikräfte, die Registrierung aller Einwohner der Bergbaukreise, die Entlassung von Personen, die aus dem Westen ins Bergbaugebiet zugereist waren, sowie das bereits angekündigte Wohnungsbauprogramm. Erörtert wurde auch die Neubesetzung von Bürgermeisterposten. Vor allem der CDU-Bürgermeister von Johanngeorgenstadt war der SED ein Dorn im Auge. Er sollte abgelöst werden.

Ein »Sonderkommissar für Siedlungsfragen«

Kurz nach den Saalfelder Ereignissen wurde bei der Staatlichen Plankommission ein »Sonderkommissar für Siedlungsfragen« eingesetzt. Er sollte die aus bergbautechnischen Gründen für nötig erachtete Umsiedlung von mehr als 3 000 Personen aus Johanngeorgenstadt und Oberschlema möglichst »geräuschlos« in die Wege leiten. Sensibilisiert durch die Ereignisse von Saalfeld verlangte die SKKD vom Sonderkommissar eine »streng vertrauliche Arbeit«[298]. Wiederholt hatte es in der zurückliegenden Zeit Proteste gegen Zwangsräumungen gegeben. Im November 1950 intervenierten Einwohner von Annaberg-Buchholz sogar an allerhöchster Stelle, bei Staatspräsident Pieck.[299] Ihre Eingabe blieb jedoch erfolglos.

Ab Herbst 1951 sollte der Sonderkommissar die von der Wismut-Direktion angeordneten Räumungen vorbereiten und für die Betroffenen Ausgleichsregelungen erarbeiten. Der Plan sah vor, Grundstücke mit 135 Prozent des Preises von 1944 zu entschädigen. Zwischen 1952 und 1955 wurden dann 3 480 Personen und 105 Handwerksbetriebe umgesiedelt sowie 330 Grundstücke aufgekauft. Trotz der nunmehr besser als zuvor geregelten Entschädigungen durfte der Sonderkommissar nicht auf Verständnis bei den von den Zwangsräumungen Betroffenen rechnen. Für die Staatsmacht war es schon ein Erfolg, dass es keine größeren öffentlichen Proteste gegen die bergbautechnisch begründeten Umsiedlungen gab.

Eine direkte Folge der Saalfelder Ereignisse waren auch politisch motivierte Aussiedlungen aus den Bergbaukreisen. So forderte die SKKD vom Politbüro der SED Anfang November 1951 die »Säuberung der Bergbaugebiete von verbrecherischen Elementen«.[300] Nur wenige Tage zuvor hatte in der ČSR eine Aktion zur Verschärfung des Sicherheitsregimes in den Uranbergbaugebieten begonnen. Dies lässt auf ein abgestimmtes sowjetisches Vorgehen schließen.

Offenbar hatte die Polizei in den Wismut-Kreisen bereits seit einiger Zeit mit der Registrierung von »auffälligen Personen« begonnen. Dazu zählten vor allem Straffällige, »Herumtreiber«, Personen ohne Arbeit und Prostituierte. Die

Unterlagen der Polizei basierten im Wesentlichen auf Spitzelmeldungen und Beobachtungen des Streifendienstes. Auf Grundlage der Meldungen der Volkspolizeikreisdienststellen legte das Ministerium des Innern am 15. Dezember 1951 einen Maßnahmeplan »Zur verstärkten Säuberung des Wismut-Gebietes von deklassierten Elementen« vor.[301] Ausgesiedelt werden sollten vorbestrafte Personen, Personen ohne festen Wohnsitz bzw. Arbeit und Prostituierte.

Ruhe im Revier? Der 17. Juni 1953 bei der Wismut AG

Das Versorgungsniveau der Uranbergleute lag Anfang der fünfziger Jahre deutlich über dem DDR-Durchschnitt. Zudem hatten die nach dem Saalfelder Aufruhr aufgelegten Bauprogramme zu einer ersten Entspannung auf dem Wohnungsmarkt in den Bergbaukreisen beigetragen. Trotzdem mussten auch Teile der Wismut-Belegschaft seit dem Frühjahr 1953 spürbare Einschnitte hinnehmen. Nachhaltig wirkten die fortgesetzten Kampagnen zur freiwilligen Normerhöhung und neuerliche Entlassungen. Drohende Arbeitslosigkeit bzw. der Verlust der gut bezahlten Arbeit wurde zum Druckmittel und trug zur Disziplinierung der Beschäftigten bei.

Unzufriedenheit über zu geringe Löhne herrschte vor allem in den Thüringer Garagen und Werkstätten der Wismut AG. Die Kraftfahrer und Mechaniker wurden deutlich schlechter entlohnt als ungelernte Arbeiter in den Aufbereitungsbetrieben. Dies widersprach ihrem Ehrgefühl und rief Verbitterung hervor. Bereits im April 1953 drohten die Kraftfahrer mit einem Streik. Mit dem Versprechen, die Lohnfrage neu zu regeln, gelang es der Betriebsparteileitung der SED, den Ausstand abzuwenden.[302] Zu wesentlichen Änderungen kam es aber nicht.

Im Frühjahr 1953 gerieten dann auch die Beschäftigten unter Tage immer stärker unter Druck. Allerdings mussten die Bergleute, trotz höherer Normen, kaum Lohneinbußen hinnehmen. Die zunehmende Frustration war eher darauf zurückzuführen, wie die hochgeschraubten Anforderungen an die Produktionsziele durchgesetzt wurden.

Für weiteren Zündstoff sorgte die anhaltende Räumung von Wohnungen für sowjetisches Personal, insbesondere von Teilen der Altstadt von Johanngeorgenstadt. Gegen ihre bevorstehende Zwangsaussiedlung demonstrierten am 15. Juni 1953 ca. 1 000 Menschen auf dem Marktplatz. Dieser Protest führte zwar zur Verzögerung bei der Räumung der Altstadt, konnte die Behörden aber nicht von ihrem einmal gefassten Beschluss abbringen.

Auch in anderen Städten und Gemeinden der DDR war es in jenen Tagen vereinzelt zu Protesten gekommen, die sich zumeist gegen die Erhöhung der Normen richteten. Vergeblich hatte die SED-Führung seit dem 9. Juni versucht, mit einer Politik des »Neuen Kurses«, d. h. wirtschaftlichen Zugeständnissen an Bauern, Handwerker und Kleinunternehmer, die Gemüter zu beruhigen. Der »Neue Kurs« wurde von der Bevölkerung jedoch als Bankrotterklärung bewertet. Als die Gewerkschaftszeitung »Tribüne« am 15. Juni 1953 nochmals die Normerhöhungen rechtfertigte, war das Maß voll. Am Morgen des 16. Juni traten Berliner Bauarbeiter in den Streik und forderten die Rücknahme der Normerhöhungen. Am darauf folgenden Tag weitete sich die Protestbewegung auf die gesamte DDR aus. Neben sozialen Zugeständnissen wurde nun auch der Ruf nach Rücktritt der Regierung und freien Wahlen laut. Nur die Verhängung des Ausnahmezustandes am 17. Juni durch die SKKD und der Einsatz sowjetischer Truppen retteten die SED-Herrschaft.[303]

In den Wismut-Kreisen blieb die Intensität der Proteste aber deutlich hinter denen in der übrigen DDR zurück.[304] Haben sich die Uranbergleute demnach überwiegend loyal zur SED-Herrschaft verhalten? Zwar wurde in zeitgenössischen westdeutschen Darstellungen von machtvollen Protestzügen der Wismut-Kumpel, der Zerstörung von Förderanlagen und Dutzenden Toten im Bergbaurevier geschrieben, doch dabei handelte es sich um journalistische Märchen. Wirkte sich die soziale Besserstellung der Wismut-Kumpel lähmend auf ihr Protestverhalten aus? Tatsächlich kam es am 17./18. Juni 1953 nur in wenigen Wismut-Objekten zu Streiks. Trotzdem dürfte das Konfliktpotential auch bei den Wismut-Bergleuten größer gewesen sein, als ihre geringe Beteiligung am 17. Juni vermuten lässt.

Die SED-Gebietsleitung der Wismut reagierte entschlossener auf die Streikmeldungen als die meisten anderen Bezirksleitungen und löste sofort die höchste Alarmstufe aus. Ohne auf Direktiven aus dem ZK in Berlin zu warten, wurden zusätzliche Sicherheitsvorkehrungen beschlossen. In den Wismut-Objekten sorgten die sowjetischen Sicherheitskräfte für Ruhe. Die Gebietsleitung der SED konnte sich darauf konzentrieren, ein Übergreifen der Streiks von außerhalb auf die Wismut AG zu verhindern. Schenkt man ihren Meldungen an das ZK Glauben, dann hat in den Betrieben der Wismut AG während der kritischen Tage eine »mustergültige Disziplin« geherrscht.[305] Die Parteileitungen bemühten sich sogar, eine Verpflichtungsbewegung für hohe Produktionsleistungen zu organisieren. Nach ihren Statistiken sollen sich daran bis zum 23. Juni mehr als 50 000 Beschäftigte beteiligt haben. Ihrem Wesen nach waren dies wohl lediglich verbale Loyalitätsbekundungen.

Während es in den alten Wismut-Gebieten in Sachsen also weitgehend ruhig blieb, spitzte sich die Lage im Thüringer Raum in Gera, Weida und Jena am 17./18. Juni dramatisch zu. Ungefähr jeder fünfte Beschäftigte in den Thüringer Betriebsteilen der Wismut AG legte die Arbeit nieder. Ausgangspunkt der Streiks war die Garage Katzendorf bei Ronneburg. Die Kraftfahrer und Mechaniker fuhren mit ihren Fahrzeugen nach Weida, nahmen dort an Protesten teil und forderten andere Betriebe auf, ebenfalls die Arbeit niederzulegen. Anschließend begaben sie sich nach Gera. Einer Einheit der KVP gelang es nicht, die erregten Wismut-Mitarbeiter zu stoppen. Die Polizisten wurden von den Kumpeln nach einem Handgemenge entwaffnet und konnten sich nur durch das Eingreifen sowjetischer Soldaten retten.

Anschließend kam es zu spektakulären Aktionen in Gera. Dort setzten die

Streikenden große Hoffnungen auf die Wismut-Bergleute. Ihnen eilte der Ruf voraus, besonders »schlagkräftig« zu sein. Ungefähr 6 000 Menschen forderten u. a. die sofortige Auflösung der Staatssicherheit, eine Erhöhung der Renten und die Freilassung aller politischen Gefangenen. Nachdem der Protest zunächst gewaltfrei verlaufen war, eskalierte die Situation mit dem Eintreffen der schweren Wismut-Fahrzeuge. Die Demonstranten versuchten, das städtische Gefängnis zu stürmen. Die Gefangenenbefreiung wurde jedoch von sowjetischen Truppen verhindert. Auf dem Marktplatz der Stadt kam es wenig später zu einem großen Handgemenge zwischen Wismut-Kumpeln und einer KVP-Einheit. Die Bergleute erbeuteten dabei einige Waffen, die sie zum größten Teil zerschlugen. Erst nach der Verhängung des Ausnahmezustandes und dem Eintreffen sowjetischer Truppen zogen sich die Bergleute nach Weida zurück. Dort demolierten sie mehrere HO-Gaststätten und griffen erneut das Volkspolizeirevier an. Wiederum räumten sowjetische Truppen die öffentlichen Plätze und riegelten die Stadt ab. Die Wismut-Kumpel waren jedoch bereits nach Berga unterwegs, wo sie das Polizeirevier stürmten. Auch in Jena befanden sich offenbar viele Bergleute unter den Demonstranten. Letztlich vermochte der Streik der Kraftfahrer die Uranförderung im Ronneburger Raum nur kurzzeitig zu beeinträchtigen.

Trotzdem kam es in den folgenden Tagen immer wieder zu vereinzelten Widerstandshandlungen. Alles in allem glaubte jedoch die Gebietsparteileitung nur wenige Tage nach der Volkserhebung, die Situation im Griff zu haben. Gegenüber dem ZK in Berlin strich man das eigene energische Vorgehen heraus. Tatsächlich hat jedoch vor allem die Präsenz und das Eingreifen des sowjetischen Militärs eine Ausbreitung der Streikbewegung auf die Wismut AG verhindert.

Es ist zu bedenken, dass alle Wismut-Objekte und Kreise militärisches Sperrgebiet waren. Ein- und Ausreisen unterlagen strengen Regeln, die Objekte einem strengen Sicherheitsregime. Die Wismut AG gehörte de facto zur sowjetischen Rüstungsindustrie und wurde entsprechend scharf bewacht. Selbst in den Schächten patrouillierten sowjetische Wachsoldaten. In keinem anderen Großbetrieb in der DDR gab es zudem derart viele Betriebsschutzkräfte und MfS-Angehörige wie bei der Wismut AG. Am 17. Juni und den Folgetagen wurden die Wachen noch einmal verstärkt. Einen Streik auf dem Betriebsgelände zu beginnen war also nahezu aussichtslos, ja geradezu selbstmörderisch.

Nach der Niederschlagung der Volkserhebung folgte auch in der Bergbauregion die Abrechnung mit den »Rädelsführern«. Bis Anfang Juli 1953 wurden 51 Beschäftigte der Wismut AG im Zusammenhang mit der Streikbewegung festgenommen. Allein 38 von ihnen kamen aus dem Geraer Gebiet.[306]

Vergebens war die Volkserhebung vom Juni 1953 trotz ihres Scheiterns dennoch nicht. Sie blieb bis zum Ende der DDR das wichtigste Fanal für den Kampf um Menschenrechte und Demokratie. Die Besatzungsmacht und die SED sahen sich zu einer Reihe von sozialen Zugeständnissen veranlasst. So kündigte die Regierung der UdSSR im August 1953 das Ende der ostdeutschen

Reparationszahlungen zum 1. Januar 1954 an. Die SED nahm alle administrativen Normerhöhungen und unsozialen Maßnahmen zurück.

Auch für die Wismut AG hatte der 17. Juni Konsequenzen. Die Generaldirektion verfügte im August 1953 mit dem Befehl Nr. 245 eine Erhöhung der unteren Lohngruppen und revidierte Lohnrückstufungen aus den Vormonaten.[307] Die unpopuläre Sonntagsarbeit sollte künftig noch besser, nämlich mit einem Zuschlag von 50 Prozent, vergütet werden. Außerdem wollte man verschiedenste bereits begonnene sozialpolitische Projekte forcieren. All dies wirkte stabilisierend auf die inneren Verhältnisse bei der Wismut AG, die bald als SDAG Wismut weitergeführt wurde. Bereits Ende 1953 fühlte sich die SED allerdings wieder stark genug, um zu alten Politikmustern zurückzukehren.

Unfälle und Strahlenschäden

Die Arbeit des Bergmannes gilt seit jeher als eine besonders gefährliche Tätigkeit.[308] Dies traf in besonderem Maße auf die Anfangsjahre des Uranerzbergbaus der Wismut AG zu.[309] In Anbetracht des allgegenwärtigen Mangels und der chaotischen Nachkriegsverhältnisse war es unmöglich, alle für den Uranbergbau in Betracht kommenden Gruben sofort ausreichend mit Elektroenergie, Pumpen, Kompressoren, Bohrhämmern und Bohrstützen zu versorgen. Solange es keine Pressluft gab und Bohrhämmer fehlten, musste notgedrungen improvisiert werden. Bis zum Herbst 1947 standen für die inzwischen angefahrenen 41 Gruben nur ein hauptamtlicher Grubenkontrolleur und ein Krankenwagen zur Verfügung.[310] Verbandszeug und Arzneimittel waren ebenfalls ausgesprochen knapp. Von einem funktionsfähigen Rettungswesen konnte in dieser Zeit ebenso wenig die Rede sein, wie von einer regelmäßigen Überprüfung der Sicherheitsstandards.

Die häufigste Unfallursache war Steinfall jeglicher Art, vor allem im Abbau und nach dem Sprengen. Vereinzelt ereigneten sich auch schwere Stollenbrüche und Brände. An zweiter Stelle stehen, jedenfalls für die ersten Jahre, Sprengunfälle. Dies hing sowohl mit der schlechten Qualität des verwendeten Sprengstoffs als auch mit der Unerfahrenheit und dem Leichtsinn der Bergleute zusammen. Wiederholt kam es zu spektakulären Wegeunfällen infolge der völlig überbesetzten Eisenbahnwaggons sowie Unfällen im Förderbereich. Nicht zuletzt gab es Unfälle über Tage, so beim Anlegen von Schürfgräben, bei geologischen Bohrungen, bei der Aufbereitung und in den Werkstätten.

Vor allem die Unerfahrenheit der Belegschaft und der oft enorme Leistungsdruck, der sowohl von der sowjetischen Direktion als auch von den Bergleuten selbst ausging, waren maßgeblich für steigende Unfallzahlen verantwortlich. Bereits die Anfahrt zum Arbeitsplatz konnte sich zu einem lebensgefährlichen Abenteuer entwickeln. Ab 1947 übernahm die Reichsbahn einen Großteil des Berufsverkehrs, ohne dass dafür ausreichend Waggons zur Verfügung standen.

In völlig überbesetzten Zügen, z. T. auf den Trittbrettern, Puffern und Dächern der Waggons, fuhren die Kumpel zur Arbeit. Das Abspringen noch vor dem Halt der Züge war ein weit verbreiteter »Sport«. Ende 1948 berichteten Mitarbeiter der sächsischen Landesregierung von durchschnittlich ein bis zwei Amputationen pro Tag.[311] Der frühere stellvertretende Bahnhofsvorsteher von Schwarzenberg erinnerte sich an einen Unfall im August 1948: »Gerade fuhr ein Schichtzug aus Johanngeorgenstadt auf Gleis 2 ein. Da diese Züge recht lang waren, musste der Lokführer weit in den Bahnhof hineinfahren. Viele Kumpel, die ohnehin auf den Trittbrettern der Wagen standen, warteten das Halten des Zuges nicht ab, und sprangen vorzeitig ab. Ein Kumpel sprang seitlich ab und prallte dabei mit dem ganzen Gesicht voll an einen stählernen Signalmast.«[312]

Anfang der fünfziger Jahre verbesserten sich die Verkehrsverhältnisse. Im Frühjahr 1950 begannen die Arbeiten zur Verlegung eines zweiten Gleises auf den Strecken zwischen Aue, Johanngeorgenstadt und Schwarzenberg. Für den Berufsverkehr der Wismut AG wichtige Trassen wurden ebenfalls ausgebaut. Ab 1952 kamen Doppelstockzüge zum Einsatz, später auch Omnibusse.

Am Objekt angekommen, stellten die Fahrten in die Stollen eine weitere Gefahrenquelle dar. Um an ihre Arbeitsplätze zu gelangen, mussten die Bergleute in einzelnen Schächten teilweise mehrere hundert Meter hinabsteigen. Die Strecken waren dabei mitunter nicht ausreichend gesichert. Abstürze konnten tragisch enden. Zu diesem Problem hatte der Bergmann Norbert Schünemann im November 1947 einen Aufsehen erregenden Bericht verfasst: »Ich selbst arbeite z. Z. auf einer 200 Meter tiefen Sohle. Das Einsteigen in den Schacht erfolgt mittels einer senkrecht an der Wand angebrachten Leiter. Die Aufstiegszeit von der tiefsten Sohle (400 Meter) bis zum Tageslicht beträgt knapp 2 Stunden. Erst neuerdings geht man daran, die Leitern durch Rückenschutz zu sichern, damit, wie es schon passiert ist, nicht die Leute rückwärts in den Schacht stürzen. Sie landen dann meistens in dem Grundwasserbecken, was unterhalb der 400-Meter-Sohle liegt. Über den Verbleib der Abgestürzten ist mir nichts bekannt. Die höchsten Todesopfer, die wir während einer Arbeitswoche hatten, belaufen sich auf 15 Mann in unserem Schacht. Als Ursachen sind mangelhaftes Abstützen und unvorsichtiges Sprengen usw. die Gründe.«[313] Dieser Bericht hatte ein Nachspiel, auf das noch einzugehen sein wird.

Eine große Gefahr stellte in den »wilden Jahren« die schlechte Qualität der Sprengstoffe dar. Hinzu kam leichtsinniges Verhalten nicht weniger Kumpel. Oft gingen sie in die Sprengschwaden hinein, um Zeit zu sparen. »Das war das Gefährliche! Die gelbbraunen Schwaden. In denen sind wir herumgekrochen. Jeder Hauer in den Abbaubrigaden hat gesagt: ›Wir müssen gleich mal gucken, wie's gekommen ist.‹ Und da sind wir dann auf allen Vieren da durchgekrochen. Und wenn die Massen fast bis an die Firste lagen, das hat uns auch nicht gestört. Und ob die Schwaden da noch eine Menge Staub mitführten, hat uns alles nicht gestört.«[314] Die Direktion reagierte auf die häufigen Sprengunfälle schließlich mit der Organisation von Schießmeisterlehrgängen.[315] Außerdem wurden erfahrene Bergleute aus den Steinkohlenrevieren zur Wismut AG delegiert. Damit verbesserte sich die Lage ab Anfang der fünfziger Jahre sichtlich.

Die Direktion der Wismut AG vermutete bei einer Vielzahl von Unfällen »Sabotage«. Dichtung und Wahrheit lassen sich diesbezüglich nur schwer auseinanderhalten. »Der Russe hatte die Einstellung: Unfälle gibt es nicht! An jedem Unfall ist einer schuld. Und der Schuldige wurde gesucht.«[316] Belegt sind für die Anfangsjahre des Uranbergbaus einige politisch motivierte Versuche, das Betriebsregime zu beeinträchtigen. Wiederholt gingen einzelne Bergleute daran, Elektroanlagen, Förder- und Abbauanlagen zu zerstören.[317] Die Wismut-Direktion und die SED-Parteileitung führten solche Sabotageakte einfach auf »westliche Agenten« zurück. Auch um eigenes Versagen zu vertuschen, versuchte die Direktion, Unfälle so weit als möglich als Werk von Saboteuren darzustellen.

Die Verschleierung von Unfällen hatte vor allem folgende Hintergründe: Die Werbung von Freiwilligen sollte nicht behindert, die Belegschaft nicht noch weiter verunsichert und der antisowjetischen Propaganda keine Anhaltspunkte geliefert werden. Indem die sowjetische Direktion die Schuld für die Arbeitsunfälle hauptsächlich bei »Diversanten« und »Spionen« suchte, konnten sich die eigenen Leitungskräfte der Verantwortung entziehen.

Selbst der SED-Führung wurde kein vollständiger Einblick in das Unfallgeschehen bei der Wismut AG gewährt. Sie war in diesem Punkt auf die Informationen des Sonderbeauftragten Max Weber angewiesen. Anlässlich einer Sitzung des Parteivorstandes im November 1947 bezifferte Max Weber die Gesamtzahl der Unfälle mit tödlichem Ausgang von Anfang 1946 bis Oktober 1947 lediglich auf 18 Personen: »… denn auch der Erzbergbau ist keine Puppenstube.«[318] Ob Weber Mitte November 1947 es nicht besser wusste oder ob er gegenüber dem Parteivorstand der SED mit »geschönten« Statistiken operierte, ist nicht mehr zu klären. Jedenfalls konnten seine Berichte dahingehend gedeutet werden, dass sich das Unfallgeschehen in einem »akzeptablen« Rahmen bewegte.

Webers Glaubwürdigkeit erlitt allerdings nur wenige Wochen nach der Tagung des Parteivorstandes einen Dämpfer. Einigen Mitgliedern des Zentralsekretariats war nämlich vom SED-Kreisvorstand Zwickau das bereits erwähnte Schreiben des Bergmanns Schünemann zugeleitet worden, in dem von 15 Todesopfern in einer Schachtanlage innerhalb einer Woche die Rede war![319] Daraufhin erhielt Max Weber von Paul Merker den Auftrag, die »Angelegenheit« zu prüfen. Am 28. Januar 1948 nahm Weber erneut zum Unfallgeschehen Stellung.[320] Er zog die Angaben des Bergmannes Schünemann in Zweifel: »Wir stellen dazu fest, dass wir in allen drei Revieren Aue, Annaberg und Marienberg im Monat November 19 Todesopfer zu beklagen hatten. Diese Zahl der Todesopfer und auch die der Verletzten sind gemessen an der Zahl der beschäftigten Arbeiter – z. Z. etwa 28 000 im westsächsischen Erzbergbau – erfreulicherweise keine hohen.«[321]

Webers Brief vom Januar 1948 verdeutlicht mehrere Probleme: Zum einen erfolgte anscheinend erst nach Eingang von Beschwerdebriefen beim Zentralsekretariat der SED eine halbwegs zuverlässige Erhebung von Unfalldaten. Insofern dürften Webers Angaben vor dem Parteivorstand im November zu niedrig gelegen haben. Zum anderen spiegeln seine zynisch anmutenden Ausführungen den Zeitgeist wider. Die Arbeit im Bergbau galt als gefährlich, und mehrere tödliche Unfälle pro Monat wurden als »normales Risiko« erachtet. Dabei sollte nicht vergessen werden, dass der verheerende Krieg noch nicht einmal drei Jahre zurücklag. Somit fuhren Weber und mit ihm viele andere SED-Funktionäre eine gefährliche Strategie des Verharmlosens von Risiken. Über Unfälle bei der Wismut AG wurde fortan gar nicht oder nur in knappster Form berichtet.

Die Zeitungsmacher in den Westzonen griffen bei den Meldungen über das Unfallgeschehen zumeist auf Gerüchte und Informationen des Ostbüros der SPD zurück. Einerseits sollten die Politik der Sowjetunion und der SED gebrandmarkt, andererseits die Menschen in der SBZ davon abgehalten werden, bei der Wismut AG zu arbeiten. Die Zahlenangaben über die Opfer von Katastrophen bei der Wismut AG konnten dabei gar nicht hoch genug sein. Besonders dramatisch fiel die Pressereaktion auf einen Unfall in Johanngeorgenstadt im November 1949 aus. Der Berliner »Telegraf« meldete am 28. November 1949 in seiner Spätausgabe 2 500 Tote. Dem Ostbüro der SPD erschienen 600 Tote glaubwürdiger.[322]

Doch was hatte sich in Johanngeorgenstadt tatsächlich ereignet? Rudolf Oelsner, Ingenieur für Sprengarbeiten, wurde am späten Vormittag des 24. November vom sowjetischen Politoffizier Kirilenko mit der Leitung der Rettungsarbeiten beauftragt. Diese schilderte er rückschauend so: »Folgendes wurde von mir festgelegt: 1. Sperrung aller Stollen zum Grubenfeld, 2. Heranholen der Grubenwehr der Rettungsstelle der Steinkohle aus Zwickau, 3. Stopp der Anfahrt der Belegschaft der zweiten Schicht mit Bahn und Bussen, 4. weitere Brandbekämpfung und Bewetterungsmaßnahmen. Nach dem Eintreffen der Zwickauer Grubenwehr wurden unverzüglich Anweisungen zur Brandbekämpfung ausgelöst. Gegen 13.30 Uhr traf der Generaldirektor Malzew ein und übernahm die Einsatzleitung. Ich erhielt gegen 14.00 Uhr den Auftrag, als Vorsichtsmaßnahme das Sprengmittellager der Sohle 78 Lachter zu räumen. Dazu wurden mir 40 Sowjetsoldaten zur Verfügung gestellt. [...] Da sich in den Grubenbauen der 78-Lachter-Sohle auch Brandwetter geringer Konzentration befanden, erlitten einige Soldaten, die erstmals unter Tage waren, Gasvergiftungen. Sie wurden sofort nach Übertage transportiert. [...] Am Wochenende war das Feuer gelöscht. Insgesamt wurden ca. 40 Bergleute (einschließlich der Sowjetsoldaten) im Zuge der Brandbekämpfung vergiftet und in die Poliklinik zur Behandlung gebracht. Am nächsten Tag (25. 11. 49) wurde der Pumpenwärter, Reifenrath, Richard, tot aufgefunden. Es gab sonst keine weiteren Opfer.«[323] Der »Sprengstoffunfall mit mehreren hundert Toten« war also eine Erfindung der Presse in den Westzonen, die während des Kalten Krieges keine Gelegenheit versäumen wollte, den Uranerzbergbau in der SBZ bzw. DDR zu brandmarken.

Bereits 1948 hatte die Landesregierung von Sachsen mehrere umfangreiche Unfallerhebungen in allen Wirtschaftszweigen durchgeführt. Demnach lag die Unfallquote im Steinkohlenbergbau um einiges höher als bei der Wismut AG. Bezogen auf tödliche Arbeitsunfälle, nahm der Uranerzbergbau jedoch einen traurigen Spitzenplatz ein.[324]

Tödliche Arbeitsunfälle pro 1 000 Beschäftigte im sächsischen Bergbau per 1. 10. 1948[325]

Zweig	Beschäftigte per 1. 10. 1948	Tödliche Unfälle	Tödliche Unfälle pro 1 000 Beschäftigte
Erzbergbau	85 227	22	0,38
Steinkohlenbergbau	22 045	3	0,07
Braunkohlenbergbau	38 173	12	0,32
insgesamt	145 445	16	0,10

Die Wismut AG versuchte das Problem des Arbeitsschutzes zunächst durch eine Kodifizierung der Sicherheitsbestimmungen und Belehrungen der Belegschaft in den Griff zu bekommen. Seit 1947 gab die Generaldirektion sehr detaillierte »Sicherheitsvorschriften für die Bergwerksindustrie« heraus.[326]

Die Arbeitsinspektion reagierte auf die hohen Unfallzahlen scharf. Im Falle einer erwiesenen Verletzung der Sorgfaltspflicht leitete sie umgehend Strafverfahren ein, die zumeist mit der Verhängung von Geldstrafen und in schweren Fällen auch mit Freiheitsstrafen endeten. Im ersten Quartal 1948 wurden bei der Wismut AG wegen vermuteter Verletzung der Sorgfaltspflicht gegen zwei Obersteiger, einen Schießmeister, zwei Bergleute und einen Elektriker entsprechende Verfahren angestrengt.

Seit Anfang der fünfziger Jahre waren die Unfallzahlen bei der Wismut AG rückläufig. Die Belegschaft wurde stark reduziert und die Ausbildung eines gut qualifizierten und motivierten Stamms von Bergleuten forciert. Auch die technische Ausrüstung konnte wesentlich verbessert werden. Anstelle der Fahrten wurden jetzt Förderkörbe benutzt, alle Hauerbrigaden mit Bohrstützen ausgestattet. Auf den wichtigsten Untertage-Strecken kamen Elektroloks zum Einsatz. Arbeitsschutzbekleidung stand nunmehr ausreichend zur Verfügung. »Das sicherheitstechnische Regime verbesserte sich zusehends und auch die Maßnahmen zum Gesundheitsschutz, das Nassbohren, das Anfeuchten des gesprengten Haufwerks, die Maßnahmen für eine bessere Bewetterung wurden besser eingehalten und – mindestens genauso wichtig – die Einhaltung vom Aufsichtspersonal kontrolliert.«[327] Gerade glaubte man, dass sich die Verhältnisse bei der Wismut AG normalisiert hatten und große Katastrophen ausgeschlossen werden konnten, da erschütterte im Juli 1955 das Grubenunglück von Niederschlema die bisherige Sicherheitsphilosophie.

Das Grubenunglück von Niederschlema[328]

Am 15. Juli 1955 brach bei Niederschlema im Schacht 250, Blindschacht 208 b auf der Sohle minus 480 Meter, kurz vor Mitternacht ein Brand aus.[329] Der Schweißer Günther Paersch hatte zuvor einen defekten Ventilator ausgeschaltet und bemerkt, dass ein Draht am Ventilator glühte.[330] Während er noch nach einem Elektriker suchte, begann es zu brennen. Das Feuer breitete sich rasch aus und erfasste auch die an den Blindschacht horizontal angeschlossenen Grubenbaue sowie Füllorte, Feldstrecken, Maschinenräume und Pumpenkammern.[331]

Die Nachtschichten der Objekte Oberschlema und Niederschlema/Alberoda, insgesamt ca. 10 000 Kumpel, konnten noch rechtzeitig alarmiert und nach Übertage geschickt werden. Unter Tage verblieben war die Brigade von Wolfgang Abendroth, insgesamt fünf Kumpel. Sie wurde schlicht vergessen und bemerkte den Brand erst am frühen Morgen. Der Rückweg war ihnen durch starke Rauchentwicklung jetzt allerdings versperrt. Ihre einzige Überlebenschance bestand darin, die Vortriebsstrecke zuzumauern: »Wir bauten quasi unser eigenes Gefängnis, ohne zu wissen, ob wir es je wieder verlassen würden.«[332]

Zwischenzeitlich begann ein erster hektischer Rettungsversuch. Die Verantwortlichen wussten nicht genau, wie viele Kumpel sich noch im Unglücksschacht befanden. Am Morgen des 16. Juli 1955 fuhr der Leiter des Grubenrettungswesen, Max Markstein, in den Unglücksschacht ein. Er hatte in den Jahren zuvor viele Rettungsaktionen geleitet und zahlreichen Kumpeln das Leben gerettet. Ihm schlossen sich der Steiger Fritzsche und der Sicherheitsbeauftragte des FDGB-Kreisvorstandes, Brühl, an. Warum die drei ohne Rettungsgeräte einfuhren, war nicht mehr zu klären. Sie zogen sich bereits unweit des Schachteingangs tödliche Kohlenmonoxydvergiftungen zu.[333]

Die Rettungsarbeiten, zunächst nur von Grubenrettungskommandos der SDAG Wismut geführt, wurden in den folgenden Stunden und Tagen durch eine außergewöhnlich starke Rauchentwicklung behindert. Bei der Einsatzleitung in der Hauptrettungsstelle Oberschlema stieg die Nervosität stündlich. Hinzu kam, dass die sowjetischen Leiter der Rettungsstelle widersprüchliche Anweisungen gaben und zeitweilig den Überblick über die Standorte der eingesetzten Rettungsmannschaften verloren. Diese gingen dilettantisch vor und setzten sich unnötig hohen Risiken aus. »Es kam vor, dass Brigaden oft in Blindschächte geschickt und nicht organisiert wurde, dass der Rückweg gesichert wird. Dieses hatte zur Folge, dass Obersteiger Röder und Jänsch tödlich verunglückten und weitere vier Kollegen des Rettungskommandos ebenfalls zugrunde gegangen wären, wenn nicht durch Zufall eine Brigade auf der oberen Sohle sich zum Füllort eines Blindschachtes verirrt hätte, die dann die Notsignale dieser Kollegen hörten.«[334]

Noch am 18. Juli meldete die Einsatzleitung der Polizei in Aue 23 Vermisste.[335] Allein mit eigenen Kräften vermochte die Schachtleitung den Brand nicht einzudämmen. Nun wurden auch Rettungsmannschaften von anderen Betrieben angefordert. Die Schachtleitung sträubte sich zunächst jedoch hartnäckig gegen einen Einsatz der auswärtigen Wehren.[336] Erst auf Anordnung des sowjetischen Generaldirektors Bogatow wurden diese doch hinzugezogen. Das führte allerdings zu neuen Problemen – die fremden Einsatzkräfte kannten sich in den Gruben nämlich nicht aus.

Die fünf eingeschlossenen Kumpel konnten schließlich nach über 50 Stunden geborgen werden. Den Brand selbst vermochte man erst am 24. Juli 1955 endgültig zu löschen. Danach wurden alle Schächte der Objekte in Ober- und Niederschlema sowie Alberoda, mit Ausnahme des Blindschachtes 208 b, wieder in Betrieb genommen. Das Grubenunglück forderte 33 Tote, unter ihnen 14 Bergleute, sieben Mitarbeiter des ingenieur-technischen Personals, ein Polizist, neun Rettungskräfte sowie zwei Leitungsfunktionäre. Mehr als 150 Bergleute und Rettungskräfte erlitten Gasvergiftungen. Werner Schneider, damals Stellvertretender Obersteiger, benannte 40 Jahre später die Ursachen für das Ausmaß der Katastrophe: »Es hatte bis dahin wenig Brandschutzmaßnahmen gegeben. Eine Feuerwehr für Untertage existierte nicht. Die Leute waren an Rettungsgeräten nicht ausgebildet. Jeder Schacht hatte seine eigene Einsatzleitung, zwischen denen es in den ersten Stunden keine Verbindung gab. Jeder operierte blind in den Tag hinein.«[337]

Die Reaktionen der Direktion, der Partei- und Gewerkschaftsleitung, der Bezirksdirektion der Volkspolizei und der Staatssicherheit auf das Unglück waren aufschlussreich. Nach Bekanntwerden des Unglücks lief die Kommunikation in den Führungsetagen nur noch über das Sondertelefonnetz der Gebietsparteileitung der SED. Offenbar blieb einige Tage unklar, ob überhaupt, und wenn ja, in welcher Form eine öffentliche Stellungnahme zu dem Unglück erfolgen sollte. Parallel zu den Rettungsarbeiten begannen Polizei und Staatssicherheit, die Stimmung unter der Belegschaft und der Bevölkerung abzufragen.[338] Erst als der Druck der Öffentlichkeit zunahm, entschloss man sich zu einer Reaktion in den Medien. Verschiedentlich wurden auch Vermutungen laut, dass es sich bei dem Grubenbrand um einen »Sabotageakt« gehandelt haben könnte. Bereits der erste Polizeibericht deutete in diese Richtung. Zwanzig Mitarbeiter der Staatssicherheit und der Kriminalpolizei nahmen ab dem 19. Juli die Ermittlungen auf: »Insgesamt wurden 59 Bergarbeiter protokollarisch vernommen.«[339]

Die Benachrichtigung der Familien der verunglückten Bergleute übernahmen Mitarbeiter der Staatssicherheit und der SED-Kreisleitung. Als erste Hilfe zahlte man den Hinterbliebenen 1 000 Mark aus. Später folgten die Zuweisung von Wohnungen, Kleidung, Heizmaterial und Urlaubsplätzen sowie Entschädigungszahlungen aus der »Ostsee-Schwarzmeerversicherung«.[340]

Erst nach der Katastrophe von Niederschlema wurde das betriebliche Sicherheitssystem bei der Wismut AG grundlegend neu geregelt. Dazu gehörte die Neustrukturierung des gesamten Rettungswesens. Ab Oktober 1956 galten sämtliche gesetzlichen Bestimmungen der DDR für den Gesundheits- und Arbeitsschutz auch bei der SDAG Wismut.

Die Tücken der Unfallstatistik

Bis heute gibt es keine genauen Statistiken über das Unfallgeschehen bei der Wismut AG. Aus Gründen der Geheimhaltung wurden die Ergebnisse einer entsprechenden Recherche von 1964 vernichtet.[341] Ihre Verfasser gaben für den Zeitraum von 1949 bis Mitte 1964 376 tödliche Unfälle an. Allerdings fügten sie folgenden wichtigen Satz hinzu: »Die Zahl der Unfälle mit späterem Tod war schon damals nicht zu ermitteln.«[342] Erst für die Jahre ab 1965 stehen die Unterlagen des Stellvertretenden Generaldirektors für Sicherheit der SDAG Wismut und der Bergbehörde zur Verfügung. Die z. T. nachträglich geschätzten Zahlen sind erschreckend genug. Demnach wurden zwischen 1946 und 1990 bei der Wismut AG bzw. SDAG Wismut fast 42 000 Unfälle, darunter viele schwere Unfälle mit insgesamt 772 Toten registriert.[343] Doch spiegeln diese Zahlen das Unfallgeschehen auch verlässlich wider? Wohl kaum. Die tatsächliche Zahl der Unfallopfer lag sicher deutlich höher, als in der offiziellen Statistik angegeben wird. Dafür gibt es eine Vielzahl von Indizien.[344]

Der Uranbergbau, unter chaotischen Bedingungen mit einer ganz überwiegend unerfahrenen Belegschaft begonnen, forderte hauptsächlich in den ersten Jahren einen hohen Preis. Unter den Bedingungen eines von der Besatzungsmacht unter höchstem Zeitdruck betriebenen massiven Raubbaus wurde den Sicherheitsbelangen zunächst nicht der erforderliche Stellenwert zugemessen. Außerdem trugen Fahrlässigkeit und Leichtsinn wesentlich zu den hohen Unfallzahlen bei. Bis es den Schachtleitungen gelang, für eine ausreichende Sicherheit in den Objekten zu sorgen, vergingen Jahre. Dennoch stellte der Uranbergbau in dieser Zeit bezogen auf das Unfallgeschehen keinen Sonderfall dar. Die Gefahr, unter Tage zu verunglücken, war in den Zechen des Ruhrgebietes oder im Steinkohlenrevier von Zwickau/Oelsnitz nicht geringer. Die ersten Jahre nach dem Zweiten Weltkrieg können mit Blick auf den gesamten deutschen Bergbau (in West und Ost) als Zeit des massiven Raubbaus bezeichnet werden.[345] Zu einem deutlichen Rückgang der Unfallrisiken im Uranbergbau kam es ab der zweiten Hälfte der fünfziger Jahre. Danach lag die Unfallhäufigkeit im Uranerzbergbau unter dem Durchschnitt der Raten in der Industrie.

Der Strahlenschutz bei der Wismut AG

Während Unfälle unter und auch über Tage zum Alltag der Bergleute gehörten, waren ihnen die »unsichtbaren Gefahren« ihrer Tätigkeit kaum gegenwärtig. Dabei gab es damals weltweit keine andere Bergbauregion, in der vor dem Krieg mehr für die Erforschung von Strahlenkrankheiten getan worden war. Die »Schneeberger« und die »Joachimsthaler Bergmannskrankheit« gingen, wie geschildert, in die Medizingeschichte ein. Seinerzeit einmalig war die Bergpolizeiverordnung vom 21. November 1940, die einen Grenzwert für die radioaktive Belastung von Untertagearbeitern festlegte. Infolge des Krieges blieben die praktischen Auswirkungen der vom Karlsbader Bergamt erlassenen Verordnung allerdings gering. Am 15. Juni 1944 erließ das Bergamt Zwickau nahezu gleich lautende »Schutzmaßnahmen für die Gefolgschaft der Gewerkschaft Schneeberger Bergbau«.[346] Die Zwickauer Verordnung enthielt 13 Paragraphen. Zentrale Punkte waren dabei die Durchführung regelmäßiger Gesundheitsuntersuchungen und deren detaillierte Dokumentation, die Regelung der Arbeitszeit und des Erholungsurlaubs sowie der Gesundheitsschutz über und unter Tage. Die Arbeitszeit, einschließlich der Ein- und Ausfahrt, wurde auf acht Stunden begrenzt. Den Grenzwert für den Emanationsgehalt der Luft setzte man mit 3 Mache fest. Bei Überschreitung sollten die Bergleute für mindestens vier Wochen an einen anderen Arbeitsort mit niedrigerer Belastung versetzt werden. Mit der vorläufigen Verordnung von 1940 und der Bergpolizeiverordnung vom Juni 1944 existierte ein zu diesem Zeitpunkt vorbildliches Regelwerk.

Zahlreiche Studien über den Schneeberger und Joachimsthaler Lungenkrebs sind noch vor dem Zweiten Weltkrieg in englischsprachigen Fachzeitschriften publiziert worden. Im Jahr 1944 hat Egon Lorenz in der angesehenen Zeitschrift des Nationalen Krebsinstitutes der USA immerhin 57 Publikationen zu diesem Thema ausgewertet.[347] Nach dem Zweiten Weltkrieg und dem Beginn eines intensiven Uranbergbaus in den USA griffen amerikanische Mediziner auf die Erkenntnisse aus Sachsen und Böhmen zurück. Die amerikanische Atomenergiebehörde und das Militär beugten sich dennoch erst nach vielen Jahren dem öffentlichen Druck, die vorliegenden Informationen zu berücksichtigen. Jahrelang hatten sie versucht, die Gefahren des Uranerzbergbaus zu verharmlosen oder als kommunistische Propaganda abzutun.

In der Hochzeit des Kalten Krieges wurde das Argument von der feindlichen Propaganda von allen Seiten benutzt. Dies galt nicht zuletzt für die Wismut AG. Nachdem sich 1947 abzeichnete, dass die sowjetische Besatzungsmacht den Uranabbau in Sachsen in großem Stil betreiben wollte, mehrten sich unter der Ärzteschaft in den Bergbaukreisen, den Gesundheitsbehörden und der Landesregierung kritische Stimmen. Erste eindringliche Warnungen vor möglichen Krebsrisiken kamen von Professor Dr. Georg Wildführ, dem Direktor der Hygienischen Untersuchungsanstalten Dresden. Er sandte bereits im Mai 1947, also nur wenige Monate nach dem regulären Beginn des Uranbergbaus durch die Wismut AG, mehrere Schreiben an die sächsische Landesregierung, in denen er den Forschungsstand resümierte: »Die Berufsschädigungen, die im Uranerzbergbau auftreten können, werden durch folgende drei Faktoren bestimmt: Staub, radioaktive Strahlen, Blei. Die Möglichkeit der Berufsschädigungen ergeben sich somit aus der kombinierten Wirkung der Staubeinatmung mit der Einwirkung radioaktiver Strahlungen bzw. Emanation des Gesteins und der Grubenwässer. Es ist also einmal mit der bei der Schneeberger Lungenkrankheit bekannten Wirkungsweise im Sinne der Staublunge (Silikose) und krebsartigen Geschwulstbildungen in der Lunge zu rechnen. […] Neben dieser Wirkungsweise ist in Betracht zu ziehen, dass die längere Einwirkung radioaktiver Strahlen zu schweren irreparablen Allgemeinschädigungen führt, wie sie uns bei den Erkrankungen durch radioaktive Stoffe bei Menschen, die mit diesen Stoffen arbeiten, bekannt sind.«[348] Professor Wildführ verwies aufgrund der Erfahrungen mit der »Schneeberger Bergkrankheit« auch darauf, dass mit einer ersten Welle von Krebs- und Silikosefällen frühestens zehn Jahre nach Beginn des Bergbaus zu rechnen sei.

Dieses Schreiben nahm Dr. Seifert von der Hauptabteilung Gesundheitswesen der sächsischen Landesregierung zum Anlass, um den Minister für Arbeit und Sozialfürsorge, Gäbler, über die Gefahren des neuen Bergbaus zu informieren.[349] Dr. Seifert regte den Erlass einer »Verordnung über die Anerkennung der im Uranbergbau erlittenen spezifischen Gesundheitsschäden als Berufskrankheit« (»Uranbergbaukrankheit«) an.

Die Ärzte und Gesundheitsbehörden in den Bergbaukreisen hatten unterdessen mit sehr gegenwärtigen Problemen zu tun. Die allgemeine Ernährungskrise machte auch vor den Bergleuten nicht halt und führte zu einem hohen Krankenstand. Hinzu kamen der Mangel an ausreichender Arbeitsbekleidung und schlecht beheizte Unterkünfte. Im Jahr 1947 wurden pro Monat bis zu 300 Bergleute krankheitsbedingt entpflichtet.[350] Sorgen bereitete den Medizinern auch die steigende Zahl von Geschlechtskranken in den Bergbaukreisen sowie die noch nicht gebannte Seuchengefahr. Angesichts dieser vielfältigen unmittelbar zu bewältigenden Probleme blieb den Ärzten wenig Zeit, sich intensiver mit den Langzeitgefahren des Uranbergbaus zu befassen. Dennoch belegen die Schreiben von Professor Wildführ sowie die frühen Bemühungen der sächsischen Landesregierung zum Erlass einer Verordnung über die »Uranbergbaukrankheit«, dass die mit dem Uranbergbau verbundenen gesundheitlichen Risiken den Fachleuten bekannt waren.

Nicht allein die sächsische Landesregierung, sondern auch der Parteivorstand der SED hatte Ende 1947 von den Warnungen Professor Wildführs Kenntnis erhalten. Die Probleme des Uranbergbaus wurden gleich zwei Mal, im Oktober und November 1947, im Parteivorstand der SED behandelt. Der Beauftragte der sächsischen Landesregierung, Max Weber, spielte die Gefahren des Uranerzbergbaus, wahrscheinlich aus Unkenntnis, herunter: »Bei den 21 000 Arbeitskräften, von denen etwa 12 000 nur beim Uran beschäftigt sind, ist noch nicht ein einziger solcher Krankheitsfall [Lungenkrebs] festgestellt worden.«[351] An dieser Stelle verzeichnete das Protokoll ein mehrfaches »Hört, hört!« Die Mitglieder des Parteivorstandes waren offenbar erleichtert. Man traute eher dem Urteil des Kommunisten Weber als den warnenden Schreiben der sächsischen Ärzte.

Was wäre geschehen, wenn die SED-Führung die Berichte der sächsischen Ärzte ernst genommen hätte? Wir wissen es nicht. Man kann allerdings davon ausgehen, dass die Besatzungsmacht nicht bereit gewesen wäre, das Tempo des Ausbaus der Uranindustrie zurückzufahren. Eine frühzeitige Verbesserung der Sicherheitsstandards, insbesondere eine bessere Bewetterung der Schächte, hätte allerdings zu weitaus weniger Fällen von Lungenkrebs geführt. Insofern war es verhängnisvoll, dass zu den Beratungen des Parteivorstandes der SED keine kompetenten Vertreter der Ärzteschaft hinzugezogen wurden.

Ob die sowjetische Direktion der Wismut AG die Strahlengefahr überhaupt als Problem wahrgenommen hat, ist nicht bekannt. In den Jahresberichten von 1947 bis 1953 taucht das Thema jedenfalls nicht auf. Dabei forderten sowohl die Landesarbeitsinspektion als auch die Hauptabteilung für Gesundheitswesen seit Aufnahme des Uranbergbaus durch die Wismut AG die Durchführung regelmäßiger Messungen des Radongehaltes in den Gruben. Die Direktion der Wismut AG informierte die sächsischen Behörden allerdings nicht darüber, ob solche Messungen durchgeführt wurden.[352]

Die sowjetische Direktion und die Schachtleiter unterrichteten die Bergleute nicht über das Strahlenrisiko. Auch die SED und die Gewerkschaften unternahmen wenig, um daran etwas zu ändern. So blieb es hauptsächlich bei mündlichen Warnungen durch ehemalige Kurärzte, alte Bergleute der Sachsenerz Bergwerks AG und Einheimische. Der Bergmann Werner Schiffer schreibt dazu: »Zugegeben, die wenigsten von ihnen kannten die Schriften von Agricola, Paracelsus und ihren Nachfolgern. Doch sie brauchten ja nur die Jahreszahlen auf den Grabsteinen der Friedhöfe anzuschauen. So mancher Wismut-Kumpel hatte sogar selbst bereits seinen Vater oder Onkel durch den ›Schneeberger Lungenkrebs‹ verloren. Aber auch diese Erfahrungen hielten die meisten nicht davon ab, sich bewusst in die gleiche Gefahr eines verkürzten Lebens zu begeben.«[353] Schiffer spricht damit ein Grundproblem der frühen Jahre des Uranbergbaus an: die Verdrängung der (unsichtbaren) Gefahren durch die Bergleute. Viele Beschäftigte wollten nicht auf Dauer bei der Wismut AG bleiben, sondern schnell Geld verdienen und dann gehen. Sie ignorierten die Gefahr, sofern sie ihnen überhaupt bewusst war.

Aufgeschlossener verhielt sich die Wismut-Direktion gegenüber der Silikosegefahr. Die »Staublunge« war seit langem aus dem Steinkohlenbergbau bekannt. Im Verlaufe der Jahre 1948/49 versuchte die sächsische Landesarbeitsinspektion auf die Gefahr einer Silikoseepidemie unter den Wismut-Bergleuten aufmerksam zu machen.[354] Die Inspekteure gingen im Oktober 1948 davon aus, dass von den damals geschätzten fast 70 000 Beschäftigten der Wismut AG fast die Hälfte akut silikosegefährdet sei. Um dem vorzubeugen, schlug die Landesarbeitsinspektion vor, die Wetterführung zu verbessern, das Schießen (Sprengen) auf das Schichtende zu verlegen und Staubmasken zu tragen. Besonders bemerkenswert: Die Landesarbeitsinspektion regte im Dezember 1948 auch an, die Verordnungen vom 21. November 1940 bzw. 15. Juni 1944 in Kraft zu setzen![355]

Die Verordnungen aus der NS-Zeit blieben in der Schublade. Stattdessen erließ die Wismut-Direktion eigene Sicherheitsvorschriften. Tatsächlich war bereits mit der ersten von der Generaldirektion 1947 erlassenen Sicherheitsvorschrift das Nassbohren, das Tragen von Staubschutzmasken und die Einsetzung von Wettersteigern angeordnet worden.[356] Allerdings fehlte ein entscheidender

Punkt aus den Verordnungen von 1940 bzw. 1944: die Festsetzung eines Grenzwertes für die Strahlenbelastung! Offenbar wollte die sowjetische Direktion erst gar keine Diskussionen über diese heikle Frage aufkommen lassen und vermied daher jeden Hinweis auf die »unsichtbare Gefahr«.

Mit dem Erlass von Verordnungen war es im Übrigen nicht getan. Um überhaupt nass bohren zu können, mussten eine Reihe von technischen und materiellen Voraussetzungen geschaffen werden: Man musste Rohrleitungen und Wasseranschlüsse legen sowie Bohrmaschinen mit Spülköpfen kaufen. Dies war in einer Zeit des chronischen Mangels überaus kompliziert, zumal sich die Zulieferwerke für die Wismut AG erst im Aufbau befanden. Hinzu kamen praktische Probleme. Das Nassbohren erforderte von den Bergleuten zusätzliche Anstrengungen, bedeutete Zeitverlust und verringerte somit den Bohrfortschritt. All dies schmälerte die Normerfüllung. Daher verstießen einzelne Brigaden bzw. Bergleute immer wieder gegen die Sicherheitsbestimmungen und bohrten trocken.

Die generelle Einführung des Nassbohrens dauerte in den einzelnen Objekten unterschiedlich lange, sodass kein genauer Zeitpunkt für das gesamte Unternehmen fixiert werden kann. Nach Aussagen von Experten erfolgte der Übergang zum Nassbohren in einzelnen Objekten bereits im Frühjahr 1947, dürfte aber erst zwischen 1950 und 1954 zum Abschluss gekommen sein.

Strahlenopfer

Unter hohen Strahlenbelastungen hatte vor allem die erste Generation der Wismut-Bergleute, die in den Jahren 1946 bis 1955 eingestellt wurden, zu leiden. Da die Wismut AG bis 1954 keine Messungen der Radonbelastungen vornahm, konnten die kumulierten radioaktiven Belastungen (Expositionshöhe) rückwirkend nur noch geschätzt werden.[357] Experten gehen davon aus, dass bis 1955 pro Jahr mit einer durchschnittlichen Belastung von 150 Working Level Month (WLM) – eine Maßeinheit zur Feststellung der monatlichen Strahlenbelastung – gerechnet werden muss. Erst Mitte der fünfziger Jahre gelang es durch eine bessere Bewetterung der Schächte, die Radonbelastungen drastisch zu senken. Ab 1976 lag der Durchschnittswert bei ca. 2 WLM pro Jahr.[358] Zum Vergleich: Internationale Strahlenschutzexperten empfehlen zurzeit einen Grenzwert von 4 WLM pro Jahr. Die Bergleute der ersten Wismut-Generation waren also einem Vielfachen der heute zulässigen Strahlenbelastungen ausgesetzt.

Die an Lungenkrebs oder Silikose erkrankten Bergleute gehörten zu mehr als 90 Prozent der ersten Wismutgeneration an.[359] Nach groben Schätzungen haben zwischen 1946 und 1990 ca. 500 000 Beschäftigte unter Tage gearbeitet. Bis 1989 wurden bei ca. 15 000 Bergleuten Silikose, bei ca. 5 300 Lungenkrebs, bei 5 000 Pressluft- und Überlastungsschäden und bei 4 700 lärmbedingte Schwerhörigkeit als Berufskrankheiten anerkannt.

Wie sind diese erschreckenden Zahlen im internationalen Vergleich zu bewerten? Hat die Tätigkeit der Wismut AG, wie eine Tageszeitung polemisch titelte, zu Strahlenschäden geführt, die mit denen von Hiroshima und Nagasaki vergleichbar sind? Die Journalisten beriefen sich in ihrem Artikel auf eine Untersuchung, in der die Lungenkrebsfälle in einigen großen Uranbergbaugebieten mit der Zahl der Lungenkrebsfälle bei den Überlebenden der beiden Atombombenabwürfe von Hiroshima und Nagasaki, der so genannten Life-Span-Studie, verglichen wurden.

Lungenkrebsfälle im internationalen Vergleich[360]

Kohorte	Kohortengröße	Zahl der Lungenkrebsfälle
Colorado	3400	256
ČSR/ČSSR	4300	115
Eldorado	6900	65
Ontario	13000	87
Überlebende von Hiroshima und Nagasaki	76000	638
Wismut	400000	5000

Abgesehen von den methodischen Problemen dieses Vergleichs, ist der Fakt bemerkenswert, das unter den Überlebenden der beiden Atombombenabwürfe prozentual betrachtet weniger Krebsfälle registriert wurden als unter den Uranbergleuten. Dies hing mit den verschiedenen Einwirkungsarten und ihrer zeitlichen Dauer zusammen. Unterstellt man die Zuverlässigkeit der Erhebungen, dann waren die Bergleute in den USA, gemessen an der Zahl der Krebsfälle pro 1000 Beschäftigte, den größten Strahlenrisiken ausgesetzt. In der Tat haben amerikanische Mediziner in den Uranminen von Colorado Anfang der fünfziger Jahre Radonbelastungen gemessen, die mehr als das 10-fache über den vor 1945 im Erzgebirge gemessenen Werten lagen.[361] Da jedoch bei der Wismut AG allein bis 1950 mehr als 400000 Menschen beschäftigt waren, und sei es nur für eine kurze Zeit, nahm die Tragödie im Erzgebirge andere Ausmaße an als in den USA.

Erstaunlich scheint auf den ersten Blick auch die relativ geringe Zahl von Lungenkrebsfällen in der ČSR bzw. ČSSR zu sein. Dabei ist allerdings zu beachten, dass systematische und regelmäßige Radonmessungen in den tschechoslowakischen Uranbergwerken erst seit 1960 durchgeführt wurden.[362] Zu dieser Zeit war die Exposition in den Minen relativ gering und lag deutlich unter den Vergleichswerten amerikanischer Minen.

In den Minen von Joachimsthal waren, ähnlich wie bei der Wismut AG, die Bergleute der »ersten Generation«, vor allem Kriegsgefangene und Häftlinge, den höchsten Strahlenbelastungen ausgesetzt. Darüber geben einige Zeitzeugenberichte Auskunft, so auch vom international bekannten Intellektuellen und späteren stellvertretenden Außenminister Eduard Goldstücker, der als Opfer der »Säuberungen« einige Monate seiner Haftzeit in Jáchymov verbüßte. »Man setzte uns geradezu beispiellos hohen radioaktiven Strahlungen aus, und das ohne jeden Schutz. Die Unfallrate war Furcht erregend, insbesondere in den Stollen. Tod infolge von Strahlung wurde nie erfasst. Und dies nicht nur in den Lagern, sondern auch nachher nicht, als der Tod bei den bereits Entlassenen seine Opfer forderte, vor allem unter denen, die längere Zeit in Joachimsthal verbracht hatten.«[363]

Erst Anfang der siebziger Jahre wurde auch ein Gruppe von tschechoslowakischen Bergleuten, die zwischen 1948 und 1952 in Joachimsthal tätig waren, auf Lungenkrebs untersucht. Laut amtlicher Statistik wurden bei ihnen keine erhöhten Krebsraten festgestellt. Gegenüber solchen Daten ist Skepsis angebracht.

Unter wesentlich schlechteren Bedingungen als die Freiwilligen hatten bis 1950 deutsche Kriegsgefangene in den Joachimsthaler Minen gearbeitet. Einige Rückschlüsse auf ihren Gesundheitszustand ließ eine Reihenuntersuchung in Bayern Ende der fünfziger Jahre zu. Viele »Joachimsthaler« waren nach ihrer Entlassung aus der Gefangenschaft nach Bayern gezogen. 562 von ihnen wurden befragt. Etwas mehr als acht Prozent von ihnen litten an Krebs. Ein Vergleich mit der bayerischen Bevölkerung zeigte, dass das Krebsrisiko bei den »Joachimsthalern« eindeutig höher lag.[364] Nicht geklärt werden konnte die Wirkung von so genannten Co-Faktoren auf den Krankheitsverlauf, vor allem der schlechten Ernährung in der Gefangenschaft und der Rauchgewohnheiten. Kurzum, unter Einbeziehung der in Joachimsthal eingesetzten Kriegsgefangenen und politischen Häftlinge ergäbe sich ein anderes Bild.

Ganz abgesehen von den methodisch schwierigen internationalen Vergleichen lassen auch allein auf die DDR bezogene Regionalvergleiche wichtige Rückschlüsse zu. Im Durchschnitt der DDR lag die Zahl an bearbeiteten Krebsfällen pro 10 000 Einwohner bei ein bis drei. Abweichend davon wurden im Bezirk Chemnitz fast 44 Fälle und im Bezirk Gera rund zehn Fälle je 10 000 Einwohner amtlich registriert. In den beiden Bezirken, in denen die SDAG Wismut tätig war und in denen auch die meisten Mitarbeiter des Unternehmens wohnten, lag die Lungenkrebshäufigkeit mindestens um das 10-fache über dem Landesdurchschnitt.[365]

Ist der strahlenbedingte Lungenkrebs erst einmal ausgebrochen, tendieren die Heilungschancen gen null. Ein Hinterbliebener erinnert sich: »Mit 20 hat mein Vater bei der Wismut angefangen. Das war 1950. Damals wurde noch trocken gebohrt. In Schlema ist er eingefahren. Gelockt hat das Geld und die größeren Lebensmittelrationen. Gewusst hat er nichts von der Strahlungsgefahr. Woher auch. [...] 1963 wurde bei meinem Vater 30 Prozent Silikose festgestellt. Immer öfter lag er dann im Krankenhaus. [...] Er hat nur noch den Kopf geschüttelt. Wenigstens das Ende wollte er selbst bestimmen. Mein Vater hat sich aus dem Fenster gestürzt, 10. Stock. Er hat nichts gewusst von Strahlung. Fast zum Schluss hat dann ein Arzt zu meiner Mutter gesagt, dass es Lungenkrebs war.«[366]

Die Sonderstellung der Wismut AG im Ostblock

Die Einflussmöglichkeiten deutscher Behörden und Parteien auf die Vorgänge in den Bergbaukreisen und bei der Wismut AG waren in den ersten Jahren höchst begrenzt. Selbst die SMAD in Berlin-Karlshorst, und in ihrem Schlepptau der Parteivorstand der SED, erhielten nur bruchstückhaft Kenntnis von der Entwicklung im Erzgebirge. Die Wismut AG unterstand direkt der sowjetischen Atomindustrie und führte ein Eigenleben. Die SMAD und die SED sollten das Unternehmen unterstützen, vor allem bei der Werbung von Arbeitskräften, ansonsten aber nur das Notwendigste erfahren. Der Parteivorstand der SED befasste sich erstmals im Oktober/November 1947 mit dem Uranerzbergbau. Anlass dafür waren nicht etwa sowjetische Informationen, sondern eine Flut von Beschwerden über die sozialen Verhältnisse in den Bergbaukreisen und eine Rede des Vorsitzenden der SPD in den Westzonen, Kurt Schumacher. Die SED-Spitze erfuhr durch eine kurze Vorlage von Helmut Lehmann und durch Berichte von Max Weber in groben Zügen, welche Ausmaße der Uranerzbergbau bereits angenommen hatte. Die Vielzahl der Klagen über die Zwangsvermittlungen musste die SED-Führung beunruhigen. Man sorgte sich in Berlin vor allem um die Reputation der Partei. Direkte Möglichkeiten, das Geschehen vor Ort zu beeinflussen, hatte man nicht.

Für den Parteivorstand der SED war der Erzbergbau in den ersten Jahren ausschließlich eine Quelle von Problemen. Die Zwangsvermittlungen hatten zu einer Massenflucht geführt und dem Ansehen der Besatzungsmacht und auch der SED geschadet. Zudem verschlang der Uranerzbergbau immense Ressourcen: Holz, Schienen, Bohrgeräte, Kompressoren und nicht zuletzt Lebensmittcl. All dics musste erwirtschaftet und dann der Wismut AG zur Verfügung gestellt werden, die wiederum ganz überwiegend mit deutschen Steuergeldern wirtschaftete.

Noch aus einem zweiten Grund begann sich die Haltung der SED-Führung gegenüber dem Uranerzbergbau zu wandeln. Je größer das sowjetische Interesse am Uranerz aus dem Erzgebirge war, desto mehr musste die sowjetische Führung an der Aufrechterhaltung des Status Quo in der Deutschlandpolitik interessiert sein. Bis zur doppelten deutschen Staatengründung im Herbst 1949 und selbst darüber hinaus waren denkbare Alternativen zur Spaltung immer unwahrscheinlicher. Hätte es sich die Sowjetunion vor ihrem ersten erfolgreichen Atomtest im September 1949 leisten können, auf mehr als die Hälfte aller Uranerzressourcen in ihrem Machtbereich zu verzichten? Mit dem Aufbau der Uranindustrien in der SBZ und der ČSR hatte das Erzgebirge spätestens 1947/48 einen völlig neuen strategischen Stellenwert in der sowjetischen Geopolitik gewonnen.

Die SED konnte mit der Verselbstständigung der SBZ gut leben. Die Interessen der Besatzungsmacht und der SED waren zwar nicht deckungsgleich, aber in der Frage der Uranerzgewinnung erfolgte spätestens seit Ende der vierziger Jahre eine Annäherung. Der Uranerzbergbau war nunmehr für die SED kein »notwendiges Übel«, sondern ein Faustpfand für den Bestand der DDR.

Nach Gründung der DDR kam es im November 1949 erstmals zu einer schriftlichen Vereinbarung über den Uranerzbergbau. Damit hatte die DDR einen bescheidenen Souveränitätsgewinn erzielt. Doch noch immer blieben die Einflussmöglichkeiten der SED auf die Wismut AG höchst begrenzt. Über die Rolle des Gehilfen war die SED-Führung Anfang der fünfziger Jahre noch nicht hinausgekommen. Dies änderte sich auch nicht wesentlich nach Abschluss des Vertrages über die Bildung der SDAG Wismut im August 1953.

Seit Abschluss des »Protokolls über die Bedingungen der Stationierung sowjetischer Truppen auf dem Gebiet der DDR« im September 1955 trugen die DDR und die Sowjetunion die Besatzungslasten gemeinsam. Gleiches galt auch für die Kosten des Uranerzbergbaus. In beiden Fällen stellte die Teilung der Kosten eine reparationsähnliche Verpflichtung von Seiten der DDR dar.[367] Das Protokoll vom September 1955 hatte aber eine Reihe wichtiger Fragen offen gelassen, darunter die endgültige Höhe der Stationierungskosten, die Frage, welcher Gerichtsbarkeit die sowjetischen Truppen in Deutschland unterstanden, und »eine öffentliche Erklärung zur Frage der Lieferungen der Wismut AG und ihrer Bezahlung«[368]. Im Juli 1956 fanden daraufhin Regierungsverhandlungen in Moskau statt, und am 12. März 1957 wurde ein Stationierungsabkommen geschlossen, das bis zum Ende der DDR, trotz zahlreicher ungeklärter Punkte, Gültigkeit behielt. Die regelmäßigen Verhandlungen über die Stationierungskosten wurden seit 1955 mit den Verhandlungen über die Verrechnung der Kosten für den Uranbergbau gekoppelt. Für die in diesem Zusammenhang von der DDR getätigten Leistungen galt ein ungünstiger Umrechnungskurs – zuletzt 1 Rubel gleich 5,50 DDR-Mark.

Die SED-Führung betrachtete den Uranbergbau, dies zeigt auch die gleichrangige Behandlung von Stationierungskosten und Zuschüssen für die SDAG Wismut, als »zusätzlichen Verteidigungsbeitrag«. Zwischen 1954 und 1958 zahlte die DDR ca. 6,45 Milliarden Mark Stationierungskosten und ca. 4,1 Milliarden Mark für die SDAG Wismut.[369] Zunehmend selbstbewusster führte Ulbricht gegenüber seinen sowjetischen Gesprächspartnern diese Sonderleistungen ins Feld und betonte immer wieder den hohen Stellenwert der DDR im Ostblock.

Seit Mitte der fünfziger Jahre deutete sich für den Uranerzbergbau in der DDR noch eine weitere Perspektive an. Mit Beginn der friedlichen Nutzung der Atomenergie schien sich eine Chance zu eröffnen, den chronischen Elektroenergiemangel in der DDR zu überwinden. Die SED-Führung setzte daher frühzeitig auf den Aufbau von Atomkraftwerken. Die politischen und materiellen Möglichkeiten dafür waren lange Zeit nicht gegeben gewesen, doch zehn Jahre nach Kriegsende hatte sich die Lage verändert. Die Weichen für die friedliche Nutzung der Atomenergie in der DDR wurden 1955 gestellt. In diesem Jahr kam eine Reihe von prominenten Wissenschaftlern aus der Sowjetunion zurück, wo sie, teils freiwillig, teils gezwungen, an Teilen des Atomprojektes mitgewirkt hatten.

Bei der Entscheidung für den Bau des ersten Atomkraftwerkes in der DDR spielten die eigenen Uranvorkommen eine wichtige Rolle. Mit dem Abkommen über die Gründung der Sowjetisch-Deutschen Aktiengesellschaft Wismut vom 22. August 1953 konnte die vollständige Abhängigkeit der Uranförderung vom Willen der Sowjetunion beendet werden. Dies war eine entscheidende Voraussetzung für die Überlegungen von Politikern und Wissenschaftlern in der DDR, künftig einen Teil der eigenen Uranvorkommen selbst zu nutzen. Die seit 1957 verstärkten Bemühungen, einen eigenen Brennstoffkreislauf aufzubauen, trugen schließlich dazu bei, im Regierungsabkommen vom 7. Dezember 1962 über die weitere Tätigkeit der SDAG Wismut erstmals auch den Bedarf der DDR an Uranprodukten festzuschreiben.

Angesichts der internationalen Atomeuphorie drängten Teile des SED-Parteiapparates und das Außenministerium bereits 1956/57 auf einen Beitritt der DDR zu EURATOM, der internationalen Atomenergiebehörde: »Die DDR ist heute der größte Uranproduzent in Europa. Diese Tatsache und die Erfahrungen unserer hoch begabten Wissenschaftler befähigen die DDR schon heute, auf internationaler Ebene einen nicht unwesentlichen Beitrag zur friedlichen Nutzung der Atomenergie zu leisten.«[370] Doch Minister Selbmann lehnte diesen Vorschlag als illusorisch ab und hatte damit wohl Recht. Trotzdem wurde in der Fachpresse der DDR das »Uranargument« wiederholt bemüht. So hieß es in einem Artikel der Zeitschrift »Energietechnik« vom April 1957: »Die DDR kann durch den Uranreichtum entscheidende Vorteile für sich in Anspruch nehmen und dadurch eine größere Sicherheit für annehmbare Produktionskosten bei Atomkraftwerken erreichen.«[371] Auch bei diesen Überlegungen war offenbar der Wunsch der Vater des Gedankens. Weder gelang es der DDR Ende der fünfziger Jahre, der internationalen Atomenergiebehörde beizutreten, noch besaß sie Verfügungsrechte über das auf ihrem Territorium geförderte Uranerz. Das »Uranargument« wurde zwar gern angeführt, spielte aber in den 1956 geführten Verhandlungen mit der Sowjetunion über den Bau von Atomreaktoren in der DDR zunächst gar keine Rolle. Später blockierte die Sowjetunion selbst die Mitarbeit von Vertretern der SDAG Wismut an der Arbeit des Ende 1955 gegründeten Amtes für Kernforschung und Kerntechnik.[372] Einladungen zur Teilnahme an den Sitzungen der Arbeitsgruppe »Reaktorreines Uran« blieben unbeantwortet.

In der Bundesrepublik blickte man mit gewisser Sorge auf den ostdeutschen Uranerzbergbau. Die Befürchtungen bezogen sich nicht etwa auf die ökologischen Folgen des Bergbaus selbst, sondern auf den eigenen Mangel an Uranerzen. Im Aufbau einer eigenen Uranerzförderung sah die Deutsche Atomkommission eine Voraussetzung für den Aufbau einer Atomwirtschaft in der Bundesrepublik. In der öffentlichen Debatte wurde wiederholt auf den ostdeutschen Vorsprung bei der Uranerzförderung verwiesen. Mit staatlicher Hilfe sollte deshalb die Suche nach Uranerz in der Bundesrepublik gefördert werden. Zu den Protagonisten der Uranprospektion gehörten u. a. Professor Friedrich Schumacher, der nach seinem Weggang aus Freiberg Leiter des Mineralogisch-Petrologischen Instituts und Museums der Universität Bonn geworden war, sowie Hans Paul, Repräsentant der Gewerkschaft Brunhilde. Bis Ende der fünfziger Jahre wurden elf Vorkommen bekannt.[373]

Am 27. Oktober 1956 überreichte der Generaldirektor der Maximilianshütte Weißenstadt (Fichtelgebirge) feierlich den ersten aus (west)deutschem Erz gefertigten Uranstab an Bundesminister Franz Josef Strauß. Der Stab wog etwa 20 Kilogramm und enthielt ca. 140 Gramm Uran 235. Außerdem ließ die Maximilianshütte eine beschränkte Zahl von Münzen mit der Aufschrift »Erstes deutsches Uran von Weißenstadt im Fichtelgebirge 1956« prägen.[374] Trotz dieser öffentlichen Werbung musste das Uranbergwerk bei Weißenstadt aus Kostengründen Ende 1957 wieder stillgelegt werden.

Der westdeutsche Staat förderte die Uranerzprospektion zwischen 1956 und 1962 mit 15,5 Millionen D-Mark, eine im Vergleich zu den Ausgaben der Wismut AG kleine Summe. Das Bundesministerium für Atomfragen ließ die Uransuche ohne größeren Erfolg noch bis Ende der sechziger Jahre fortführen.

In Rheinland-Pfalz wurde bei Ellweiler Uranerz im Tagebau gewonnen. Die interessanteste »Quelle« entdeckte 1961 die Gewerkschaft Brunhilde im Schwarzwald nahe Menzenschwand. In Sorge um den Tourismus konnte die Gemeinde den Abbau der Lagerstätte jedoch verhindern.[375] Die Uranversorgung aus einheimischen Vorkommen blieb für die westdeutsche Atomwirtschaft – nicht zuletzt auch wegen der Entwicklung auf dem Welturanmarkt – letztlich bedeutungslos. So blieb im wirtschaftlichen Wettlauf zwischen beiden deutschen Staaten, in dem die DDR ansonsten hoffnungslos unterlegen war, der Juniorpartner der Sowjetunion auf dem Gebiet der Uranerzgewinnung der Überlegene. Dies stärkte die Position der SDAG Wismut noch zusätzlich. Vom ungeliebten Besatzungsbetrieb hatte sich die Wismut bis Anfang der sechziger Jahre zu einem Musterbetrieb und Hoffnungsträger für eine künftige »Energiewende« gewandelt.

Der Ausbau der Uranindustrie im sowjetischen Machtbereich

Unmittelbar nach Kriegsende konzentrierten sich die geologischen Arbeiten in der Sowjetunion auf die weitere Erkundung des Ferganatals. Ein erstes großes Bergbaukombinat für Uranerze wurde im Mai 1945 bei Leninabad – im Dreiländereck Tadschikistan, Usbekistan und Kirgisien – gebildet. Es erhielt den Namen »Bergbau- und Chemiekombinat Nr. 6«. Das Kombinat sollte unter anderem von den Minen bei Taboschar, Adrasman und Tjujamujun beliefert werden. Sie lagen bis zu 450 Kilometer von Leninabad entfernt. Lediglich in der alten Uranmine von Taboschar konnte schon 1945 mit einer bescheidenen Förderung begonnen werden. Die technische Ausstattung dieses Bergwerks war äußerst primitiv, die Abbauverfahren waren wenig produktiv und gefährlich. In der Mine kamen überwiegend Häftlinge und Verbannte zum Einsatz.[376] Bohrhämmer gab es kaum. Gleise für den Transport von Abraum und Erz fehlten ebenso wie ein Labor zur Untersuchung des gewonnenen Rohstoffes. Der Transport des Erzes erfolgte mit Mauleseln und Kamelen. Ähnlich lagen die Verhältnisse bei den anderen Minen des Kombinates Nr. 6. Anfang 1950 waren dort ca. 18 000 Arbeitskräfte tätig.

Obwohl die Sowjetunion Ende der vierziger Jahre über rund zwei Drittel aller damals bekannten Uranerzvorräte des Ostblocks verfügte, war ihre Atomindustrie vor allem auf rasch steigende Uranerzlieferungen aus den europäischen Ostblockstaaten angewiesen. Um den schnellstmöglichen Fortschritt des Atomprojektes zu gewährleisten, war es einfacher, Uranerze aus dem Erzgebirge heranzuschaffen als aus Mittelasien. Die Ausgangsbedingungen für den Aufbau von Bergbauunternehmen waren in Sachsen und Böhmen wesentlich besser als in Mittelasien. Dies erklärt, warum 1950 nur 20 Prozent der von der sowjetischen Atomindustrie verwendeten Uranerze im Inland gewonnen wurden.

Vorräte und Gewinnung von Uran für die sowjetische Atomindustrie 1945 bis 1950 in Prozent[377]

Land	1945	1946	1947	1948	1949	1950
Uranvorräte insgesamt	100	100	100	100	100	100
– Sowjetunion	100	97	80	69	68	63
– SBZ, ČSR, Bulgarien, Polen	0	3	20	31	32	37
Urangewinnung insgesamt	100	100	100	100	100	100
– Sowjetunion	100	45	38	30	22	20
– SBZ, ČSR, Bulgarien, Polen	0	55	62	70	78	80

Allein die Wismut AG deckte 1950 fast 60 Prozent des sowjetischen Bedarfs. An zweiter Stelle folgte das tschechoslowakische Nationalunternehmen Jáchymov mit einem Anteil von knapp 14 Prozent. Bereits im Jahr 1947 lagen die Vortriebsleistung und die Uranerzgewinnung bei der Wismut AG ungefähr doppelt so hoch wie beim Kombinat Nr. 6. Bis 1950 verschoben sich die Relationen weiter zugunsten der Wismut AG. Sie erreichte nunmehr fast eine fünfmal höhere Uranerzausbeute als das größte sowjetische Bergwerk.

Ein für die Stalin-Ära typisches Phänomen soll an dieser Stelle nicht unerwähnt bleiben – der Versuch, in ausnahmslos allen Ostblockstaaten Uranindustrien aufzubauen. Bereits im Oktober 1945 hatte die Sowjetunion mit Bulgarien ein Abkommen zur Bildung einer sowjetisch-bulgarischen Bergbaugesellschaft geschlossen. Sie sollte zunächst die bekannten Lagerstätten bei Buchowo und Sliwen erschließen. Später kamen dann noch eine Reihe kleinerer Lagerstätten hinzu. Die Erkundungs- und Förderarbeiten wurden überwiegend von sowjetischen Fachleuten geleitet. Den größten Teil der Kosten trug die Sowjetunion. Erst 1976 zog sie sich gänzlich aus der Finanzierung des bulgarischen Uranbergbaus zurück. Schon zwanzig Jahre zuvor, im Juli 1956, war die sowjetisch-bulgarische Bergbaugesellschaft aufgelöst worden. An ihre Stelle trat der bulgarische Staatsbetrieb »Redmet« (Seltene Metalle).[378]

Im oberschlesischen Schmiedeberg wurde Uranerz in kleineren Mengen bereits seit den zwanziger Jahren abgebaut. Nach Kriegsende gingen die Minen in polnischen Staatsbesitz über. Im Herbst 1947 einigten sich die Sowjetunion und Polen auf die Wiederaufnahme der Ausbeutung der Lagerstätte und schlossen dazu einen Geheimvertrag mit zwanzigjähriger Laufzeit. Zur Abwicklung des Abkommens wurde eine vierköpfige gemischte sowjetisch-polnische Kommission gebildet. Auch im polnischen Uranbergbau arbeiteten fortan sowjetische Geologen und Bergbauingenieure. Das vom Bergbaubetrieb »Wolnost« abgebaute Uranerz besaß allerdings nur einen geringen Urangehalt. Bereits wenige Jahre nach der Wiederaufnahme der Förderung waren die Lagerstätten bei Schmiedeberg und Miedzianka erschöpft. Fünf weitere Aufschlüsse in Niederschlesien erbrachten Ende der vierziger/Anfang der fünfziger Jahre kaum nennenswerte Ergebnisse. Bis 1952 wurden die Erkundungsarbeiten vollständig von der Sowjetunion finanziert, danach beteiligte sich der polnische Staat zur Hälfte an den Aufwendungen. Infolge der geringen Ausbeute stellte die sowjetisch-polnische Urankommission Ende 1959 ihre Tätigkeit ein.

Auch in Rumänien suchte eine sowjetische Geologenkommission nach Uranerz. Die Expedition begann 1950 und dauerte zwei Jahre. Die Erkundungsarbeiten führten 1951 zur Erschließung eines reichhaltigen Vorkommens bei Bihor. Nach dem bekannten Muster wurde daraufhin ein Abkommen zwischen beiden Ländern mit 25jähriger Laufzeit geschlossen und eine gemischte rumänisch-sowjetische Bergbaugesellschaft gebildet. Auf Veranlassung der rumänischen Seite wurde die gemischte Gesellschaft 1956 aufgelöst. An ihre Stelle trat ein rumänisches Staatsunternehmen.

Selbst in Ungarn wurde nach Uranerzen gesucht. Die Initiative ging dabei, anders als in den übrigen Ostblockstaaten, von der ungarischen Seite aus. Sowjetische Geologen sollten ab 1953 ungarische Kohlevorkommen auf ihren Gehalt an radioaktiven Elementen prüfen. Zu diesem Zweck reiste unter dem Decknamen »Bauxitexpedition« eine Geologengruppe nach Ungarn. Sie entdeckte im Herbst 1953 ein kleineres Uranvorkommen in Nordungarn. Dieser Fund war 1955 Anlass zur Bildung einer gemischten sowjetisch-ungarischen Urankommission und zum Abschluss eines Uranvertrages. Kurz darauf wurde der ungarische Staatsbetrieb »Bauxit« gegründet. Wie bei der Wismut AG handelte es sich auch bei der Namensgebung »Bauxit AG« um einen plumpen Rosstäuschertrick.

Die flächendeckende Uransuche im Ostblock kann nicht ausschließlich auf den sowjetischen »Uranhunger« zurückgeführt werden, auch wenn dies sicher das wichtigste Motiv war. Hinter dem Versuch, in allen Ostblockländern eine Uranindustrie aufzubauen, stand auch das Dogma von der vorrangigen Entwicklung der Schwerindustrie, wozu nicht zuletzt der Bergbau zählte. Dem Uranbergbau kam schließlich die sich seit den fünfziger Jahren abzeichnende friedliche Nutzung der Atomenergie zugute. Vor dem Hintergrund der damaligen Atomeuphorie bildete sich in allen Ostblockländern eine Atomlobby.

Zusammenfassung

Die Kernspaltung wurde weniger als ein Jahr vor Beginn des Zweiten Weltkrieges entdeckt. Was als offener wissenschaftlicher Wettstreit der besten theoretischen Physiker der Welt begonnen hatte, mündete unter den Bedingungen des verheerenden Weltkrieges in einen fieberhaften und höchst geheimen Wettlauf um den Bau der Atombombe.

Anfangs lagen alle Vorteile auf Seiten Hitlers. Deutschland verfügte über hoch qualifizierte Wissenschaftler und leistungsfähige Unternehmen. Die Besetzung Norwegens im April 1940 ermöglichte den Zugriff auf die damals einzige Schwerwasserfabrik. Kurz darauf fielen der Wehrmacht in Belgien und Frankreich auch noch die größten Uranvorräte der Welt in die Hände. Doch noch schien es ein sehr weiter Weg von den Ideen der Physiker bis zum Bau einer neuen schrecklichen Waffe zu sein. Der Doyen der theoretischen Physik in Deutschland, Werner Heisenberg, bremste die aufkommende Euphorie der deutschen Militärs.

Die Gefahr, dass Hitler als Erster in den Besitz von Atomwaffen gelangen könnte, war jedoch sehr real und wurde zuerst von jüdischen Wissenschaftlern erkannt, die aus den Achsenländern geflohen waren. Auf ihr Drängen wandte sich Albert Einstein am 2. August 1939 mit einem warnenden Brief an den amerikanischen Präsidenten Roosevelt. Auch in Großbritannien bemühten sich emigrierte Wissenschaftler um die Unterstützung der Regierung. Premierminister Winston Churchill reagierte als erster Politiker konsequent auf die neue Bedrohung, setzte eine Regierungskommission ein und traf die Entscheidung, die Forschungen an der Kernspaltung in großem Stil fortzusetzen. Die USA entschieden sich im Dezember 1941, unmittelbar nach ihrem Kriegseintritt, ebenfalls dazu, ein Großprojekt zur Entwicklung einer Atombombe zu beginnen.

Angesichts der in Europa schwierigen Kriegslage wurden die am britischen »Tube Alloys«-Projekt beteiligten Wissenschaftler in die USA gesandt. Dort arbeiteten sie gemeinsam mit ihren amerikanischen Kollegen. Im Rahmen des »Manhattan«-Projektes gelang den amerikanischen und britischen Wissenschaftlern in einem gigantischen Kraftakt schließlich im Sommer 1945 die Herstellung einer Atombombe.

Just zu der Zeit, als Briten und Amerikaner ihre Forschungen zu koordinieren begannen und die großtechnische Gewinnung von Plutonium vorbereiteten, fielen in Deutschland Entscheidungen, die zu einer zeitweiligen Verlangsamung der deutschen Atomforschung führten. Im Sommer 1942 stand das

Hitlerreich im Zenit seiner Macht und schien auf dem Weg, den Krieg mit konventionellen Mitteln zu entscheiden. Erst 1943/44, also nachdem Hitlers Armeen an allen Fronten in die Defensive geraten waren, erfuhr die deutsche Atomforschung nochmals eine Beschleunigung. Während Heisenbergs Team zurückfiel, kamen die Forschungsgruppen von Kurt Diebner, Manfred von Ardenne und der SS voran, wobei sie z.T. nach anderen technischen Prinzipien arbeiteten als die Amerikaner. Wie weit die Deutschen wirklich kamen und welches Ausmaß die Kooperation mit japanischen Forschern erreichte, bedarf noch der genaueren Klärung. So viel scheint festzustehen: Die Achsenmächte scheiterten nicht am fehlenden wissenschaftlichen Know-how und auch nicht an materiellen Engpässen – obwohl ihnen die Luftüberlegenheit der Alliierten schwer zu schaffen machte –, sondern letztendlich wohl nur an der für sie knappsten aller Ressourcen, der Zeit. So konnte in Europa der Krieg gerade noch rechtzeitig beendet werden, ohne dass es zu einem finalen verheerenden Einsatz von Massenvernichtungswaffen kam. Churchills berühmter Ausspruch, der Krieg sei »5 Minuten vor 12« zu Ende gegangen, war demnach keine Übertreibung, sondern brachte zum Ausdruck, wie knapp die Welt möglicherweise einer noch größeren Katastrophe entgangen war.

Die nukleare Gefahr war damit längst noch nicht gebannt. Vergeblich hatten berühmte Wissenschaftler, mit dem Dänen Niels Bohr an der Spitze, den amerikanischen Präsidenten und den britischen Premier gedrängt, keine Atombomben über schutzlosen japanischen Städten abzuwerfen und nicht auf einen Alleinbesitz dieser ultimativen Waffe hinzuarbeiten. Doch ihre eindringlichen Warnungen vor den Folgen eines Atombombeneinsatzes und eines neuen Wettrüstens verhallten ungehört. Politiker und Militärs wollten den Krieg gegen Japan rasch und mit möglichst geringen Verlusten beenden und entschieden sich für die Atombombenabwürfe über den japanischen Städten Hiroshima und Nagasaki. Kurz darauf kapitulierte das japanische Kaiserreich bedingungslos. Zudem hatten die Amerikaner der Sowjetunion ihre neue gewaltige Macht demonstriert.

Bereits in der Endphase des Krieges zeichneten sich die späteren Bruchstellen zwischen den Westmächten und der Sowjetunion ab. Der atomare Wettlauf spielte dabei eine zentrale Rolle. Die Siegermächte konkurrierten um die materiellen und geistigen Hinterlassenschaften der deutschen Atomforschung. Ein erstes Wetterleuchten des kommenden Kalten Krieges stellte der massive Bombenangriff auf Oranienburg im März 1945 dar. Um die dortigen Uranverarbeitungsanlagen und Vorräte der Auergesellschaft nicht in die Hände der Sowjets fallen zu lassen, hatte der militärische Leiter des »Manhattan«-Projektes, General Leslie Groves, den Luftangriff angeordnet. Die sowjetischen Militärs wussten diese Aktion zu deuten. Der Angriff hatte weniger den Deutschen, sondern eher ihnen gegolten und sollte ihr Atomprogramm schwächen.

Während es den Amerikanern im besiegten Deutschland gelang, die sowjetische Beute und nebenbei auch die der Briten und Franzosen zu schmälern, waren sie im eigenen Land bei der Bewahrung der Atomgeheimnisse weniger erfolgreich. Die riesigen Forschungs- und Produktionskomplexe des »Manhattan«-Projektes ließen sich trotz größter Anstrengungen nicht lückenlos abschirmen. Die sowjetische Auslandsaufklärung erhielt zuerst aus England und dann auch aus den USA höchst brisante Informationen. Stalin blieb gegenüber diesen Berichten lange skeptisch. Trotzdem befürwortete er die Bildung einer Urankommission unter Leitung des Physikers Igor Kurtschatow. Im Februar 1943 konnte der junge Professor mit seinem Team dann offiziell die Arbeiten im Laboratorium Nr. 2 in Moskau aufnehmen. Bis Kriegsende kam das sowjetische Atomprojekt jedoch nicht entscheidend voran.

Erst nach den amerikanischen Atombombenabwürfen wurde sich der sowjetische Diktator im August 1945 vollends der veränderten geostrategischen Lage bewusst. »Hiroshima hat die Welt verändert«, erklärte Stalin gegenüber Kurtschatow. Kurze Zeit später wurde ein Sonderkomitee für Atomfragen gegründet, das unter der Aufsicht von Lawrenti Berija stand. Der Geheimdienstchef trieb das sowjetische Atomprojekt trotz aller Entbehrungen für die leidgeprüfte Bevölkerung systematisch voran.

Während die Grundlagenforschung, nicht zuletzt durch die Beute in Deutschland und durch Spionageerkenntnisse angeregt, rasche Fortschritte machte, stellte der Mangel an Uranerz in der UdSSR den größten Engpass dar. Berija versuchte dieses Problem durch die Ausdehnung der Uranerzsuche über die Landesgrenzen hinaus zu lösen. Zwangsläufig gerieten dabei das Erzgebirge und die ältesten Uranerzminen in Jáchymov (St. Joachimsthal) ins Blickfeld der großen Politik.

Bereits in vorindustrieller Zeit waren dort und im benachbarten Schneeberger Revier in Sachsen geringe Mengen Pechblende gewonnen worden, ohne dass es dafür eine Verwendung gegeben hatte. Unter Bezugnahme auf die Erkenntnisse deutscher Geologen schlossen die Amerikaner nach Ende des Zweiten Weltkrieges die Existenz abbauwürdiger Lagerstätten im Erzgebirge aus. Sie zogen aus den von ihnen bis Ende Juni 1945 besetzt gehaltenen Teilen von Thüringen, Sachsen und Böhmen ab, ohne auch nur zu ahnen, dass sich dort einige der größten Uranerzlagerstätten der Welt befanden. Während sie noch darauf hofften, allein durch die Kontrolle der Welturanressourcen die Sowjetunion auf viele Jahre vom Bau einer eigenen Atombombe abhalten zu können, sollten sich ausgerechnet die von ihnen geräumten Gebiete in Sachsen als entscheidend für die Schließung der sowjetischen »Uranlücke« erweisen. Bei der Aushandlung der Besatzungszonen im Herbst 1944 hatte das Uranproblem keine Rolle gespielt, was darauf hindeutet, dass auch die Sowjets von den reichen Funden im Erzgebirge überrascht wurden.

Nach einer nur kurzzeitigen Unterbrechung lief der Uranbergbau in Jáchymov bereits im Herbst 1945 auf bescheidenem Niveau wieder an. Die Sowjetunion zeigte sich daran höchst interessiert und drängte auf den schnellen Abschluss eines tschechoslowakisch-sowjetischen Vertrages über die Förderung und den Verkauf von Uranerz. Der Kontrakt wurde schließlich am 23. November 1945 unterzeichnet und sah die Gründung eines tschechoslowakischen Nationalunternehmens vor, das mindestens 90 Prozent der geförderten Uranerze an die Sowjetunion verkaufen sollte.

Das drängendste Problem für den tschechoslowakischen Uranerzbergbau waren die fehlenden Arbeitskräfte. Die Tschechen hatten den größten Teil der Deutschen aus Böhmen vertrieben, um einen ethnisch weitgehend homogenen Nationalstaat zu begründen. Dennoch schickten die Sowjets deutsche Kriegsgefangene in den Uranerzbergbau von Jáchymov und boten außerdem die Entsendung einer großen Zahl sowjetischer Bergleute an. Doch nicht nur der Arbeitskräfteengpass im Bergbaudistrikt von Jáchymov bereitete den Vertretern der Sowjetunion Sorgen, sondern auch der ihrer Meinung nach unzureichende Einfluss der tschechoslowakischen Kommunisten auf das Nationalunternehmen. Der Uranerzbergbau in Böhmen wurde daher unter die Kontrolle des sowjetischen Geheimdienstes gestellt und entwickelte sich zu dem am schnellsten wachsenden Industriesektor in der tschechoslowakischen Wirtschaft.

Das Nationalunternehmen Jáchymov war gewissermaßen ein Einfallstor für den sowjetischen Einfluss in der Tschechoslowakei. Auf lange Sicht stellte die Uranindustrie vielleicht sogar den wichtigsten Hebel für die Sowjetisierung der tschechoslowakischen Gesellschaft dar.

Stalin und Berija nahmen bei der Übertragung von Methoden, die sie ansonsten nur in Zentralasien und Sibirien nutzten, nach Mitteleuropa, also an den Rand des sowjetischen Herrschaftsbereichs, ein kalkulierbares Risiko in Kauf. Die Errichtung eines Gulag-Systems in der Tschechoslowakei und die inhumane Behandlung von politischen Gefangenen wurden allmählich in Europa und Amerika bekannt und prägten seitdem die Propaganda des Kalten Krieges.

Die Region um Jáchymov, mit den ältesten Uranerzminen auf der tschechischen Seite der Grenze, lenkte die Aufmerksamkeit der Verantwortlichen für das sowjetische Atomprojekt frühzeitig auch auf die Uranerzressourcen in Sachsen und Thüringen. Dort entstand im Mai 1947 mit der Wismut AG das größte Reparationsunternehmen des 20. Jahrhunderts. Dieses bis Ende 1953 komplett in sowjetischer Hand befindliche Unternehmen wuchs stürmisch und entwickelte ein Eigenleben. NKWD-General Malzew war der unumschränkte Herrscher in der »Uranprovinz«. Das einzige, woran er in Moskau gemessen wurde, war die Uranerzförderung. »Erz, Genossen, wir brauchen Erz und keine Moral« – auf diese Formel wollte Malzew anfangs das Agieren seiner Offiziere reduzieren. Doch bereits nach wenigen Monaten sah sich die sowjetische Direktion gezwungen, von ihrer harten Haltung gegenüber der zum größten Teil zwangsverpflichteten Belegschaft abzurücken. Eine Fluchtwelle unter den zur Arbeit im Uranerzbergbau Rekrutierten und massive Proteste deutscher Gewerkschafter, die an Außenminister Molotow und Geheimdienstchef Berija herangetragen wurden, ließen Malzew einen Wechsel des Betriebsregimes geboten erscheinen. Bereits im Sommer 1947 wurden dafür die Weichen gestellt.

Der Wismut AG gelang es schrittweise, ein ausgeklügeltes System von Leistungsanreizen aufzubauen, wie es in keinem anderen Industriezweig existierte. Die überdurchschnittliche Lebensmittelversorgung und die Aussicht auf hohe

Prämien führten zu einer »Völkerwanderung« ins Erzgebirge. Aus allen Landesteilen und Berufsgruppen kommend, suchten jetzt Zehntausende Freiwillige ihr Glück im Uranerzbergbau. Mit ca. 200 000 Beschäftigten erreichte die Wismut AG 1950 schließlich den Höhepunkt ihrer expansiven Entwicklung.

Keine andere Region in der DDR erlebte in dieser Zeit ähnlich massive Umwälzungen. Im Eiltempo kam die Industrialisierung der Bergbaukreise voran, entstand ein Netz von Zuliefer- und Dienstleistungsbetrieben. Die Wismut AG brachte Geld unter die Bergleute und ihre Familien, und es entwickelte sich ein bescheidener Wohlstand. Ursprünglich nur auf eine kurze Zeit angelegt, etablierte sich die Wismut AG auf lange Sicht als größtes Kombinat in Sachsen und Thüringen mit nahezu autarken Strukturen, überdurchschnittlichen Sozialleistungen und einer hoch motivierten Stammbelegschaft.

Doch das stürmische Wachstum hatte seinen Preis. Landschaften, Dörfer und Stadtteile wurden oft rücksichtslos dem Bergbau geopfert. Für die Beseitigung von Abraumhalden fehlten Zeit und Geld. Die größten Opfer wurden der ersten Generation von Wismut-Bergleuten abverlangt. Ihnen winkten einerseits beachtliche Prämien, sie waren aber andererseits einem besonders strengen, auf militärähnlichen Prinzipien beruhenden Betriebsregime ausgesetzt. Hinzu kam das permanente Misstrauen der sowjetischen Geheimdienste, die mit Sabotagevorwürfen schnell bei der Hand waren. Hunderte von Bergleute wurden wegen kleiner Delikte, nicht selten aufgrund haltloser Beschuldigungen von Militärtribunalen zu harten Strafen, in einigen Fällen sogar zum Tode verurteilt.

Wer in den Jahren zwischen 1946 und 1955 zum Uranerzbergbau kam, wusste in der Regel nur wenig von den unsichtbaren Gefahren. Trotz der Erfahrungen mit der »Schneeberger Krankheit« informierte die sowjetische Direktion die Belegschaft über die Strahlenrisiken nicht. Gleiches traf im Übrigen auch auf die tschechoslowakischen Minen zu. Im Ergebnis von Unwissenheit, aber auch einer Unterschätzung der Gefahren erkrankten Tausende Bergleute an Lungenkrebs und Silikose. Sie gehörten zu den Opfern des atomaren Wettrüstens.

Zwischen 1946 und 1949 entwickelten sich die SBZ und die ČSR zu den wichtigsten Uranquellen für Stalins Atomprogramm. Sie deckten in dieser Zeit mehr als drei Viertel des Uranbedarfs der sowjetischen Atomindustrie. Ohne das tschechoslowakische und deutsche Uranerz hätte die Sowjetunion wohl kaum bereits Ende 1946 ihren ersten Atomreaktor in Betrieb nehmen und im August 1949 ihre erste Atombombe zünden können. Angesichts des amerikanischen Atombombenmonopols und der sich seit 1947 abzeichnenden Blockkonfrontation war der Zeitfaktor für Stalin von kaum zu überschätzender Bedeutung. Die ersten verbindlichen Absprachen über die künftige Behandlung der Uranerzförderung der Wismut AG wurden nicht zufällig erst nach dem ersten sowjetischen Atomtest getroffen.

Auch nachdem die Sowjetunion zur Nuklearmacht aufgestiegen war, ließ ihr »Uranhunger« nicht nach. Im Gegenteil. Nach Ausbruch des Koreakrieges im Sommer 1950 begann sich der Ostblock auf einen Krieg in Europa vorzubereiten, was für die ČSR und die DDR mit einer erheblichen Ausweitung der

Rüstungsausgaben und der Aufstellung großer bewaffneter Einheiten verbunden war. Begleitet wurde die Militarisierung von einer Agentenhysterie und zunehmenden inneren Repressionen.

Für den Uranerzbergbau in der DDR und der ČSR bedeutete dies, unter allen Umständen die Förderung so rasch als möglich weiter auszubauen und die Geheimhaltungspraktiken noch zu verschärfen. Die dabei beschrittenen Wege waren recht verschieden. Während die Wismut AG erfolgreich auf ein ausgefeiltes System von Leistungsanreizen setzte, wurden in der ČSR Zwangsarbeitslager rund um die Bergbaubetriebe eingerichtet.

Die tschechoslowakische Produktion fiel schon bald hinter die ostdeutsche Uranerzförderung zurück. Im Jahr 1950 produzierten die Deutschen bereits 1 224 Tonnen Uranerz, die Tschechoslowaken lediglich 241 Tonnen. Mitte der fünfziger Jahre waren die Minen von Jáchymov und Horní Slavkov weitgehend erschöpft. Bereits einige Zeit zuvor hatte man in der Region um Příbram in Südböhmen große und hochwertige Lagerstätten entdeckt, die zudem mit geringerem Aufwand abgebaut werden konnten.

In der ČSR ging das Management der Uranindustrie mehr und mehr in tschechoslowakische Hände über. Die Versorgung der sowjetischen Atomindustrie mit Uranerz hatte sich stabilisiert, und in der Tschechoslowakei entstand eine eigene Uranlobby. Zu ihr gehörte das Topmanagement der anscheinend reichen Industrie. Dieses Management hatte ein ureigenes Interesse an der Fortsetzung des Bergbaus um jeden Preis. Die Argumente wurden stetig wiederholt – ihre Branche leiste einen wichtigen Beitrag für die tschechoslowakische Wirtschaft, außerdem habe die Sowjetunion von Anfang an beim Aufbau der Uranindustrie geholfen. Doch mit dem ersten Teil ihrer Argumentation lagen sie falsch. Selbst als die Produktion von Radium in Jáchymov in den Zwischenkriegsjahren staatlich gestützt worden war, konnte die Branche keine Gewinne erwirtschaften und war immer tiefer in die roten Zahlen gerutscht. Ähnlich verhielt es sich nach dem Zweiten Weltkrieg. Die sowjetischen und tschechoslowakischen Investitionen für die Förderung von Uranerzen hielten sich allem Anschein nach die Waage. Doch wie viel wirklich aufgewendet wurde, lässt sich nicht mehr genau ermitteln. Die notwendigen Infrastrukturinvestitionen, darunter Wohnungen für die Bergleute, Schulen und Krankenhäuser, sind niemals genau aufgerechnet worden.

Seit Mitte der fünfziger Jahre besetzten die so genannten Plazierten die unteren Leitungspositionen. Die meisten von ihnen waren junge Arbeiter, die sich gegenüber der Partei loyal verhielten. Erklärtes Ziel war es, das Personal in der Uranindustrie zu professionalisieren und eines Tages die sowjetischen Produktionsleiter abzulösen. Nach wie vor war eine Anstellung in der Uranindustrie attraktiv, zumal die Differenz zwischen den Grundlöhnen in der Industrie und im Nationalunternehmen Jáchymov weiterhin beträchtlich war. Während ein Industriearbeiter 1 298 Kronen pro Monat verdiente, erhielt ein Uranarbeiter einen monatlichen Grundlohn von 2 065 Kronen.

Auch in der DDR bildete sich in den fünfziger Jahren eine Uranlobby. Die

»wilden Jahre« bei der Wismut AG endeten in etwa mit der Gründung der gemischten Sowjetisch-Deutschen Aktiengesellschaft (SDAG) Wismut im Jahr 1954. Nach einer Übergangsphase mit mehr oder weniger gut funktionierenden, kurzfristigen vertragsähnlichen Absprachen wurde am 7. Dezember 1962 zwischen der Sowjetunion und der DDR ein neues Abkommen über die Tätigkeit der SDAG geschlossen, das bis 1991 in Kraft blieb.

Der Vertrag von 1962 markierte für den Uranerzbergbau das Ende des Nachkriegszeitalters. Die DDR konnte ihren Handlungsspielraum erweitern, ohne jedoch eine volle Souveränität über den Uranerzbergbau zu erlangen. Die sechziger Jahre waren aus wirtschaftlicher Sicht die besten für die SDAG Wismut. Das Uranerz wurde in dieser Dekade wesentlich kostengünstiger als zuvor gewonnen, die staatlichen Subventionen konnten reduziert werden. Die Beschäftigtenzahl hatte sich stabilisiert und pegelte sich um die 45 000 ein. Sowohl die technische Ausstattung als auch der Arbeits- und Strahlenschutz wurden gegenüber den Anfangsjahren grundlegend verbessert. In dieser Hinsicht unterschied sich die SDAG Wismut nunmehr kaum von größeren Uranbergbauunternehmen in anderen Industrieländern. Als drittgrößter Uranproduzent der Welt verfügte sie inzwischen über ein eingespieltes Betriebssystem und brauchte in Punkto Gesundheits- und Strahlenschutz einen Vergleich mit anderen Uranbergbauunternehmen nicht zu scheuen.

Auch für den Uranerzbergbau in der ČSR brachten die sechziger Jahre grundlegende Veränderungen. Das System der Zwangsarbeitslager rund um die Uranminen wurde ab 1960 nach und nach aufgelöst. Die Zeiten der schlimmsten Repression mit zahlreichen Todesurteilen und der Einweisung Zehntausender politischer Häftlinge in die Zwangsarbeitslager der Uranindustrie ging nun endlich, acht Jahre nach Stalins Tod, zu Ende.

Inzwischen gibt es einige Berichte über die ostdeutsche und die tschechoslowakische Uranindustrie, die zumeist nach 1989 verfasst wurden. Während die Wismut AG ein respektables Unternehmen wurde, mit dem viele ihrer früheren Mitarbeiter überwiegend positive Erinnerungen verbinden, genießt das Nationalunternehmen Jáchymov in der Tschechischen Republik keinen guten Ruf. Beide Unternehmen nutzten zwangszugewiesene Arbeitskräfte, doch nur in Jáchymov wurden in großem Maßstab Zwangsarbeiter eingesetzt. Es kann daher nicht verwundern, wenn das Nationalunternehmen auf den jährlichen Treffen der ehemaligen politischen Gefangenen in trauriger Erinnerung bleibt.

Gemessen am Aufwand und den Erlösen überschritt der Uranerzbergbau in der ČSSR und der DDR in den siebziger Jahren seinen Höhepunkt. Die reichhaltigsten Vorkommen waren inzwischen abgebaut worden und der Aufwand pro Tonne gewonnenes Uranerz stieg. Dies führte im Fall der SDAG Wismut zu permanenten Spannungen zwischen den Verantwortlichen, die über die Verteilung der wachsenden Lasten stritten. Während die deutsche Seite eher für eine gemäßigte und die Ressourcen schonende Produktion plädierte, hielten die sowjetischen Generaldirektoren an ihrer Strategie der maximalen Förderung fest. Der Grundkonsens, den Bergbau fortzusetzen, stand bei den Preisverhandlungen allerdings zu keiner Zeit in Frage.

Die SED-Führung sah im Uranbergbau einen »zusätzlichen Verteidigungsbeitrag« der DDR und wollte damit ihr Gewicht im Ostblock erhöhen. Hinzu kam ein weiterer Aspekt. Die DDR wie auch die ČSSR hatten inzwischen ehrgeizige Programme zum Bau von Atomkraftwerken aufgelegt. Beide Staaten wollten ihre größtenteils auf der Verstromung von Braunkohle beruhenden Energiebilanzen entlasten. In den Verhandlungen mit der Sowjetunion über die Lieferung von Reaktortechnik und Brennstäben sollte daher der Verweis auf die einheimischen Uranvorräte eingebracht werden.

Erst nach der Reaktorkatastrophe von Tschernobyl im Jahr 1986 bahnte sich ein Umdenken an. Nach diesem Desaster überdacht die Sowjetunion ihre Energiepolitik und wollte nun auch ihre Uranerzbezüge aus der DDR und ČSSR drastisch zurückfahren. An einer abrupten Reduzierung des Uranerzbergbaus hatten nun aber die kleinen Länder wenig Interesse. Sie fürchteten eine Entwertung des investierten Kapitals, sahen Probleme bei der Umsetzung von Zehntausenden Beschäftigten und waren denkbar schlecht auf die Sanierung von Altlasten vorbereitet.

Mutige Umweltaktivisten hatten bereits seit Mitte der achtziger Jahre die von der SDAG Wismut hinterlassenen Altlasten scharf kritisiert und auf Gefährdungspotentiale hingewiesen. Die Staatsmacht versuchte diese Stimmen mit Repressionen zu unterdrücken – vergeblich. Während der friedlichen Revolution 1989/90 wurde das Thema Altlasten leidenschaftlich diskutiert und war ein eindeutiger Beleg für das Versagen des sozialistischen Systems.

Die Strategie des allmählichen und noch über viele Jahre gestreckten Rückbaus wurde nach dem Fall der Berliner Mauer im November 1989 hinfällig. Das sozialistische Experiment brach kläglich zusammen. Die Tage der DDR und auch die der Sowjetunion waren gezählt. Der Kalte Krieg näherte sich seinem Ende. Uranerz für die sowjetische Rüstungsindustrie wurde nicht mehr benötigt, und auf anderen Märkten hätte das immer noch mit hohem Aufwand gewonnene Erz keine Chancen gehabt. Kurz vor dem Ende der Sowjetunion lagen Zehntausende Tonnen Uranerz, viele davon aus der DDR bzw. ČSSR, ungenutzt auf Halde. An die Stelle der Uranknappheit der frühen Jahre war längst ein Überangebot getreten.

Die meisten Wismut-Kumpel wussten oder ahnten, dass die Tage des Uranerzbergbaus in Thüringen und Sachsen gezählt waren. Doch wer sollte an die Stelle des größten Arbeitgebers der Region treten? Auf dem Ronneburger Marktplatz wurde symbolisch ein Sarg beerdigt. Darauf stand zu lesen: »Mit der Wismut stirbt die ganze Region.«

Zu den wirtschaftlichen Problemen kamen noch die psychologischen, verstärkt durch eine oft sensationsheischende und die unmittelbaren Umweltgefahren weit überzeichnende Berichterstattung in den Medien. Kaum ein Tag verging ohne neue Hiobsbotschaften. Zu lesen war u. a. vom »Hiroshima im Erzgebirge«. Der Region bescherten solche auf Unkenntnis beruhenden Berichte ein Imageproblem. Es sollte Jahre dauern, bis eine realistische Bestandsaufnahme der tatsächlichen Gesundheits- und Umweltschäden vorlag. Diese Bilanzen sind schlimm genug, haben aber nichts gemein mit Pressemeldungen, nach denen ganze Landstriche hätten geräumt werden müssen.

Nach dem Beitritt der DDR zur Bundesrepublik Deutschland im Oktober 1990 zeichnete sich eine langfristige Lösung für die Umweltprobleme in der einstigen Uranregion ab. Am 16. Mai 1991 unterzeichneten die Bundesrepublik Deutschland und die Sowjetunion einen Vertrag über die Beendigung der Tätigkeit der SDAG Wismut. Da sich die krisengeschüttelte Sowjetunion außer Stande sah, sich an der Sanierung der Hinterlassenschaften des Uranerzbergbaus zu beteiligen, fiel diese Aufgabe allein der deutschen Seite zu. Die Bundesregierung übernahm die sowjetischen Anteile der Wismut und damit auch die Verantwortung für die Sanierung. Die SDAG wurde aufgelöst. Aus der Sparte Bergbau gingen im Dezember 1991 die bundeseigene Wismut GmbH und aus den Bau- und Ingenieurbetrieben die Deutsche Fertigungs- und Anlagenbau GmbH (DFA) hervor. Ein Teil der Belegschaft wurde umgeschult oder ging in den Vorruhestand.

Der Auf- und Ausbau des Uranerzbergbaus hatte eine Generation gedauert und immense Ressourcen erfordert. Für die Sanierung der Altlasten wurden 1991 mindestens 15 Jahre veranschlagt, bei einem Finanzbedarf von ca. 13 Milliarden Mark. Kaum jemand bestreitet heute noch, dass die DDR zu solch einem Kraftakt nicht in der Lage gewesen wäre.

Auch in der Tschechischen Republik fand der Uranbergbau Anfang der neunziger Jahre sein Ende. Allerdings verfügte der tschechische Staat nicht über die Ressourcen, um die Hinterlassenschaften des Uranbergbaus mit ähnlichem Aufwand zu sanieren, wie dies jenseits der Grenze geschah.

Nochmals sei an die Anfänge der Wismut AG und des Nationalunternehmens Jáchymov erinnert. Sowohl in Schlema als auch in Jáchymov musste 1946 der Kurbetrieb der Radiumbäder eingestellt werden. Beide Städte verloren ihren Status als weltbekannte Kurstädte. In Schlema fielen Teile der Altstadt dem Uranerzbergbau zum Opfer. Mit dem Ausbau des Bergbaus kam es zu großflächigen Absenkungen. Ein Gebiet von ca. 20 Hektar glich einer Mondlandschaft. Das gesamte Areal des »Deformationsgebietes« konnte nur noch großflächig abgesperrt werden. Aus Jáchymov wurde ein Ort der Unfreiheit. Der Name stand als Synonym für Zwangsarbeit, der einstige Glanz der traditionsreichen Silberstadt schien für immer verblasst zu sein.

Nach der »Wende« in der DDR und der »samtenen Revolution« in der ČSSR gab es in beiden Ländern Optimisten, die an die großen Kurorttraditionen anknüpfen wollten – angesichts der gewaltigen Altlasten ein scheinbar absurdes Unterfangen. Ab 1989 wurde das »Deformationsgebiet« in Schlema aufgefüllt, abgedeckt und begrünt. Später entstand dort ein Kurpark. Im Oktober 1998 konnte Schlema wieder mit einem Heilquellenkurbetrieb werben. Auch in Jáchymov wurde der Kurbetrieb inzwischen wieder aufgenommen.

Anhang

Anmerkungen

Die Potsdamer Konferenz 1945 / Der Wettlauf um die Atombombe

1 Vgl. Martin Gilbert, Never Despair. Winston S. Churchill 1945–1965, London 1988, S. 97.
2 Winston S. Churchill, Der Zweite Weltkrieg, Bern 1954, S. 1095 f.
3 Vgl. Mark Walker, Die Uranmaschine. Mythos und Wirklichkeit der deutschen Atombombe, Berlin 1990, S. 30 f.
4 Ebd., S. 54.
5 Jonathan E. Helmreich, Gathering Rare Ores. The Diplomacy of Uranium Acquisition 1939–1954, Princeton 1986, S. 254.
6 Vgl. »Auer Society of Berlin«, Institut für Zeitgeschichte (IfZ) München, OMGUS, Adjutant General, Top Secret (AGTS), Nr. 38/1a.
7 Vgl. Bericht von Dr. Völkel vom 9. November 1945, German Reports, G-324, Herstellung von Uran bei der Degussa.
8 Vgl. Richard Rhodes, Die Atombombe oder die Geschichte des 8. Schöpfungstages, Nördlingen 1988, S. 344.
9 Vgl. Mark Walker, Die Uranmaschine, S. 36 ff.
10 Joseph Goebbels, Tagebücher aus den Jahren 1942–1943, Zürich 1948, S. 136.
11 Vgl. Albert Speer, Erinnerungen, Berlin 1970, S. 240.
12 Vgl. Helmut J. Fischer, Hitler und die Atombombe. Bericht eines Zeitzeugen, Asendorf 1987, S. 56.
13 Vgl. Robert K. Wilcox, Japan's secret war, New York 1995, S. 28 ff.; David Alan Johnson, Germany's Spies and Saboteurs, New York 1998.
14 Vgl. Mark Walker, Die Uranmaschine, S. 184.
15 Vgl. ebd., S. 185.
16 Zitiert nach: David Irving, Der Traum von der deutschen Atombombe, Reinbek b. Hamburg 1969, S. 106.
17 Vgl. Thomas Powers, Heisenbergs Krieg. Die Geheimgeschichte der deutschen Atombombe, Hamburg 1993.
18 Vgl. Paul Lawrence Rose, Heisenberg und das Atombombenprojekt der Nazis, Zürich 2001, S. 222 ff.; Edgar Mayer, Thomas Mehner, Das Geheimnis der deutschen Atombombe, Rottenburg 2001, S. 87 ff. Dort wird eine Aussage eines britischen Geheimdienstoffiziers wiedergegeben, der ebenfalls von vier Gruppen berichtet.
19 Vgl. Hubert Faensen, Hightech für Hitler. Die Hakeburg – Vom Forschungszentrum zur Kaderschmiede, Berlin 2001.

20 Vgl. Manfred von Ardenne, Sechzig Jahre für Forschung und Fortschritt, Berlin 1988, S. 89 ff.; Manfred von Ardenne, Ich bin ihnen begegnet, Düsseldorf 1997, S. 117 ff.
21 Vgl. Thomas Stange, Die Genese des Instituts für Hochenergiephysik der Deutschen Akademie der Wissenschaften zu Berlin (1940–1970), Hamburg 1998, S. 10.
22 Vgl. Jan Erik Schulte, Zwangsarbeit und Vernichtung. Das Wirtschaftsimperium der SS, Paderborn 2001, S. 407 ff.; Helmut J. Fischer, Hitlers Apparat. Namen, Ämter, Kompetenzen, Kiel 1988, S. 64.
23 Vgl. Harald Fäth, 1945 – Thüringens Manhattan Project. Auf der Spurensuche nach der verschollenen V-Waffen-Fabrik in Deutschlands Untergrund, Schleusingen 1998; Edgar Mayer, Thomas Mehner, Das Geheimnis der deutschen Atombombe.
24 Vgl. Gerhard Remdt, Günter Wermusch, Rätsel Jonastal. Die Geschichte des letzten »Führerhauptquartiers«, Berlin 1992.
25 Vgl. Markus Schmitzberger, Was die US Army in der Alpenfestung wirklich suchte, Schleusingen 2001.
26 Zitiert nach: Paul Lawrence Rose, Heisenberg und das Atombombenprojekt der Nazis, S. 226 ff.
27 Ronald Smelser (Hg.), Die SS: Elite unter dem Totenkopf. 30 Lebensläufe, Paderborn 2000.
28 Vgl. Samuel Goudsmit, Alsos, New York 1947; Boris T. Pash, The Alsos Mission, New York 1969.
29 Samuel Goudsmit, Alsos, S. 79 f.
30 Boris T. Pash, The Alsos Mission, S. 157 f.
31 Vgl. Philip Henshall, The Nuclear Axis. Germany, Japan and the Atom Bomb Race 1939–45, London 2000, S. 50.
32 Vgl. insbesondere: Geoffrey Brooks, Hitler's Nuclear Weapons, London 1992; Carter P. Hydrick, Critical Mass. The Real Story of the Birth of the Atomic Bomb and the Nuclear Age, Manuskript, 1998; Joseph M. Scalia, Germany's last mission to Japan: the failed voyage of U-234, Annapolis 2000.
33 Vgl. Dieter Hoffmann (Hg.), Operation Epsilon. Die Farm-Hall-Protokolle oder die Angst der Alliierten vor der deutschen Atombombe, Berlin 1993.
34 Zitiert nach: Leslie R. Groves, Jetzt darf ich sprechen. Die Geschichte der deutschen Atombombe, Köln 1965, S. 329.
35 Vgl. Pacific War Research Society, The Day Man Lost, Tokio/New York 1972, S. 153.
36 Vgl. zum japanischen Atomprojekt vor allem: Robert K. Wilcox, Japan's secret war.
37 Vgl. ebd., S. 101.
38 Vgl. ebd.
39 Zitiert nach: Richard Rhodes, Die Atombombe, S. 324.
40 Vgl. ebd., S. 341.
41 Vgl. Martin Gilbert, The road to victory. Winston S. Churchill 1941–1945, London 1986, S. 208.
42 Vgl. Richard Melzer, Breakdown. How the secret of the atomic bomb was stolen during World War Two, Santa Fe 2000, S. 61 f.
43 Vgl. ebd., S. 57.
44 Vgl. Thomas Powers, Heisenbergs Krieg, S. 381 ff.
45 Vgl. James W. Kunetka, City of fire. Los Alamos and the Birth of the Atomic Age 1943–1945, Pretice-Hall 1978.

46 Vgl. Mark Walker, Die Uranmaschine, S. 195.
47 Vgl. Richard Rhodes, Die Atombombe, S. 448.
48 Vgl. Martin Gilbert, The road to victory, S. 415.
49 Zitiert nach: Richard Rhodes, Die Atombombe, S. 520.
50 Vgl. David Holloway, Stalin and the Bomb. The Soviet Union and Atomic Energy 1939–1956, New Haven/London 1994, S. 56ff.
51 Vgl. Steps taken since 1940 by the Soviet Government o locate and develop deposits of uranium boaring ore, Report from 16. Februar 1948, IfZ München, OMGUS, AGTS 38/1.
52 Vgl. Andreas Heinemann-Grüder, Die sowjetische Atombombe, Münster 1992, S. 18.
53 Vgl. Christopher Andrew, Wasili Mitrochin, Das Schwarzbuch des KGB. Moskaus Kampf gegen den Westen, Berlin 1999, S. 136.
54 Vgl. Schreiben des Volkskommissariats für Inneres an den Vorsitzenden des Staatlichen Verteidigungskomitees vom März 1942, in: Pavel A. Sudoplatov, Special Tasks, Boston 1994, S. 439ff.
55 Vgl. Andreas Heinemann-Grüder, Die sowjetische Atombombe, S. 25f.
56 Vgl. ebd., S. 43.
57 Vgl. David Holloway, Stalin and the Bomb, S. 91.
58 Christopher Andrew, Wasili Mitrochin, Schwarzbuch des KGB, S. 167ff.
59 Vgl. Robert Chadwell Williams, Klaus Fuchs. Atomic Spy, Cambridge 1987; Joseph Albright, Marcia Kunstel, Bombshell. The secret story of America's unknown atomic spy conspiracy, New York 1997.
60 Vgl. Prawda Interview, Pacner MSS, S. 146.
61 Zitiert nach: Martin Gilbert, Never Despair, Bd. 8, S. 520.
62 Vgl. Richard Melzer, Breakdown, S. 100.
63 Zitiert nach: Christopher Andrew, Wasili Mitrochin, Schwarzbuch des KGB, S. 171.
64 Zitiert nach: Sergei Leskov, The Bulletin of the Atomic Scientists, Mai 1993.
65 Vgl. David Holloway, Stalin and the Bomb, S. 85f.
66 Zitiert nach: Vladislav Zubok, Constantine Pleshakov, Inside the Kremlin's Cold War. From Stalin to Khrushchev, Cambridge, Mass. 1996, S. 40.
67 Vgl. John Wheeler-Bennett, Anthony Nicholls, The Semblance of Peace, London 1972, S. 271.
68 Vgl. Jochen Laufer, Die UdSSR und die Zonenteilung Deutschlands (1943/44), in: Zeitschrift für Geschichtswissenschaft 1995/4, S. 324ff.
69 Vgl. George Kennan, Memoiren eines Diplomaten, Stuttgart 1968, S. 180ff.; William Franklin, Zonal Boundaries and Access Routes to Berlin, World Politics, Oktober 1963.
70 Vgl. John Wheeler-Bennett, Anthony Nicholls, The Semblance of Peace, S. 274.
71 Vgl. Jochen Laufer, Die UdSSR und die Zonenteilung, S. 331.
72 Leslie Groves, Jetzt darf ich sprechen, S. 230.
73 Vgl. Werner Schüttmann, Helmut Schnatz, Ein erster Schritt zum Kalten Krieg? Der amerikanische Luftangriff auf Oranienburg am 15. März 1945, in: Der Anschnitt, Heft 2–3, 1998.
74 Zitiert nach: Ebd., S. 73.
75 Bis heute werden in Oranienburg Bomben aus dem Zweiten Weltkrieg entschärft. Oranienburg war die am schwersten bombardierte deutsche Kleinstadt.
76 Vgl. Air Force Historical Research Agency, Maxwell, Bestand 520 334, 8. US Air

Force Mission, B 5023, Planung der Mission vom 15. März 1945, in: Werner Schüttmann, Helmut Schnatz, Ein erster Schritt zum Kalten Krieg?, S. 74.

77 Leslie Groves, Jetzt darf ich sprechen, S. 230f.

78 Vgl. Landesarchiv Berlin, Rep. 05–07, Nr. 28.

79 Vgl. Auer Society of Berlin, Report von Oktober 1947, IfZ München, OMGUS, AGTS, Nr. 38/1a.

80 Nikolaus Riehl, Zehn Jahre im goldenen Käfig. Erlebnisse beim Aufbau der sowjetischen Uran-Industrie, Stuttgart 1988, S. 8.

81 George S. Patton, Krieg wie ich ihn erlebte, Bern 1950, S. 232.

82 Vgl. Okresní Archiv Karlovy Vary-Rybaře, T 45155; Persönliche Information von Stanislav Kokoška.

83 Vgl. Averell Harriman, Elie Abel, In geheimer Mission. Als Sonderbeauftragter Roosevelts bei Churchill und Stalin 1941–1946, Stuttgart 1979, S. 372.

84 Winston Churchill, Der Zweite Weltkrieg, Bd. VI/2, S. 181.

85 Zitiert nach: Klaus-Dietmar Henke, Die amerikanische Besetzung Deutschlands, München 1995, S. 726.

86 Vgl. Stefan Heym, Schwarzenberg, Frankfurt/M.1984, S. 12.

87 Vgl. Reimar Paul, Das Wismut-Erbe. Geschichte und Folgen des Uranbergbaus in Thüringen und Sachsen, Göttingen 1991.

88 Vgl. Gregg Herken, The winning weapon. The atomic bomb in the Cold War 1945–1950, New York 1980, S. 107.

89 Vgl. Mark Kramer, Documenting the early soviet nuclear weapons program, in: Bulletin of the Cold War International History Project, Nr. 6–7, Washington 1995.

90 Vgl. Vladislav Zubok, Constantine Pleshakov, Inside the Kremlin's Cold War, S. 142.

91 Vgl. David Holloway, The Soviet Union and the Arms Race, Yale 1983, S. 21.

92 Vgl. ebd., S. 193.

93 Zitiert nach: Pacner MSS, S. 145.

94 W. I. Wetrow, Die Bildung von Betrieben für die Gewinnung und Aufbereitung von Uranerz, in: Ministerium der Russischen Föderation für Atomenergie (Hg.), Die Entwicklung der ersten sowjetischen Atombombe, Moskau 1995 (deutsche Arbeitsübersetzung), S. 1.

95 Vgl. Vladimir Pičugin, Aus der Geschichte des sowjetischen Atomprojekts, in: Rainer Karlsch, Harm Schröter (Hg.), »Strahlende Vergangenheit«. Studien zur Geschichte des Uranbergbaus der Wismut, St. Katharinen 1996, S. 56.

96 Vgl. Pavel Knyschweskij, Moskaus Beute. Wie Vermögen, Kulturgüter und Intelligenz nach 1945 aus Deutschland geraubt wurden, München 1995, S. 78.

97 Vgl. Vladimir Pičugin, Aus der Geschichte des sowjetischen Atomprojekts, S. 57.

98 Vgl. Pavel A. Sudoplatov, Special Tasks, S. 199.

99 Vgl. Zbynek Zeman, Der tschechoslowakisch-sowjetische Uranvertrag vom 23. November 1945, in: Rainer Karlsch, Harm Schröter (Hg.), »Strahlende Vergangenheit«, S. 61.

100 Vgl. Vladimir Pičugin, Aus der Geschichte des sowjetischen Atomprojekts, S. 57.

101 Vgl. insbesondere: Nikolaus Riehl, Zehn Jahre im goldenen Käfig; Ulrich Albrecht, Andreas Heinemann-Grüder, Arnd Wellmann, Die Spezialisten. Deutsche Naturwissenschaftler und Techniker in der Sowjetunion nach 1945, Berlin 1992; Norman M. Naimark, Die Russen in Deutschland. Die Sowjetische Besatzungszone 1945–1949, Berlin 1997.

102 Vgl. David Holloway, Stalin and the Bomb, S. 109.
103 Vgl. Nikolaus Riehl, Zehn Jahre im goldenen Käfig, S. 5ff.
104 Vgl. Schreiben von Berija an Stalin vom 15. Mai 1945, Archiv für russische Zeitgeschichte Moskau, Sondermappe von J. V. Stalin.
105 Vgl. Günter Nagel, Oranienburg als Vorstation auf dem Weg zur deutschen Atombombe, in: Potsdamer Neueste Nachrichten vom 17. November 2000.
106 Vgl. Ulrich Albrecht, Andreas Heinemann-Grüder, Arnd Wellmann, Die Spezialisten, S. 50f.
107 Vgl. Nikolai Grishin, The Saxony Uranium Mining Operation (»Vismut«), in: Robert Slusser (Hg.), Soviet Economic Policy in Postwar Germany. A Collection of Papers by Former Officials, New York 1953, S. 127ff.
108 Vgl. Rob Roeling, De grote trek naar het Duitse Ertsgebergte. Arbeiders in de uraniummiijnbouw: dwang, verlokkingen en sociale omstandigheden (1946–1954), Diplomarbeit, Erasmus-Universität Rotterdam 1991, S. 16f.
109 Vgl. Nikolai Grishin, The Saxony Uranium Mining Operation, S. 56.
110 Vgl. Werner Schüttmann, Karl Aurand, Die Geschichte der Außenstelle Oberschlema des Kaiser-Wilhelm-Instituts für Biophysik Frankfurt am Main, Schriftenreihe des Bundesamtes für Strahlenschutz, Salzgitter 1991.
111 Vgl. Reports 1946: Demontage des Radiumkurbades Oberschlema, Hoover Institution Archives (HIA), William Sander, Box 1, Folder ID.
112 Vgl. Werner Schüttmann, Die Geschichte des »Schneeberger Lungenkrebses«, in: Der Anschnitt, Heft 2–3, 1998, S. 99f.
113 Vgl. zur Biografie von Dr. Adolf Krebs (1902–1977) RADIZ-Information 11/1996, sowie Inge Meutzner, Zeitzeugenbericht, in: RADIZ-Information 9/1996.
114 Vgl. Schreiben der Sachsenerz-Bergwerks AG an die Landesverwaltung Sachsen, Abteilung Gesundheitswesen vom 21. September 1945, Stadtarchiv Schneeberg. (Wir danken Gotthard Bretschneider für den Hinweis auf diese Quelle.)
115 Vgl. Norman Fuchsloch, Forschungen zur Uranprospektion an der Bergakademie Freiberg im Auftrag der Sowjetunion, in: Der Anschnitt, Heft 2–3, 1998; Rainer Karlsch, Der Uranwettlauf 1939 bis 1949, in: Ebd.
116 Vgl. Wismut GmbH, Geologisches Archiv (GA), Nr. 55 187, Bl. 1–35.
117 Ebd., Bl. 25.
118 Vgl. Chronik der Wismut GmbH, Teil 1, CD-Rom, Chemnitz 1998, S. 20 f.
119 Vgl. Nikolai Grishin, The Saxony Uranium Mining Operation, S. 129.
120 Vgl. Jahresbericht 1953 (russisch), Wismut GmbH, Unternehmensarchiv (UA), Mikrofilm Nr. 423/Teil 4, Bl. 71.
121 Zusammengestellt nach: Chronik der Wismut GmbH, 1997, S. 21.
122 Vgl. Jonathan E. Helmreich, Gathering Rare Ores, S. 70.
123 Uranium finds in Schneeberg, Oberschlema and Johanngeorgenstadt, Report vom 19. Mai 1947, IfZ München, OMGUS, AGTS, 38/1.
124 Steps taken since 1940 by the Soviet Government to locate and develop deposits of uranium boaring ore, Report vom 16. Februar 1948, IfZ München, OMGUS, AGTS 38/1.
125 Uranium finds in Schneeberg, Oberschlema and Johanngeorgenstadt, Report vom 19. Mai 1947, IfZ München, OMGUS, AGTS, 38/1.
126 Vgl. Norman Naimark, Die Russen in Deutschland, S. 296ff.
127 Vgl. Uranium Ore Sample Obtained from Johanngeorgenstadt, Report vom Januar 1949;

Uranium Ore Sample Obtained from Johanngeorgenstadt, Report vom 18. April 1949, IfZ München, OMGUS, AGTS 38/1a.

Uranbergbau im Erzgebirge

1 Vgl. Eberhard Wächtler, Ottfried Wagenbreth, Bergbau im Erzgebirge. Technische Denkmale und Geschichte, Leipzig 1990.

2 Vgl. Walter Bogsch, Der Marienberger Bergbau seit der zweiten Hälfte des 16. Jahrhunderts, Köln 1966.

3 Vgl. Chronik der Wismut, Teil 2, CD-Rom, Chemnitz 1999, Abschnitt 2.2.2.2, S. 1.

4 Vgl. Lothar Klapper, Die Gründung. Festschrift 500 Jahre Annaberg, Annaberg 1996, S. 21.

5 Vgl. W. Roch, Annaberg 1496–1946. Chronik, Annaberg 1946.

6 Vgl. Siegfried Sieber, Um Aue, Schwarzenberg und Johanngeorgenstadt, Berlin 1972.

7 Vgl. Hellmuth Semmig, Die wirtschaftliche Entwicklung der Exulantensiedlung »Johanngeorgenstadt« von der Gründung 1654 bis zum Stadtbrand 1867, Dresden 1931.

8 Vgl. Ulrike Friedrich, Die Außenstelle des KWI für Biophysik (Frankfurt/M.) im Radonbad Oberschlema, Dissertation, Freie Universität Berlin 1997, S. 116.

9 Vgl. Vladimír Horak, Pameti královskehohorního mesta Jáchymova a jeho stříbrných a uranových dolu [Die Denkmale der königlichen Bergstadt Jáchymov und ihre Silber- und Urangruben], Manuskript, 1993, S. 63.

10 Vgl. Heinrich Peterson, Zur Geschichte der Glasfarben-Erzeugung in Joachimsthal, Wien 1894.

11 Vgl. Staatliche Uran- und Radiumfabrik Joachimsthal. Verzeichnis über die Erzeugung von Uranfarben 1854 bis 1938, Privatarchiv Karl Aurand, Mappe Joachimsthal.

12 Vgl. Michael Beleites, Altlast Wismut, Ausnahmezustand, Umweltkatastrophe und das Sanierungsproblem im deutschen Uranbergbau, Frankfurt/M. 1992, S. 22.

13 Vgl. R. Schreiber, St. Joachimsthal, die Stadt der Radioaktivität, in: Bericht der Oberhessischen Gesellschaft für Natur- und Heilkunde, Neue Folge: Naturwissenschaftliche Abteilung, Bd. 32, Gießen 1962, S. 61–78.

14 Vgl. Frieder Jentsch, Begegnungen mit einem Giganten, in: Ans Licht gebracht. Begegnungen und Erinnerungen, Chemnitz 1998, S. 19.

15 Vgl. Johannes Abele, »Wachhund des Atomzeitalters«. Geigerzähler in der Geschichte des Strahlenschutzes, Dissertation, TU München 1998, S. 25.

16 Vgl. Catherine Caufield, Das strahlende Zeitalter, München 1994, S. 46.

17 Vgl. Rainer Karlsch, Der Uranwettlauf 1939 bis 1949, in: Der Anschnitt, Heft 2–3 1998, S. 47.

18 Zusammengestellt nach: Weltmonatsstatistik, Bd. IV, Stuttgart 1939; Statistisches Jahrbuch für das Deutsche Reich 1939/40, Berlin, S. 70.

19 Vgl. Vladimir Pičugin, Aus der Geschichte des sowjetischen Atomprojektes, in: Rainer Karlsch, Harm Schröter (Hg.), »Strahlende Vergangenheit«, S. 50.

20 Vgl. Werner Schüttmann, Die Geschichte des »Schneeberger Lungenkrebses«, in: Der Anschnitt, Heft 2–3, 1998.

21 Vgl. Werner Schiffner, Agricola und die Wismut. Ein Zeitbogen vom Bergkgeschrey auf Sylber zum Berggetöse ums Uran im Erzgebirge, Leipzig 1994, S. 106 f.; Reinhard

Schmidt, Vorgeschichte, Beginn und Frühzeit der Urangewinnung im Erzgebirge, in: Rainer Karlsch, Harm Schröter (Hg.), »Strahlende Vergangenheit«, S. 78f.

22 Vgl. Ursula Jehles, Der Bergbau im Erzgebirge und die Arbeitsmedizin, Erlangen 1961.

23 Zitiert nach: Werner Schüttmann, Die Geschichte des »Schneeberger Lungenkrebses«, S. 98. Vgl. auch: Werner Schüttmann, Karl Aurand, Die Geschichte der Außenstelle Oberschlema des Kaiser-Wilhelm-Instituts für Biophysik.

24 Vgl. Ursula Jehles, Der Bergbau im Erzgebirge und die Arbeitsmedizin.

25 Vgl. Denkschrift von Dr. Max Heiner (November 1938), Privatarchiv Karl Aurand, Mappe Joachimsthal.

26 Vgl. František Běhounek, Über die Verhältnisse der Radioaktivität im Uranpecherzbergbaurevier von St. Joachimsthal in Böhmen, in: Physikalische Zeitschrift 1927, Nr. 28, S. 333–342.

27 Julius Löwy, Über die Joachimsthaler Bergkrankheit (Vorläufige Mitteilung), in: Medizinische Klinik Heft 25, 25. Januar 1929, S. 142.

28 Vgl. Reichsgesetzblatt Nr. 1 vom 29. Mai 1925, S. 69.

29 Vgl. Gine Elsner, Karl-Heinz Karbe, Von Jáchymov nach Haigerloch. Der Weg des Urans für die Bombe, Hamburg 1999, S. 23.

30 Max Heiner, Denkschrift über die Bergarbeiterkrankheit in St. Joachimsthal, deren Ursachen und Bekämpfung, November 1938, Privatarchiv Karl Aurand, Mappe Joachimsthal.

31 Vgl. ebd.

32 Ebd.

33 Vgl. Antrag der Abgeordneten Georg Böhm, Hubert H. Birke und Dr. Theodor Illy, Privatarchiv Karl Aurand, Mappe Joachimsthal.

34 Vgl. Walter Buchler (Hg.), Dreihundert Jahre Buchler. Die Unternehmen einer Familie 1651–1958, Braunschweig 1958, S. 128f.

35 Vgl. Gine Elsner, Karl-Heinz Karbe, Von Jáchymov nach Haigerloch, S. 36f.

36 Vgl. 14. Kreditausschusssitzung beim Reichswirtschaftsministerium am 7. Juni 1939, GARF Moskau, Sonderarchiv, 1458–10–308.

37 Walter Buchler (Hg.), Dreihundert Jahre Buchler, S. 129.

38 Vgl. Schreiben des Reichswirtschaftsministers an Prof. Dr. Quasebart (Auergesellschaft Berlin) vom 7. Februar 1939, GARF Moskau, Sonderarchiv, Nr. 1458-10-308.

39 Vgl. Vertrag zwischen der Deutschen Revisions- und Treuhand AG (»Treuarbeit«) und der Firma St. Joachimsthaler Bergbau GmbH vom 12. Juni 1939, in: Ebd.

40 Vgl. Gesellschaftsvertrag (ohne Datum), in: Ebd.

41 Vgl. Kreditausschusssitzung beim Reichswirtschaftsministerium am 7. Juni 1939, in: Ebd.

42 Schreiben der NSDAP-Gauleitung Sudetenland an die Deutsche Revisions- und Treuhand AG vom 5. April 1939, in: Ebd.

43 Vgl. 53. Gaukreditausschusssitzung beim Reichswirtschaftsministerium am 4. September 1941, in: Ebd.

44 Vgl. F. H. Hinsley u. a., British Intelligence in the Second World War, London, HMSO 1979–1990, Volume 3, Appendix 29, S. 931–945.

45 Vgl. Denkschrift der Ortsverwaltung der DAF in St. Joachimsthal vom 14. Dezember 1938, Privatarchiv Karl Aurand, Handakte Prof. Boris Rajewsky.

46 Gine Elsner, Karl-Heinz Karbe, Von Jáchymov nach Haigerloch, S. 38.

47 Vgl. ebd., S. 43.
48 Vgl. Bundesarchiv (BArch) Berlin-Lichterfelde, R 89, Nr. 15 138, Bl. 55.
49 Vgl. Gutachten von Dr. Ing. Kurt Patzschke für das Reichswirtschaftsministerium, GARF Moskau, Sonderarchiv, Nr. 1458-10-308.
50 Vgl. Werner Schüttmann, Karl Aurand, Die Geschichte der Außenstelle Oberschlema des Kaiser-Wilhelm-Instituts für Biophysik, S. 55.
51 Vgl. Boris Rajewsky, Bericht über die Schneeberger Untersuchungen, in: Zeitschrift für Krebsforschung 49 (1939), S. 312 ff.
52 Bericht über die Besprechung über die Joachimsthaler Bergkrankheit am 28. und 29. März 1940, Privatarchiv Karl Aurand, Handakte Prof. Boris Rajewsky.
53 Vgl. Werner Schüttmann, Die Geschichte des »Schneeberger Lungenkrebses«, S. 100.
54 Vgl. Schreiben des Bergamtes Karlsbad an die Direktion der Joachimsthaler Bergbau GmbH vom 21. November 1940, Sächsisches Hauptstaatsarchiv (SÄHStA) Dresden, Landesregierung Sachsen (LRS), Ministerium für Arbeit und Sozialfürsorge (MAS), Nr. 2174/1.
55 Vgl. Dietrich Eichholtz, Geschichte der deutschen Kriegswirtschaft, Bd. 2, Berlin 1985, S. 180 f.; Ulrich Herbert, Fremdarbeiter. Politik und Praxis des »Ausländer-Einsatzes« in der Kriegswirtschaft des Dritten Reiches, Berlin 1985, S. 150 ff.
56 Vgl. Gine Elsner, Karl-Heinz Karbe, Von Jáchymov nach Haigerloch, S. 61.
57 Ebd., S. 63.
58 Ebd., S. 64.
59 Ebd., S. 69.
60 Vgl. Schreiben von Dr. Brockhacker (DAF) an Reichsgesundheitsführer Dr. Conti betr.: »Einsatz von Konzentrations-Häftlingen und Ostarbeitern im Bergbaubetrieb von St. Joachimsthal vom 10. Dezember 1942«, Privatarchiv Karl Aurand, Handakte Prof. Boris Rajewsky.
61 Vgl. Aktennotiz Prof. Rajewsky, Privatarchiv Karl Aurand, Handakte Prof. Boris Rajewsky.
62 Vgl. Gine Elsner, Karl-Heinz Karbe, Von Jáchymov nach Haigerloch, S. 86 f.
63 Vgl. Sudetendeutsches Archiv München, Bestand »Joachimsthaler«, Karton Nr. 8.
64 Vgl. Schreiben von Adolf Appel vom 1. Februar 1970 an die Redaktion des »Joachimsthaler«, Sudetendeutsches Archiv München, Bestand »Joachimsthaler«, Karton Nr. 8.
65 Vgl. »Der Sudetendeutsche« vom 7. Dezember 1957.
66 Vgl. Sudetendeutsches Archiv München, Bestand »Joachimsthaler«, Karton Nr. 9.
67 Vgl. Schreiben von Dr. Wolfgang von Nathusius an Hans-Peter Ullmann vom 9. Januar 1970, Sudetendeutsches Archiv München, Bestand »Joachimsthaler«, Karton Nr. 9.
68 Vgl. E. G. Schenck, W. von Nathusius, Extreme Lebensverhältnisse und ihre Folgen, Schriftenreihe des ärztlich-wissenschaftlichen Beirates des Verbandes der Heimkehrer Deutschlands e. V., Köln 1958, sowie die dort angegebene Literatur.

1 Vgl. Zbynek Zeman, The Life of Edvard Beneš 1884–1984. Czechoslovakia in Peace and War, Oxford 1997, S. 212ff.
2 Vgl. ebd., S. 245.
3 Vgl. Josef Tomek (Hg.), Československý biografický slovník (CBS) 20. století [Tschechoslowakisches biografisches Lexikon 20. Jahrhundert], Prag 1999.
4 Madeleine Jana Korbel (spätere Albright), Zdeněk Fierlinger's Role in the Communization of Czechoslovakia. The Profile of a Fellow-Traveller, MA Dissertation, Wellesley College 1959, S. 3. Diese Dissertation kann als Primärquelle angesehen werden. Sie enthält zeitgenössische Aussagen aus Fierlingers Exilzeit und wurde mithilfe des Vaters verfasst, einem früheren tschechoslowakischen Diplomaten, der eine Professur für Politikwissenschaften in den USA angenommen hatte.
5 Zdeněk Fierlinger, Ve službách ČSR [Im Dienst der ČSR], Bd. I, Prag 1951, S. 51.
6 Vgl. ebd., S. 279; Madeleine Jana Korbel (spätere Albright), Zdeněk Fierlinger's Role, S. 35.
7 Madeleine Jana Korbel (spätere Albright), Zdeněk Fierlinger's Role, S. 58. »Es ist interessant, darüber zu spekulieren, wie stark Fierlingers offizielle Berichte und persönliche Bewertungen das Denken von Beneš über die Zukunft der sowjetisch-tschechischen Beziehungen beeinflusst haben.«
8 Vgl. Archív Národního muzea (ANM) [Archiv des Nationalmuseums], Prag, K 36, 1331.
9 Vgl. Madeleine Jana Korbel (spätere Albright), Zdeněk Fierlinger's Role, S. 100; siehe auch: Recollections and Reconstruction of the Czechoslovak February 1948 Crisis by a group of democratic leaders. Eine stenografische Mitschrift von 1949/50 von einer Diskussion zwischen Jaroslav Stránský, Václav Majer, Blažej Vilím, Jaroslav Smutný und Lev Sychrava.
10 Vgl. Madeleine Jana Korbel (spätere Albright), Zdeněk Fierlinger's Role, S. 101; Jan Masaryk, Memorandum über meine Unterredung mit Klement Gottwald, Moskau 21. März 1945 (nicht publiziert).
11 Vgl. Zbynek Zeman, The Life of Edvard Beneš 1884–1984, S. 234f.
12 Documents on British Foreign Policy (DBFP), Series 1, vol. II, document 193, London 1985.
13 Vgl. Vladislav Zubok, Constantine Pleshakov, Inside the Kremlin's Cold War. From Stalin to Khrushchev, Harvard, Mass. 1996, S. 44.
14 In einer Artikelserie über die tschechoslowakische Außenpolitik im Magazin »Mezinárodná politika« von 1991 beschreibt Jaroslav Šedivý im dritten Kapitel unter der Überschrift »Jak se velký bratr vybavoval« [Wie ich den großen Bruder ausgerüstet habe], wie er in den sechziger Jahren nach dem Vertragstext im Archiv des Außenministeriums gesucht hat. Der Vertrag wurde dort nicht gefunden. Zwei Jahre später tauchte er in der tschechoslowakischen Botschaft in Kairo auf. Er ist wahrscheinlich von dem Botschafter, der 1948 in den Westen flüchtete, mitgenommen und dann in Eile liegen gelassen worden.
15 Aufzeichnung eines Gesprächs im Verteidigungsministerium vom 19. September 1945, Ministerstvo zahraničních věcí [Ministerium für Auswärtige Angelegenheiten], SSSR Serie, Box 30.

16 Vgl. Karel Kaplan, Vladimír Pacl, Tajný prostor Jáchymov [Der geheime Ort Jáchymov], České Budějovice 1993, S. 7.

17 Vgl. Státní Ústřední Archiv (SÚA) [Staatliches Zentralarchiv] Prag, Archiv ministerstva průmyslů (AMP) [Archiv des Industrieministeriums], Prag, c in 683, k 1.48.

18 Vgl. Karel Kaplan, Vladimír Pacl, Tajný prostor Jáchymov, S. 7. Hier wird das Datum des Gesprächs mit dem 19. September angegeben.

19 In tschechischen Dokumenten wird Iwan Bakulin oft auch als Handelsattaché bezeichnet, andererseits gibt es aber auch Hinweise darauf, dass er Stellvertretender Minister für Außenhandel war.

20 SÚA, Ústřední Výbor KSČ (ÚV KSČ) [Archiv des ZK der KSČ], Fond 100/24, sv 82, aj 1031.

21 Vgl. Oskar Pluskal, Poválečná historie jáchymovského uranů [Nachkriegsgeschichte des Jáchymover Urans]. Czech Geological Special Papers, Prag 1998, S. 9.

22 Zitiert nach: Vladimír Valenta, Po stopach uranového hornictví na Příbramsku [Auf den Spuren des Uranbergbaus in Příbram], in: Podbrdsko, Sborník Státního okresního archivu v Příbrami, IV 1997, S. 153.

23 SÚA, ÚV KSČ, Fond 100/24, sv 82, aj 1031.

24 Die Dokumente des Zentralkomitees der KPČ, wo man vielleicht auch die Grundsatzpapiere über den Uranhandel vermutet hätte, enthalten nur einen kurzen Expertenbericht von Ingenieur Hromadko vom Škoda-Werk in Pilsen über die Jáchymover Uranressourcen. Vgl. SÚA Fond 100/24, sv 82 aj 1031, Bl. 45 f. Als die Autoren das Archiv konsultierten, wurden zwei Seiten des Berichts vermisst.

25 Vgl. Eduard Táborský, Prezident Beneš mezi Západem a Východem [Präsident Beneš zwischen West und Ost], Prag 1993, S. 229.

26 Vgl. Pavel Kosatík, Michal Kolář, Jan Masaryk, Prag 1998, S. 193.

27 Vladimír Vanek, Jan Masaryk, Prag 1994, S. 218.

28 Vgl. Lumir Soukup, Chvíle s Janem Masarykem [Die Zeit mit Jan Masaryk], Prag o. J. [1994], S. 76–82.

29 Archiv Ministerstva Zahraničních Věcí (AMZV), Generální sekretariát (Kabinet GS) [Archiv des Ministeriums für Auswärtige Angelegenheiten, Generalsekretariat], k 77. Das Original der Rede wurde in Englisch verfasst.

30 Ebd.

31 SÚA, The papers of Lumir Soukup, S. 77.

32 Ebd., S. 79.

33 SÚA, f1/1–1223/712, Ripkas Schreiben wurde dem Archiv im Dezember 1998 von Pavel Kosatík übergeben. Teilweise ist es auch abgedruckt bei: Pavel Kosatík, Michal Kolář, Jan Masaryk, S. 240.

34 Ebd. Der Brief findet sich auch in den Soukup-Unterlagen im SÚA. Vgl. auch Lumir Soukup, Chvíle s Janem Masarykem, S. 81.

35 Lumir Soukup, Chvíle s Janem Masarykem, S. 80.

36 Vgl. Archiv Ústavu T. G. Masaryk (AÚTGM) [Archiv des T.-G.-Masaryk-Instituts], Prag, f. EB-kor 76.

37 Von der tschechischen Zeitgeschichtsschreibung wurde die kommunistische Machtübernahme im Februar 1948 in einer Vielzahl von Studien als eine rein politische Entwicklung beschrieben. Zu den besten Studien zählt bis heute: Karel Kaplan, Der kurze

Marsch. Kommunistische Machtübernahme in der Tschechoslowakei 1945–1948. Veröffentlichungen des Collegium Carolinum, Bd. 33, München 1981.

38 K. Houdek, Vývoj a současné problémy uranového průmyslů v ČSSR [Entwicklung und gegenwärtige Probleme der Uranindustrie in der ČSSR], Prag 1969, S. 2.

39 30 let uranového průmyslů [30 Jahre Uranindustrie], SNTL, Prag 1975.

40 Prokop Tomek, Československý uran 1945–1989 [Das tschechoslowakische Uran 1945–1989], Prag 1999, S. 5.

41 Vgl. K. Houdek, Vývoj a současné problémy; F. Sorf, Uran, Příbram 1982, S. 9.

42 Vgl. Bericht vom 1. April 1946, Archiv Ministerstva Vnitra (AMV) [Archiv des Innenministeriums], 304-57-14.

43 Vgl. Arnošt Schindler, in: 30 let uranového průmyslů, Einführung.

44 Vgl. Bericht vom 20. Dezember 1946, AMV, S-117–11, Jáchymov.

45 Ebd.

46 Vgl. SÚA, Fond 100/24, 82 a j 1031.

47 Vgl. Oskar Pluskal, Poválečná historie, S. 13.

48 Das Memorandum wurde abgedruckt bei: Oskar Pluskal, Poválečná historie, S. 12. Demnach war das Memorandum an die »Repräsentanten der tschechoslowakischen Industrie« gerichtet.

49 Vgl. ebd., S. 13.

50 Vgl. B. Laušman, Záznam pro ministra průmyslu, [Notizen für den Minister für Industrie], SUA, V/45, i c 683 k 1448.

51 Der Bericht mit Kovářs Vorschlag ist Teil des Protokolls vom Treffen der tschechoslowakisch-sowjetischen Kommission vom 21. August 1947. Teil 1 des Sitzungsprotokolls, Archiv DIAMO, Příbram.

52 Vgl. Brief an den Stellvertretenden Ministerpräsidenten Fierlinger vom 19. Februar 1947, SÚA, V/45, i c 683, k 1448.

53 Vgl. Soviet Russia and Czechoslovak Uranium, in: The Russian review 1952/2, S. 97–105.

54 Vgl. Oskar Pluskal, On the development of the Czechoslovak uranium industry, Manuskript, Prag 1998. Der Umtauschkurs lag in dieser Zeit bei ca. 50 Kronen zu 1 US Dollar.

55 Vgl. 30 let uranového průmyslů.

56 Vgl. Otčët o geologo-razvednych i gidro-geologičeskich rabotach jachymovskogo rudoupravlenija za 1946 god [Bericht über die geologische Erkundung und hydrogeologischen Arbeiten der Jáchymover Bergwerksverwaltung im Jahr 1946], Archiv DIAMO, Příbram.

57 Ebd.

58 Vgl. Josef Kratochvíl, Topografická mineralogie Čech [Topografische Mineralogie Böhmens], Prag 1936.

59 Vgl. Zpráva o orientačni geologické prohlidce Jáchymovských dolů uranových v srpnu 1945 [Bericht über die erkundungsgeologische Untersuchung der Jáchymover Urangruben im August 1945], Archiv Českého Geologického Ústavu (ČGÚ) [Archiv des Tschechischen Geologischen Instituts], Prag, Geofond, MS, P 99289.

60 Vgl. ČGÚ Prag, Geofond, MS, P 99289, P 2589/1 und 2.

61 Vgl. J. Kořán, Sláva a pád českého hornictví [Aufstieg und Fall des tschechischen Bergbaus], Příbram 1984, S. 224.

62 Vgl. Archiv DIAMO, Příbram, k 32, n 14.

63 Vgl. Ludmila Petrášová, Vězeňské tábory v Jáchymovských uranových dolech 1949–1961 [Gefangenenlager in den Jáchymover Urangruben 1949–1961], Sborník archivných práci [Sammlung von Archivarbeiten], 2, XLIV, Prag 1994.

64 Vgl. Oskar Pluskal, Czechoslovak uranium industry, S. 147.

65 Vgl. T. Veselý, Stavba a význam jednotlivých žilných uzlů uranového ložiska Jáchymov, [Ausbau und Bedeutung einzelner Erzgänge für die Uranlagerstätte Jáchymov], Sborník geologických ved, rada LG c 28, Prag 1986, S. 11.

66 Vgl. Vladimír Valenta, Po stopach uranového hornictví, Bl. 159.

67 Slava Macha, zitiert nach: F. Sorf, 30 let naší geologické činnosti na Příbramsku Atom [30 Jahre unserer geologischen Arbeit im Příbramer Uranbergbau], No. 17, 1977/18.

68 Otčhet o geologo-razvedoch i gidro-geologičeskich rabotach jákhymovskogo rudoupravelnija za 1947 god, Archiv DIAMO, Příbram, Bl. 533–549.

69 Vgl. Vladimír Valenta, Po stopach uranového hornictví, S. 147.

70 Vgl. ebd., S. 149.

71 Vgl. ebd., S. 153.

72 Vgl. ebd.

73 Siehe Tabellenanhang.

74 Ludmila Petrášová, Vězeňské tábory.

75 Brief vom 2. und 13. Februar 1946, SÚA, Fond 100/24, sv 82, a j 1031.

76 Bamborough's Bericht an die britische Botschaft in Prag vom 4. Januar 1946, Archiv des britischen Foreign Office (FO) 371/57084.

77 Vgl. FO 371/57098, No. 18908.

78 Sir Charles Hambro war während des Krieges Leiter des »Komitees für Spezialoperationen« der Hambro Bank London. Kurz nach Kriegsende hatte er den Transport von Uranerz aus Deutschland nach den USA geleitet.

79 Vgl. Aktennotiz von Den Pairson vom 27. März 1946, FO 371/57098.

80 Vgl. FO 371/57098, No. 57098. Diese Akte enthält das britische Antwortschreiben vom 16. März 1946 auf die tschechoslowakische Anfrage.

81 Vgl. das streng geheime Telegramm von Acabrit an das Kriegsministerium vom 18. März 1946, ebd.

82 Vgl. Overseas News Agency, Karlsbad, 26. Januar 1946.

83 Vgl. Bericht des State Departement vom 3. Februar 1947, National Archives (NA) Washington, Navy Departement, Office of the Chief of Naval Operations.

84 Bericht vom 5. Dezember 1949, SÚA, ÚV KSČ, 100/24, 82, 1031.

85 Vilém Hejl, Karel Kaplan, Zpráva o organizovaném násilí [Bericht über organisierte Gewalt], Toronto 1986, S. 15.

86 Vgl. ebd., S. 62.

87 Vgl. Karel Kaplan, Der kurze Marsch, S. 219 ff.; ÚV KSČ Politické procesy, výslechový protokol S. Placka [Politische Prozesse, Vernehmungsprotokoll S. Placka].

88 Vgl. ebd., Politické procesy, Slánský, výslechový protokol, 12. Januar 1952, Komise III, informace no. 23, S. 32–33.

89 Miroslav Šesták, Emil Voráček (Hg.), Evropa mezi Německem a Ruskem, Historický ústav [Europa zwischen Deutschland und Russland], Akademie věd, Prag 2000.

90 ÚV KSČ, Politické procesy, Komise II, korespondence Gottwald-Stalin, Fonds 100/24, a j 947; Vilém Hejl, Karel Kaplan, Zpráva o organizovaném násilí, S. 62.

91 Vgl. ÚV KSČ, Komise II, sv 1; Komise III, informace no. 19, S. 24.

92 Vgl. ebd., Politické procesy, Komise Barnabitky, Balážs Brief an die Kommission von 1963; Komise III, Informace no. 32, S. 14; Vilém Hejl, Karel Kaplan, Zpráva o organizovaném násilí, S. 63.

93 Vgl. ebd., Politické procesy Komise II, sv 1, a j 1; Aussage von R. Bechyne; Vilém Hejl, Karel Kaplan, Zpráva o organizovaném násilí, S. 63.

94 Vgl. ebd., Komise II, sv 22, a j 451.

95 Vgl. SÚA, ÚV KSČ, Fond 100/1, sv 107, a j 697.

96 Dem Bericht wurde noch eine umfassende Note vom 5. Dezember 1949 beigefügt, in: SÚA, ÚV KSČ, Fond 100/24 sv 82, a j 1031.

97 Karel Kaplan, Zpráva o zavraždění generálního tajemníka [Bericht über die Ermordung des Generalsekretärs], Prag 1992, S. 89ff.

98 ebd., S. 90.

99 SÚA, ÚV KSČ, Fond 100/1, sv 107, a j 697.

100 Ebd.

101 Vgl. Prokop Tomek, Československý Uran 1945–1989, S. 35.

102 SÚA, ÚV KSČ, Fond 100/24, sv 82, a j 1031.

103 Ebd. Zwei der Berichte, vom 24. August und 1. November 1950, befinden sich in der Akte. Der letzte Bericht mit der Nummer Z u 12/2/51 ist in der Akte nicht vorhanden.

104 Zitiert nach: Karel Kaplan, Zpráva o zavraždění generálního tajemníka, S. 263.

105 Josefa Slánská, Zpráva o mém muži [Bericht über meinen Mann], Prag 1990, S. 164.

106 Vgl. Prokop Tomek, Československý Uran 1945–1989, S. 35; AMV Prag, svazek H-786–5, documentace III sector.

107 Vgl. Schreiben von Bohumila Radová vom 5. Dezember 1968, Vojenský Hlavní Archiv (VHA) [Militärhauptarchiv], Fond 255.

108 Bericht von General Bulander vom 18. Oktober 1947, VHA, Fond 255.

109 Vgl. Sborník přednášek a dokumentů, Stálá mezinarodní konference o zločinech komunismu [Sammelband mit Vorträgen und Dokumenten, Ständige Internationale Kommission über die Verbrechen des Kommunismus], Prag, Oktober 1991, po. cit 85 und 90.

110 Privatarchiv Dr. Hettler.

111 Ebd.

112 Vgl. Archiv DIAMO, Příbram, k 32, n 14; Ludmila Petrášová, Vězeňské tábory.

113 Vgl. Bericht vom 24. 10. 1949 »Aue oder Sibirien«, Archiv der Friedrich-Ebert-Stiftung Bonn, SPD-Parteivorstand, Ostbüro, 0072 B (Nr. 02365).

114 Vgl. Karel Kaplan, Vladimír Pacl, Tajný prostor Jáchymov.

115 Vgl. ebd., S. 32.

116 Vgl. Ludmila Petrášová, Vězeňské tábory.

117 Vgl. Karel Kaplan, Vladimír Pacl, Tajný prostor Jáchymov, S. 338.

118 Vgl. Sborník přednášek a dokumentů, S. 62ff.

119 Vgl. Eduard Goldstücker, Prozesse. Erfahrungen eines Mitteleuropäers, München 1989, S. 252.

120 Vgl. Prokop Tomek, Československý Uran 1945–1989, S. 30f.

121 Vgl. Sbornik přednášek a dokumentů, S. 350. Davon leicht abweichende Zahlen werden von Prokop Tomek, Československý Uran 1945–1989, S. 30f., genannt. Er gibt beispielsweise für 1953 13 821 Gefangene an.

122 Ludmila Petrášová, Vězeňské tábory, S. 366.
123 Vgl. Sborník přednášek a dokumentů, S. 42–45.
124 Vgl. Centralní Archiv Vězeňské Služby (CAVS) [Zentralarchiv des Gefangenendienstes], Karlovy Vary o. J., Bd. 6, Dokument organizačníma a obsakvim my voji československihi rezimstvi 1948–1968; Ludmila Petrášová, Vězeňské tábory, S. 367.
125 J. Brodský, Rešení gama, o. O. 1970, S. 69, zitiert nach: Vilém Hejl, Karel Kaplan, Zpráva o organizovaném násilí, S. 254.
126 Vgl. SOA Plzeň [Staatliches Regionalarchiv], Vězeňský ústav Ostrov [Gefangenenanstalt Ostrov]; Ludmila Petrášová, Vězeňské tábory, S. 368.
127 Vgl. CAVS, Band 6; Ludmila Petrášová, Vězeňské tábory, S. 355.
128 Vgl. ebd., S. 345.
129 Alexander Solschenizyn ist in seinem beeindruckenden Buch »Archipel Gulag« kaum auf die Gefangenen eingegangen, die mithalfen, die sowjetische Atomindustrie aufzubauen. Der Uranbergbau wird von ihm gar nicht erwähnt.
130 Vgl. Oskar Pluskal, Poválečná historie, S. 39.
131 Vgl. ebd.
132 Vgl. Ludmila Petrášová, Vězeňské tábory, S. 347 ff.
133 Zitiert nach: Karel Kaplan, Vladimír Pacl, Tajný prostor Jáchymov, S. 42.
134 Vgl. CAVS, Závěrečná zpráva meziresortní komise ministerstva vnitřa ČSSR, ČSR a SNV ČSR [...] v oblasti Jáchymov [Öffentlicher Untersuchungsbericht einer Fachkommission des Innenministeriums über ungesetzliche Handlungen in der Region Jáchymov], S. 6.
135 Vgl. CAVS, Závěrečná zpráva, sv 26/3, přiloha c; Ludmila Petrášová, Vězeňské tábory, S. 354.
136 Vgl. ebd., S. 360.
137 Vgl. Milena Bubeníčková-Kathanová, Vybledlé fotografie [Verblichene Fotografie], Střední Evropa No. 22, 1992.
138 Vgl. Ludmila Petrášová, Vězeňské tábory, S. 401.
139 Vgl. Sborník přednášek a dokumentů, S. 42–45.
140 »Jihočeská Pravda« [Die Südböhmische Wahrheit], vom 9. April 1968, České Budějovice, zitiert nach: Antonín Kratochvíl, Žaluji, Bd. 1, Prag 1990, S. 159.
141 Vgl. Ludmila Petrášová, Vězeňské tábory, S. 364.
142 Ebd., S. 364.
143 Vgl. ebd., S. 354.
144 Vgl. ebd., S. 411 f.
145 Vgl. Karel Pecka, Motáky nezvěstnému [Kassiber an einen Verschollenen], Brno 1990, S. 198.
146 Vgl. Ludmila Petrášová, Vězeňské tábory, S. 415.
147 Im Museum von Příbram gibt es eine Sammlung »Materialien politischer Häftlinge«, die auf einer Fragebogenaktion aus dem Jahr 1998 beruht. Die detailliertesten Antworten betreffen die Bedingungen im Lager »Vojna« in den Jahren zwischen 1955 und 1960.
148 Vgl. Aussage von Josef Vácha für das Museum der Dritten Resistance, Příbram, Oktober 1998.
149 Vgl. Aussage von Jaroslav Holeček (Kladno) für das Museum der Dritten Resistance, Příbram.

Ein »Staat im Staate«

1 Vgl. Dmitri N. Filippowitsch, Wladimir V. Zacharow, Deutsches Uran für die sowjetische Atombombe, in: Der Anschnitt, Heft 2–3, 1998, S. 83f.
2 Vgl. W. I. Wetrow, Die Bildung von Betrieben für die Gewinnung und Aufbereitung von Uranerz, in: Ministerium der Russischen Föderation für Atomenergie (Hg.), Die Entwicklung der ersten sowjetischen Atombombe, Moskau 1995, S. 19.
3 Vgl. Dmitri N. Filippowitsch, Wladimir V. Zacharow, Deutsches Uran für die sowjetische Atombombe, S. 84.
4 Vgl. Rob Roeling, De grote trek naar het Duitse Ertsgebergte, S. 19.
5 Vgl. Chronik der Wismut, CD-Rom, Teil 2, S. 1202.
6 Vgl. Werner Schiffner, Agricola und die Wismut, S. 53; »Martin Vogel schlug als erster Uran«, in: Dialog 13/1996, S. 28.
7 Vgl. Chronik der Wismut, CD-Rom, Teil 2, S. 1210.
8 Vgl. Schreiben des Treuhänders für das Vermögen der ehem. Sachsenerz-Bergwerks AG an die Landesregierung vom 13. März 1948, SÄHStA Dresden, LRS, Ministerium für Wirtschaft (MfW), Nr. 1524.
9 Vgl. Verzeichnis der Unternehmen, die zu sowjetischen Aktiengesellschaften gehören (April 1947), SÄHStA Dresden, LRS, MfW, Nr. 1510.
10 »Martin Vogel schlug als erster Uran«, in: Dialog 13/1996, S. 28.
11 Vgl. Der Uranbergbau in der Sowjetzone, hg. vom Vorstand der SPD, Denkschriften Nr. 27, Hannover o. J. (1950), S. 3.
12 Vgl. Chronik der Wismut, CD-Rom, Teil 2, S. 1244.
13 Vgl. ebd., S. 1296.
14 Volksstimme vom 30. Juni 1956.
15 Vgl. Chronik der Wismut, CD-Rom, Teil 2, S. 1235.
16 Vgl. Mario Kaden, Wismut – die »wilde« Zeit. Beiträge zur Geschichte des Landkreises Annaberg, Annaberg 1994, S. 76ff.
17 Vgl. Der Uranbergbau in der Sowjetzone, S. 5.
18 Vgl. Chronik der Wismut, CD-Rom, Teil 2, S. 1492f.
19 Vgl. SÄHStA Dresden, LRS, MfW, Nr. 1510.
20 Vgl. W. I. Wetrow, Die Bildung von Betrieben für die Gewinnung und Aufbereitung von Uranerz, S. 19.
21 Vgl. Rainer Karlsch, Johannes Bähr, Die Sowjetischen Aktiengesellschaften (SAG) in der SBZ/DDR, in: Karl Lauschke, Thomas Welskopp (Hg.), Mikropolitik im Unternehmen: Arbeitsbeziehungen und Machtstrukturen in industriellen Großbetrieben des 20. Jahrhunderts, Essen 1994.
22 Vgl. Jan Foitzik, Inventar der Befehle des Obersten Chefs der Sowjetischen Militäradministration in Deutschland (SMAD) 1945–1949, München 1995, S. 133.
23 Vgl. SÄHStA Dresden, LRS, Ministerpräsident (MP), Nr. 147, Bl. 4.
24 Vgl. Materialij po oformleniy A/O »Wismut« (russisch), Urkunde der Stadt Aue vom 10. Februar 1948, Unternehmensarchiv (UA) der Wismut GmbH, Mikrofilm Nr. 438.
25 Berechnet nach: SÄHStA Dresden, LRS, Ministerium des Innern (MdI), Nr. 303.
26 Vgl. Materialij po oformleniy A/O »Wismut« (russisch), Protokoll Nr. 1, Sitzung der

Verwaltung der Staatlichen Aktiengesellschaft der Buntmetallindustrie »Wismut« vom 5. Juni 1947, UA, Mikrofilm Nr. 438.

27 Vgl. Gerhard Rohner, Finanzierung der Wismut AG (Manuskript), in: BArch Koblenz, B 137, Nr. 1355.

28 Vgl. Rolf Badstübner, Wilfried Loth (Hg.), Wilhelm Pieck – Aufzeichnungen zur Deutschlandpolitik 1945–1953, Berlin 1994, S. 318.

29 Vgl. Jochen Laufer, Politik und Praxis der sowjetischen Demontagen 1941–1950, Manuskript, Potsdam 2001.

30 Zusammengestellt nach: Analyse über die Entwicklung der Finanzwirtschaft der DDR 1951–55 vom 9. September 1954, BArch Berlin-Lichterfelde, DN 1, VS 04/81, Nr. 5.

31 Vgl. Raye C. Ringholz, Uranium Frenzy. Boom and Bust on the Colorado Plateau, New York 1989, S. 269.

32 Vgl. Rainer Karlsch, Allein bezahlt? Die Reparationsleistungen der SBZ/DDR 1945–1953, Berlin 1993, S. 197 f.

33 Vgl. Gründung und Entwicklung der SDAG Wismut, in: Chronik der Wismut GmbH, Teil 1, Chemnitz 1997.

34 Vgl. UA der Wismut GmbH, Abschlussdokumentation, Anlage zu Abschnitt 2.

35 Krasnaja Swesda vom 7. Mai 1982 und 17. Juli 1992.

36 Vgl. Nicola Werth, Ein Staat gegen sein Volk, in: Stephane Courtois u. a. (Hg.), Das Schwarzbuch des Kommunismus, München 1998, S. 214.

37 Ebd., S. 228.

38 Vgl. Ralf Stettner, »Archipel Gulag«. Stalins Lager, München 1997, S. 165 und 226.

39 Vgl. Anton Antonow-Owsejenko, Der Weg nach oben. Skizzen zu einem Berija-Porträt, in: Vladimir F. Nekrassow (Hg.), Berija. Henker in Stalins Diensten, Augsburg 1997, S. 142.

40 Nach seiner Rückkehr in die Sowjetunion arbeitete Malzew als Vertreter des Innenministeriums im Ministerrat. Selbst den Sturz von Berija überstand Malzew glimpflich. Er wechselte 1955 vom NKWD ins Verteidigungsministerium.

41 Vgl. Nikita V. Petrow, Perwoi Predsedatjel KGB Iwan Serow, in: Otschestwennija Istoria 5/1997, S. 23–43.

42 Dmitri N. Filippowitsch, Wladimir V. Zacharow, Deutsches Uran für die sowjetische Atombombe.

43 Vgl. Nikolai Grishin, The Saxony Uranium Mining Operation (»Vismut«), S. 130 f.

44 Schreiben des Leiters der sächsischen Bergbauverwaltung, Generalmajor Malzew, und des Leiters der Sonderoperativgruppe, Malygin, an Serow vom 25. Februar 1947, Staatsarchiv der Russischen Föderation (GARF) Moskau, 9401-1-4152, Bl. 140–142.

45 Vgl. Die SED. Geschichte, Organisation, Politik. Ein Handbuch, Berlin 1997, S. 21 ff.

46 Vgl. Klaus Schroeder, Der SED-Staat. Partei, Staat und Gesellschaft 1949–1990, München 1998, S. 60.

47 Vgl. Sekretariatssitzung des Kreisvorstandes Siegmar vom 4. Januar 1949; Protokoll der Sitzung der Gebietsparteileitung der SED vom 8. März 1954, SÄHStA Außenstelle Chemnitz, GPL Wismut, IV 2/3/2 und IV 2/3/11.

48 SÄHStA Dresden, Bezirksparteiarchiv (BPA), Nr. A/1193.

49 Vgl. Zentrale Betriebsgruppenleitung der SED im Bergbau, SÄHStA Dresden, BPA, Nr. A/1193.

50 Vgl. Tätigkeitsbericht des Kreisvorstandes Wismut vom 7. Dezember 1949, SÄHStA Dresden, BPA, Nr. A/1193.

51 Vgl. Zur Geschichte der Gebietsparteiorganisation Wismut der SED, Chemnitz 1988, S. 22.

52 Sekretariatssitzung vom 17. Februar 1949, BArch Berlin-Lichterfelde, Stiftung Archiv der Parteien und Massenorganisationen der DDR (SAPMO), Industriegewerkschaft Wismut (IGW), Nr. 101.

53 Die innerparteiliche Lage im Kreisvorstand Aue, Bericht vom 17. Mai 1950, SÄHStA Dresden, BPA, Nr. A/1140.

54 Vgl. Ralf Engeln, Uransklaven oder Sonnensucher? Die Sowjetische AG Wismut in der SBZ/DDR 1946–1953, Essen 2001, S. 153.

55 Vgl. Die SED. Geschichte, Organisation, Politik, S. 916.

56 Vgl. Bericht vom 11. November 1952, SPD-PV, Archiv der Friedrich-Ebert-Stiftung Bonn (FES), Ostbüro der SPD, Nr. 0072 B (Nr. 02367).

57 Vgl. Die SED. Geschichte, Organisation, Politik, S. 1059.

58 Vgl. Ralf Engeln, Die industriellen Beziehungen im Uranbergbau der SAG Wismut, in: Rainer Karlsch, Harm Schröter (Hg.), »Strahlende Vergangenheit«, S. 193 ff.

59 Sitzung des Landesvorstandes der SED am 18. Januar 1952, SÄHStA Dresden, BPA, Nr. A/796.

60 Vgl. Wolfgang Kießling, Partner im »Narrenparadies«. Der Freundeskreis um Noel Field und Paul Merker, Berlin 1994.

61 Vgl. Rainer Karlsch, Ungleiche Partner – Die vertraglichen Grundlagen des Uranbergbaus und der Verrechnung der Uranerzlieferungen, in: Rainer Karlsch, Harm Schröter (Hg.), »Strahlende Vergangenheit«, S. 263–300.

62 Vgl. Mike Reichert, Kernenergiewirtschaft in der DDR, Entwicklungsbedingungen, konzeptioneller Anspruch und Realisierungsgrad (1955–1990), St. Katharinen 1999, S. 113 ff.

63 Vgl. Karl Schirdewan, Aufstand gegen Ulbricht. Im Kampf um politische Kurskorrektur, gegen stalinistische, dogmatische Politik, Berlin 1994, S. 92 f.; Norbert Podewin, Walter Ulbricht. Eine neue Biographie, Berlin 1995, S. 300 f.

64 Zitiert nach: Mario Frank, Walter Ulbricht. Eine deutsche Biographie, Berlin 2001, S. 267.

65 Bericht vom 24. März 1958, FES Bonn, Ostbüro der SPD, Nr. 0072 B, (Nr. 02363).

66 Sitzung des Politbüros am 11. März 1958, BArch Berlin-Lichterfelde, SAPMO, J IV 2/2–5/4.

67 Vgl. Gunther Mai, Der Alliierte Kontrollrat in Deutschland 1945–1948. Alliierte Einheit – deutsche Teilung?, München 1995, S. 372.

68 Ebd., S. 370.

69 Vgl. im ersten Geschäftsjahr erlassene Verordnungen, Verfügungen und Richtlinien betreffend der Arbeitslenkung (Auszug), BArch Berlin-Lichterfelde, DQ-2, Nr. 6, Bl. 31 ff.

70 Vgl. Wolfgang Zank, Wirtschaft und Arbeit in Ostdeutschland 1945–1949, Probleme des Wiederaufbaus in der Sowjetischen Besatzungszone Deutschlands, München 1987; Ralf R. Leinweber, Das Recht auf Arbeit im Sozialismus. Die Herausbildung einer Politik des Rechts auf Arbeit in der SBZ/DDR 1945 bis 1961, Marburg 1983, S. 80 ff.

71 Vgl. Gunter Mai, Der Alliierte Kontrollrat, S. 381 f.

72 Vgl. Werner Abelshauser, Der Ruhrkohlenbergbau seit 1945, Wiederaufbau, Krise, Anpassung, München 1984, S. 30 f.

73 Vgl. Rob Roeling, Arbeiter im Uranbergbau, in: Rainer Karlsch, Harm Schröter (Hg.), »Strahlende Vergangenheit«, S. 103.

74 Vgl. Ralf Engeln, Uransklaven oder Sonnensucher?, S. 79 ff.

75 Max Weber, Bergmann, von 1921 bis 1933 Bezirksvorsitzender des freigewerkschaftlichen Alten Verbandes der Bergarbeiter, 1946 SED, 1947–1950 Mitglied des PV der SED. Zur Biographie von Max Weber siehe: Zur Geschichte der Gebietsparteiorganisation Wismut der SED, Chemnitz 1988, S. 14.

76 Zitiert in: Rob Roeling, Arbeiter im Uranbergbau, S. 111.

77 Vgl. Schreiben des Präsidenten der DZVHS, Gustav Brack, an den Zentralvorstand der SED vom 20. September 1947: Betrifft Erzbergbau Aue, BArch Berlin-Lichterfelde, SAPMO, DY 30 IV, 2/2 027/25 (Büro Lehmann).

78 Vgl. SÄHStA Dresden, LRS, MfAS, Nr. 391.

79 Schreiben der Landesregierung Brandenburg, Minister für Arbeit und Sozialwesen, an das Arbeitsamt Potsdam vom 4. September 1947, BArch Berlin-Lichterfelde, SAPMO, FBS 336/13 238 (Büro Lehmann).

80 Vgl. The Secret Mines of Russia's Germany, in: Life Nr. 29/1950, S. 74.

81 Vgl. BArch Berlin-Lichterfelde, SAPMO, FBS 123/16 502 (Nachlass Grotewohl); Notiz vom 16. Juli 1947 betr.: Einsatz im Bergbau, BArch Berlin-Lichterfelde, Q-1, (Nachlass Maxim Zetkin), Nr. 1 612.

82 Schreiben des Präsidenten des Thüringischen Oberverwaltungsgerichtes an den Ministerpräsidenten des Landes Thüringen vom 6. Dezember 1947, BArch Berlin-Lichterfelde, SAPMO, DY 30 IV, 2/2 027/25 (Büro Lehmann).

83 Vgl. Aktenvermerk der DVAS vom 9. August 1947 betr.: Befehl der SMAD vom 1. August 1947, BArch Berlin-Lichterfelde, SAPMO, DY 30 IV, 2/2 027/25 (Büro Lehmann).

84 Abschrift von der Landesregierung Sachsen, Besprechung über die Unterbringung und Versorgung der Arbeitskräfte im Erzbergbau Aue vom 7. August 1947, ebd.

85 Zur Problematik der Arbeitskräftegewinnung für den sächsischen Uranbergbau vgl. insbesondere: Rob Roeling, De grote trek naar het Duitse Ertsgebergte.

86 Vgl. Deutsche Wirtschaftskommission (DWK), Hauptverwaltung Arbeit und Soziales (HVAS), Bericht über eine Reise nach Dresden und Aue in der Zeit vom 14. September bis 16. September 1948, BArch Berlin-Lichterfelde, SAPMO, DY 30 IV, 2/2 027/25 (Büro Lehmann).

87 Vgl. Beschluss-Protokoll vom 13. November 1946, SÄHStA Dresden, BPA, SED-LL, Nr. A/778, Bl. 263.

88 BArch Berlin-Lichterfelde, SAPMO, DQ-2, Nr. 2 138.

89 Entwurf eines Artikels von Jenny Matern vom 14. August 1947, ebd.

90 Vgl. Brief des Präsidenten Brack an die Landesregierungen von Brandenburg und Mecklenburg vom 18. Oktober 1948, SÄHStA Dresden, LRS, MAS, Nr. 397.

91 Vgl. Schreiben der DWK vom 16. November 1948 an die SMAD, Morenow, betr.: Störungen von Sammeltransporten für Aue auf den West-Berliner Bahnhöfen, BArch Berlin-Lichterfelde, SAPMO, DQ-2, Nr. 1 995.

92 Vgl. Protokoll vom 10. Juni 1948, BArch Berlin-Lichterfelde, SAPMO, DQ-2, Nr. 1 995.

93 Vgl. Ralf Engeln, Uransklaven oder Sonnensucher?, S. 86.

94 Zusammengestellt nach: Bericht über die Tätigkeit der Operativabteilung des Ministeriums für Innere Angelegenheiten der UdSSR bei der Militäreinheit 27 304 vom 20. November 1947, GARF, Sammlung von Dokumenten.

95 Vgl. Jahresbericht der Generaldirektion für 1949 (russisch), UA der Wismut GmbH, Mikrofiche, Nr. 410.

96 Vgl. Norman M. Naimark, Die Russen in Deutschland, S. 244.

97 Vgl. Dmitri N. Filippowitsch, Wladimir V. Zacharow, Deutsches Uran für die sowjetische Atombombe.

98 Vgl. Jan Lipinsky, Mobilität zwischen den Lagern, in: Alexander von Plato (Hg.), Sowjetische Speziallager in Deutschland 1945–1950, Bd. 1, Berlin 1998, S. 228 ff.

99 Vgl. ebd., S. 230.

100 Vgl. Zur Geschichte der Gebietsparteiorganisation Wismut der SED, S. 12.

101 Plakat »Deutschland erwartet Euch!«, BArch Berlin-Lichterfelde, SAPMO, DY 30 IV, 2/2 027/25 (Büro Lehmann).

102 Vgl. Bericht aus dem Heimkehrerlager Fürstenwalde, BArch Berlin-Lichterfelde, SAPMO DY 30/IV 2/2 027/25 (Büro Lehmann).

103 Kreistag/Kreisrat Annaberg, SÄHStA Dresden, Nr. 568/3.

104 Vgl. Bericht über die am 15. August 1947 durchgeführte Dienstreise nach Frankfurt/O., BArch Berlin-Lichterfelde, SAPMO, DY 30 IV, 2/2 027/25 (Büro Lehmann).

105 Vgl. Manfred Jahn, Vertriebene Deutsche als attraktive Zielgruppe der Arbeitskräftelenkung in den Uranbergbau, in: Der Anschnitt, Heft 2–3, 1998.

106 Vgl. Schreiben von Weber an den LV der SED Sachsen vom 20. März 1947, SÄHStA Dresden, BPA, Nr. 685, Bl. 29.

107 Schreiben an die Außenstelle Erzbergbau vom 16. Juni 1948, SÄHStA Dresden, LRS, MdI, Nr. 2 645.

108 Schreiben des MAS, HA Umsiedler, an die Sonderabteilung Erzbergbau vom 15. Juli 1948, ebd.

109 Zitiert nach: Reimar Paul, Das Wismut-Erbe, S. 147.

110 Control Commission for Germany, Presseerklärung von 24. August 1950, FES Bonn, SPD-PV-Ostbüro, 0072 B (Nr. 02362).

111 Bericht über eine Reise nach Dresden und Aue in der Zeit vom 14. 9.–16. 9. 1948, Berlin 24. September 1948, BArch Berlin-Lichterfelde, SAPMO, DY 30/IV 2/2 027/25 (Büro Lehmann).

112 Ebd.

113 Abschrift von Abschrift vom 30. August 1948: »Katastrophale Verhältnisse im Erzbergbaugebiet Aue«, BArch Berlin-Lichterfelde, SAPMO, DY 30/IV 2/2 027/25 (Büro Lehmann).

114 Bericht über eine Reise nach Dresden und Aue in der Zeit vom 14. September bis 16. September 1948, BArch Berlin-Lichterfelde, SAPMO, DY 30/IV 2/2 027/25 (Büro Lehmann).

115 Vgl. Chronik der Wismut GmbH, CD-Rom, Teil 1, S. 745.

116 Vgl. Ralf Engeln, Uransklaven oder Sonnensucher?, S. 138.

117 Vortrag des Ministers des Innern der UdSSR, Generaloberst S. N. Kruglow, und des Leiters der Politischen Staatlichen Verwaltung beim Ministerrat der UdSSR vom 20. März 1948 (adressiert an L. P. Berija), GARF Moskau, Fonds 9401 Op. 2, D. 207, S. 3.

118 Vgl. Aktennotiz Frau Dr. Heinze vom 14. Januar 1947, SÄHStA Dresden, LRS, MAS, Nr. 62, Bl. 220.
119 Vgl. Schreiben des Landesarbeitsamtes an Minister Selbmann vom 7. November 1946, SÄHStA Dresden, LRS, MAS, Nr. 62.
120 Beschwerdebrief von Karl C. an das Landesarbeitsamt vom 16. Dezember 1946, SÄHStA Dresden, LRS, MAS, Nr. 303, Bl. 104.
121 Bergwerks-Objektleiter-Sitzung am 24. November 1947, SÄHStA Dresden, BPA, Nr. A/1193.
122 Vgl. Protokoll der Sitzung des KV Siegmar vom 4. Januar 1949, SÄHStA, Außenstelle Chemnitz, GPL Wismut, IV 2/3/11.
123 Vgl. Rainer Grieß, Die Rationen-Gesellschaft. Versorgungskampf und Vergleichsmentalität: Leipzig, München und Köln nach dem Kriege, Münster 1991.
124 Vgl. Schreiben der Ortsgruppe der SED »Silberstraße« an Oberstleutnant Einbinder vom 24. Dezember 1948, SÄHStA Dresden, BPA, Nr. A/1193.
125 Ebd.
126 Vgl. Sitzung am 6. September 1948, SÄHStA Dresden, BPA, Nr. A/783, Bl. 274.
127 Kontrollbericht über das VPKA Aue vom 5. Dezember 1951, BArch Berlin-Lichterfelde, SAPMO, DO 11, Nr. 20, HVDVP, Bl. 24.
128 Ebd.
129 Kontrollbericht über das VPKA Marienberg vom 4. Dezember 1951, BArch Berlin-Lichterfelde, SAPMO, DO 11, Nr. 20, HVDVP, Bl. 40ff.
130 Vgl. Bericht von Mitte 1949, FES Bonn, Ostbüro der SPD, 0072 B (Nr. 02358).
131 Vgl. Dmitri N. Filippowitsch, Wladimir V. Zacharow, Deutsches Uran für die sowjetische Atombombe, S. 90.
132 Vgl. Bericht von Schudy (ohne Datum) über die Arbeit der Bergpolizei und des NKWD, FES Bonn, Ostbüro der SPD, 0072 B (Nr. 02367).
133 Vgl. Mario Kaden, Kriminalität, Polizei-, Justiz- und Sicherheitsapparat in der »Uranprovinz« 1946 bis 1958, in: Rainer Karlsch, Harm Schröter (Hg.), »Strahlende Vergangenheit«, S. 151.
134 Vgl. SPD-Pressemitteilungen vom 1. Juli 1954, FES Bonn, SPD-PV, Ostbüro der SPD, 0072 B (Nr. 02367).
135 Vgl. Schreiben des Stellv. Chefs der VP, Generalinspekteur Seifert, an den Stellv. Vorsitzenden der SKKD, A. F. Kabanow, vom 27. September 1950, BArch Berlin-Lichterfelde, SAPMO, DO 1, Nr. 11/546.
136 Der Uranbergbau in der Sowjetzone, S. 24.
137 Vgl. Jahresbericht der BDVP (BS) Wismut für 1957, BArch Berlin-Lichterfelde, SAPMO, DO 1, HVDVP, Nr. 11/509.
138 Vgl. ebd. Nr. 11/510.
139 Schreiben des Ministeriums für Arbeit und Gesundheitswesen (MfAG) an alle Landesregierungen vom 18. November 1949, BArch Berlin-Lichterfelde, SAPMO, DQ-2, Nr. 2105.
140 Vgl. Schreiben der Landesregierung Sachsen an die DWK vom 30. August 1949, BArch Berlin-Lichterfelde, SAPMO, DQ-2, Nr. 2105.
141 Vgl. Schreiben des Stellv. Chefs der VP, Seifert, an General Malzew vom 17. Januar 1950, BArch Berlin-Lichterfelde, SAPMO, DO 11, Nr. 932, Bl. 21f.
142 Ebd.

143 Vgl. Bericht über Vorsprache von Vertretern des MdI, des KV der SED Wismut, der Landesbehörde der VP bei Oberstleutnant Einbinder am 11. Februar 1950, BArch Berlin-Lichterfelde, SAPMO, DO 11, Nr. 932, Bl. 26f.

144 Vgl. Verfahrensweise beim Umtausch von Personalausweisen für Bergarbeiter der Wismut AG, BArch Berlin-Lichterfelde, SAPMO, DO 11, Nr. 933, Bl. 29ff.

145 Vgl. Gotthard Bretschneider, Kein Schutz vor Willkür? Zur Arbeit der Gewerkschaft in der SAG Wismut 1946–1953, Schriftenreihe der Traditionsstätte für den sächsisch-thüringischen Uranbergbau im Kulturhaus »Aktivist« Schlema, Heft 1, Obercrinitz 1997 S. 8f.

146 Brief an die »Russischen Gewerkschaften« vom 15. April 1947. Eine Kopie des Briefes wurde den Verfassern freundlicherweise von Gotthard Bretschneider zur Verfügung gestellt.

147 Ebd.

148 Schriftlicher Bericht des Vorsitzenden des WSSPS, Kusnezow, an den Stellv. Vorsitzenden des Ministerrates der UdSSR, Molotow, vom 13. Mai 1947, GARF Moskau, 9401-2-173, Bl. 19.

149 Vgl. Rainer Karlsch, Wladimir V. Zacharow, Ein Gulag im Erzgebirge? Besatzer und Besiegte beim Aufbau der Wismut AG, in: Deutschland-Archiv, 1/1999, S. 16–34.

150 Vgl. Bericht vom 24. Mai 1947, BArch Berlin-Lichterfelde, SAPMO, FBS 123/16502 (Nachlass Grotewohl).

151 Vgl. Bericht über eine Besprechung zwischen General Malzew und den Kollegen Lähne, Arthur Schreiber, Fritz Schreiber sowie Richard Gründel am 26. April 1947. Eine Kopie des Berichts wurde den Verfassern freundlicherweise von Gotthard Bretschneider zur Verfügung gestellt.

152 Zitiert nach: Gotthard Bretschneider, Kein Schutz vor Willkür?, S. 12.

153 Vgl. BArch Berlin-Lichterfelde, SAPMO, DY 30/IV 2/2.1

154 Vgl. ebd., DY 30/IV 2/2 027/25 (Büro Lehmann).

155 Vgl. Schreiben der Landesleitung Sachsen: »Ein zusammengedrängter Bericht von dem Erzbergwerk« vom 24. März 1947, BArch Berlin-Lichterfelde, SAPMO, FBS 93/1172 (Nachlass Pieck).

156 Vorlage von Helmut Lehmann für das Zentralsekretariat der SED vom 12. August 1947, BArch Berlin-Lichterfelde, SAPMO, FBS 123/16502 (Nachlass Grotewohl).

157 Vgl. Arbeit im Uranbergbau (Paul Merker), 15. August 1947, BArch Berlin-Lichterfelde, SAPMO, DY 30, IV 2/2.1/117.

158 Vgl. Tagung des Parteivorstandes am 1. März 1948, BArch Berlin-Lichterfelde, SAPMO, DY 30, IV2/2.1/177.

159 Vgl. Erich W. Gniffke, Jahre mit Ulbricht, Köln 1966, S. 292f.

160 Tagung des Parteivorstandes am 15./16. Oktober 1947, BArch Berlin-Lichterfelde, SAPMO, FBS 194/20776.

161 Vgl. dazu: Peter Hübner, Konsens, Konflikt und Kompromiss. Soziale Arbeiterinteressen und Sozialpolitik in der SBZ/DDR 1945–1970, Berlin 1995, sowie die dort angegebene Literatur.

162 Vgl. Amt für Arbeit Bleicherode, Niederschrift vom 30. Dezember 1949, Privatarchiv Bretschneider.

163 Vgl. Bericht vom 6. August 1947, FES Bonn, SPD-PV-Ostbüro, 0072 B (Nr. 02358);

Bericht vom 16. Dezember 1952, 0072 B (Nr. 02365); Flüchtlingsbericht vom 22. Dezember 1948; Flüchtlingsbericht vom 5. April 1949, ebd.

164 Vgl. Arbeitskräftevermittlung für den Erzbergbau, 17. April 1950, SÄHStA Dresden, LRS, AuS, Nr. 404.

165 Vgl. Bericht vom 27. November 1949; Berichte aus Mecklenburg von Mitte 1949, FES Bonn, SPD-PV-Ostbüro, 0072 B (Nr. 02365).

166 Vgl. Besprechung mit Marschall Tschuikow am 6. April 1950, BArch Berlin-Lichterfelde, SAPMO, NL 36/736 (Nachlass Pieck).

167 Vgl. Sitzung des Politbüros am 11. April 1950, BArch Berlin-Lichterfelde, SAPMO, DY 30 2/2/83.

168 Vgl. Ulrich Gill, Der Freie Deutsche Gewerkschaftsbund (FDGB. Theorie – Geschichte – Organisation – Funktionen – Kritik), Opladen 1989.

169 Bundesvorstand des FDGB: Empfehlungen zur Überwindung der Fluktuation bei der Wismut AG, 30. Dezember 1949, Privatarchiv Bretschneider.

170 Vgl. Schreiben des Bundesvorstandes des FDGB an Minister Heinrich Rau vom 13. Januar 1950, Privatarchiv Bretschneider.

171 Ebd.

172 Vgl. Bundesvorstand des FDGB, Referat Erzbergbau, Aktennotiz vom 24. Februar 1950, Privatarchiv Bretschneider.

173 Vgl. BArch Berlin-Lichterfelde, DQ-2, Nr. 2105.

174 Vgl. Jahresbericht der Generaldirektion für 1949 (russisch), UA der Wismut GmbH, Mikrofiche.

175 Vgl. SED-Landesleitung/Abt. Wirtschaft, Aufstellung der gestellten und entlassenen Arbeitskräfte im 1. Hj. 1950, SÄHStA Dresden, BPA, Nr. A/685, Bl. 103.

176 Vgl. Ralf Engeln, Uransklaven oder Sonnensucher?, S. 111 ff.

177 Berechnet nach: SÄHStA Dresden, MfW, Nr. 819/1.

178 Vgl. Schreiben der Landesregierung von Mecklenburg an die DVAS vom 4. September 1947, BArch Berlin-Lichterfelde, SAPMO, FBS 123/16502 (NL 90/359).

179 Vgl. Sitzung der Aue-Kommission vom 11. Mai 1950, BArch Berlin-Lichterfelde, IV 2/2027/25; Besprechung mit Marschall Tschuikow am 6. April 1950, BArch Berlin-Lichterfelde, SAPMO, NL 36 Nr. 736 (Nachlass Pieck).

180 Vgl. Rob Roeling, Arbeiter im Uranbergbau, S. 112.

181 Vgl. Aktennotiz von Minister Goschütz für Minister Hoffmann vom 14. Juli 1951, betr.: Fernschreiben des Ministers für Arbeit der DDR an Ministerpräsident Seydewitz vom 9. Juli 1951, SÄHStA Dresden, LRS, MfW, Nr. 1175/1, GVS.

182 Die Beschäftigtenzahlen wurden in den sowjetischen Berichten zum Teil per Hand eingetragen. Dies war in der von höchster Geheimhaltung geprägten Uranindustrie durchaus eine übliche Praxis, die sich auch in tschechoslowakischen und sowjetischen Uranbetrieben nachweisen lässt.

183 Vgl. Erläuterungen zum Jahresbericht der Wismut AG für 1953, UA der Wismut GmbH. Wir danken Rainer Kohlisch für diesen Hinweis.

184 Vgl. Mario Kaden, Auswertung von Zeitzeugenbefragungen, Manuskript, Annaberg 1999.

185 Ralf Engeln, Uransklaven oder Sonnensucher?, S. 46.

186 Vgl. Mario Kaden. Uranprovinz. Zeitzeugen der Wismut erinnern sich, Marienberg 2000, S. 24.

187 Zitiert nach: Ebd., S. 36.

188 Vgl. Chronik der Wismut GmbH, CD-Rom, Teil 2, S. 782.
189 Vgl. Rainer Karlsch, Kohle, Chaos und Kartoffeln, in: Jürgen Engert (Hg.), Die wirren Jahre, Deutschland 1945–1948, Berlin 1996, S. 105 f.
190 Vgl. Rob Roeling, Arbeiter im Uranbergbau, S. 113.
191 Ralf Engeln, Uransklaven oder Sonnensucher?, S. 208.
192 Zitiert nach: Reimar Paul, Das Wismut-Erbe, S. 165.
193 Vgl. Werner Abelshauser, Der Ruhrkohlenbergbau seit 1945, S. 42.
194 Vgl. Mario Kaden, Wismut – die »wilde« Zeit, S. 30.
195 Vgl. Ralf Engeln, Die industriellen Beziehungen im Uranbergbau der SAG Wismut, S. 200 f.
196 Vgl. Peter Hübner, Konsens, Konflikt und Kompromiss. S. 19.
197 Vgl. Ralf Engeln, Uransklaven oder Sonnensucher?, S. 204 ff.
198 Vgl. Chronik der Wismut GmbH, CD-Rom, Teil 2, S. 780.
199 Vgl. Informationsmaterial der IG Bergbau »Zusammenstellung von Befehlen, die Tarifregelungen gleich kommen«, BArch Berlin-Lichterfelde, DQ-2, Nr. 3 656.
200 Vgl. Verordnung des Generaldirektors der Wismut AG vom 20. Juli 1949, BArch Berlin-Lichterfelde, DQ-2, Nr. 6.
201 Vgl. Ralf Engeln, Uransklaven oder Sonnensucher?, S. 234 ff.
202 Vgl. ebd., S. 66.
203 Vgl. Kontrollbericht über VPKA Aue vom 5. Dezember 1951, BArch Berlin-Lichterfelde, SAPMO, DO 11, Nr. 20.
204 Vgl. Rainer Potratz, Zur Entfernung »deklassierter Elemente«. Die Ausweisungen aus den Uranbergbaukreisen 1952–54, in: Rainer Karlsch, Harm Schröter (Hg.), »Strahlende Vergangenheit«, S. 211.
205 Vgl. MdI-Vorlage für das Sekretariat des Politbüros der SED »Reorganisation des Kreises Aue« vom 29. November 1951, BArch Berlin-Lichterfelde, SAPMO, DO 11, Nr. 20, Bl. 147 ff.
206 Schreiben des Kreisrates von Annaberg vom 21. Februar 1948 an die Landesregierung, SÄHStA Dresden, LRS, MdI, Nr. 2645.
207 Niederschrift über die Besprechung am 16. Januar 1948, SÄHStA Dresden, LRS, MdI, Nr. 2 645.
208 Schreiben des MAS an die Sonderabteilung Erzbergbau vom 28. Oktober 1947, SÄHStA Dresden, LRS, MdI, Nr. 2 645.
209 Vgl. Schreiben der Sonderabteilung Erzbergbau an die HA Umsiedler beim MAS vom 20. Dezember 1948, SÄHStA Dresden, LRS, MdI, Nr. 2645.
210 Aktennotiz vom 6. Januar 1949, SÄHStA Dresden, LRS, MdI, Nr. 2645.
211 Vgl. Notiz anlässlich einer Besprechung bei der SMA Sachsen am 29. März 1949, SÄHStA Dresden, LRS, MdI, Nr. 2645.
212 Ebd., Bl. 404.
213 MdI, HA Staatliche Verwaltung an Grotewohl, 13. Februar 1950, betr.: »Einschätzung der politischen, sozialen und kulturellen Situation in Zwickau«, BArch Berlin-Lichterfelde, SAPMO, FBS 123/16355 (NL 90/424), Bl. 16 ff.
214 Vgl. Chronik der Wismut, CD-Rom, Teil 2, S. 4.
215 Vgl. Protokoll einer Besprechung während der 5. Gebietsparteikonferenz der PO Wismut am 15. Dezember 1951, BArch Berlin-Lichterfelde, SAPMO, FBS 123/16497 (NL 90/306).

216 Vgl. Vertrag vom 1. Oktober 1952 zwischen der Wismut AG und dem Ministerium für Aufbau der DDR (russisch), UA der Wismut GmbH, MF, Nr. 439, Bl. 19–26.
217 Bericht über die Tätigkeit der Rechtsabteilung der SMA/Sachsen für das IV. Quartal 1948 vom Januar 1949, GARF Moskau, 72/2-1-295.
218 Vgl. Bericht über die Tätigkeit der deutschen Justizorgane und der Rechtsabteilung der SMA/Sachsen für das I. Halbjahr 1949 vom 14. Juli 1949, GARF Moskau, 72/2-1-295.
219 Vgl. Der Uranbergbau in der Sowjetzone, S. 28 ff.
220 Vgl. Schreiben des Arbeitsamtes Salzwedel an die Landesregierung von Sachsen-Anhalt vom 24. Mai 1948, BArch Berlin-Lichterfelde, DQ-2, Nr. 1995.
221 Vgl. DWK Hausmitteilung vom 20. Juli 1949, BArch Berlin-Lichterfelde, SAPMO, DQ-2, Nr. 2105.
222 Zitiert nach Karl Wilhelm Fricke, »Kampf dem Klassenfeind«, in: Alexander Fischer (Hg.), Studien zur Geschichte der SBZ/DDR, Berlin 1993, S. 166.
223 Vgl. Ebd., S. 179.
224 Vgl. Peter Erler, Zur Tätigkeit der Sowjetischen Militärtribunale (SMT) in der SBZ/DDR, in: Sergej Mironenko, Lutz Niethammer, Alexander von Plato (Hg.), Sowjetische Speziallager in Deutschland, Bd. 1, Berlin 1998, S. 173.
225 Vgl. Rehabilitierungsbescheid vom 25. Mai 1994, Privatarchiv Mario Kaden.
226 Vgl. Ebd.
227 Eine massenhafte Verschickung vertragsbrüchiger Arbeiter der Wismut AG zur Zwangsarbeit in die Sowjetunion konnte entgegen zeitgenössischen Vermutungen nicht nachgewiesen werden.
228 Interview mit Ludwig Hecker (Neudorf).
229 Vgl. OSL Rybakow, Militärkommandant des Kreises Zwickau, Protokoll vom 12. August 1949, Archiv der Militärstaatsanwaltschaft Moskau.
230 Vgl. Amt für Arbeit Bleicherode. Niederschrift vom 30. Dezember 1949, Privatarchiv Bretschneider.
231 Vgl. Life, 1950, S. 73–83.
232 Der Uranbergbau in der Sowjetzone, S. 67 f.
233 Vgl. SÄHStA Dresden, LRS, Ministerium der Justiz (MdJ) Nr. 96; Vgl. Bericht vom 13. Dezember 1948, FES Bonn, Ostbüro der SPD, 0072 B (Nr. 02358).
234 Notiz des sächsischen MDJ von September 1949: »Einweisung von Strafgefangenen in den Arbeitsprozess«, SÄHStA Dresden, LRS, Nr. 65.
235 Die Unterlagen dieses Arbeitslagers sind verschollen.
236 Vgl. Richtlinie der Deutschen Zentralverwaltung der Justiz (DJV) und der DZVAS vom 1. September 1947, SÄHStA Dresden, LRS, MAS, Nr. 191.
237 Vgl. Schreiben des Ministeriums für Arbeit und Gesundheitswesen an die Landesregierung vom 13. Mai 1950, SÄHStA Dresden, LRS, MAS, Nr. 192.
238 Überliefert sind nur Einzelfälle. Vgl. SÄHStA Dresden, LRS, MdJ, Nr. 866 und Nr. 866/1.
239 Vgl. Dmitri N. Filippowitsch, Wladimir V. Zacharow, Deutsches Uran für die sowjetische Atombombe, S. 88 f.
240 Vgl. Bericht vom 29. Mai 1952, FES Bonn, SPD-PV, Ostbüro der SPD, 0072 B (Nr. 02366).
241 Zitiert nach: Gotthard Bretschneider, Warum entstand die SAG/SDAG Wismut?, Schlema 1999, S. 18.

242 Vgl. Bericht (ohne Datum) über die Arbeit der Bergpolizei und des NKWD, FES Bonn, Ostbüro der SPD, 0072 B (Nr. 02367).
243 Ebd.
244 Vgl. »Riasverbrecher im Erzbergbau unschädlich gemacht«, Neues Deutschland vom 12. Juli 1955.
245 Schreiben des Amtsgerichtes Chemnitz an das MdJ vom 4. Oktober 1949, SÄHStA Dresden, LRS, MdJ, Nr. 873, Bl. 16RS.
246 Vgl. Schreiben Staatsanwaltschaft beim Landgericht an das MdJ vom 26. Februar 1948, SÄHStA Dresden, LRS, MdJ, Nr. 866, Bl. 122.
247 Revision der Gerichtsgefängnisse im Bergbaugebiet vom 22. Oktober 1949, SÄHStA Dresden, LRS, MdJ, Nr. 873, Bl. 168.
248 Schreiben von Generalmajor Malzew, Leiter des Truppenteils 27 304, an Generalmajor Dubrowski vom 1. Februar 1949, GARF Moskau, 72/2-1-264.
249 Vgl. Mario Kaden, Kriminalität, S. 154.
250 Vgl. Schreiben des MAS an die Arbeitsgerichte vom 9. April 1949, SÄHStA Dresden, LRS, MfW, 1530/1.
251 Vgl. Mario Kaden, Kriminalität, S. 153.
252 Vgl. Schreiben der DWK an die Landesregierung Sachsen vom 17. August 1949, SÄHStA Dresden, LRS, MfW, 1530/1.
253 Vgl. MAS, Vermerk vom 5. Dezember 1949, SÄHStA Dresden, LRS, MfW, 1530/1.
254 Protokoll über eine Besprechung betreffend die Anwendung deutscher Gesetze im Bereich der SAG Wismut am 26. Mai 1950, SÄHStA Dresden, LRS, MfW, 1530/1.
255 SÄHStA Dresden, LRS, MfW, Nr. 1530.
256 Schreiben des FDGB-Landesvorstandes Sachsen an den Vorsitzenden des Bundesvorstand des FDGB, Hans Jendretzky, vom 1. August 1947 (Eine Kopie des Schreibens wurde freundlicherweise von Gotthard Bretschneider zur Verfügung gestellt.)
257 Vgl. Peter Merseburger, Der schwierige Deutsche. Kurt Schumacher, Stuttgart 1995, S. 345.
258 Tagung des Parteivorstandes am 12./13. November 1947, BArch Berlin-Lichterfelde, SAPMO, FBS 194/20776.
259 Vgl. DZVHS, Pressedienst, vom 5. November 1947, betr: Neue Falschmeldung über Aue.
260 Vgl. Interview mit Oberregierungsrat Max Weber über angebliches Bergwerksunglück: »Die Wahrheit über den westsächsischen Erzbergbau«, BArch Berlin-Lichterfelde, FBS 123/16502 (NL 90/359).
261 Zitiert nach: Der Uranbergbau in der Sowjetzone, S. 83.
262 Vgl. »Im sächsischen Erzbergbau«, Berliner Zeitung, Nr. 57/1948.
263 Ebd.
264 Vgl. Schreiben von Paul Merker an Fritz Apelt vom 1. März 1948, BArch Berlin-Lichterfelde, SAPMO, IV 2/2027/25 (Büro Lehmann).
265 Vgl. Schreiben von Fritz Apelt an Paul Merker vom 25. Februar 1948, ebd.
266 Schreiben von Paul Merker an Fritz Apelt vom 1. März 1948, ebd.
267 Skala Bericht (Berliner Rundfunk) vom 24. Mai 1949, BArch Berlin-Lichterfelde, SAPMO, FBS 363/15418 (Nachlass Ulbricht).
268 Information der Abt. Massenagitation an Ulbricht vom 27. Mai 1949, ebd.
269 Schreiben von Herbert Gessner (Berliner Rundfunk) vom 10. August 1949, ebd.

270 Schreiben von Pieck an Ulbricht vom 22. August 1949, ebd.
271 Vgl. Sitzung des Politbüros der SED am 11. März 1958, BArch Berlin-Lichterfelde, SAPMO, J IV, 2/2–584, Anlage Nr. 5, Bl. 25f.
272 Vgl. Werner Buschfort, Das Ostbüro der SPD von der Gründung bis zur Berlin-Krise, München 1991. Die Intensität der Zusammenarbeit zwischen dem Ostbüro der SPD und britischen sowie amerikanischen Geheimdiensten wird von Buschfort allerdings kaum beachtet. Vgl. auch Ehrhart Neubert, Geschichte der Opposition in der DDR 1949–1989, Bonn 1997, S. 93.
273 Vgl. Peter Merseburger, Kurt Schumacher, S. 338f.
274 Vgl. ebd., S. 341; Karl Wilhelm Fricke, Organisation und Tätigkeit der DDR-Nachrichtendienste, in: Wolfgang Krieger, Jürgen Weber (Hg.), Spionage für den Frieden? Nachrichtendienste in Deutschland während des Kalten Krieges, München 1997, S. 221.
275 Vgl. Das Ostbüro der SPD, Sendung des Westdeutschen Rundfunks 1997.
276 Vgl. z.B.: FES Bonn, Ostbüro der SPD, Nr. 0072 B (02365), Bericht über die Verhältnisse im Erzbergbau vom 17. 3. 1947, Flüchtlingsbericht 28. 7. 1947, Flüchtlingsbericht vom 24. 6. 1947.
277 Vgl. Bericht vom 13. Dezember 1948, FES Bonn, Ostbüro, Nr. 0072 B (02358).
278 Vgl. Report RP-226-48 »Uranium Mining in the Erzgebirge« März/August 1948, IfZ, OMGUS, AGTS 44/1b.
279 Vgl. BArch Berlin-Lichterfelde, DO 11, Nr. 11/546.
280 Vgl. Schreiben des BS Wismut an die HDVP vom 2. April 1952, BArch Berlin-Lichterfelde, DO 11, Nr. 11/546.
281 Vgl. Uranium Ore Sample Obtained from Johanngeorgenstadt, Januar 1949, IfZ, OMGUS, AGTS 38/1a.
282 Vgl. Uranium Ore Sample Obtained from Johanngeorgenstadt, 18. April 1949, ebd.
283 Russisches Staatliches Militärarchiv (RGVA), Fonds 32925-1-178, Bl. 25–27.
284 Bericht der Landesbehörde der VP vom 9. September 1949, SÄHStA Dresden, BPA, Nr. A/799, Bl. 132.
285 Untersuchungs-Vorgang wegen Aufruhr in Schneeberg am 21. März 1951, Archiv des Bundesbeauftragten für die Unterlagen des ehemaligen Staatssicherheitsdienstes der DDR (BStU), HA/St, Nr. 29/52.
286 Vgl. Heidi Roth, Torsten Diedrich, »Wir sind Kumpel – uns kann keiner«. Der 17. Juni 1953 in der SAG Wismut, in: Rainer Karlsch, Harm Schröter (Hg.), »Strahlende Vergangenheit«, S. 233ff.
287 Vgl. Andrew Port, Mates in Agents Clothing. The Wismut Upheaval of August 1951, in: German History 1/1998.
288 Vgl. BStU, HA/St, Nr. 29/52.
289 Vgl. Andrew Port, Mates in Agents Clothing.
290 Bericht über die Ereignisse in Saalfeld vom 20. August 1951, BArch Berlin-Lichterfelde, SAPMO, FBS 363/15418 (NL 182/986).
291 Bericht der Landesleitung der SED Thüringen vom 22. August 1951 über die Ergebnisse der Überprüfung der Lage der Parteiorganisation der Wismut AG im Kreisgebiet Saalfeld, BArch Berlin-Lichterfelde, SAPMO, FBS 123/16497 (NL 90/306).
292 Sektor Parteiinfo Bericht 80/51, 29. August 1951, »Die gegenwärtige Lage der Wismut AG im Kreisgebiet Saalfeld«, BArch Berlin-Lichterfelde, SAPMO, FBS 363/15418 (NL 182/986).

293 Bericht vom 10. November 1951, BArch Berlin-Lichterfelde, SAPMO, FBS 363/15 418 (NL 182/986).

294 Vgl. Rolf Badstübner, Wilfried Loth (Hg.), Wilhelm Pieck – Aufzeichnungen zur Deutschlandpolitik 1945–1953, S. 378.

295 Vgl. Aufstellung der notwendigen Wohnungs-, Kommunal- und Kulturbauvorhaben für 1952 vom 21. November 1951 (W. Bogatow), BArch Berlin-Lichterfelde, SAPMO, FBS 363/15 418 (NL 182/986).

296 Vgl. Schreiben von Ulbricht an Rau vom 14. Dezember 1951, BArch Berlin-Lichterfelde, SAPMO, FBS 363/15 418 (NL 182/986).

297 Vgl. BArch Berlin-Lichterfelde, NL 182/Nr. 987 (FBS 15 222), Bl. 30 ff.

298 Bericht des Sonderkommissars für Siedlungsfragen vom 30. Juli 1956, BArch Berlin-Lichterfelde, C-20, Nr. 105.

299 Vgl. Resolution der Hausgemeinschaft Haldenstraße vom 4. November 1950, SÄHStA Dresden, LRS, Ministerpräsident, Nr. 334.

300 Rolf Badstübner, Wilfried Loth (Hg.), Wilhelm Pieck – Aufzeichnungen zur Deutschlandpolitik 1945–1953, S. 378.

301 Vgl. Rainer Potratz, Zur Entfernung »deklassierter Elemente«, S. 221.

302 Vgl. Heidi Roth, Der 17. Juni 1953 in Sachsen, Köln 1999, S. 372.

303 Vgl. zum 17. Juni vor allem: Torsten Diedrich, Der 17. Juni 1953 in der DDR, Berlin 1991; Armin Mitter, Stefan Wolle (Hg.), Der Tag X – 17. Juni 1953, Berlin 1995.

304 Vgl. zusammenfassend dazu: Heidi Roth, Torsten Diedrich, »Wir sind Kumpel – uns kann keiner«, S. 228–259.

305 Vgl. Heidi Roth, Der 17. Juni 1953 in Sachsen, S. 318.

306 Vgl. Heidi Roth, Torsten Diedrich, »Wir sind Kumpel – uns kann keiner«, S. 253.

307 Vgl. Ralf Engeln, Uransklaven oder Sonnensucher?, S. 224.

308 Vgl. Eveline Kroker, Michael Farrenkopf: Grubenunglücke im deutschsprachigen Raum, Bochum 1999.

309 Vgl. Der Uranbergbau in der Sowjetzone; Mario Kaden, Wismut – die »wilde« Zeit, S. 40 f.; Reimar Paul, Das Wismut-Erbe; Werner Schiffner, Agricola und die Wismut, S. 59.

310 Vgl. Bericht von Max Weber an den LV der SED Sachsen vom 6. Oktober 1947, SÄHStA Dresden, BPA, Nr. A/685.

311 Vgl. Mario Kaden, Wismut – die »wilde« Zeit, S. 34 f.

312 Zitiert nach: Reimar Paul, Das Wismut-Erbe, S. 24.

313 Schreiben des Bergarbeiters Norbert Schünemann an das Amt für Arbeit in Sozialfürsorge in Horsmar vom 11. November 1947, BArch Berlin-Lichterfelde, SAPMO, DY 30/IV 2/2 027/25 (Büro Lehmann).

314 Werner Schiffner, in: RADIZ-Information 10/1996, »Gesprächsrunde ehemaliger Wismut-Angehöriger«, Schlema 1993, S. 39 f.

315 Vgl. Sprengwesen, in: Chronik der Wismut GmbH, CD-Rom, Teil 1.

316 Zeitzeugeninterview Werner L. (Sammlung Kaden).

317 Vgl. Michail Semirjaga, Kak my upraviali Germanije [Wie wir Deutschland verwalteten], Moskau 1995, S. 137 f.

318 Tagung des Parteivorstandes der SED am 12./13. November 1947, BArch Berlin-Lichterfelde, SAPMO, FBS 194/20776.

319 Vgl. Schreiben des Bergarbeiters Norbert Schünemann an das Amt für Arbeit in So-

zialfürsorge in Horsmar vom 11. November 1947, BArch Berlin-Lichterfelde, SAPMO, DY 30/IV 2/2 027/25 (Büro Lehmann).

320 Vgl. Schreiben von Max Weber an das Amt für Arbeit und Sozialfürsorge Mühlhausen, Nebenstelle Horsmar vom 28. Januar 1948, ebd.

321 Ebd.

322 Vgl. Bericht vom 9. Januar 1950, FES Bonn, Ostbüro der SPD, 0072 B (Nr. 02362).

323 Zeitzeugenprotokoll vom Rudolf Oelsner (Aue) vom März 1998.

324 Vgl. Unfallstatistik nach Wirtschaftsgruppen, I. Quartal 1948, SÄHStA Dresden, LRS, MAS, Nr. 216.

325 Zahlen zusammengestellt nach: Ebd.

326 Staatliche AG Wismut (Hg.), Sicherheitsvorschriften für die Bergwerksindustrie 1947; Staatliche AG Wismut (Hg.), Sicherheitsvorschriften für die Bergwerksindustrie, Chemnitz 1949, UA, 27-Abt/St 8/1.

327 Klaus Beyer, Arbeitsschutz und technische Sicherheit im erzgebirgischen Uranerzbergbau – einige kritische Gedanken zu einem heißen Thema, Schlema 2001, S. 39.

328 Werner Schiffer (Aue) hat uns zu diesem Abschnitt zahlreiche Hinweise gegeben. Vgl. auch: SDAG Wismut (Hg.), Seilfahrt. Auf den Spuren des sächsischen Uranerzbergbaus, Haltern 1990.

329 Vgl. Grubenunglück in Niederschlema, Protokoll über Vorkommnisse am 16. Juli 1955, BArch Berlin-Lichterfelde, IG Wismut, Nr. 1501; Volksstimme vom 20. Juli 1955; Neues Deutschland vom 14. Juli 1995.

330 Vgl. Neues Deutschland vom 14. Juli 1995.

331 Vgl. Volksstimme vom 20. Juli 1955.

332 Freie Presse vom 18. Juli 1995.

333 Vgl. Volksstimme vom 22. Juli 1955.

334 Bericht über den Einsatz des Grubenrettungskommandos bei der Brandbekämpfung und den Bergungsarbeiten in Niederschlema, SÄHStA Dresden, Ministerium des Innern (MdI), Gebietskommando DVP (BS) Wismut, Nr. 27/17.

335 Vgl. Lagebericht der Einsatzleitung des VPA, Aue vom 18. Juli 1955, ebd.

336 Vgl. Bericht über die Maßnahmen zur Bekämpfung des Untertagebrandes in der SDAG Wismut vom 23. Juli 1955, ebd.

337 Neues Deutschland vom 14. Juli 1995.

338 Vgl. Stimmungsbericht vom 17. Juli 1955, SÄHStA Dresden, MdI, Gebietskommando DVP (BS) Wismut, Nr. 27/17.

339 Abschlussbericht zum Grubenbrand in Niederschlema, 1. August 1955, ebd. Bl. 168 ff.

340 Bericht über Maßnahmen des ZV der IG Wismut in der Fürsorge der Hinterbliebenen vom 2. August 1955, BArch Lichterfelde, IG Wismut, Nr. 1501.

341 Vgl. Schreiben von Gotthard Bretschneider vom 8. Oktober 1997 an die Verfasser.

342 Betrieblicher Gesundheits- und Arbeitsschutz, in: Chronik der Wismut GmbH, CD-Rom, Teil 1, S. 598.

343 Zusammengestellt nach: Ebd., S. 599.

344 Vgl. Rainer Karlsch, »Der Erzbergbau ist keine Puppenstube«. Unfälle bei der Wismut AG, Berlin 1998.

345 Vgl. Norbert Ranft, Vom Objekt zum Subjekt. Montanmitbestimmung, Sozialklima und Strukturwandel im Bergbau seit 1945, Bochum 1988, S. 336 f.; Mark Roseman,

Recasting the Ruhr 1945–1958. Manpower, economic recovery and labour relations, New York/Oxford 1992, S. 43.

346 Schreiben des Bergamtes Zwickau an die Gewerkschaft Schneeberger Bergbau vom 15. Juni 1944 sowie »Polizeiverordnung für Radiumbergwerke« (ohne Datum), SÄHStA Dresden, LRS, MAS, Nr. 2174/1; Reinhard Schmidt, Vorgeschichte, Beginn und Frühzeit der Urangewinnung im Erzgebirge, S. 77–98.

347 Vgl. Egon Lorenz, Radioactivity and lung cancer. A critical review of lung cancer in the mines of Schneeberg and Joachimsthal, in: Journal of the National Cancer Institute, 5/1944, S. 1–15.

348 Schreiben von Professor Wildführ an Ministerialrat Dr. Seifert (LRS, HA Gesundheitswesen) vom 27. Mai 1947, SÄHStA Dresden, LRS, MAS, Nr. 2174/1, Bl. 132f.

349 Vgl. Schreiben von Dr. Seifert an Minister Gäbler vom 25. Juni 1947, SÄHStA Dresden, LRS, MAS, Nr. 2174/1, Bl. 140f.

350 Vgl. Schreiben von Med.-Rätin Dr. Schratz, Zentralstelle für Hygiene, Abt. Seuchenbekämpfung an die HA für Gesundheitswesen vom 6. November 1947, betr: »Gesundheitsverhältnisse im Erzbergbau«, SÄHStA Dresden, LRS, MAS, Nr. 2174/1, Bl. 103f.

351 Tagung des Parteivorstandes am 15./16. Oktober 1947, BArch Berlin-Lichterfelde, SAPMO, FBS 194/20776.

352 Vgl. SÄHStA Dresden, LRS, MAS, Nr. 2174/1, Bl. 28.

353 Werner Schiffner, Agricola und die Wismut, S. 110.

354 Vgl. Schreiben der Landesarbeitsinspektion an Wirtschaftsminister Ziller vom 6. Oktober 1948. Eine Randglosse des Wirtschaftsministers zeigt, wie wenig er vom Problem der Strahlengefahr verstand. Im Schreiben war u. a. von radonhaltigem Grubenwasser die Rede. Randbemerkung von Ziller: »Wo hat denn das Wasser den Emanationsgehalt her?«, SÄHStA Dresden, LRS, MAS, Nr. 2174/1, Bl. 12f.

355 Vgl. Schreiben der Landesarbeitsinspektion vom 2. Dezember 1948, SÄHStA Dresden, LRS, MAS, Nr. 2174/1, Bl. 15.

356 Vgl. Wismut Chronik, Teil 1, S. 477.

357 Vgl. I. Brüske-Hohlfeld, M. Möhner, H. E. Wichmann, Abschlussbericht zum Forschungsvorhaben »Stichprobenerhebung und Auswertung von Personaldaten der Wismut« für den Hauptverband der Gewerblichen Berufsgenossenschaften e. V., GSF-Bericht 17/95, Neuherberg 1995, S. 15.

358 Vgl. G. Eigenwillig, E. Ettenhuber (Hg.), Strahlenexposition und Strahleninduzierte Berufskrankheiten im Uranbergbau am Beispiel Wismut, Köln 2000.

359 Vgl. Rolf Seelig, Gesundheitliche Folgen des Uranbergbaus, in: Rainer Karlsch, Harm Schröter (Hg.), »Strahlende Vergangenheit«, S. 374.

360 Vgl. K. Martignoni, Epidemiologische Studien im Rahmen des Projektes »Altlastenkataster«, in: Bundesamt für Strahlenschutz (Hg.), 2. Biophysikalische Arbeitstagung in Schlema, Berlin 1992, S. 83.

361 Vgl. Raye C. Ringholz, Uranium Frenzy. S. 93.

362 Vgl. J. Sevc, Lung cancer in uranium miners and long-term exposure, in: Health Physics 1976, S. 433.

363 Eduard Goldstücker, Prozesse, S. 251.

364 Vgl. Hans Ulrich Walter, Epidemiologische Untersuchung über die Lebenserwartung und Mortalität von in der Nachkriegszeit in Joachimsthaler Uranbergwerken beschäftigten Personen, Dissertation, München 1982.

365 Vgl. Rolf Seelig, Gesundheitliche Folgen des Uranbergbaus, S. 380f.
366 Zitiert nach: Michael Beleites, Altlast Wismut, S. 121f.
367 Vgl. Rainer Karlsch, Belastungen durch bewaffnete Organe, in: Materialien der Enquete-Kommission »Überwindung der Folgen der SED-Diktatur im Prozess der deutschen Einheit«, Bd. III/2, Baden-Baden 1999, S. 1500–1584.
368 Notiz von Ministerpräsident Grotewohl vom September 1955, BArch Berlin-Lichterfelde, SAPMO, NL 90/471.
369 Vgl. Rainer Karlsch, Belastungen durch bewaffnete Organe, S. 1571.
370 Zitiert nach: Mike Reichert, Kernenergiewirtschaft in der DDR, S. 162.
371 H.-J. Hildebrandt, Die Kernenergie im System der Elektrizitätsversorgung der DDR, in: Energietechnik, April 1957, S. 154.
372 Vgl. Mike Reichert, Kernenergiewirtschaft in der DDR, S. 173.
373 Vgl. Wolfgang D. Müller, Geschichte der Kernenergiewirtschaft in der Bundesrepublik Deutschland, Bd. I, Stuttgart 1990, S. 461ff.
374 Vgl. ebd., S. 464f.
375 Vgl. Wolfgang D. Müller, Geschichte der Kernenergiewirtschaft in der Bundesrepublik Deutschland, Bd. II, Stuttgart 1996, S. 485ff.
376 Vgl. W. I. Wetrow, Bildung von Betrieben für die Gewinnung und Aufbereitung von Uranerz, S. 9.
377 Berechnet nach: Ebd.
378 Vgl. N. I. Schesnokow, Der Aufbau und die Entwicklung der Uranindustrien in den Ländern Osteuropas (Russisch), Moskau 1998, S. 142.

Abkürzungsverzeichnis

AEG	Allgemeine Elektrizitätsgesellschaft
AG	Aktiengesellschaft
AWG	Arbeiterwohnungsbaugenossenschaft
BPO	Betriebsparteiorganisation der SED
BS	Betriebsschutz
CDT	Uranhandelsgesellschaft der USA und Großbritanniens
CDU	Christlich-Demokratische Union (Deutschlands)
ČSR	Tschechoslowakische Republik
ČSSR	Tschechoslowakische Sozialistische Republik
DAF	Deutsche Arbeitsfront
DDR	Deutsche Demokratische Republik
DVI	Deutsche Verwaltung des Innern
DVP	Deutsche Volkspolizei
DWK	Deutsche Wirtschaftskommission
DZVAS	Deutsche Zentralverwaltung für Arbeit und Soziales
DZVG	Deutsche Zentralverwaltung für Gesundheitswesen
EAC	Beratungskommission der Anti-Hitler-Koalition zur Festlegung der Kapitulationsbedingungen und der künftigen Besatzungszonen
EKO	Eisenhüttenkombinat Ost
EURATOM	(West-)Europäische Atomgemeinschaft
FBI	Bundeskriminalpolizei der USA
FDGB	Freier Deutscher Gewerkschaftsbund
FDJ	Freie Deutsche Jugend
FHQU	Führerhauptquartier
Gestapo	Geheime Staatspolizei
Gosplan	Staatliches Plankomitee beim Ministerrat der UdSSR
GRU	Nachrichtendienstliche Hauptverwaltung des Generalstabs der sowjetischen Streitkräfte
Gulag	Kurzwort für Hauptverwaltung der Straflager in der UdSSR
HDVP	Hauptdirektion der Volkspolizei
HO	Handelsorganisation
IG	Industriegewerkschaft
IGB	Industriegewerkschaft Bergbau
KPČ	Kommunistische Partei der Tschechoslowakei
KPD	Kommunistische Partei Deutschlands
KPdSU	Kommunistische Partei der Sowjetunion
KVP	Kasernierte Volkspolizei
KZ	Konzentrationslager
LDPD	Liberal-Demokratische Partei Deutschlands
MfS	Ministerium für Staatssicherheit (der DDR)
MGB	Ministerium für Staatssicherheit (der UdSSR; Vorgängerorganisation des KGB)
MNB	Ministerium für Staatssicherheit in der ČSR/ČSSR
MTS	Maschinen-Traktoren-Station
MWD	Ministerium des Innern (der UdSSR; Vorgängerorganisation des KGB)
NKWD	Volkskommissariat für Innere Angelegenheiten der UdSSR (Vorgängerorganisation des KGB)
NSDAP	Nationalsozialistische Deutsche Arbeiterpartei
NSV	Nationalsozialistische Volkswohlfahrt
RAD	Reichsarbeitsdienst
RIAS	Rundfunk im amerikanischen Sektor von Berlin
RTD	Bergbaugesellschaft »Erz

	und Graphitminen« (ČSR/ ČSSR)	SVS	Gefängnisverwaltung (ČSR/ ČSSR)
SA	Sturmabteilung (der NSDAP)	TASS	Nachrichtenagentur der UdSSR
SAG	Sowjetische Aktiengesellschaft	UdSSR	Union der Sozialistischen Sowjetrepubliken
SBZ	Sowjetische Besatzungszone in Deutschland	USA	Vereinigte Staaten von Amerika
SD	Sicherheitsdienst (der SS)	USPD	Unabhängige Sozialdemokratische Partei Deutschlands
SDAG	Sowjetisch-Deutsche Aktiengesellschaft	USSAF	Oberkommando der strategischen Luftflotte der USA
SdP	Sudetendeutsche Partei	USSBS	Bericht der Strategischen Luftflotte der USA über die Wirksamkeit des Bombenkrieges gegen Deutschland
SED	Sozialistische Einheitspartei Deutschlands	VEB	Volkseigener Betrieb
SKKD	Sowjetische Kontrollkommission in Deutschland	VP	Volkspolizei
SMA	Sowjetische Militäradministration	VPKA	Volkspolizei-Kreisamt
SMAD	Sowjetische Militäradministration in Deutschland	WLM	Working Level Month (Maßeinheit zur radioaktiven Strahlenbelastung pro Monat)
SMT	Sowjetisches Militärtribunal	ZK	Zentralkomitee
SPD	Sozialdemokratische Partei Deutschlands		
SS	Schutzstaffel (der NSDAP)		
StB	Sicherheitspolizei (ČSR/ ČSSR)		

Statistik

Allgemein

Tabelle 1: Uranerzförderung im Ostblock 1946–1950 (in t)

Jahr	SBZ/DDR	ČSR	UdSSR	Bulgarien	Polen	Insgesamt
1946	15,7	18,0	50,0	26,6	0	110,3
1947	150,0	49,1	129,3	7,6	2,3	338,2
1948	321,2	103,2	182,5	13,2	9,3	629,4
1949	767,8	147,3	278,6	20,1	43,3	1 257,1
1950	1 224,1	281,4	416,9	54,1	63,6	2 040,1

Zusammengestellt nach: W. I. Wetrow, Die Gründung der Uranindustrie in der UdSSR, in: Ministerium für Atomindustrie der Russischen Föderation (Hg.), Die Entwicklung der ersten sowjetischen Atombombe, Moskau 1995 (deutsche Arbeitsübersetzung), S. 22.

ČSR/ČSSR

Tabelle 2: Investitionen in der Tschechoslowakischen Uranindustrie 1946–1960 (in Millionen Kronen)

Jahr	Insgesamt	Industrieinvestitionen	Wohnungsbau
1946		16	0
1947		64	0
1948–49		400	0
1950		891	
1951	123,8	68,3	55,5
1952	204,7	105,1	99,6
1953	269,1	190,3	78,8
1954	79,1	432,2	146,9
1955	629,0	465,0	164,0
1956	699,4	484,7	214,7
1957	623,2	381,7	241,5
1958	588,5	371,5	217,0
1959	479,3	346,2	133,1
1960	393,0	308,0	85,0

Zusammengestellt nach: Oskar Pluskal, Surovinové zdroje uranu ČSR, Manuskript, Prag 1993.

Tabelle 3: Zahl und Struktur der Beschäftigten in der Tschechoslowakischen Uranindustrie 1945–1990

Jahr	Insgesamt	Zivilbeschäftigte	Kriegsgefangene	Häftlinge
1945	237	237		
1946	909	62	847	
1947	3 742	1 786	1 956	
1948	7 966	4 303	3 663	
1949	13 653	9 128	3 390	1 135
1950	17 781	11 002		6 779
1951	24 867	14 119		10 748
1952	33 320	19 946		13 374
1953	40 317	26 496		13 821
1954	44 368	32 398		11 970
1955	46 351	37 137		9 214
1956	43 897	36 772		7 125
1957	42 848	36 532		6 316
1958	37 167	30 564		6 603
1959	30 244	25 251		4 993
1960	25 633	22 710		2 923
1970	24 116	24 116		
1980	30 914	30 914		
1990	20 953	20 953		

Zusammengestellt nach: Oskar Pluskal, Surovinové zdroje uranu ČSR, Manuskript, Prag 1993.

Tabelle 4: Produktion und Export von Uran aus der ČSR/ČSSR in die Sowjetunion 1945–1989

Jahr	Uranmetall	Chemisches Konzentrat	Insgesamt
1945	30,8		30,8
1946	18,0		18,0
1947	49,1		49,1
1948	102,7		102,7
1949	147,2		147,2
1950	241,4		241,4
1951	524,2		524,2
1952	807,8		807,8
1953	1 104,2	48,9	1 153,1
1954	1 439,9	115,6	1 555,5
1955	1 896,6	164,6	2 061,2
1956	2 183,7	197,8	2 381,5
1957	2 544,7	199,8	2 744,5
1958	2 734,4	189,9	2 924,3
1959	2 805,1	181,6	2 986,7
1960	2 812,2	225,1	3 037,3
1970	500,0	2 100,0	2 600,0
1980	0	2 467,2	2 467,2
1989	0	2 400,9	2 400,9
1945–89	38 745,7	57 925,9	96 660,6

Zusammengestellt nach: Oskar Pluskal, Surovinové zdroje uranu ČSR, Manuskript, Prag 1993.

Tabelle 5: Anteil der einzelnen Lagerstätten an der Uranerzgewinnung der ČSR/ČSSR 1945–1989

Gebiet	Beginn der Förderung	Ende der Förderung	Produktion insgesamt (in t)
Jáchymov	1945	1964	7189
Horní Slavkov	1948	1962	2553
Příbram	1950	1990	41527
Zudnichodov (Westböhmen)	1952	1991	9936
Dolní Rožínka (Moravien)	1953	–	16734
Home na Jezčre (Nordböhmen)	1967	–	22233
Geologický průzkm (Nationalunternehmen)	1948	1989	1629

Zusammengestellt nach: Oskar Pluskal, Surovinové zdroje uranu ČSR, Manuskript, Prag 1993.

Tabelle 6: Flucht von Gefangenen 1949–1959

Jahr	Zahl der Fluchtversuche	Zahl der Geflohenen	Auf der Flucht erschossene/verletzte Häftlinge
1949	Keine Angabe	143	3
1950	43	98	10/1
1951	69	156	12/3
1952	37	19	0/1
1953	22	38	1/1
1954	17	33	–
1955	10	25	–
1956	3	4	2
1957	1	1	–
1958	1	1	–
1959	5	6	–

Zusammengestellt nach: Rudolf Tomiček, Téžha uranu v Hornim Slavkové, sokolor 2000, S. 237; Ludmila Petrášová, Vězeňské tábory Jáchymorských uranových dolech 1949–1961, Sborník archivných prací, 2, XLIV, Prag 1994.

Tabelle 7: Zahl der aus dem Land Sachsen zur Wismut AG von September 1946–1949 vermittelten Arbeitskräfte

Zeitraum	Vermittelte Arbeitskräfte insgesamt	darunter: Zwangsvermittelte	Anteil der Vermittelten in Prozent
1.9.1946–31.03.1947	21 236	21 236	100
1.4.1947–31.12.1947	13 547	11 921	88
1948	48 739	19 008	39
1949	72 342	7 234	10
Insgesamt	155 864	59 399	–

Quelle: SächsHStA Dresden, LRS, Min. f. Arbeit u. Sozialfürsorge 404, Übersicht: Arbeitskräftevermittlungen durch Sachsen in den Erzbergbau, 17. April 1950.

Tabelle 8: Uranlieferungen der SDAG Wismut an die UdSSR 1954–1990 (in t, gerundet)

Jahr	Lieferung	Jahr	Lieferung	Jahr	Lieferung
1954	3 967	1966	7 070	1978	6 130
1955	4 607	1967	7 110	1979	5 261
1956	5 248	1968	6 948	1980	5 242
1957	5 278	1969	6 412	1981	4 870
1958	5 302	1970	6 389	1982	4 622
1959	5 345	1971	6 485	1983	4 486
1960	5 356	1972	6 627	1984	4 444
1961	5 991	1973	6 721	1985	4 470
1962	6 371	1974	6 777	1986	4 090
1963	6 730	1975	6 884	1987	4 059
1964	6 983	1976	6 695	1988	3 924
1965	7 091	1977	6 358	1989	3 800

Zusammengestellt nach: UA der Wismut GmbH, Abschlussbericht der SDAG »Wismut«, Chemnitz 1991.

Tabelle 9: Unfälle und Berufskrankheiten bei der SDAG Wismut 1955–1990

Zeitraum	tödliche Unfälle	schwere Unfälle
1955–60	214	275
1961–70	98	261
1971–80	77	237
1981–90	60	142

Zusammengestellt nach: UA der Wismut GmbH, Abschlussbericht der SDAG »Wismut«, Anlagenband 2, Chemnitz 1991.

Tabelle 10: Anzahl der anerkannten Berufskrankheiten bei der SDAG Wismut 1952–1990

Zeitraum	Insgesamt	Silikose	Lungenkrebs
1952–1970	16 156	8 859	892
1971–1990	14 698	5 764	2 236 (bis 1980)
1952–1990	30 854	14 623	3 155 (bis 1980)

Zusammengestellt nach: UA der Wismut GmbH, Abschlussbericht der SDAG »Wismut«, Anlagenband 2, Chemnitz 1991. Detailliertere Angaben finden sich in der Chronik der Wismut GmbH, CD-Rom, Teil 1, Chemnitz 1998.

Tabelle 11: Aufwendungen der Wismut AG/SDAG Wismut für die Uransuche und -förderung 1946–1990 (zu laufenden Preisen, in Millionen Mark)

Aufwand	1946–1953	1954–1990
geologische Erkundung	616	5 000
Investitionen	3 542	12 284
Summe	4 158	17 284

Zusammengestellt nach: UA der Wismut GmbH, Abschlussbericht der SDAG »Wismut«, Chemnitz 1991.

Tabelle 12: Gesamtausgaben aus dem Staatshaushalt der DDR zur direkten Finanzierung der SDAG Wismut 1954–1985 (in Millionen Mark, gerundet)

Zeitraum	direkte Finanzierung	indirekte Ausgaben	Summe
1954–1957	606	925	1 531
1958–1960	563	752	1 315
1961–1965	787	1 252	2 039
1966–1970	1 517	1 254	2 771
1971–1975	1 828	1 315	3 143
1976–1980	2 718	1 151	3 869
1981–1985	1 211	–	–
1954–1985	9 230	–	14 668

Zusammengestellt nach: Archiv der Wismut GmbH, GD/Geschäftsstelle Berlin, Nr. 37/2, Aufwand des Staatshaushaltes der DDR für die Wirtschaftstätigkeit der SDAG Wismut 1954 bis 1985, MdF Juli 1986, sowie Büro GD, 6. Abt., Nr. 22/4, Bl. 4.

Quellen- und Literaturverzeichnis

Archive

Bundesrepublik Deutschland

Archiv der Friedrich-Ebert-Stiftung Bonn (FES), Ostbüro der SPD.

Archiv des Bundesbeauftragten für die Unterlagen des ehemaligen Staatssicherheitsdienstes der DDR (BStU).

Bundesarchiv (BArch) Berlin-Lichterfelde und Koblenz.

Geologisches Archiv (GA) der Wismut GmbH.

Institut für Zeitgeschichte München (IfZ).

Landesarchiv Berlin.

Radon-Dokumentations- und Informationszentrum Schlema e. V. (RADIZ).

Sächsisches Hauptstaatsarchiv (SÄHStA) Dresden und Außenstelle Chemnitz.

Stadtarchiv Schneeberg.

Stiftung Archiv der Parteien und Massenorganisationen der DDR (SAPMO) im Bundesarchiv Berlin-Lichterfelde.

Sudetendeutsches Archiv München.

Unternehmensarchiv (UA) der Wismut GmbH.

Privatarchiv Karl Aurand.

Privatarchiv Gotthard Bretschneider.

Privatarchiv Werner Schiffner.

Tschechische Republik

Archiv Českého Geologického Ústavu (ČGÚ) [Archiv des Tschechischen Geologischen Instituts], Prag.

Archiv DIAMO, Příbram.

Archiv Ministerstva Průmyslů (AMP) [Archiv des Industrieministeriums], Prag.

Archiv Ministerstva Vnitra (AMV) [Archiv des Innenministeriums], Prag.

Archiv Ministerstva Zahraničních Věcí (AMZV), Generální sekretariát (Kabinet GS) [Archiv des Ministeriums für Auswärtige Angelegenheiten, Generalsekretariat], Prag.

Archiv Národního Musea (ANM) [Archiv des Nationalmuseums], Prag.

Archiv Ústavu T. G. Masaryk (AÚTGM) [Archiv des T.-G.-Masaryk-Instituts], Prag.

Centrální Archiv Vězeňský Služby (CAVS) [Zentralarchiv des Gefangenendienstes], Karlovy Vary-Rybare.

Státní Ústřední Archiv (SÚA) [Staatliches Zentralarchiv], Prag.

Státní Ústřední Archiv (SÚA) [Staatliches Zentralarchiv], Ústřední Výbor KSČ (ÚV KSČ) [Archiv des ZK der KSČ], Prag.

Vojenský Hlavní Archiv (VHA) [Militärhauptarchiv], Prag.

Privatarchiv Dr. Hettler.

Russland
Archiv der Militärstaatsanwaltschaft, Moskau.
Archiv für Russische Zeitgeschichte, Moskau.
Russisches Staatliches Militärarchiv (RGVA).
Staatsarchiv der Russischen Föderation (GARF), Moskau.

Großbritannien
Foreign Office Archives (FO), London.

USA
Hoover Institution Archives (HIA), Stanford.
National Archives (NA), Washington.

Literatur

30 let uranového průmyslů [30 Jahre Uranindustrie], Prag 1975.
Abele, Johannes: »Wachhund des Atomzeitalters«. Geigerzähler in der Geschichte des Strahlenschutzes, Dissertation, TU München 1998.
Abelshauser, Werner: Der Ruhrkohlenbergbau seit 1945, Wiederaufbau, Krise, Anpassung, München 1984.
Albrecht, Ulrich; Heinemann-Grüder, Andreas; Wellmann, Arnd: Die Spezialisten. Deutsche Naturwissenschaftler und Techniker in der Sowjetunion nach 1945, Berlin 1992.
Albright, Joseph; Kunstel, Marcia: Bombshell. The secret story of America's unknown atomic spy conspiracy, New York 1997.
Andrew, Christopher; Wassili Mitrochin: Das Schwarzbuch des KGB. Moskaus Kampf gegen den Westen, Berlin 1999.
Antonow-Owsejenko, Anton: Der Weg nach oben. Skizzen zu einem Berija-Porträt, in: Nekrassow, Vladimir F. (Hg.), Berija. Henker in Stalins Diensten, Augsburg 1997.
Ardenne, Manfred von: Ich bin ihnen begegnet, Düsseldorf 1997.
Ardenne, Manfred von: Sechzig Jahre für Forschung und Fortschritt, Berlin 1988.
Aurand, Karl; Schüttmann, Werner: Die Geschichte der Außenstelle Oberschlema des Kaiser-Wilhelm-Instituts für Biophysik Frankfurt/M., Salzgitter 1991.
Badstübner, Rolf; Loth, Wilfried (Hg.): Wilhelm Pieck – Aufzeichnungen zur Deutschlandpolitik 1945–1953, Berlin 1994.
Běhounek, František: Über die Verhältnisse der Radioaktivität im Uranpecherzbergbaurevier von St. Joachimsthal in Böhmen, in: Physikalische Zeitschrift 28/1927.
Beleites, Michael: Altlast Wismut, Ausnahmezustand, Umweltkatastrophe und das Sanierungsproblem im deutschen Uranbergbau, Frankfurt/M. 1992.
Beyer, Klaus: Arbeitsschutz und technische Sicherheit im erzgebirgischen Uranerzbergbau – einige kritische Gedanken zu einem heißen Thema, Schlema 2001.
Bogsch, Walter: Der Marienberger Bergbau seit der zweiten Hälfte des 16. Jahrhunderts, Köln 1966.
Bretschneider, Gotthard: Kein Schutz vor Willkür? Zur Arbeit der Gewerkschaft in der SAG Wismut 1946–1953, Schriftenreihe der Traditionsstätte für den sächsisch-thüringischen Uranbergbau im Kulturhaus »Aktivist« Schlema, Heft 1, Obercrinitz 1997.

Bretschneider, Gotthard: Warum entstand die SAG/SDAG Wismut?, Schlema 1999.
Brooks, Geoffrey: Hitler's Nuclear Weapons, London 1992.
Brüske-Hohlfeld, I.; Möhner, M.; Wichmann, H. E.: Abschlußbericht zum Forschungsvorhaben »Stichprobenerhebung und Auswertung von Personaldaten der Wismut« für den Hauptverband der Gewerblichen Berufsgenossenschaften e. V., GSF-Bericht 17/95, Neuherberg 1995.
Buchler, Walter (Hg.): Dreihundert Jahre Buchler. Die Unternehmen einer Familie 1651–1958, Braunschweig 1958.
Buschfort, Werner: Das Ostbüro der SPD – von der Gründung bis zur Berlin-Krise, München 1991.
Catherine Caufield: Das strahlende Zeitalter. Von der Entdeckung der Röntgenstrahlen bis Tschernobyl, München 1994.
Chariton, Juli B., Memories, in: The Bulletin of Atomic Scientists, Mai 1993.
Chronik der Wismut GmbH, Teil 1, Chemnitz 1997.
Chronik der Wismut GmbH, Teil 1, CD-Rom, Chemnitz 1998.
Chronik der Wismut GmbH, Teil 2, CD-Rom, Chemnitz 1999.
Churchill, Winston S.: Der Zweite Weltkrieg, Band 6, Bern 1954.
Der Uranbergbau in der Sowjetzone, hg. vom Vorstand der SPD, Denkschriften Nr. 27, Hannover o. J. [1950].
Die SED. Geschichte, Organisation, Politik. Ein Handbuch, Berlin 1997.
Diedrich, Torsten: Der 17. Juni 1953 in der DDR. Bewaffnete Gewalt gegen das Volk, Berlin 1991.
Eichholtz, Dietrich: Geschichte der deutschen Kriegswirtschaft, Bd. 2, Berlin 1985.
Eigenwillig, G.; Ettenhuber, E. (Hg.): Strahlenexposition und Strahleninduzierte Berufskrankheiten im Uranbergbau am Beispiel Wismut, Köln 2000.
Elsner, Gine; Karbe, Karl-Heinz: Von Jáchymov nach Haigerloch. Der Weg des Urans für die Bombe, Hamburg 1999.
Engeln, Ralf: Die industriellen Beziehungen im Uranbergbau der SAG Wismut, in: Karlsch, Rainer, Schröter, Harm (Hg.): »Strahlende Vergangenheit«. Studien zur Geschichte des Uranbergbaus der Wismut, St. Katharinen 1996.
Engeln, Ralf: Uransklaven oder Sonnensucher? Die Sowjetische AG Wismut in der SBZ/DDR 1946–1953, Essen 2001.
Erler, Peter: Zur Tätigkeit der Sowjetischen Militärtribunale (SMT) in der SBZ/DDR, in: Mironenko, Sergej; Niethammer, Lutz; Plato, Alexander von (Hg.): Sowjetische Speziallager in Deutschland, Bd. 1, Berlin 1998.
Faensen, Hubert: Hightech für Hitler. Die Hakeburg – Vom Forschungszentrum zur Kaderschmiede, Berlin 2001.
Fäth, Harald: 1945 – Thüringens Manhattan Project. Auf der Spurensuche nach der verschollenen V-Waffen-Fabrik in Deutschlands Untergrund, Schleusingen 1998.
Fierlinger, Zdeněk: Ve službách ČSR [Im Dienst der ČSR], Bd. I, Prag 1951.
Filippowitsch, Dmitri N.; Zacharow, Wladimir V.: Deutsches Uran für die sowjetische Atombombe, in: Der Anschnitt, 2/3 1998.
Fischer, Helmut J.: Hitler und die Atombombe. Bericht eines Zeitzeugen, Asendorf 1987.
Fischer, Helmut J.: Hitlers Apparat. Namen, Ämter, Kompetenzen, Kiel 1988.
Foitzik, Jan: Inventar der Befehle des Obersten Chefs der Sowjetischen Militäradministration in Deutschland (SMAD) 1945–1949, München 1995.

Frank, Mario: Walter Ulbricht. Eine deutsche Biographie, Berlin 2001.
Franklin, William: Zonal Boundaries and Access Routes to Berlin, World Politics, Oktober 1963.
Fricke, Karl Wilhelm: Organisation und Tätigkeit der DDR-Nachrichtendienste, in: Krieger, Wolfgang; Weber, Jürgen (Hg.): Spionage für den Frieden? Nachrichtendienste in Deutschland während des Kalten Krieges, München 1997.
Fricke, Karl Wilhelm: »Kampf dem Klassenfeind«, in: Fischer, Alexander (Hg.): Studien zur Geschichte der SBZ/DDR, Berlin 1993.
Friedman, Otto: The break up of Czech Demokraty, London 1950.
Friedrich, Ulrike: Die Außenstelle des KWI für Biophysik (Frankfurt/M.) im Radonbad Oberschlema. Dissertation, Freie Universität Berlin 1997.
Fuchsloch, Norman: Forschungen zur Uranprospektion an der Bergakademie Freiberg im Auftrag der Sowjetunion, in: Der Anschnitt, 2/3 1998.
Gilbert, Martin: The road to victory. Winston S. Churchill 1941–1945, London 1986.
Gilbert, Martin: Never Despair. Winston S. Churchill 1945–1965, London 1988.
Gill, Ulrich: Der Freie Deutsche Gewerkschaftsbund (FDGB). Theorie – Geschichte – Organisation – Funktionen – Kritik, Opladen 1989.
Gniffke, Erich W.: Jahre mit Ulbricht, Köln 1966.
Goebbels, Joseph: Tagebücher aus den Jahren 1942–1943, Zürich 1948.
Goldstücker, Eduard: Prozesse. Erfahrungen eines Mitteleuropäers, München 1989.
Goudsmit, Samuel: Alsos, New York 1947.
Grieß, Rainer: Die Rationen-Gesellschaft. Versorgungskampf und Vergleichsmentalität: Leipzig, München und Köln nach dem Kriege, Münster 1991.
Grishin, Nikolai: The Saxony Uranium Mining Operation (»Vismut«), in: Slusser, Rober (Hg.): Soviet Economic Policy in Postwar Germany. A Collection of Papers by Former Officials, New York 1953.
Groves, Leslie R.: Jetzt darf ich sprechen. Die Geschichte der deutschen Atombombe, Köln 1965.
Harriman, Averell; Abel, Elie: In geheimer Mission. Als Sonderbeauftragter Roosevelts bei Churchill und Stalin 1941–1946, Stuttgart 1979.
Heinemann-Grüder, Andreas: Die sowjetische Atombombe, Münster 1992.
Hejl, Vilém; Kaplan, Karel: Zpráva o organizovaném násilí [Bericht über organisierte Gewalt], Toronto 1986.
Helmreich, Jonathan E.: Gathering Rare Ores. The Diplomacy of Uranium Acquisition 1939–1954, Princeton 1986.
Henke, Klaus-Dietmar: Die amerikanische Besetzung Deutschlands, München 1995.
Henshall, Philip: The Nuclear Axis. Germany, Japan and the Atom Bomb Race 1939–45, London 2000.
Herbert, Ulrich: Fremdarbeiter. Politik und Praxis des »Ausländer-Einsatzes« in der Kriegswirtschaft des Dritten Reiches, Berlin 1985.
Herken, Gregg: The winning weapon. The atomic bomb in the Cold War 1945–1950, New York 1980.
Heym, Stefan: Schwarzenberg, Frankfurt/M. 1984.
Hildebrandt, H.-J.: Die Kernenergie im System der Elektrizitätsversorgung der DDR, in: Energietechnik, April 1957.
Hinsley, F. H., u. a.: British Intelligence in the Second World War, London, HMSO 1979–1990, Band 3, Appendix 29.

Hoffmann, Dieter (Hg.): Operation Epsilon. Die Farm-Hall-Protokolle oder die Angst der Alliierten vor der deutschen Atombombe, Berlin 1993.
Holloway, David: Stalin and the Bomb. The Soviet Union and Atomic Energy 1939–1956, New Haven/London 1994.
Holloway, David: The Soviet Union and the Arms Race, Yale 1983.
Horak, Vladimír: Pameti královskehohorního mesta Jáchymova a jeho stříbrných a uranových dolu [Die Denkmale der königlichen Bergstadt Jáchymov und ihre Silber- und Urangruben], Manuskript, 1993.
Houdek, K.: Vývoj a současné problémy uranového průmyslů v ČSSR [Entwicklung und gegenwärtige Probleme der Uranindustrie in der ČSSR], Prag 1969.
Hübner, Peter: Konsens, Konflikt und Kompromiss. Soziale Arbeiterinteressen und Sozialpolitik in der SBZ/DDR 1945–1970, Berlin 1995.
Hydrick, Carter P.: Critical Mass. The Real Story of the Birth of the Atomic Bomb and the Nuclear Age, Manuskript, 1998.
Irving, David: Der Traum von der deutschen Atombombe, Reinbek b. Hamburg 1969.
Jahn, Manfred: Vertriebene Deutsche als attraktive Zielgruppe der Arbeitskräftelenkung in den Uranbergbau, in: Der Anschnitt, 2/3 1998.
Jehles, Ursula: Der Bergbau im Erzgebirge und die Arbeitsmedizin, Erlangen 1961.
Jentsch, Frieder: Begegnungen mit einem Giganten, in: Ans Licht gebracht. Begegnungen und Erinnerungen, Chemnitz 1998.
Johnson, David Alan: Germany's Spies and Saboteurs, New York 1998.
Kaden, Mario: Auswertung von Zeitzeugenbefragungen, Manuskript, Annaberg 1999.
Kaden, Mario: Kriminalität, Polizei-, Justiz- und Sicherheitsapparat in der »Uranprovinz« 1946 bis 1958, in: Karlsch, Rainer; Schröter, Harm (Hg.): »Strahlende Vergangenheit«. Studien zur Geschichte des Uranbergbaus der Wismut, St. Katharinen 1996.
Kaden, Mario: Uranprovinz. Zeitzeugen der Wismut erinnern sich, Marienberg 2000.
Kaden, Mario: Wismut – die »wilde« Zeit. Beiträge zur Geschichte des Landkreises Annaberg, Annaberg 1994.
Kaplan, Karel: Der kurze Marsch. Kommunistische Machtübernahme in der Tschechoslowakei 1945–1948. Veröffentlichungen des Collegium Carolinum, Bd. 33, München 1981.
Kaplan, Karel: Zpráva o zavraždéní generálního tajemníka [Bericht über die Ermordung des Generalsekretärs], Prag 1992.
Kaplan, Karel; Pacl, Vladimír: Tajný prostor Jáchymov [Der geheime Ort Jáchymov], Prag 1993.
Karlsch, Rainer: »Der Erzbergbau ist keine Puppenstube«. Unfälle bei der Wismut AG, Berlin 1998.
Karlsch, Rainer: Allein bezahlt? Die Reparationsleistungen der SBZ/DDR 1945–1953, Berlin 1993.
Karlsch, Rainer: Belastungen durch bewaffnete Organe, in: Materialien der Enquete-Kommission »Überwindung der Folgen der SED-Diktatur im Prozess der deutschen Einheit«, Bd. III/2, Baden-Baden 1999.
Karlsch, Rainer: Der Uranwettlauf 1939 bis 1949, in: Der Anschnitt, 2/3 1998.
Karlsch, Rainer: Kohle, Chaos und Kartoffeln, in: Jürgen Engert (Hg.): Die wirren Jahre. Deutschland 1945–1948, Berlin 1996.
Karlsch, Rainer: Ungleiche Partner – Die vertraglichen Grundlagen des Uranbergbaus und

der Verrechnung der Uranerzlieferungen, in: Karlsch, Rainer; Schröter, Harm (Hg.): »Strahlende Vergangenheit«. Studien zur Geschichte des Uranbergbaus der Wismut, St. Katharinen 1996.

Karlsch, Rainer; Bähr, Johannes: Die Sowjetischen Aktiengesellschaften (SAG) in der SBZ/DDR, in: Lauschke, Karl; Welskopp, Thomas (Hg.): Mikropolitik im Unternehmen: Arbeitsbeziehungen und Machtstrukturen in industriellen Großbetrieben des 20. Jahrhunderts, Essen 1994.

Karlsch, Rainer; Zacharow, Wladimir: Ein Gulag im Erzgebirge? Besatzer und Besiegte beim Aufbau der Wismut AG, in: Deutschland-Archiv, 32 (1999) 1.

Kennan, George: Memoiren eines Diplomaten, Stuttgart 1968.

Kießling, Wolfgang: Partner im »Narrenparadies«. Der Freundeskreis um Noel Field und Paul Merker, Berlin 1994.

Klapper, Lothar: Die Gründung. Festschrift 500 Jahre Annaberg, Annaberg 1996.

Knyschweskij, Pavel: Moskaus Beute. Wie Vermögen, Kulturgüter und Intelligenz nach 1945 aus Deutschland geraubt wurden, München 1995.

Kořán, J.: Sláva a pád českého hornictví [Aufstieg und Fall des tschechischen Bergbaus], Příbram 1984.

Korbel (spätere Albrigth), Madeleine Jana: Zdeněk Fierlinger's Role in the Communization of Czechoslovakia. The Profile of a Fellow-Traveller, MA Dissertation, Wellesley College 1959.

Kosatík, Pavel; Kolář, Michal: Jan Masaryk, Prag 1998.

Kowalczuk, Ilko-Sascha; Mitter, Armin; Wolle, Stefan (Hg.): Der Tag X – 17. Juni 1953. Die »Innere Staatsgründung« der DDR als Ergebnis der Krise 1952/53, Berlin 1995.

Kramer, Mark: Documenting the early soviet nuclear weapons program, in: Bulletin of the Cold War International History Project, Nr. 6/7, Washington 1995.

Kramish, Arthur: The Griffin, Boston 1986.

Kratochvíl, Josef: Topografická mineralogie Čech [Topografische Mineralogie Böhmens], Prag 1936.

Kroker, Evelyn; Farrenkopf, Michael: Grubenunglücke im deutschsprachigen Raum, Bochum 1999.

Kruglow, A. K.; Petrossjanz, A. M: Erste Forschungsinstitute, Konstruktionsbüros und Projektierungsorganisationen, die an der Entwicklung der Atomindustrie gearbeitet haben, in: Ministerium der Russischen Föderation für Atomenergie (Hg.): Die Entwicklung der ersten sowjetischen Atombombe, Moskau 1995.

Kunetka, James W.: City of fire. Los Alamos and the Birth of the Atomic Age 1943–1945, Pretice-Hall 1978.

Laufer, Jochen: Die UdSSR und die Zonenteilung Deutschlands (1943/44), in: Zeitschrift für Geschichtswissenschaft, 43 (1995) 4.

Laufer, Jochen: Politik und Praxis der sowjetischen Demontagen 1941–1950, Manuskript, Potsdam 2001.

Leinweber, Ralf R.: Das Recht auf Arbeit im Sozialismus. Die Herausbildung einer Politik des Rechts auf Arbeit in der SBZ/DDR 1945 bis 1961, Marburg 1983.

Lipinsky, Jan: Mobilität zwischen den Lagern, in: Plato, Alexander von (Hg.): Sowjetische Speziallager in Deutschland 1945–1950, Bd. 1, Berlin 1998.

Lorenz, Egon: Radioactivity and lung cancer. A critical review of lung cancer in the mines of Schneeberg and Joachimsthal, in: Journal of the National Cancer Institute, 5/1944.

Löwy, Julius: Über die Joachimsthaler Bergkrankheit (Vorläufige Mitteilung), in: Medizinische Klinik, Heft 25, 25. Januar 1929.
Mai, Gunther: Der Alliierte Kontrollrat in Deutschland 1945–1948. Alliierte Einheit – deutsche Teilung?, München 1995.
Martignoni, K.: Epidemiologische Studien im Rahmen des Projektes »Altlastenkataster«, in: Bundesamt für Strahlenschutz (Hg.): 2. Biophysikalische Arbeitstagung in Schlema, Berlin 1992.
Mayer, Edgar; Mehner, Thomas: Das Geheimnis der deutschen Atombombe, Rottenburg 2001.
Melzer, Richard: Breakdown. How the secret of the atomic bomb was stolen during World War Two, Santa Fe 2000.
Merseburger, Peter: Der schwierige Deutsche. Kurt Schumacher, Stuttgart 1995.
Mironenko, Sergej; Niethammer, Lutz; Plato, Alexander von (Hg.): Sowjetische Speziallager in Deutschland 1945 bis 1950, Bd. 1, Berlin 1998.
Müller, Wolfgang D.: Geschichte der Kernenergiewirtschaft in der Bundesrepublik Deutschland, Bd. I, Stuttgart 1990, Bd. II, Stuttgart 1996.
Nagel, Günter: Oranienburg als Vorstation auf dem Weg zur deutschen Atombombe, in: Potsdamer Neuste Nachrichten vom 17. November 2000.
Naimark, Norman M.: Die Russen in Deutschland. Die Sowjetische Besatzungszone 1945–1949, Berlin 1997.
Neubert, Ehrhart: Geschichte der Opposition in der DDR 1949–1989, Bonn 1997.
Pacific War Research Society, The Day Man Lost, Tokio/New York 1972.
Pash, Boris T.: The Alsos Mission, New York 1969.
Patton, George S.: Krieg, wie ich ihn erlebte, Bern 1950.
Paul, Reimar: Das Wismut-Erbe. Geschichte und Folgen des Uranbergbaus in Thüringen und Sachsen, Göttingen 1991.
Pecka, Karel: Motáky nezvěstnému [Kassiber an einen Verschollenen], Brno 1990.
Peterson, Heinrich: Zur Geschichte der Glasfarben-Erzeugung in Joachimsthal, Wien 1894.
Petrášová, Ludmila: Vězeňské tábory v Jáchymovských uranových dolech 1949–1961 [Gefangenenlager in den Jáchymover Urangruben 1949–1961], Sborník archivných práci [Sammlung von Archivarbeiten], 2, XLIV, Prag 1994.
Petrow, Nikita V.: Perwoi Predsedatjel KGB Ivan Serov, in: Otschestwennija Istoria 5/1997.
Pičugin, Vladimir: Aus der Geschichte des sowjetischen Atomprojektes, in: Karlsch, Rainer; Schröter, Harm (Hg.): »Strahlende Vergangenheit«. Studien zur Geschichte des Uranbergbaus der Wismut, St. Katharinen 1996.
Pluskal, Oskar: On the development of the Czechoslovak uranium industry, Manuskript, Prag 1998.
Pluskal, Oskar: Poválečná historie jáchymovského uranů [Nachkriegsgeschichte des Jáchymover Urans]. Czechs Geological Special Papers, Prag 1998.
Podewin, Norbert: Walter Ulbricht. Eine neue Biographie, Berlin 1995.
Port, Andrew: Mates in Agents Clothing. The Wismut Upheaval of August 1951, in: German History 1/1998.
Potratz, Rainer: Zur Entfernung »deklassierter Elemente«. Die Ausweisungen aus den Uranbergbaukreisen 1952–54, in: Karlsch, Rainer; Schröter, Harm (Hg.): »Strahlende Vergangenheit«. Studien zur Geschichte des Uranbergbaus der Wismut, St. Katharinen 1996.
Powers, Thomas: Heisenbergs Krieg. Die Geheimgeschichte der deutschen Atombombe, Hamburg 1993.

Rajewsky, Boris: Bericht über die Schneeberger Untersuchungen, in: Zeitschrift für Krebsforschung 49 (1939).

Ranft, Norbert: Vom Objekt zum Subjekt. Montanmitbestimmung, Sozialklima und Strukturwandel im Bergbau seit 1945, Bochum 1988.

Reichert, Mike: Kernenergiewirtschaft in der DDR. Entwicklungsbedingungen, konzeptioneller Anspruch und Realisierungsgrad (1955–1990), St. Katharinen 1999.

Remdt, Gerhard; Wermusch, Günter: Rätsel Jonastal. Die Geschichte des letzten »Führerhauptquartiers«, Berlin 1992.

Rhodes, Richard: Die Atombombe oder die Geschichte des 8. Schöpfungstages, Nördlingen 1988.

Riehl, Nikolaus: Zehn Jahre im goldenen Käfig. Erlebnisse beim Aufbau der sowjetischen Uran-Industrie, Stuttgart 1988.

Ringholz, Raye C.: Uranium Frenzy. Boom and Bust on the Colorado Plateau, New York 1989.

Roch, W.: Annaberg 1496–1946. Chronik, Annaberg 1946.

Roeling, Rob: Arbeiter im Uranbergbau, in: Karlsch, Rainer; Schröter, Harm (Hg.): »Strahlende Vergangenheit«. Studien zur Geschichte des Uranbergbaus der Wismut, St. Katharinen 1996.

Roeling, Rob: De grote trek naar het Duitse Ertsgebergte. Arbeiders in de uraniummijnbouw: dwang, verlokkingen en sociale omstandigheden (1946–1954), Diplomarbeit, Erasmus-Universiät Rotterdam 1991.

Rose, Paul Lawrence: Heisenberg und das Atombombenprojekt der Nazis, Zürich 2001.

Roseman, Mark: Recasting the Ruhr 1945–1958. Manpower, economic recovery and labour relations, New York/Oxford 1992.

Roth, Heidi: Der 17. Juni 1953 in Sachsen, Köln 1999.

Roth, Heidi; Diedrich, Torsten: »Wir sind Kumpel – uns kann keiner«. Der 17. Juni 1953 in der SAG Wismut, in: Karlsch, Rainer; Schröter, Harm (Hg.): »Strahlende Vergangenheit«. Studien zur Geschichte des Uranbergbaus der Wismut, St. Katharinen 1996.

Sborník přednášek a dokumentů, Stálá mezinarodni konference o zlocinech komunismu [Sammelband mit Vorträgen und Dokumenten. Ständige Internationale Kommission über die Verbrechen des Kommunismus], Prag 1991.

Scalia, Joseph M.: Germany's last mission to Japan. The failed voyage of U-234, Annapolis 2000.

Schenck, E. G.; Nathusius, W. von: Extreme Lebensverhältnisse und ihre Folgen. Schriftenreihe des ärztlich-wissenschaftlichen Beirates des Verbandes der Heimkehrer Deutschlands e. V., Köln 1958.

Schesnokow, N. I.: Der Aufbau und die Entwicklung der Uranindustrien in den Ländern Osteuropas (Russisch), Moskau 1998.

Schiffner, Werner: Agricola und die Wismut. Ein Zeitbogen vom Bergkgeschrey auf Sylber zum Berggetöse ums Uran im Erzgebirge, Leipzig 1994.

Schirdewan, Karl: Aufstand gegen Ulbricht. Im Kampf um politische Kurskorrektur, gegen stalinistische, dogmatische Politik, Berlin 1994.

Schmidt, Reinhard: Vorgeschichte, Beginn und Frühzeit der Urangewinnung im Erzgebirge, in: Karlsch, Rainer; Schröter, Harm (Hg.): »Strahlende Vergangenheit«. Studien zur Geschichte des Uranbergbaus der Wismut, St. Katharinen 1996.

Schmitzberger, Markus: Was die US Army in der Alpenfestung wirklich suchte, Schleusingen 2001.

Schreiber, R.: St. Joachimsthal, die Stadt der Radioaktivität, in: Bericht der Oberhessischen Gesellschaft für Natur- und Heilkunde. Neue Folge: Naturwissenschaftliche Abteilung, Bd. 32, Gießen 1962.

Schroeder, Klaus: Der SED-Staat. Partei, Staat und Gesellschaft 1949–1990, München 1998.

Schulte, Jan Erik: Zwangsarbeit und Vernichtung. Das Wirtschaftsimperium der SS, Paderborn 2001.

Schüttmann, Werner: Die Geschichte des »Schneeberger Lungenkrebses«, in: Der Anschnitt, 2/3 1998.

Schüttmann, Werner; Aurand, Karl: Die Geschichte der Außenstelle Oberschlema des Kaiser-Wilhelm-Instituts für Biophysik Frankfurt/M. Schriftenreihe des Bundesamtes für Strahlenschutz, Salzgitter 1991.

Schüttmann, Werner; Schnatz, Helmut: Ein erster Schritt zum Kalten Krieg? Der amerikanische Luftangriff auf Oranienburg am 15. März 1945, in: Der Anschnitt, 2/3 1998.

SDAG Wismut (Hg.): Seilfahrt. Auf den Spuren des sächsischen Uranerzbergbaus, Haltern 1990.

Seelig, Rolf: Gesundheitliche Folgen des Uranbergbaus, in: Karlsch, Rainer; Schröter, Harm (Hg.): »Strahlende Vergangenheit«. Studien zur Geschichte des Uranbergbaus der Wismut, St. Katharinen 1996.

Semirjaga, Michail: Kak my upraviali Germanije [Wie wir Deutschland verwalteten], Moskau 1995.

Semmig, Hellmuth: Die wirtschaftliche Entwicklung der Exulantensiedlung »Johanngeorgenstadt« von der Gründung 1654 bis zum Stadtbrand 1867, Dresden 1931.

Šesták, Miroslav; Voráček, Emil (Hg.): Evropa mezi Németckem a Ruskem, Historický ústav [Europa zwischen Deutschland und Russland], Prag 2000.

Sevc, J.: Lung cancer in uranium miners and long-term exposure, in: Health Physics 1976.

Sieber, Siegfried: Um Aue, Schwarzenberg und Johanngeorgenstadt, Berlin 1972.

Slánská, Josefa: Zpráva o mém muži [Bericht über meinen Mann], Prag 1990.

Smelser, Ronald (Hg.): Die SS: Elite unter dem Totenkopf. 30 Lebensläufe, Paderborn 2000.

Sorf, F.: 30 let nasi geologické činnosti na Příbramsku Atom [30 Jahre unserer geologischen Arbeit im Příbramer Uranbergbau], o. O. 1977.

Sorf, F.: Uran, Příbram 1982.

Soukup, Lumir: Chvíle s Janem Masarykem [Die Zeit mit Jan Masaryk], Prag o. J. [1994].

Speer, Albert: Erinnerungen, Berlin 1970.

Stange, Thomas: Die Genese des Instituts für Hochenergiephysik der Deutschen Akademie der Wissenschaften zu Berlin (1940–1970), Hamburg 1998.

Stettner, Ralf: »Archipel Gulag«. Stalins Lager, München 1997.

Sudoplatov, Pavel A.: Special Tasks, Boston 1994.

Táborský, Eduard: Prezident Beneš mezi Západem a Východem [Präsident Beneš zwischen West und Ost], Prag 1993.

Tomek, Josef (Hg.): Československý biografický slovník 20. století [Tschechoslowakisches biographisches Lexikon 20. Jahrhundert], Prag 1999.

Tomek, Prokop: Československý Uran 1945–1989 [Das tschechoslowakische Uran 1945–1989], Prag 1999.

Tomiček, Rudolf: Téžba uranu v Horním Slavkoré, Sokolov 2000

Vanek, Vladimír: Jan Masaryk, Prag 1994.

Veselý, T.: Stavba a význam jednotlivých žilných uzlů uranového ložiska Jáchymov, [Aufbau und Bedeutung einzelner Erzgänge für die Uranlagerstätte Jáchymov], Sborník geologických věd, rada LG c 28, Prag 1986.

Wächtler, Eberhard; Wagenbreth, Ottfried: Bergbau im Erzgebirge. Technische Denkmale und Geschichte, Leipzig 1990.

Walker, Mark: Die Uranmaschine. Mythos und Wirklichkeit der deutschen Atombombe, Berlin 1990.

Walter, Hans Ulrich: Epidemiologische Untersuchung über die Lebenserwartung und Mortalität von in der Nachkriegszeit in Joachimsthaler Uranbergwerken beschäftigten Personen, Dissertation, München 1982.

Werth, Nicola: Ein Staat gegen sein Volk, in: Courtois, Stephane, u. a. (Hg.): Das Schwarzbuch des Kommunismus. Unterdrückung, Verbrechen und Terror, München 1998.

Wetrow, W. I.: Bildung von Betrieben für die Gewinnung und Aufbereitung von Uranerz, in: Ministerium der Russischen Föderation für Atomenergie (Hg.): Die Entwicklung der ersten sowjetischen Atombombe, Moskau 1995.

Wheeler-Bennett, John; Anthony Nicholls: The Semblance of Peace, London 1972.

Wilcox, Robert K.: Japan's secret war, New York 1995.

Williams, Robert Chadwell: Klaus Fuchs. Atomic Spy, Cambridge 1987.

Zank, Wolfgang: Wirtschaft und Arbeit in Ostdeutschland 1945–1949. Probleme des Wiederaufbaus in der Sowjetischen Besatzungszone Deutschlands, München 1987.

Zeman, Zbynek: Der tschechoslowakisch-sowjetische Uranvertrag vom 23. November 1945, in: Karlsch, Rainer; Schröter, Harm (Hg.): »Strahlende Vergangenheit«. Studien zur Geschichte des Uranbergbaus der Wismut, St. Katharinen 1996.

Zeman, Zbynek: The Life of Edvard Beneš 1884–1984. Czechoslovakia in Peace and War, Oxford 1997.

Zubok, Vladislav; Pleshakov, Constantine: Inside the Kremlin's Cold War. From Stalin to Khrushchev, Cambridge, Mass. 1996.

Zur Geschichte der Gebietsparteiorganisation Wismut der SED, Chemnitz 1988.

Abbildungsnachweis

Archiv Mario Kaden, Annaberg: X, XI u., XII o., XIII, XIV
Archiv des Ch. Links Verlages: III, IV o., V
Archiv des Masaryk-Instituts Prag: IX
Archiv der Wismut GmbH: XV o., XVI u.
DIAMO Archiv, Příbram: VI, VII, VIII, Umschlag
Michael Beleites: XV u.
Bundesarchiv Berlin-Licherfelde: XII u.
Deutsches Museum München: I, II
Ullstein Bilderdienst: XVI o.
Verein Altbergbau Markus-Röhling-Stolln, Frohnau: XI o.
David Holloway: Stalin and the Bomb. New Haven, London 1994: IV u.

Danksagung

Die vorliegende Studie entstand im Rahmen eines von der VolkswagenStiftung in Hannover geförderten Forschungsprojektes zur vergleichenden Geschichte des Uranbergbaus in der SBZ/DDR und der ČSR. Für die großzügige finanzielle Unterstützung, ohne die wir unsere Recherchen in Washington, London, Moskau, Prag, Berlin und andernorts nicht hätten durchführen können, möchten wir uns ausdrücklich bedanken. Teilaspekte unserer Forschungen wurden vom Leverhulme Trust und von der Stiftung zur Aufarbeitung der SED-Diktatur unterstützt. Auch diesen Institutionen gilt unser herzlicher Dank.

Zahlreiche Anregungen und Hinweise verdanken wir Prof. Dr. Karl Aurand (Berlin), Prof. Dr. Lothar Baar (Berlin), Gotthard Bretschneider (Obercrinitz), Dr. Elena Chinyaeva (Moskau), Dr. Dagmara Hajkova (Prag), Mario Kaden (Annaberg), Rainer Kohlisch (Chemnitz), Oskar Pluskal (Prag), Prof. Dr. Wladimir Sacharow (Moskau) und Werner Schiffer (Aue).

Rainer Karlsch (Berlin) Zbynek Zeman (Prag)

Personenregister

Zu den Autoren

RAINER KARLSCH

Jahrgang 1957, Studium der Wirtschaftsgeschichte an der Humboldt-Universität zu Berlin, dort 1982–1991 Assistent am Lehrstuhl für Wirtschaftsgeschichte, 1986 Promotion. 1992–1994 Mitarbeiter der Historischen Kommission zu Berlin, 1995–1998 Mitarbeiter im Schwerpunktprogramm der Deutschen Forschungsgemeinschaft »Strukturveränderungen, Innovationen und regionaler Wandel«, Gutachter der Enquete-Kommission »Überwindung der Folgen der SED-Diktatur im Prozess der deutschen Einheit«. Seit 1999 Mitarbeiter am Institut für Wirtschaftspolitik und Wirtschaftsgeschichte der Freien Universität Berlin.
Bücher im Ch. Links Verlag: »Allein bezahlt? Die Reparationsleistungen der SBZ/DDR 1945–53«.

ZBYNEK ZEMAN

Jahrgang 1928, Studium der Rechtswissenschaften in Prag sowie Geschichte in London und Oxford, 1955 Promotion. 1959–1962 Redakteur bei »The Economist«, 1963–1970 Dozent für Zeitgeschichte an der University of St. Andrews, 1970–1973 Forschungsdirektor bei Amnesty International, 1974–1976 Direktor der European Cooperation Research Group, 1976–1982 Professor für zentral- und südosteuropäische Studien an der University of Lancaster, seit 1982 Professor für europäische Geschichte an der University of Oxford.